Hans Joachim KÖHLER

Biographische Notizen eines Pferdenarren

Limpert

Life

Das Erleben eines Lebens
harrt der Fixierung meist vergebens,
obwohl so mancher möchte wissen,
wie war's denn hinter den Kulissen?
Gerade bei den Pferdeleuten
ist selten etwas zu erbeuten
in Fragen, was und wie es war
Jahrzehnte und auch dieses Jahr.
Seit langem hat man aufgehetzt
und mächtig unter Druck gesetzt,
den Mann, bei dem auch Frau und Kind
von Grund auf pferdenarrisch sind,
daß endlich er beschreiben soll,
wovon sein Leben übervoll. –
Hier habt ihr nun die Jahre und das Heute:
Menschen, Pferde, Land und Leute.

Borstel, 16. Oktober 1981

I. Es geht rund '81

> In schlechten Zeiten
> tut man gut daran,
> Balance zu halten.

Jedesmal zu Sylvester hofft man, daß das neue Jahr etwas mehr Muße bringen möge, und jedesmal wird man eines besseren belehrt, wenn schon Anfang Januar Termine haufenweise über einen herfallen, Veranstaltungen, Reisen und Besprechungen, Verleger und Finanzbeamte, Hausfrauensorgen und handwerkliche Notwendigkeiten. Wo man doch viel mit dem Kopf arbeiten muß, also nachdenken und sich konzentrieren, abschalten zu schöpferischer Arbeit. Ohne Telefon möglichst: »Ja, wissen Sie, ich habe da eine Stute, die ist braun und sehr lieb, stammt vom Inspektor aus der Mamsell, nicht zu groß, aber artig, sogar intelligent. Was raten Sie mir, Sie sind doch ein großer Pferdemann, welchen Hengst soll ich da wohl nehmen?« – Die Konzentration ist dahin, »braun und süß«, ja, was nimmt man denn da für einen vierbeinigen Göttergatten, ohne die Stute zu kennen!

Also, kurz und klein, jedes Jahr wird alles ein wenig hektischer, vielseitiger und intensiver, aber auch immer noch etwas interessanter. Neues und Unerwartetes mischt sich ein. Das Karussell dreht sich. Und da muß man halt mit.

Gedämpfter Optimismus

»Höchstens mal einen Tee bestellen die Leute! Sonst haben die sich viel mehr gegönnt. Ich sehe schwarz für die Frühjahrsauktion!«

Ach was, Peter Kaufmann, meinten Kiel und Köhler zu dem Rennbahn-Gastronomen, kommen Sie mit. Wir gehen jetzt nach unten und besprechen die Stall-Fete für den Auktions-Sonnabend. Hier, diese sechs Pferdeboxen rechts und links, das werden Weinecken mit Strohballen zum Sitzen. Oben drüber kommen Tarnnetze von der Bundeswehr. Das wird 'ne Wucht. In der Schmiede, da machen wir Grill. Die kleine Sattelkammer wird Sektbar. Dahinten wollen Sie 'ne lange Biertheke? Gut. Die Kapelle sollte am besten hier sitzen. Die Tanzfläche wird erweitert in das Tunnelknie der Auktionshalle. Platz genug. Überall Hindernis-Fänge dazwischen mit viel Grün. Die reinste Laubenkolonie. Im Stall 2 die ersten drei Boxen links dienen der neuen Video-Schau. Ja, wir sind up to date. Sie mit Ihrem Tee! Und, die Qualität der Kollektion, wenn die's nicht schafft! Natürlich ist das Geld knapp, da muß man eben für eine besonders gute Atmosphäre sorgen. Die Kartenbestellungen sind zwar nicht so doll wie sonst, aber da kurbeln wir nach.

»Wieviel Gäste erwarten Sie denn zur Stall-Fête? Ich brauche mehr als letztes Mal, wenn ich über die Runden kommen will.« – Na, sagen wir mal tausend, das wird natürlich ein ziemliches Gedränge, aber dann kommt auch Stimmung. Nur eins, Peter Kaufmann, Sie müssen früher schankbereit sein, als im Herbst. Nach dem letzten Hammerschlag des Auktionators geht die Fête los, so etwa 18 Uhr, dann haut die Kapelle rein, und überall muß der Service laufen. Dann allmählich lassen wir »die Kuh fliegen«!

Die Anreise von Kaufinteressenten nahm zu. Das Ausprobieren führte quer durch die Kollektion. Allerdings hing die Military in Badminton zum Auktionstermin als kleine dunkle Wolke über dem Engagement der von der britischen Insel erwarteten Käufer. Dafür sollte aber eine neue kanadische Gruppe kommen. Und überhaupt, auch im Verbandsbüro in Hannover schien das Karten- und Katalog bestellende Interesse zu wachsen.

Da sitzt man nun mit 180 ausgesuchten Pferden und 180 Besitzerhoffnungen. Die Geschäftsführung rechnet aus, daß die Aufwendungen immer mehr steigen, die Verkaufsergebnisse dagegen nur verhältnismäßig konstant bleiben, jedenfalls nicht wachsen. Und man ist verwöhnt durch die bundesweit führenden Verkaufserfolge.

Einen Durchbruch nach vorn muß es geben. Die Pferde sind gut genug dafür. Also riskieren: Eine Kapelle muß her, die auch vor den Versteigerungsabteilungen spielt, ein demonstratives Podest und eine elektrische Anzeigetafel, damit besonders die Ausländer den Geboten zu folgen vermögen. Es muß etwas unternommen werden, wenn es allgemein wirtschaftlich grau aussieht, Schwung gehört in die Halle, damit Stimmung aufkommt und die Leute nicht nur »billigen Tee« bestellen!

Wenn auch alles noch so gut vorbereitet wird, so muß man letztenendes doch »Schwein« haben, meinte Alfons Klinger, als er beim Galaabend im Frühjahr 1981 diesen kapitalen Eber von Benno Baumgart gekonnt in der Verdener Niedersachsenhalle zelebrierte.

Acht Tage vor der Auktion brachte die traditionelle Materialrichter-Tagung beachtlichen Schwung in das in jeder Hinsicht denn doch etwas matte Frühjahr. Die Pferde gefielen sehr. Und das ließ uns verstärkt hoffen. Der öffentliche Standarttest aller Auktionspferde am Freitag fand in Gruppen der Katalognummer nach statt. Das war ein hartes Kreuzworträtsel gewesen, dementsprechend eine passende Berittmachung zu finden, bei der je-

Schwein muß man haben, sagte Alfons Klinger, als er in der Niedersachsenhalle einen überdimensionalen Eber von Benno Baumgart präsentierte.

Hippologische Seminare sind in Verden zu Haus:
Manche können nicht anders. Angesichts eines Pferdemodells wird automatisch alles notiert und mit Wertnoten belegt. Denn es muß »überprüfbar« sein. So geschah dies zur Auktionszeit auch bei einem Material – Beurteilungskonvent in der Verdener Niedersachsenhalle vielfach, obgleich es hier zunächst nur darauf ankam, bestimmte Kriterien zu beleuchten und miteinander zu vergleichen. Das Resümee war gleichwohl erfreulich, auch wurde über »läßliche Sünde und Todsünde« (Werner Schockemöhle) gesprochen. –
– V. l. Heinrich Sperling, Kalman de Jurenak, Burchard Müller, Peter Reinstorf, Herwart v. d. Decken, Werner Schockemöhle, Cord Waßmann, Dr. Walter Hartwig, Dieter Fick, Dr. Burchard Bade, Rainer Kiel, Dr. Joachim Bösche, Romedio Graf v. Thun-Hohenstein, Dr. Enno Hempel.

der Reiter und Pfleger auch genügend Zeit für das nächste Pferd zur Verfügung hatte. Aber es glückte, und die Kaufinteressenten brauchten nicht mehr den ganzen Katalog vorwärts und rückwärts durchzublättern. Wir waren stolz und meinten, daß auch dieser Service Einfluß nehmen werde auf entschlossene Gebote. Noch nie zuvor war so intensiv Kundendienst und Kundenberatung betrieben worden. Ein Drittel der Kollektion war zudem auf Video getrimmt, von dem drei Monitoren in Stall 2 in einer freigemachten Boxenflucht laufend Betrachter anzogen. Was konnte man noch mehr tun? Im Freispringen zeigten sich die meisten Springkandidaten in überzeugender Form. »Ist eigentlich Hugo Simon da?« Nee, der hat einen Gerichtstermin.
Am Sonnabend ließ dann Friedrich Wilhelm Isernhagen den Hammer kreisen. In der Mittagspause sah man oft auch bei denen lange Gesichter, die sonst eher breiter wirkten. Bei Kaufmann im Restaurant waren weniger Gäste als sonst. Steaks und andere Kostbarkeiten resignierten im Vorratsraum. Unten im Rinderstall der Erbsenkessel war stärker fre-

Das Karussell dreht sich – im Jahresablauf – und beim Galaabend der Verdener Auktionen, wobei 6000 Zuschauer den Atem anhalten und fast schwindelig werden ob dieser nicht enden wollenden Trabspirale von 80 jungen Pferden. Es bedürfte nur eines alle entzündenden Schrecks, dann gäbe es ein Chaos in der Halle. Einer würde den anderen mitreißen. Schon die Bereitstellung dieser 320 Meter langen Kette bedarf generalstabsmäßiger Planung, größter Umsicht und Ruhe. Na ja, wie eben so manches im Leben.

quentiert. Die Aussteller schauten nachdenklich aus ihren Ständen heraus, und die Auktionsleitung strahlte widerwillig in guter Laune, als es in der Halle wieder los ging.
Eine Reihe von Assen brachte Stimmung von Zeit zu Zeit. Ansonsten lief alles durchwachsen, manchmal beklemmend. Zwar ging die Reise nicht in den Keller. Aber vom ersten Stock bis zum Parterre war es wohl nicht mehr weit, als die Stallfête begann. Einige Stufen nach oben führte die feucht fröhliche Nacht. Doch am Sonntag war wieder ziemlich grauer Alltag. Der Durchschnittspreis konnte nicht gehalten werden. Und von Aufschwung – geschweige – war weit und breit nichts zu merken.
Warte, nur balde, wenn der Herbst kommt! Wir müssen da durch! Was soll ein kummervolles Leben nützen?

War das eine Pracht! Eine Band triumphierte, als die Pferde zur Abschiedsparade einzeln herumgeführt wurden und brachte mit einem »Hallo Wach«-Tusch die Verbandsjury auf das riesige Podest. Dann zitterten leuchtende Gebotszahlen vierseitig auf einem hohen Gestell durch die Gegend. Jetzt, dachte man, wird das people mehr denn je in Rage geraten, die wirtschaftliche Misere vergessen und nur noch fragen: Was kostet die Welt? Pustekuchen, nichts dergleichen. Den Auktionator habe man vor lauter Forsytien kaum sehen können, und die Leuchttafeln hätten irritiert und abgelenkt. Meine Güte, wie toll wäre wohl alles gelaufen, hätte man – wie sonst – nur ganz schlicht auf dem kleinen Auktionatorwagen gesessen!

Gastspiel in Holland

An der Grenze bei Hengelo fanden sie sich wieder. Der große Pferdetransporter von Gottfried Meuser mit ebenso großem Anhänger und die drei PKW. Die acht Pferde rührten sich nicht. Sie waren mit ihrem Heu beschäftigt. Es war der 23. Juni '81, ziemlich windig und wenig warm. Frühmorgens waren alle in Verden aufgebrochen und vertrieben sich nun die Zeit bei Zollabfertigung und Veterinärvisite. Sogar Steppke, Helgas weißer Zwergpudel, hatte einen Gesundheitspaß dabei. Er passierte stolz die Kontrolle.
Natürlich blühten da keine Tulpenfelder mehr weit und breit herum, dafür zogen sich endlos Gewächshäuser durch die ebene Landschaft, als die kleine Kavalkade in einen Seitenarm der Autobahn einbog, bei einer großen Tankstelle, und schon von weitem einen rechts parkenden BMW entdeckte, dem ein großes weißes Schild mit dem schwarzen Brandzeichen der Hannoveraner das Heck verdeckte.
Das waren also unsere Lotsen, die uns in die Residenz Den Haag einschleusen sollten. Peter van der Wansem und eine liebenswürdige Empfangsdame hießen uns willkommen und rüsteten uns mit sämtlichen Stadtplänen Den Haags und Scheveningens aus. Helga und Jutta, den Amazonen, wurde ein Strauß weißer Rosen überreicht, deren einer noch zehn Tage später in Borstel sehr passabel aus der Vase guckte.
Die Pferde fanden großartige Aufnahme in einem großen Reitbetrieb am Meer bei Scheveningen unter 120 Pferden und zwei Kamelen. Während sie ihrer Reisegaloschen entkleidet wurden, drängte Peter zur Eile. Ein Empfang des Bürgermeisters von Den Haag stand kurz bevor. Da Meuser wieder zurückmußte, um die rheinischen Vollblüter zur Derbywoche nach Hamburg zu transportieren, ging ein wildes Entladen des Transporters los, um Koffer und sonstige Utensilien in die PKW der Reiter und die auf zwei PKW angewachsenen Lotsenfahrzeuge, zu verladen. Die ganze Karawane sauste zuerst zu dem einen

Hotel, um die Bagage zu entwirren, dann zum nächsten. Denn eine Menge Werbematerial war außerdem an Bord, um einen Hannoveraner-Stand zu bestücken. Fünf Minuten Zeit gab es fürs Umziehen. Dann brachte Peter den Stab und die Amazonen, Ben die Reiter aus verschiedenen Richtungen ins Rathaus, wo der Bürgermeister gerade dem Ende seiner Begrüßungsrede zustrebte. Der prunkvolle Saal stammte aus dem 17. Jahrhundert. Er wurde Zeuge, wie das Hannoveraner-Team in freundliche, ja herzliche Gespräche verwickelt wurde, wobei die jungen Verdener Reiter eine sehr gute Figur machten, wenngleich zwei einmal das schwache Lachen bekamen, als sie ahnungslos sehr heiße und stark gepfefferte Fleischbällchen zu sich nahmen und im Glase nichts mehr hatten, um zu löschen. Die Feierlichkeit galt der Eröffnung der Haagschen Pferdetage, die seit Jahren Mittel- und Höhepunkt eines großen Sommerfestes sind, das sich eine Woche hindurch in der Geschäftsstraße Lange Voorhout abspielt.

Als wir abends aus unserem vornehmen Hotel Des Indes auf den weiten, mit Bäumen bestandenen und teils mit Rasenflächen bedeckten Marktplatz traten, waren wir nach wenigen Schritten am Ort, wo die nächsten beiden Tage ein Non stop-Pferdeprogramm von 12 bis 22 Uhr ablaufen sollte. Man hatte unter alten Linden auf dem Pflaster ganze Wagenladungen hellen Sandes entladen, alles eingezäunt und eine Tribüne gebaut. Die Mittellinie war durch alte Linden im Abstand von etwa vier Metern zueinander markiert, die zu Schlangenlinien, Parallelen oder zum Zerschellen geeignet schienen.

Die Tournedos abends im Grillkeller Des Indes entpuppten sich als Supersteaks, während die Weine etwas irritierten. Selbst ein weißer Bordeaux ließ die Münder breit werden. Erst ein Rosé brachte tiefe Befriedigung und ermunterte zu einem Streifzug auf der langen Voorhout zwischen Bratbuden, Bierschwemmen und allerlei Musikbands am Straßenrand. Fröhlich entspannt wogte das Volk oder beobachtete das Wogen von Sitzarrangements unter freiem Himmel. Thomas Vogel (Long Tom), der als Regieassistent und Universalpfleger für alle ein Kernbestandteil der Equipe war, postierte sich mit Andreas Mundt, um das Material der jungen Mädchen zu bewerten. Mit Hingabe und schiefen Kopfes walteten sie impulsiv und ausgelassen ihres selbstgewählten Amtes. Schon von weitem nahmen sich die meist sehr attraktiven Schönen auf, machten kesse Gesichter und wiegten sich betont in den Hüften. Bei allzu deutlichem Pürzeln erkannte die Jury auf »dreht hinten stark« und machte Abzüge. Rainer Kiel, Reinhard Baumgart, Rainer Schmerglatt und Köhler genossen derweil kühle Biere und so manche lustige Beobachtung.

Um 12 Uhr am Mittwoch wurden die Haagschen Pardendaagen eröffnet. Alle Beteiligten schritten zur Parade, zu der in einem großen, überzelteten Pavillon ein Heeres-Musikkorps auf die Pauke haute. Die acht Hannoveraner, vorgestellt in den Galauniformen der Verdener Auktionen, ließen besonders viele Zuschauer zusammenlaufen, die schon auch am Abreiteplatz die unzähligen Gespanne, Reiter- und Voltigiergruppen an sich vorüber defilieren ließen. Imponierend die weite, ehrwürdige Kulisse ringsum, meist von alten Patrizierhäusern getragen. Punkt 13 Uhr wurden dann die hannoverschen Gäste zum »Pferde-Frühstück« vor das Hotel Des Indes gebeten. In Reihe marschierten die Pferde unter blauen Paradedecken an der Hand ihrer Reiter im Verdener Vierspitz durch die Menschenmenge, um zunächst mit Abstand, aber ohne Zwischenräume vor einer langen rotbetuchten Tafel mit Kerzenleuchtern Aufstellung zu nehmen. Rainer Kiel und Köhler, die der Pferdekette dicht gefolgt waren, verfehlten um ein Haar den Anschluß, dieweil sich

In einem Reigen, gleichmäßig verteilt auf dem Platz, erfolgte eine musiksynchrone Präsentation der Grundgangarten und Tempi, jeweils unterbrochen durch musikalische Stille und unbewegliches Halten. Die Reiter trugen die Galamontur der Verdener Auktionen, wie hier v. l. Rainer Schmerglatt auf Le Paco (USA-Besitz), Andreas Mundt auf Wirbelwind und Holga Finken auf Shemrie.

hinter dem letzten Pferdeschweif der Zuschauerring zusammenschloß, als sei ein breiter Eisengürtel zusammengeklinkt worden.
Alsbald kamen würdigen Schritts im Gänsemarsch acht Kellner aus dem Hotel, um den Pferden in großen Schüsseln das Vorgericht zu servieren. Auch auf den Balkons des Hotels hingen ganze Schwärme von Schaulustigen, um sich dies Schauspiel nicht entgehen zu lassen. Das war dann ein bewegtes Gemampfe da unten, nachdem die Vierbeiner zunächst überlangen Halses und schnaubend an den Verzehr herangegangen waren. Der Bürgermeister erschien, und die kleinere Schar der gebetenen Gäste ergötzte sich an Veuve Cliquot, der aus einer Mammut-Pulle eingeschenkt wurde. Zum Hauptgericht erschienen zünftig zusätzlich vier Köche, um den Pferden alles zu servieren. Die lange Tafel war inzwischen mit Speiseresten übersät. Der Fuchs Le Paco war der gierigste an der Tafel, während die dreijährige Anna Magnani nur vornehm an den Speisen nippte. Skorpion am rechten Flügel, nahezu im weißen Smoking, wußte besonders viele Fotografen auf sich zu vereinen, die in Schwärmen pausenlos ihre Abzüge bedienten. »Die Menschen mögen das« meinte Peter, und so ist dieses Frühstück nicht mehr fortzudenken in Den Haag. Sie sehen es ja an dem riesigen Interesse. Dann kam das Dessert mit Würfelzucker in gewichtigen Silberschalen. Zum Schluß wurden den Pferden aus Sektkübeln Getränke gereicht, die na-

Mit stürmischem Beifall bedacht wurden die Teilnehmer der Hannoveraner-Schaubilder vom 24. bis 26. Juni dieses Jahres in Den Haag, worüber auch die holländische Tagespresse, teilweise auf ihren Titelseiten, in Wort und Bild berichteten
Paarweise v. l. n. r. Skorpion (5 j.) v. Saluto (Helga Köhler), Pikantje (3 j.) v. Pik Bube (Reinhard Baumgart), Wirbelwind (9 j.) v. Wiesenbaum xx (Andreas Mundt), Anna Magnani (3 j.) v. Absatz (Horst Rimkus), Wrangel (5 j.) v. Wendelstein (H. H. Meyer zu Strohen), Le Paco (4 j.) v. Lasso (Rainer Schmerglatt), Fortuna (6 j.) v. Federgeist xx (Jutta Köhler), Shemrie (3 j.) v. Shogun xx (Holga Finken).

türlich dem Wasserhahn entnommen waren. Gedruckte Menükarten lagen auf der Tafel und wurden außerdem in der Menge herumgereicht.

Vier Schauauftritte am Tag waren den Hannoveranern vorbehalten. Ein zweiteiliger Transportzug, der die Pferde aus Scheveningen heranbrachte, blieb als Stallung den ganzen Tag bis 22 Uhr auf dem Platz. Auch hier und am Werbestand drängten sich die Menschen. Alte Damen waren glücklich, wenn sie einen der Akteure streicheln konnten, Fachleute umkreisten – möglichst unauffällig – die Stars der Show, wenn sie wieder gesattelt wurden, wobei bewundernde Blicke nicht verborgen blieben. Gottseidank hatte sich unter Holga Finken der dreijährige Shemrie bald wieder beruhigt. Ihn hatten die Zwerghackneys, die in schnellem Eisentakt auf dem Asphalt vorüberflitzten, aus dem Häuschen gebracht. Erstaunlich gelassen blieb die junge Anna Magnani mit Horst Rimkus, während auch Wrangel unter Hans Heinrich Meyer zu Strohen gute Nerven zeigte. Leider gab es viel Nieselregen, und so verdünnte sich stellenweise der Boden auf dem Paradeplatz, der während einer Vorführung Fortuna zu Fall brachte. Die eindrucksvolle Federgeist xx – Tochter war aber augenblicklich wieder auf den Beinen, und Jutta wie ein Wiesel im Sattel, als sei nichts gewesen.

Zwei blaue PKW des Königlichen Marstalls hielten am Freitag um 9 Uhr vor dem Hotel, um die Hannoveraner zu entführen. In den Stall der Königin, einen alten, massiven und umfangreichen Komplex, der gerade renoviert wurde. Nach einem großen Museumsraum mit viel Patina sahen wir den großen getäfelten Geschirrsaal, dessen Anblick uns ein wenig die Luft nahm. Großzügig und zweckmäßig erschienen die Stallungen mit großen, gekachelten Boxen. Überwiegend schwere Rappen mit ziemlich lebhaften Abzeichen bewohnten sie, alle aus holländischer Zucht. Großartig die Reithalle mit Logen und Musikpavillon. Der Stallmeister gab seiner Freude Ausdruck, daß die junge Königin viel Interesse am Marstall hat und daß alle hier ein frischer, angenehmer Wind beflügelte. Unvorstellbar die Wagenhalle mit großen Kutschen, Stadtwagen und Jagdwagen. Die Königskutschen hatten rund 150 Jahre auf dem Buckel und waren tip top fahrbereit. Dies traute man den Cadillacs und anderen Supermobilen nebenan nicht zu. Alljährlich zur Eröffnung des Parlaments fährt die Goldene Kutsche, ein Monstrum aus barockem Gold und rotem Samt, Ihre Majestät vom Palast zum Parlament. Oh, denken wir, wie schön, daß es noch so etwas gibt.

Zwischen den Schauvorstellungen im Herzen von Den Haag kam ein blendend aussehender älterer Herr auf Köhler zu. Mir gefallen Ihre Pferde, Ihre Reiter und die Art Ihrer Vorstellung sehr, meinte er, und stellte sich vor: Fischer, Botschafter der deutschen Bundesrepublik. Ich möchte Sie alle einladen, fügte er hinzu, zu einem Empfang und abends zu einem chinesischen Essen. Artiger Dank und Zusage zu einem Empfang am Sonnabendnachmittag. Der Abend war schon belegt durch eine Einladung des Haagschen Komitees. Das Botschaftsgebäude soll das schönste Haus sein in der ganzen Residenz. Zu Beginn des deutschen Kaiserreichs von Bismarck erkauft, für Millionen wieder instand gesetzt nach dem Kriege, nachdem der SD darin gehaust hatte. Wirklich fantastisch alles darinnen, großartig im Stil und vielfach sogar bewohnt durch das Botschafterehepaar. Alle Räume wurden uns und den holländischen Gästen des Komitees gezeigt. »1735 wurde in Hannover das Landgestüt Celle gegründet, meinte Herr Fischer, dieses Haus im Jahr 1715, also noch 20 Jahre zuvor.« Nachher in einer kleinen Gruppe erzählte der Repräsentant der Bundesrepublik aus seiner Tätigkeit in Irland. »Zwei Jahre leider war ich nur dort. Und habe herrliche Jagden mitreiten können. Da war eine alte Dame, die schon 39 Jahre Master einer bekannten Meute war. Als sie nach einer Dreistundenjagd ihr Pferd abgab, trat der Pfarrer ihres Anwesens an sie heran, um etwas für die Gemeinde zu erbitten. Aber Madam, stieß er hervor, was haben Sie nur mit Ihrem Pferd gemacht, das ist ja ganz voll Schaum! Ach was, erwiderte sie kurz, was verstehen Sie schon davon. Der Hunter hat das doch alles glänzend überstanden. Wenn ich mir vorstelle, ich hätte Sie, Herr Pfarrer, drei Stunden zwischen meinen Schenkeln gehabt, dann weiß ich nicht, wie Sie ausgesehen hätten.«

Ein Erlebnis wohl einmaliger Art war das Lunching der hierzu geladenen Hannoveraner, zu dem sich mehrere hundert Zuschauer drängten. Auf gedruckten Menuekarten war die Speisefolge verzeichnet. Und im Frack bedienten die Ober des Hotels Des Indes, dessen Direktor den Service persönlich überwachte. Von vorn Skorpion, Fortuna, Pikantje.

Mit dem Sonntag kam der letzte Tag der Exkursion heran. Treffpunkt zu Pferde am Meer. Die Flut kam heran und die immer noch frischen Hannoveraner trabten durch die herangespülten Wellen, als hätten sie nie etwas anderes gemacht. Skorpion, der noch lange weithin sichtbare Schimmel, trug sich dabei im Passagetakt unter Helga. Er vermutete wohl immer noch Publikum, womöglich in den Dünen. Peter ritt vorneweg. Auf einer Rappstute v. Cardinal xx aus einer holländischen Mutter. Nach einer Stunde traf die durch Meeresluft erfrischte Gruppe in einem Landhaus ein, in dessen großer Sitzhalle genau mittlings ein runder Kamin Birkenholz knistern und knallen ließ. Hier wurde sich gestärkt. Wieder waren wir Gäste. Die Pferde, so macht man das hier, stehen solange in einer großen Scheune.

Der Abschiedsabend war voll gelungen. Schon bei der Tafel waren sehr humorvolle und herzliche Reden geschwungen, die Hannoveraner mit Gastgeschenken reich bedacht worden. Dames en Heeren und Damen und Herren hatten sich äußerst vergnüglich gefunden. Und der Abschied wurde schwer, was dadurch Milderung fand, daß eigentlich alle dort in Verden einen Gegenbesuch zu machen gedenken. Nicht zu vergessen Ben, der maître de plaisir des Haagschen Komitees. Erstklassige Fotos waren uns übergeben worden und ein ganzer Stoß Zeitungen aus ganz Holland, die vorwiegend auf der Titelseite neben einem groß aufgemachten Bild die Effektivität der hannoverschen Gäste lobten.

Als wir nachmittags in Borstel zurück waren, brachte ein Knopfdruck den Großen Preis von Aachen auf die Farbscheibe. So blieben wir, lässig in Sesseln ausgestreckt, dennoch gespannt im hippologischen Metier.

Wer die Wahl hat ...

Klarer Fall. Aus der eben abgeschlossenen Frühjahrsauktion hat man wieder viel gelernt. Kleinere Pferde will kein Mensch mehr. Verrückt, aber nicht zu ändern. Also weglassen solche bei der Auswahl! Gegen das Gewissen und wider bessere Einsicht. Weglassen auch »heiße Öfen« oder Pferde, die in dieser Hinsicht verdächtig sind. Weglassen Unfertige, wenn sie noch so gut sind. Erkennt ja doch kein Mensch, was wir meinen, vorauszusehen. Ach überhaupt, sitzen die Leute da dicht gedrängt, gehen bei jedem Pferd interessiert mit den Köpfen mit, immer noch mal, und keine Hand rührt sich zum Gebot. Spitzen wollen sie. Alle. Auch die Interessenten für Hobbypferde. Die anderen Guten sehen sie gar nicht trotz großer Augen und Kopfgedrehe. Nur die Allerbesten oder die, die schon groß aus sich herausgehen und deutlich und immer wieder Effekt zeigen. Nachher heißt es dann, ja, den oder den hatte ich mir auch ausgesucht, aber ich kann ja keine Spitzenpreise bezahlen. (Und: Keinen Super-Springnachwuchs reiten oder nutzen, auch keinen Dressur-Nachwuchsstar!) Es ist ein Kreuz, echte und für ihr reiterliches Vorhaben optimal geeignete Qualitäten übersehen sie, gucken nur immer auf die schon leuchtenden Sterne, völlig verblendet, und auf der Rückfahrt ohne ein Pferd auf dem Transporter. Wahrscheinlich lesen sie nun erstmal wieder alle Angebots-Annoncen in den Fachzeitschriften und kariolen dann durch die Lande oh'n Unterlaß, finden wieder nicht das Richtige oder kommen – oft genug – mit einer Neuerwerbung wieder, die sich aus den verschiedensten Gründen nicht als das erweist, was sie suchten. Da fehlten Vergleichsmöglichkeiten und längere oder wiederholte Beobachtungsgelegenheiten, bisweilen auch das Weiß auf der Visitenkarte des Verkäufers.

In der Verdener Reit- und Fahrschule, wo der erste Auswahltermin stattfindet, wundern wir uns zum soundsovielten Male, wie es möglich war, in der verhältnismäßig kleinen Halle lange Jahre hindurch die Reitpferdeauktionen abzuhalten und 1500 Menschen auf

Tribünen unterzubringen. Die Hochpodeste sind seit geraumer Zeit abgewrackt, und von den Tribünen im »Parkett« ist nur noch eine lange Seite übrig geblieben. 6 von 13 vorgestellten Pferden werden von unseren Bereitern der Niedersachsenhalle im Sattel getestet, zwei für auserwählt befunden, eines bekommt die Chance, am Schlußtermin dieser Reise, nach etwa drei Wochen also, noch einmal wieder vorgestellt zu werden, um die derzeitig noch fragwürdige Rittigkeit möglicherweise zu positivieren. Allen Züchtern, die angereist waren, wird für die Vorstellung gedankt.

Danach wird Sottrum angesteuert, und zwar die neu erbaute Anlage von Gert Rietbrock. Schön ist das hier und sehr zweckmäßig. Neben seinen Turnier-Pensions- und Verkaufspferden stehen hier mehrere eigene Mutterstuten mit Fohlen bei Fuß. Während des Vorführens an der Hand knallt eine etwas zickige Stute hintenheraus und trifft den netten, jungen Polizisten, der als Hobby Pferde züchtet und auch schon Auktionspferde stellte. Er bricht röchelnd zusammen und wird erstmal lang hingelegt. Ein junges Mädchen spurtet herbei und beschmiert beide Oberschenkel mit kühlender Pferdesalbe. Denn hier hatte es ihn erwischt, der inzwischen auf einen Stuhl gehoben worden war und weißgesichtig die weiteren Prüfungsdurchgänge verfolgte. Auf dem Schlußring waren es von 14 noch 8 Pferde, die der Qualität nach rangiert wurden und 5 Zulassungen brachten. Freudige und enttäuschte Gesichter, wie überall. »Ach nehmen Sie den kleinen Schimmel doch auch mit. Er ist von Pikör. Und kann doch so fürchterlich springen!«

Der vierjährige Fuchs des Polizisten hatte hinten rechts eine Verdickung am Sprunggelenk im Hasenhackenbereich. Sah nach Schlagverletzung aus und sollte es auch sein. Wenn beim Schlußtermin alles weg ist, ok. (War aber nicht.)

Bei Herbert Meyer, dem Bundes-Juniorentrainer Springen, der in Frankenburg (nördlich Bremen) einen Zucht- und Turnierhof bewirtschaftet, kam der dritte Termin des Tages an die Reihe. Hier ist ein Brauner v. Gralsritter, noch Hengst, besonders interessant. Aber auch das Frühstück mit starkem Kaffee. Darüber freut sich Dr. Brunken, der Auktionstierarzt, besonders. Sein vollrippiger Körper braucht ja auch eine Menge »Futter«.

In Schwanewede, durch größere Turniere und kleinere Rennen bekannt, kommt Ernst August Scharffetter, jüngster Sohn des großen Ostpreußenzüchters Franz, mit einem sehr guten Schwergewichtshunter zum Zuge. Sonst wird hier leider nicht viel geboten dieses Mal.

Auf der Fahrt durch Bremen freuen wir uns schon auf den nächsten Termin. Denn in Heiligenfelde ist immer viel los. Erwartungsvoll biegen wir ein. Nichts ist da, aber auch gar nichts. Rätselhaft. Erstmal Eis gegessen. Dann zum Hotel Weserblick in Barme. Aale. Hotel geschlossen. Auf nach Völkersen zu Hermann Intemann. Jawohl, da rauchte der Schornstein!

Bilanz des ersten Tages = 51 Pferde gesehen, davon 12 zugelassen. Eine vorerst geringe, aber sehr qualitative Ausbeute. Durchschnittsgröße 166. (Fangen wir also auch schon mit dem Zentimetern an . . .) So und anders geht es viele Reisetage, immer wieder unterbrochen durch normale Arbeitstage, denn es muß ja alles weiter laufen. Interessant und sehr ergiebig ist wieder die östliche Elbreise mit den Terminen Luhmühlen, Echem, Dannenberg und Wittingen.

Kurt Günter Jagau, der große Militarymanager begrüßt uns, und Gestütwart Dittmer läßt mehr als 20 Kandidaten für die Reitpferdauktion in Verden aufmarschieren. Eine große Auswahl steht zur Verfügung. Unsere Bereiter haben einiges zu testen. Thomas Vogel, der zugleich Buch führt, Hartmut Kettelhodt, und Reinhard Baumgart sind ständige Begleiter der Kommission, heute sind Horst Rimkus und Andreas Mundt dazu kommandiert. Rainer Kiel, Dr. Brunken und Köhler reisen als Haupt und Stab. Als nach zwei Stunden alles durchgeprüft ist, wird der Hengststall gegenüber besichtigt. Lehnsherr, Disput und Eichbaum wirken hier, wo früher Der Löwe xx so segensreich tätig war. Jagau bittet zum Frühstück, wie immer, und zu zwei Korn für das Gleichgewicht. Er kann so großartig erzählen. Von der bevorstehenden Bundesmeisterschaft in Luhmühlen und der Weltmeisterschaft im nächsten Jahr. Unwahrscheinlich, wo und wie er überall Gelder locker macht. »Hoheit« hatte er zum Großherzog von Oldenburg gesagt. Sie sind ein sympathischer Mensch, und ich biete Ihnen das Du an«. Aber denkt Euch, der wollte nicht. Das ist mir ja noch nie passiert. »Gut, sagte ich, dann seh'n Sie man zu, wie Sie damit zurecht kommen.« Der wär' doch viel freier und selbstbewußter geworden, meinte Kurt Günter, wenn der das angenommen hätte. »De olle Tüffel!«

In Echem steht der ganze Hof von Hannes Meyn voller Pferde. Hier repräsentiert Manfred Reinstorf als Vorsitzender des Pferdezuchtvereins Artlenburger Elbmarsch. Und Werner Hilgefort, der Celler Deckstellenleiter von Hohnstorf gegenüber Lauenburg, dirigiert die Züchter und amtiert als Peitschenführer. Mehrere herausragende Lions xx-Nachkommen gefallen sehr, Pik As xx-Blut schimmert noch bei vielen Pferden durch. Dies hier war nämlich das Revier dieses legendären Vollblüters aus Mydlinghoven. Sein ganzes Leben lang. Auch hier werden verhältnismäßig viele Pferde für Verden festgemacht. Mittagessen. Man kann es nicht abschlagen. Dann Weiterfahrt nach Dannenberg an der Elbe, wo auf dem anderen Ufer Grenzzäune und Wachtürme der DDR zu sehen sind. Alfred Radschun, Ostpreuße aus dem Kreis Insterburg und früher namhafter ländlicher Reiter, leitet hier seit mehr als dreißig Jahren die Reitschule, Schauplatz auch der Verdener Auswahltermine. Er hat wieder Gott und die Welt zusammengetrommelt wie auch Horst Seide, der Vorsitzende des Pferdezuchtvereins. 40 Pferde sind zur Stelle, 30 werden auch von unseren Bereitern getestet, eine lange Prüfungszeremonie mit interessantem Freispringen mancher künftiger Asse. Domspatz und Wienerwald garantieren nahezu ein überdurchschnittliches Springen ihrer Nachkommen. Köhler guckt über die Elbe nach Norden. Nach Redefin, wo er aufwuchs, und das nicht gar so weit von hier hinter Kiefernwäldern versteckt liegt. Slawisch klingen die Dorfnamen, aus denen die 24 für Verden zugelassenen Dannenberger Pferde kommen: Volkfin, Sipnitz, Damnatz, Penkevitz, Vasenthien . . . Große Freude herrscht allseits über das tolle Ergebnis, und mit 20 Personen geht's zum Abendbrot mit Aal in Gelee und Bratkartoffeln mit Speck. Die Bereiter, die den Tag über jeder durchschnittlich schon 20 Pferde testmäßig geritten haben, freuen sich besonders darüber.

Wittingen wollte gern den Schlußtermin des Tages haben. So kommen wir etwas später am Abend dort an. Die Reithalle ist im vorderen Teil mit Tischen, Bänken und Birken bestückt. Eine Kapelle sitzt in Lauerstellung. Meine Güte, sagen wir, das wär' aber ja nicht nötig gewesen, wohl ahnend, daß hier noch anderes lief. Es waren Berliner Reitergäste, denen der Aufwand galt, und so nutzten die Wittinger Züchter die Gelegenheit, der Verdener Kommission etwas Besonderes zu bieten.

Auch hier gab's wieder Abendbrot. Kaßler mit Sauerkraut. O Herr, laß' Abend werden oder vielmehr Nacht, mit einem ruhigen Bett zu Haus und ohne Brot oder Fleisch oder Kartoffeln oder Bier oder Korn. Auch in Wittingen waren natürlich Pferde, ein gewaltiger Schimmel darunter v. Karthago, der nicht nur über Hindernisse sprang, sondern auch sonst erstaunliche Luftsätze machte, die Thomas Vogel um ein Haar, so voll und ganz er üppig verpflegt war, über die noch schwarzen Ohren des ansonsten schon etwas weißlichen Körpers flankiert hätten.

Neben den Auswahlreisen für die Verdener Reitpferde-Auktionen finden Auswahlreisen für die Fohlen- und Zuchtstutenauktionen statt. Auch die 2½jährigen Hengste, die zur Körung gemeldet werden, werden vorher auf zahlreichen Terminen sortiert. – Hier steht die Fohlenkommission in Grethem bereit, die Fohlen zu mustern: v. l. Peter Kind, H. J. Köhler, Heinrich Sperling, Rainer Kiel, Fritz Meyer-Stocksdorf und Siegfried Wehrs, Deckstellenleiter in Grethem, Krs. Fallingbostel, während auf dem anderen Bild der Aufmarsch der Fohlen in Rotenburg erfolgt.

Bald ging es dann wieder los. Von der Nordseeküste bis in die Elb- und Wesermarschen, in die Geestbezirke, an die Ostzonengrenze bis hinunter nach Göttingen und querüber zum Teutoburger Wald mit Osnabrück, durchs Emsland nach Ostfriesland, in die Stadtstaaten Bremen und Hamburg, auch teilweise ins Oldenburger Land: 61 Sammeltermine mit 500 Pferden. Sehr spannend, sehr interessant, aber auch strapaziös in ziemlichem Tempo, oft über 600 km am Tag. Darum endet hier dieser Bericht, um nicht auch den Leser noch zu ermüden.

Sehnsucht nach Ostpreußen

Alle Jahre wieder, so war es geplant, sollte eine Urlaubsreise in das Land zwischen der Weichsel und der Linie Braunsberg-Goldap, die ja Ostpreußen teilt nach polnischen und sowjetischen Interessengebieten, gemacht werden.
Im letzten Jahr (1980, als das Buch »Nach Ostpreußen der Pferde wegen« entstand), hatte sich bald nach unserer Abfahrt dort die reformierende Gewerkschaft »Solidarität« unter Lech Walesa in Bewegung gesetzt und die Achtung und das Mitgefühl der ganzen Welt auf ihrer Seite. Logisch, daß wir »Ostlandfahrer« diese Entwicklung nicht nur mit Interesse, sondern auch mit dem Herzen verfolgten.
Vom 25. Juli bis 10. August wollten wir wieder hin. Thomas Vogel (Long Tom) von der Verbands-Ausbildungs- und Absatzzentrale, dessen Vater im ostpreußischen Nemmersdorf, Krs. Gumbinnen geboren und aufgewachsen war, sollte zum ersten Mal dabei sein und war voller Erwartung.
Die Voraussetzungen für diese Reise indes verdunkelten sich immer mehr. Unsere Schiffsreise nach Danzig fiel ins Wasser, weil diese Verbindung eingestellt worden war. Danzig ist zur Zeit nur über Trelleborg-Karlskrona auf großem Umweg zu erreichen. Benzin und Nahrungsmittel in Ostpreußen sind so verknappt, daß man nicht so viele Vorräte mitnehmen kann, um selbst durchzustehen, geschweige Freunden und Bekannten dort zu helfen. So bleibt nur, daß wir, – Hartmut Kettelhodt, Andreas Mundt, Horst Rimkus, Thomas Vogel und Köhler –, anstatt unser selbst einige Pakete auf die Reise nach Ostpreußen schicken und in Gedanken dabei sind.
Else Bryla, unsere Freundin und Quartierwirtin am Mauersee, war im Juni noch bei uns in Verden zu einem kurzen Besuch gewesen.
Als sich die Lage zuspitzte, war sie sofort zurückgefahren, um ihren Mann Theo und ihre Schwester Mariechen nicht im Stich zu lassen. Einen Ersatz für ihre einzige Milchkuh, die im letzten Jahr eingegangen war, hatte sie noch nicht. Und wie sehr könnten sie heute eine eigene kleine »Molkerei« gebrauchen!
Unser Urlaub hängt völlig in der Luft. Wenn man drei Jahre hintereinander in Ostpreußen war, ist es schwer, wenn nicht unmöglich, ein Ziel auszumachen, das einen so magnetisch anzieht und mit gleichbleibend freudiger Erwartung erfüllt, wie dieses Land. Wer nicht dabei war, wird denken, die spinnen ja wohl, die Leut'. Mitnichten, es war bisher nichts Vergleichbares zu finden.
Die Danziger Bucht soll verdreckt sein. Eigenartig, im letzten Sommer badeten wir in Zoppot. Das Wasser war glasklar. Und so bleibt es in unserer Erinnerung. Wie auch Elbing und die majestätische Allee, die über weite Kilometer nach Cadinen führt, zu dem großen Hauptgestüt am Haff bei dem aalreichen Fischerort Tolkemit, wobei abwechselnd tiefe Waldschluchten und hohe Durchblicke zum Haff die Fahrt begleiten. Im Frauenburger Dom werden wieder viele Gläubige auch dem großartigen Orgelspiel lauschen, das wir danach schon von weitem durch die offenstehenden Kirchtüren vernahmen

angesichts des Doms hochoben unter den Kronen alter Baumriesen und des Frischen Haffs tief unten, wo über weitem Wasser die Nehrung deutlich wird. Grenzenlos wirkt hier alles unter dem blauen, hellen Sommerhimmel, der höher gewölbt zu sein scheint als anderswo. Wir haben uns immer wieder gefragt, ob dies Einbildung sei, aber wir blieben überzeugt, daß dieses Land anders ist, unberührter, unbegrenzter, offenbarender in nur hier so stark zu spürendem tiefinnersten Frieden.

Braunsberg-, die Hengste sind von ihren Deckstationen zurück und haben die alten rotziegeligen Gebäude des früheren preußischen Landgestüts wieder bezogen, in denen einst der berühmte Tempelhüter seine züchterische Laufbahn begonnen hatte. Im Hauptgestüt Lisken bei Bartenstein . . ., wie wird es da aussehen, wie mag es Dr. Antony Pacynski gehen, wie überhaupt wird es laufen mit den vielen Gestüten der Trakehner Rasse? Wird auch hier die Versorgungsmisere Auswirkungen haben, die möglicherweise die Bestände dezimieren? Wir wollen nicht hoffen, daß an diesen Schätzen gerührt wird.

Rastenburg . . ., hier in der Nähe wollten wir dieses Mal den einst großen Landbesitz Dönhofstädt aufsuchen, wo auch eine umfangreiche Trakehner Zucht zu Hause war. Das muß nun aufgeschoben werden wie auch die Erfüllung des Wunsches einer alten Ostpreußin, Willkamm, den früheren Besitz der Grafen Rauttter, zu besuchen und ihr darüber zu berichten.

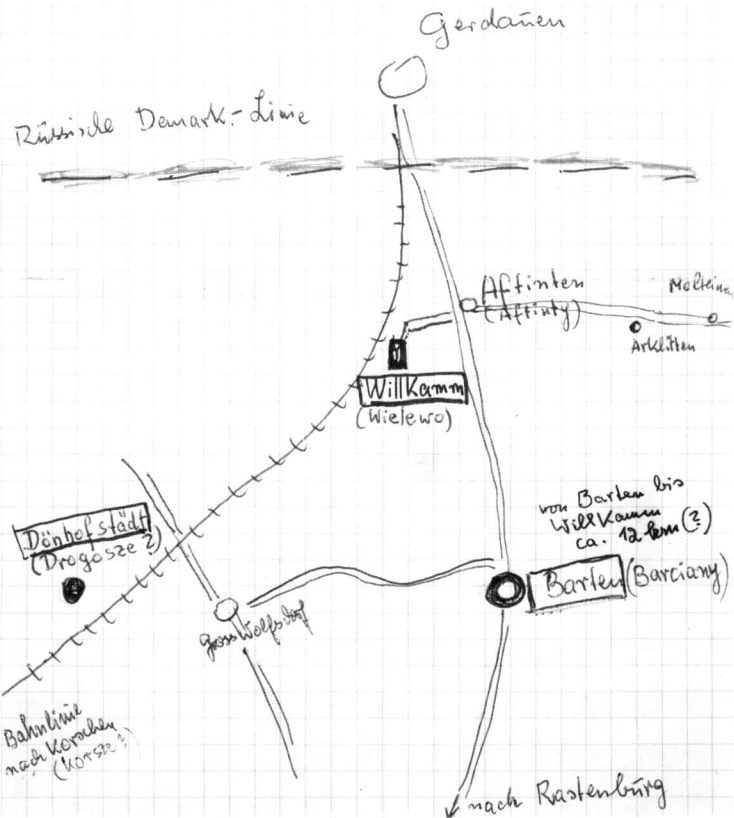

Jutta von Grone, heute in der Lüneburger Heide ansässig, schickte diese Handskizze mit der Bitte, bei der nächsten Ostpreußenreise doch einmal nachzuforschen, wie es in Willkamm aussieht.

Im Landgestüt Rastenburg mit seinen Gelbziegel-Gebäuden aus preußischer Zeit sind nun auch die dicken langmähnigen Kaltbluthengste wieder eingekehrt, nachdem sie im Südostteil dieser früheren Provinz den Stuten des Landes zur Verfügung gestanden haben. (Früher standen in Rastenburg ja vor allem edle Beschäler Trakehner Abstammung.)
Man sieht es wie vor Augen: Die Landstraße nach Lötzen, wie sie an »unserer« Tankstelle vorbei, wo es für wenig DM viel Diesel gab, nahe des Landgestüts aus der Stadt herausführt, wie sie wenig später eine Abzweigstraße in Richtung der unseligen Wolfsschanze entläßt, wo am 20. Juni 1944 eine Baracke in die Luft flog, ohne etwas daran ändern zu können, daß die Weltgeschichte fortfuhr, einen unheilvollen Weg zu gehen, der auch heute noch keinen Segen erkennen läßt. Doch die Straße nach Lötzen ist eine wunderbare Allee, ein grüner Dom, durch den das Sonnenlicht hindurchblinzelt, und an dieser Straße liegt weites, hügeliges Land, immer häufiger von Seen unterbrochen, liegen eingebettet Bauerngehöfte und grasen Herden schwarzbunter Rinder. Fernblicke, von unvorstellbaren Ausmaßen mischen sich ein. Masuren hat begonnen, die ganz großen Seen breiten sich aus. Hier liegt unser »Hauptquartier«, hier war seit Jahren unser sommerliches Zuhause.

In der Lötzener Konditorei wird es wohl keinen Kuchen mehr geben, kein Eis mehr mit Sahne. Ob überhaupt noch Touristen mit Hummelbussen oder anderen Unternehmen zur Zeit hier unterwegs sind? Kaum anzunehmen. Auch Goldap wird einsamer sein denn je. Wie auch der Goldaper Berg, von dessen beträchtlicher Erhebung wir des öfteren versucht hatten, Trakehnen zu sehen. Treuburg und Lyck, die wir oftmals besuchten, halten sicher noch ihre großen Märkte, aber knapp wird es sein, was dort zum Handeln ansteht. Selbst Wodka soll ja Mangelware sein. Unsere Gedanken gehen auch nach Nikolaiken und an den riesigen Spirdingsee, an dessen Westufer bei Popielno Wildpferde in großen Herden leben. Wo ganz in der Nähe Dr. Fritz Schilke in Dibowen zu Hause war, der von Königsberg aus die Geschicke der ostpreußischen Warmblutzucht instinktsicher über Jahrzehnte gelenkt und später im Westen die Erhaltung dieser Zucht in zähester Weise zum Erfolg geführt hat.
Auch Werner Ernst, der an einem Buch über Wildpferde arbeitet, wäre gern noch einmal nach Popielno gefahren. Und seine Bekannten unter den Fischern an den Seen werden nun sicherlich Ausschau nach ihm halten, denn er war mit Fleisch- und Wurstwaren, nicht zuletzt auch mit geistigen Getränken gut bestückt im letzten Jahr.
Allenstein, ja, hier ist Anfang Juni wieder das Internationale Offizielle Turnier für Polen durchgeführt worden. Dieses Jahr hat die deutsche Equipe den Nationenpreis gewonnen. Wir riefen Helmut Krah, den Equipechef, in Fulda an, der uns eine zunehmende Knappheit an Verpflegung und Benzin bestätigte, so daß er uns von einer Vertagung unserer Reise nicht abbringen konnte. Es sah doch wohl sehr schlimm aus. Auch stand die Bevölkerung immer mehr unter dem Druck, daß der Große Bruder »zu Hilfe« eilen werde.
Trotz alledem waren wir immer wieder am überlegen, ob man nicht gerade deswegen losfahren sollte, vielleicht den Parteitag in Warschau noch abwarten . . . Aber dann würde es zu spät sein für die Beantragung der Visa. Also, endgültig Schluß für dieses Jahr!

Osterode, – da ist hier doch in Verden der Bootshändler, der da alle paar Wochen hinfährt und Boote kauft, die dann per Schiene hier eintrudeln. Aber Händler Jensch meinte nur, macht Euch keine Hoffnungen. Den Motor, den wir bei ihm gekauft hätten und der uns 1980 bei Lötzen schon über den Mauersee kreuzen ließ, sollten wir lieber auf Aller und Weser einsetzen. Die ostpreußische Romantik sollten wir uns vorerst dazu denken.
Schluß für dieses Jahr hatten wir gesagt. Deswegen sind wir natürlich auf Weser und Aller

getuckert, haben aber doch viel dahin gedacht, wo wir jetzt eigentlich sein wollten, von Zeit zu Zeit die Gegenden hier bewußter in uns aufgenommen und sie vielfach für sehr eindrucksvoll und schön befunden. Den letzten Vergleich hielten sie nicht aus. Zu viele Autos jagten hier durch die Gegend, zu eng besiedelt meist schien die Natur, und das so großzügige, endlos weite Panorama stellte sich nicht ein. Wo war hier See bei See, wo zeigten sich zu Hauf Störche, und wo konnte man Frösche quaken hören in den Teichen? Man vermißte die vielen Pferdefuhrwerke, so ganz ohne Hast dahinzottelnd, die Gänseherden, sich sonnende Rinder quer auf der Straße liegend, rotkämmige Hühner, die überall in den Dörfern frei herumliefen und die Misthaufen durcheinanderwirbelten, den geselligen Feierabend in gemütlicher Runde draußen vor den Bauernhäusern, den Sonnenuntergang am Haff, den Kirchgang allerorten in Scharen, den tiefen Sonntagsfrieden. Auch die großen Gestüte mit ihren vielfarbigen Herden auf riesigen Weideflächen wie in Lisken, Plenkitten, Cadinen oder Weeskenhof, die alten Kirchen und Ordensburgen in der Patina bewegter Historie, nicht selten noch gekennzeichnet vom Krieg, teils naturgetreu wieder restauriert. Wir vermissen das Abenteuerliche des Entdeckens, des Identifizierens von Orten und Städten, von Gütern und Bauernhöfen, von Gestüten und Landstrichen, die uns nur aus schriftlicher Überlieferung oder vom Hörensagen geläufig waren. Auch jetzt bleibt ja noch so viel zu entdecken, wo wir noch nicht gewesen sind oder wo wir die polnischen Bezeichnungen nicht so schnell mit den früheren deutschen Namen in Einklang bringen konnten.

Aber wir haben alles ja vor uns. Wann auch immer. Nur Geduld, denn die Sehnsucht bleibt. Und wächst. Wie auch die Hoffnung, daß die Bewohner dieses Landes ihre Lebensfreiheit wahren und weiter vertiefen können, daß sie wirtschaftlich auf die Beine kommen und weder Schlange stehen, noch hungern müssen.

Wir hier im Westen sind dabei, uns uferloser materieller Begehrlichkeit entwöhnen zu müssen. Wahrscheinlich werden wir glücklicher werden bei dieser Prozedur. Geselliger, sprechbereiter miteinander, nicht zuletzt durch weniger Fernsehglotzerei, dankbarer für alles, auch für Kleinigkeiten, als bisher. Hoffentlich.

Bei aller Armut im heutigen Ostpreußen: So, wie wir die Menschen da noch erlebt haben im Juni 1980, schien es uns, daß sie glücklicher waren in ihrer Anspruchslosigkeit, als so mancher hier im Westen, daß sie mehr aus ihrem Leben machten in ihrer primitiveren Zufriedenheit und Genügsamkeit, menschlicher waren, als wir es oft noch sind, demütig, fromm und von innerer Gelassenheit. Hin und wieder besoffen die Mannsleut', aber auch das hat Walesa zu bestimmten Zeiten schon ganz gut in den Griff gekriegt. Arbeiten? Wofür? Doch man verkenne es nicht, wer ein Ziel hat und auch erreichen kann, wie mancher freie Bauer bis vor einem Jahr, der liegt auch bis zur Dunkelheit auf den Knien und macht seine Rüben sauber. Die ganze Familie macht dann mit. Und, wir sahen es selbst von unserem »Hauptquartier« aus am Dageinensee, einem Bauern in unserer Nachbarschaft halfen Handwerker aus der Gegend, eine Garage und einen Kornboden auszubauen und zu überdachen. Das war an wenigen Abenden getan, solide und unvorstellbar preiswert. Die haben nicht rangeklotzt, aber sich rangehalten. Vergnügt dabei mit 'ner Buddel Bier und etwas Wodka. Als der Richtkranz drauf war, haben wir mitgefeiert bei unserem Nachbar, der in Gelassenheit immer fleißig war und der Wodnik hieß, was zu deutsch kleiner Wolf bedeutet.

Jetzt, wo wir da nicht hinkönnen, meinen wir, daß es in Verden und Borstel schön ist, ein geliebtes Zuhause, wie wir das ja überhaupt und jederzeit empfinden, eine großartige Be-

Was die Polen in Danzig an Restaurierungsarbeiten aufgewandt haben, ist unvorstellbar. Aus Ruinen haben sie naturgetreu das historische Erscheinungsbild vieler Kirchen und bedeutsamer Bauten wieder hergestellt. – Im Landgestüt Rastenburg sind alle Gebäude erhalten, darunter der 200 Meter lange Haupt-Hengststall mit seiner hochgewölbten Kuppeldecke. – Das Hauptgestüt Lisken besitzt auf rund 10 000 Morgen das größte Trakehner Gestüt im Osten. Der frühere v. Kuenheimsche Besitz Juditten ist darin einbezogen. – Die große Graf Lehndorffsche Begüterung Steinort sieht auf dem Haupthof alle Gebäude erhalten. Auch das Schloß, das heute dem Tourismus dient, der hier vor allem Wassersport betreibt auf den riesigen Seen. –
Oben: Die letzte Reise nach Ostpreußen liegt ein Jahr zurück. Sie fand ihren Niederschlag in dem Buch ›Nach Ostpreußen der Pferde wegen‹, in dem auch über dieses Bild berichtet wird: Rückkehr von einer ausgedehnten Gestütfahrt in Plenkitten zwischen Osterode und Preußisch Holland.
V. r. am Söller der Freitreppe Andreas Mundt, Hartmut Kettelhodt, Horst Rimkus; beim Aussteigen H. J. Köhler, mit der Tasche der Oberlandstallmeister Polens, Adam Sosnowski.

tätigungsmöglichkeit mit züchterischen Veranstaltungen und zahlreichen Turnieren im Lande, gelegentlichen Reisen nach Holland zum Beispiel oder nach England, mit Lebens- und Berufsaufgaben, die uns alle auf den Leib geschrieben sind und die wir mit großer Passion angehen und zu entwickeln versuchen.

Ist es da sehr schlimm, wenn man nebenher einer stillen Liebe nachgeht, einer Sehnsucht? Einem Urlaub ja nur für kurze Zeit, der Gemüt, Nerven und Spannkraft regeneriert für Wochen und Monate in unvorstellbarer Weise?

Im Hauptgestüt Lisken wurde uns im letzten Jahr auf dem Vorwerk der Fuchsherde, in Domarady, der Hauptbeschäler Kondeusz vorgeführt. – Hoffentlich sind auch wieder genügend Puten aufgezogen worden.

Am Telefon war Isenbart

Mornington, Hans-Heinrich, Du bist wohl nicht ganz ausgelastet, daß Du Privatgespräche führst?

Mitnichten, doch ich hätte eine Frage. Wann ist die Melchior-Auktion bei Fidi Ernst?

Im Herbst jetzt, im August, Oktober, noch niemand weiß hier was Genaues.

Ist auch egal. Zum Galaabend kannst Du mit mir rechnen.

Sonst würden wir die Chose auch nicht machen.

Ja, sag mal, kommt Dein Buch in diesem Jahr?

Zur Herbstauktion soll es erscheinen.

Und was meint Helga zu dem Gag?

Ich strafe sie durch Stilleschweigen. Stell Dir das vor: Sie fragt mich also dies und das, da sage ich, das ganze wird 'ne Wucht. Und wie sie weiter bohrt, erwähne ich so ganz am Rande, daß Köhler, wie er noch ganz klein war, auch kurz darin Erwähnung findet. Da lacht die Frau doch los und sagt: »Wie süß, nein, wie entzückend«, und Tränen laufen über ihre Backen. Und als ich ihr erklär', das müßte sein, weil es die Menschen interessiert, wie so ein Pferdemensch von Kindesbeinen an..., da kam ich gar nicht weiter, weil sie sich auf die Schenkel schlug und so doll an zu gackern fing, daß sich bei ihr die Luft verknappte. Da hatte ich die Wut, knallte die Tür zu und fluchte mich die Treppe rauf an meinen Schreibtisch, wo ich erstmal ganz laut Musik anstellte, was sie nicht leiden kann. Seitdem erfährt sie nichts mehr von dem ganzen Kram.

Laß Dich ja nicht irritieren. Ganz klar bedarf es einer Knabenpose. Die Leser kriegen schließlich auch mal Kinder. Und wollen dann vergleichen, wo für den Pferdemenschen die Symptome liegen. Auch wird sich mancher an sich selbst erinnern. Auch, »große Leute« klein zu sehen, ist manchem ausgesprochen ein Vergnügen.

Nun fang nicht an zu blödeln. Sag lieber, wann Du Deinen Job aufgibst da unten in der Metropole?

Nach Verden zieh' ich, wie Du weißt, doch hat sich hier die Sache doch noch etwas hingezogen.

Halt, eine Frage hab' ich noch. Kann ich wohl Dein Gedicht in diesem Buch verwenden, das Du im letzten Jahr beim Galaabend proklamiertest, als ich dabei zu Pferde saß?

> Wenn Du den Blödsinn würdig findest. Von mir aus. Ich hab' nichts dagegen.
>
> War sonst noch was, Du Münchner, Damischer?
>
> Ja, also nicht vergessen!
>
> Was denn?
>
> Den Mini-Köhler abzubilden.
>
> Dummes Stück, vermaledeites!

Als wir aufgelegt hatten, überkam es den Autor heiß und kalt: Meine Güte, wer wohl alles wird damit rechnen, daß er genannt wird in diesem Buch? Vergebung, ging's ihm durch den Kopf. Vergebung bitte, gleich an dieser Stelle!

> Was für Hannovers Zucht der WÖHLER,
> das ist für Verden Jochen KÖHLER.
> Für die Züchter hier im Lande
> ist er so wichtig wie der GRANDE.
> Stets weiß das Rechte er zu tun
> und hat Erfolg, so wie SHOGUN.
> Und läßt man, was er tut, auch gelten,
> wirkt er, wie seinerzeit, der VELTEN.
> Hochgepriesen wie SENATOR,
> ist er ein ABSATZ-Triumphator
> und macht berühmt, wie jeder weiß,
> von WINDHUK bis zum WENDEKREIS
> die Pferde aus Hannovers Landen
> von GOTTHARD bis zu FERDINANDEN.
> Er kennt stets auf den ersten Blick
> Qualität wie DOMINIK
> und ist, wie Rudolf einst im Kino
> bekannter fast als VALENTINO.
> Sein ABGLANZ scheint gar hell und mild
> auf manchen Reiters EHRENSCHILD.
> Auch zukunftssicher wie er ist
> für Zucht und Sport ein FUTURIST.
> Und schließlich, sicher weiß man das,
> ist Jochen Köhler ein PIK AS xx...
>
> Dein
Hans-Heinrich

Hans-Heinrich Isenbart ließ sich nicht zurückhalten, das Schaubild eines der letzten Galaabende, »Musik und Rhythmus«, das Köhler selbst mitritt auf Albert (v. Adlerfarn I), so ausführlich zu kommentieren, daß er die Akteure lange Schritte reiten ließ, bevor er grünes Licht gab. Dabei proklamierte er selbstverfaßte Reime, die ihrer Verskunst willen nachher in Schriftform vielfach begehrt waren, wie auf der vorhergehenden Seite abgedruckt.

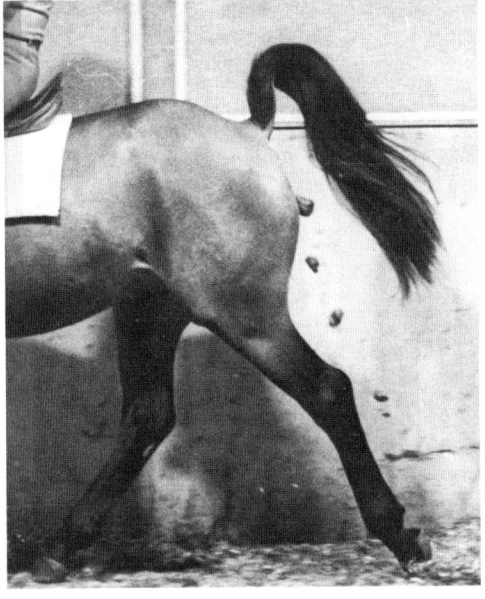

Hans-Heinrich Isenbart meinte abschließend in seinem Telefongespräch »Du wirst schon alles richtig be-äppeln und nicht vergessen, Dich selbst zu ver-äppeln«.

II. Der Pferdeleidenschaft auf der Spur.

Zunächst war es die Leidenschaft der Eltern, die vorsorgte, daß sie sich fanden und daß der Knabe dann da war. Die andere Leidenschaft, bei jeder Gelegenheit aufs Pferd zu kommen, war dann angeblich schuld, daß schon der Zweijährige seitlich stark gewinkelte Beine hatte. Diese Krummheit lag aber am vielen Griesbrei, und Mutter Margarete, geb. Burgwedel aus Hof Malchow, später umgetauft in Altenlinden bei Plau am See (Mecklenburg), mußte später einsehen, daß Vater Hans (geboren in Güstrow/Mecklenburg) doch kein Rabenvater gewesen war, als er seinen Jochen schon so früh auf einem Pferderücken geduldet hatte. Denn mit Schwarzbrot und Speck liefen sich die verbogenen Extremitäten bald gerade.

In Rostock wurde am Abend des Tages geflaggt, an dem der später auf HJK Getaufte 1917 morgens Punkt 8 Uhr und genau am Wochen-, Monats- und Quartalsanfang in der Universitätsklinik in Rostock geboren worden war. Allerdings galt der Fahnenschmuck dem Feldmarschall von Hindenburg für seinen Geburtstag am 2. Oktober. Die Eltern waren zu dieser Zeit noch wahrhaftige Rittergutsbesitzer »auf« Fresendorf. Aber 1920 sah ja wirtschaftlich alles sehr mulmig aus, der Vater hatte nur Offizier gelernt, und so übersiedelte dann die kleine Familie nebst schnell hinterher geborener Schwester Brigitte nach Fissau bei Eutin in die holsteinische Schweiz. Hier diente ein Fuhrgeschäft als Lebensbasis mit vier schweren Füchsen und zwei Langholzwagen. Eine Kuh wurde gehalten, etwas Schweinerei und einiges Federvieh.

Im Garten wuchsen Erdbeeren, an denen sich der Knabe schon des öfteren überfressen hatte, weshalb er keine mehr pflücken durfte. So zeigte er eines Tages – und die erstaunten Eltern beobachteten dies in weiser Zurückhaltung – auf die besten Früchte und ließ sie sich von seiner noch kleineren Schwester in den Mund stecken. So konnte er sich bewahren, was ihm oft später zustatten kam, auf Auswege zu sinnen und solche zu finden.

Mit krummen Beinen war der Knabe aktiv, sobald er ³⁄₄jährig laufen konnte. Pflanzliches Leben zu erhalten und zu fördern, war von Anfang an auch eine angeborene Leidenschaft, der er unaufhaltsam mit einer Gießkanne nachging.

Früh schon ein Kavalier

Nicht ganz im selben ausgesuchten Maße ist er der Kavalier geblieben, den er vor seiner Schulzeit und am ersten Schultag offenbarte. Wenn es auch nichts Außergewöhnliches war, daß er seiner im Regen die Hauskuh melkenden Mutter eine sauber geschabte Möhre auf der unweit gelegenen Koppel überreichte, so gehörte doch schon letzte Hingabe dazu, als er am Misthaufen »aus der Hose« hockend, in kniekehlenbehindertem Speed dem Hof-Hahn nacheilte, um ihm den Zwieback zu entreißen, den der seiner friedlich spielenden

Vaters Kriegspferde Hasso (geb. Georgenburg v. Metellus xx) und Quitt (Han.), dienten in Fresendorf als Wagenpferde des »Rittergutbesitzers«. Den Erstgeborenen zog es früh auf ihren Rücken.

Schwester heimtückisch geklaut hatte. Allerdings soll die höfliche Rückgabe des Gebäcks im Kontrast zur mangelnden verlängerten Rückendeckung ein wenig wie ein Kavaliersdelikt gewirkt haben. Anderen Menschen eine Freude machen wollte er auch seiner ersten Lehrerin am ersten Schultag zu Hamburg-Fuhlsbüttel. In der Pause hatte der Bengel derart Schokolade gefressen, daß er aussah wie ein Mohr. Dergestalt versteckte er sich unter dem Lehrerpult. Und als die Pädagogin ahnungslos Platz genommen hatte, kniff er sie herzhaft in die Beine, und, bei ihrem schrillen Schrei gleichzeitig mit ihr auftauchend, strahlte er in ihr entsetztes Gesicht: Ich wollte Ihnen mal eine kleine Freude machen!
Dieser Art Anbiederung ist ihm später gottlob nicht zur Leidenschaft geworden. Sie hätte ja auch alle Formen des menschlichen Zusammenlebens gesprengt. Dafür machte er sich im Hühnerstall eine Strohschütte und kontrollierte den Legefleiß der Hennen vom Dienst, während er sich gleichzeitig nach und nach seiner Milchzähne entledigte. Leerlauf liebte er nicht, nur ließ er schulischen Eifer vermissen.

Mit Weidenstockpferden zum Schmied

Nach ersten Empfindungen auf Pferderücken in Fresendorf und Fissau, mußten in frühen Ferien bei Mutters Mutter »Ofo« im Brückenhaus am Elde-Fluß unweit Plau Weidenstöcke eine Pferdevorstellung vermitteln. Ihrer waren bis zu zehn im Schweinestall angebunden, oben drüber Namenschilder. Vorne waren sie krumm gebogen zu »viel Hals« und mit Bindfaden bezügelt. Mit diesen Edlen zwischen den Beinen und am Zügel wurde schnaubend Schritt kalabastert, Stolztrab geritten und in hoher Versammlung galoppiert. Manchmal gingen sie vom »Sattel aus« auch zweispännig vor einem Handwagen. Bis zum Gutsschmied nach Altenlinden, das Ofos ältestem Sohn gehörte, waren es zwei Kilometer. Hier erhielten unter aufregender Prozedur die Weidenrosse regelmäßig einen Hufnagel unter die Sohle geschlagen.

*

In Altenlinden, das früher noch Hof Malchow hieß, war der fantasievolle Reiter als ganz kleiner Knirps schon aufgefallen, als er mittags noch Bettruhe zu halten hatte und dieserhalb vorsorglich angeschnallt war. Da hatte er sich unter der Anschnallung hindurch und aus dem Nachthemd herausgewunden, um einer Eingebung, im Kutschstall einen der Schimmel zu besuchen, nachzugehen. Dies geschah nackt, bei hohem Schnee und winterlicher Kälte. Als Kutscher Karl nach der Mittagspause wieder im Stall hantierte, bemerkte er plötzlich den Nackedei, der, unter einer Krippe im Stroh hockend, freundschaftlich mit einem Schimmel herumgämmelte und aus seinem Vergnügen keinen Hehl machte. Er ergriff die kleine Portion, hüllte ihn in eine Stalldecke und trat mit diesem Bündel vor die erstaunten Eltern. Dabei sprach er vorwurfsvoll nur drei Worte: »Schall düt so?!« (Soll dies so?!)

*

Im Brückenhaus, auf einer Kante des Schweine-Kobens, in dem die Weidenstöcke als Pferde angebunden waren, stand eine schmutzig-graue, einst weiße Tasse. Eine Tüte mit Zucker daneben. Und ein alter, verbogener Löffel lag da auch. Diese Utensilien dienten der Kräfteerhaltung des ruhelosen »Rossebändigers«, der nebenher gluckende Legehennen in die Regentonne tauchte, um ihnen die Lust am Brüten zu nehmen. Denn anders war es nicht zu bewältigen, daß er der Eier eines bestimmten Huhns, das eigenartiger Weise mehrfach am Tage legte, zu Zwecken des Rührens von »Zuckerei« teilhaftig wurde. – Liebe, gute Ofo, die das natürlich durchschaute und doch so tat, als sei da wirklich ein Wunderhuhn am Werke.

Verbannt in eine große Stadt

Inzwischen war das elterliche Domizil nach Hamburg 24 verlegt worden. Hohe Mietshäuser reihten sich hier aneinander. Hinterhöfe gab's und ein überwiegendes Etagendasein. Der Vater erzählte dem Sohn aus dem Krieg, weil dieser mit den Puppen seiner Schwester spielte, und diese mit dessen Soldaten. Dem »alten Herrn« mag der Gedanke gekommen sein, sein Sprößling sei kein »ganzer Kerl«. Je mehr aber vom Krieg die Rede war, umso intensiver wurde das Puppenspiel. Mittlerweile war noch die Schwester Renate geboren, die zunächst in einem Puppenstuhl Platz hatte. Glücklicherweise kamen die Eltern noch gerade rechtzeitig darüber zu, als das ältere Geschwisterpaar im Begriff stand, den also besetzten Puppenstuhl über das Balkongeländer zu hieven, um diese leichte, aber ungesicherte Last mittels einer langen Wäscheleine aus der dritten Etage auf den Hof abzuseilen.
Hippologisch war in dieser Zeit nichts drin. Da man aber ja nicht für die Schule, sondern für das Leben lernte, konnte es nicht vermieden werden, den Stammhalter auf eine anstän-

dige Schule zu schicken. Hierfür bot sich die Bertram'sche Privatschule an der Esplanade an: ein vornehmes Institut in nobler Gegend.

Aber es war nicht so einfach, den Schüler dort unterzubringen, denn hier nahm man nicht jeden. Mutter Margarete stellte ihren Sohn in einem recht aufwendigen Matrosenanzug vor. Da sagte der Direktor: »Aha, dekliniere mal irgendeinen Begriff.« Und der Junge sagte: »Tot.« Und dann: »Töter.« Alsbald stockte er. Und der Direktor sagte: »Ausgerechnet!« Aber er nahm noch einen Anlauf, legte drei Äpfel auf den Tisch und orderte: »Teile diese Früchte auf zwischen uns beiden.« Liebenswürdig sprach der Knabe: »Zwei für Sie, einer für mich.« – »Oh, nein, ehrlich teilen, mein Junge.« – Aber der Junge wußte nicht wie. Da nahm der Direktor ein Taschenmesser, klappte es auf und sagte, »na, was will ich wohl damit?« Entsetzlich, der Geprüfte sprang auf und sah den Direktor fassungslos an: »Mir die Ohren abschneiden!« – Das Minenspiel der Mutter ist nicht mehr ganz deutlich in der Erinnerung, wohl aber blieben es die gütigen Worte des Schulmanns, als er sprach: »Na, dann woll'n wir es mal versuchen, Fantasie scheint er ja zu haben.«

Mehr noch als von der Schule sind Erinnerungen an die Fahrten mit dem Alsterdampfer haften geblieben, der eine Stunde brauchte bis zur Schule und mittags dieselbe Zeit nach Hause. Fahrten, die im Winter besonders aufregend waren, wenn Eisbrecher die Fahrrinne freilegen mußten oder wenn gewisse Schüler allmählich schon dann vom Dampfer auf den Laufsteg absprangen, wenn noch Wassermeter dazwischen lagen. Gegenüber der Schule lief ein Paternoster, ein nie anhaltender, türenloser Aufzug, durch die Stockwerke der Adlerwerke Heinrich Kleyer. Über den Boden und durch den Keller. Dies war einer der interessantesten »Sportplätze«, die man damals hatte.

Der Vater wird wieder Pferde-Mensch

Vater Köhler, dem seine Tätigkeit als Bankangestellter in Hamburg schließlich über die Hutschnur ging, teilte 1929 der freudig aufhorchenden Familie mit, daß er zum Geschäftsführer des Landesverbandes mecklenburg-schwerinscher ländlicher Reit- und Fahrvereine und zum Chefreitlehrer für Mecklenburg-Schwerin mit dem Sitz in Rostock ernannt worden sei. Ein Mords-Molli war er von da ab in unseren Augen, wenngleich Mutter Margarete in gut zehn Jahren den siebten Umzug vorbereiten mußte und die »Kindren« innerhalb von fünf oder sechs Jahren der dritten Umschulung entgegensahen.

Abwarten in Plau am See

Nur »Oddo«, wie die Kinder ihren Vater Hans nannten, weil der sich mit der Anrede Vater alt vorkam, siedelte vorerst nach Rostock über. Hier mußte erst eine Wohnung gefunden werden, und so zog die Familie erstmals zu Ofo nach Plau. Hier lebte es sich kleinstädtisch idyllisch, und sogleich brach Naiv-Hippologisches wieder auf. Lehrer Jabusch verhaute den Neuankömmling erstmal auf Verdacht mittels Rohrstock, wobei der Delinquent sich über das Pult zu beugen hatte. Das war so üblich und wurde auch nicht tragisch genommen. Umso leidenschaftlicher wurde wieder Pferd markiert. In diesem gehobeneren Stadium hielt man sich einen dicken Grasbüschel als Schweif vor den Hintern und ahmte in stolzer Haltung mit hintübergelegtem Kopf schnaubend die einzelnen Gangarten nach. Alle Jungs an der Elde nahezu verbiesterten sich bald in dieses Gehabe. Eltern und Anverwandte beugen sich sorgenvoll aus den Fenstern, als wenn sie aufpassen müßten, daß die

Unerlaubte Fantasie

Der Knabe Köhler sollte einen Aufsatz schreiben über sein erstes Reiseerlebnis. Er hatte noch keins, das ihm zu berichten wert schien. Da tauchte er seine Feder ein und legte los. »Auf dem Bahnsteig, wo wir umsteigen mußten, schrie plötzlich eine Frau auf und fummelte wie wild an ihrer Bluse rum. Was ist denn Marie, rief eine andere. – Ach, denk Dir bloß, Betti, mi is ne Mus (Maus) in't Korsett kropen (gekrochen).«
Die Lehrerin schrieb darunter »ungenügend« und »gefährliche Fantasie. Unterschrift des Vaters erbeten«. Der Vater schrieb »gesehen«. Da fragte die Pädagogin den Schüler ernst, ob er von seinen Eltern denn gar nicht belehrt worden sei. »Nee«, meinte der, »die haben furchtbar gelacht«, woraufhin die erschütterte Dame gerade noch rechtzeitig ihren Kneifer aufzufangen vermochte.

Mecklenburgs Wappentier: Der Büffelskopp.

Aber die Eltern mußten dann doch zum Rapport, weil ihr Sprößling konstant das U auf den Kopf stellte und außerdem die Schleife des großen D zu einem immer verspielteren Schneckenhaus entarten ließ.

Bengels nicht gänzlich vertierten. Der harte Winter 1929 indes brachte die Zehn- bis Zwölfjährigen auf andere Gedanken. Am Klüschenberg wurde Wochen hindurch gerodelt, auf dem Plauer See Schlittschuh gelaufen soweit das Auge reichte. Ganze Lastzüge fuhren über das Eis, und niemand konnte sich erinnern, jemals einen solchen Winter erlebt zu haben.

Rostocker Jahre

Rostock, das nach knapper Jahresfrist ein weiteres, zunächst endgültiges Umzugsziel und einen abermaligen Umschulungsprozeß brachte, bestand in erster Linie aus dem Gymnasium, dem Lyzeum, dem Tattersall, dem Anwesen des Reeders Larsen, der Domäne Niex bei Kavelstorf und der Domäne Roggentin am Stadtrand der Hansestadt.
Zum Auftakt wurden einige Salven von Schneebällen in das offene Schlafzimmerfenster von Dr. Bongart geworfen, denn dieser war Geschäftsführer des Kaltblut-Züchterver-

Mecklenburg bestand aus zwei Großherzogtümern, den Häusern Schwerin und Neustrelitz, Land 1 (»eien« im plattdeutschen Volksmund) und Land 2. Die Preußenkönigin Luise stammte aus dem Hause Neustrelitz, aus dem Schloß Hohenzieritz.

bandes, nach damaliger Auffassung einer Vereinigung, die die Zucht des edlen Pferdes bedrohte. Die Eltern hielten zwar nicht viel von unserer Intervention, wir aber empfanden Genugtuung und meinten, daß es zu Recht geschah.

Der Pferdekult konnte nun weit intensiver betrieben werden. Das kam schon auf Vaters Schreibtisch zum Ausdruck. Fast die ganze Post handelte von Pferden. Und zum Landesturnier in Güstrow gingen dann stapelweise Nennungen ein. Da mußten dann alle mithelfen, denn des Geschäftsführers Büro war sein privater Schreibtisch, er selbst seine eigene Sekretärin. Dabei tauchte in den Nennungen häufig der Hengst Unbek. auf, den wir Jungen für einen gewaltigen Vererber hielten, der sich dann aber als Abkürzung für Abstammung unbekannt entpuppte.

Fahrräder auf Kandare gezäumt

Umzug und Zusatzmöblierung hatten viel Geld verschlungen, sodaß wir den Rostocker Tattersall zunächst nur platonisch in Augenschein nehmen konnten. Als Ausweg dienten uns Fahrräder als Pferde. An gewundenen Rennlenkstangen waren Trensen- und Kandarenzügel aus Bindfaden verknotet. Es kam auf tadellose Zügelhaltung an und tiefe Absätze auf den Pedalen. »Turniere« prüften entsprechendes Können in der »Dressur«. In unterschiedlich kategorisierten »Jagdspringen« wurde das Vorderrad über die Obstacles gerissen. Geklautes Obst diente als Ehrenpreise, ein Grammophon (»Die Stimme seines Herrn«) untermalte die Ereignisse. Die Mädchen trugen teilweise ihre ersten seidenen Strümpfe, die im allgemeinen den Strapazen nicht gewachsen waren. Die »blöden Zicken« weinten dann und gingen nach Hause, die Sportlichen blieben und zeigten den Jungs, daß sie die in diesem Alter »männlicherseits« noch geforderte Härte nicht vermissen ließen.

Das Gymnasium lag am Wall, dessen Anlagen besonders sympathisch erschienen; in der Erinnerung sind es die schönsten Parkanlagen der Welt. Im Gemäuer des bildenden Hauses saß eine Untertertia, die es in sich hatte. Schon bald hieß es, auf die erste Bank kommen: Oertzen, Larsen und –, na ja, man kann es sich denken. Es muß schlimm gewesen sein. Tagtäglich außer Rand und Band. 43 mal im Klassenbuch eingetragen zwischen Ostern und Pfingsten. Diverse »rote Zettel« an die Eltern. Alle drei Wochen der Vater zum Pädagogen. Der Sohn hatte dann mittags die Reitpeitsche selbst zu holen; zum eigenen Strafgericht. Mal war es die Reißzwecke unter seinem Hemd auf der Schulter, weil Studienrat »Pipen-Emil« da immer ermunternd draufschlug, wenn er die Klasse mit »schön guten Heil Hitler« begrüßte, mal die Zigarrenkiste mit entfliegenden Maikäfern, mit der der einsam aufs Katheder gesetzte während einer hoffnungslosen Mathematikarbeit nebst Pult und Tintenfaß vornüber in die Klasse kippte. Mal war es dies, mal war es das, – immer etwas Ungebührliches, etwas, was rausmußte und nicht zu halten war.

Im Tattersall

Der Rostocker Tattersall kam später den eigentlichen Neigungen schon sehr viel mehr entgegen. Erst im Voltigieren, dann im Reiten. Hier trabte auch Professor Spangenberg, der jeweils nach kurzen Reprisen auf dem den Hufschlag durchfurchenden Ajax zum Schritt durchparierte, um laut zu rülpsen zu seiner Gesundheit, wobei die Geräusche bisweilen auch aus einer tieferen Etage kamen, was er selbst aber immer kopfschüttelnd mißbilligte.

Der nach eigener Ansicht hoffnungsvolle Sohn des Chefreitlehrers für Mecklenburg-Schwerin war 13 Jahre alt, als sich nach dem Voltigieren ein niedliches Mädchen vor aller Augen auf seinen Schoß setzte. Der Auserwählte saß regungslos genießend vor sich hin, stolz und steif, doch für blitzartige Augenblicke Wange an Wange. Die Kumpanen staunten. Diese Annäherung hatte zur Folge, daß der also Ausgezeichnete später ruhelos mit seinem Fahrrad, tief gebeugt über eine Rennlenkstange, durch die Straßen Rostocks jagte, um des Wunderweibs ansichtig zu werden, so oft als möglich. Ähnlich ging es einem anderen mit einem ähnlichen Wesen, seinem Freund Philipp v. d. Brüggen, aus baltischer Familie. Und so stießen beide Liebhaber etwas kopflos eines morgens vor Schulbeginn in einer engen Gasse frontal zusammen, ernüchtert auf die Straße geschleudert mitsamt Zirkelkasten, Heften und Büchern. Beide hatten dann Liebeskummer und trösteten sich mit einem irgendwo aufgetriebenen psychologischen Werk über diese seelische Grausamkeit, das zu Hause keiner sehen durfte und darum mit einem schwarzen Schutzumschlag versehen war, auf den die Schwester Brigitte vorsorglich das harmlose Etikett »Das Krähennest« geklebt hatte.

Erntehilfe auf dem Lande

Es war jedesmal schlimmer als Liebeskummer, wenn die Ferien zu Ende gingen. Dann verzog sich der Halbwüchsige unansprechbar in seinen Kleiderschrank, machte die Türen

Voltigiert wurde schon vor einem halben Jahrhundert. Jedenfalls wurde Jochen Köhler damals turniergemäß präsentiert mit einer »Kerze«, deren Korrektheit und »Betriebsicherheit« von Hans Ullmann (nach 1945 lange beim Landesverband der holsteinischen Reit- und Fahrvereine tätig) links, und Stallmeister Hennings, rechts mit Melone, überwacht wurde.

Gleich hinter dem alten Steintor lag der Rostocker Tattersall, eingezwängt, aber urgemütlich. Zu einer Jugendgruppe gehörten damals v. l. Jochen Köhler, Lucca Tessin (Vater Tessin war Besitzer der namhaften Spirituosenfabrik Lement) und Brigitte Köhler.

dicht und träumte sich zurück in die Wochen in Niex bei Kavelstorf, in Altenlinden bei Plau oder in Wagun bei Dargun. Was er tat, tat er ganz, und immer hängte er sein ganzes Herz daran. Das ist so geblieben, etwas vernünftiger vielleicht, und wenn man so will, ein klein wenig nüchterner.

Auf allen drei Gütern stand die Landwirtschaft im Vordergrund. Pferdezüchterisch war man hier weniger interessiert. Die rund zehn Arbeitsgespanne jedoch, jeweils vier Pferde (Sattelpferd, Handpferd und zwei Vorderpferde) in der Hand eines Gespannführers, bildeten ein Betriebskapital, das imponierend berührte und gerade in der Erntezeit des Getreides einen Einsatz zu leisten hatte, der zwischen Regentagen und Gewitterschauern einen feuerwehrartigen Streß brachte.

Für die Jungs, die hier helfen durften, kam das Bis-zu-Fahren in Frage, außerdem das Fahren einer Hunger-Harke. »Wißhollen, üh!« (Festhalten, hü!) hatte der Biszufahrende vom Sattel aus zu rufen, damit die Lader auf dem Fuder nicht herunterfielen, wenn das Viergespann bis zur nächsten Hocke gefahren wurde. Die Aufstaker gingen zu Fuß nebenher, und die Jungs kamen sich gewaltig vor, auf ihre Weise verantwortlich an der Ernte teilhaben zu können. Echt schwierig wurde es oft, wenn in großem Bogen ein schon hochgeladenes Fuder schwankend in Gegenrichtung auf eine neue Hockenreihe gebracht werden mußte. Hierzu gehörte schon einiges Geschick, und gar nicht selten ist dabei ein riesiges Fuder umgekippt. Zu kurzen Vesperzeiten wurde Kaffee, Saft und Brot aufs Feld gebracht. Meistens ging alles gleichsam im Akkord. Je nach Wetterlage oder Ernterück-

In den Ferien war die Kornernte Trumpf. Wie hier in Niex bei Kavelstorf, wo nach der Dreschmaschine, die das Korn zur Brust nahm, ein riesiger Höhenförderer das Stroh zu einer großen Miete aufstapelte. Zwei Aufstaker und zwei Packerinnen sowie ein Bis-zu-Fahrer im Sattel von Hocke zu Hocke gehörten zu jedem Erntewagen, von denen mehrere gleichzeitig im Ladeeinsatz waren, während andere an der Dreschmaschine anladeten und eine dritte Gruppe mit Leerwagen wieder aufs Feld jagte, um an die Stelle der inzwischen festgezurrten, hochbeladenen Fuder zu treten.

Als Hilfskräfte wurden vielfach auch polnische Schnitter verwandt. Das ganze war ein non stop-Einsatz. Essen und Trinken wurde aufs Feld gebracht und in nur kurzen Pausen zu sich genommen. Bei Wetterunsicherheit wurde bis zur Dunkelheit gearbeitet. Wenn nötig, auch sonntags. Die Polen brachten uns Bengels so aufreizende Sprüche bei wie »anga pochanka putsch nagorra deimi buschi« (mein Schatz, ich liebe Dich, küsse mich). – Die polnische Schreibweise ist nach dem Gehör aus dem Gedächtnis wiedergegeben. Sie ist höchstwahrscheinlich völlig falsch niedergeschrieben, womöglich wurde die Übersetzung damals auch gemildert.

Der Wagenpark auf den großen Gutshöfen war nicht nur umfangreich und vielseitig, sondern auch gepflegt und in tadelloser Ordnung jederzeit griffbereit. Rechts ein kleiner Ausschnitt mit einigen Kastenwagen und Jauchewagen ohne die zahlreichen Leiterwagen.

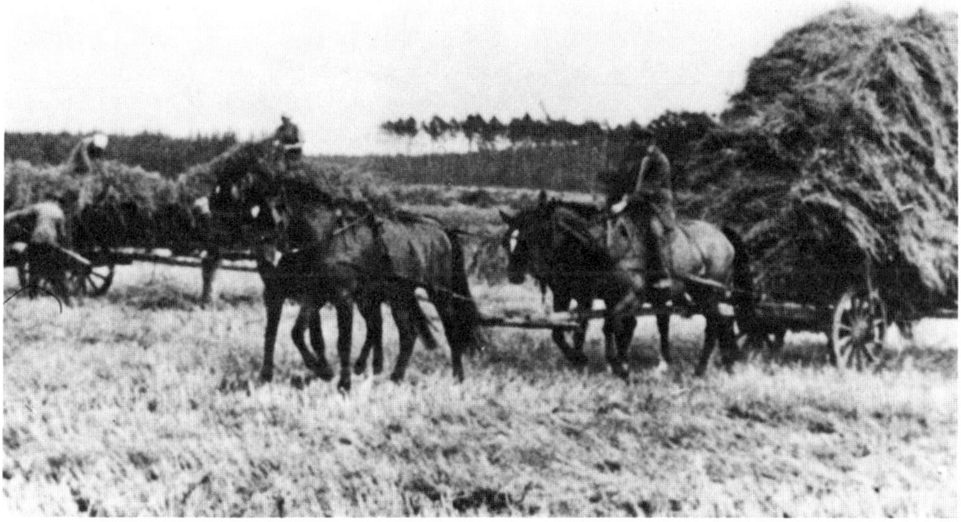

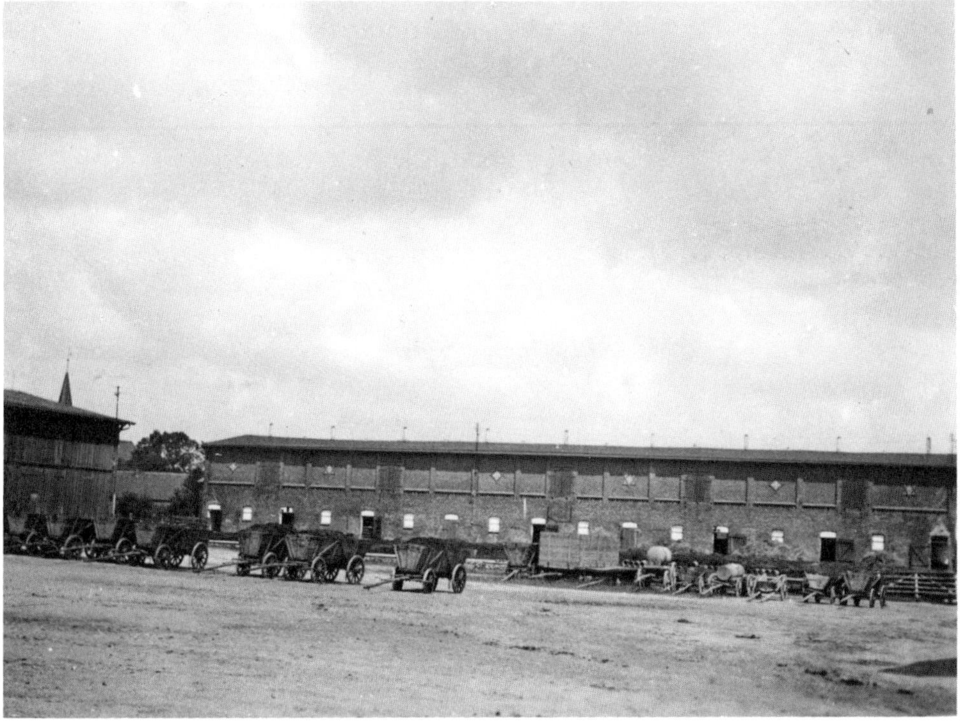

stand. Angesichts eines drohenden Gewitters jagten die Leergespanne im Galopp vom Hof aufs Feld, daß die Seitenleitern flogen und das mittlere Ladebrett nur so knatterte. Die fertig geladenen und festgezurrten Fuder rollten im Trab zum Hof. So sah man überall Staubwolken und hektische Geschäftigkeit, während der Himmel immer dunkler wurde und allmählich erste Blitze und erstes Donnergrollen die Spannung der Situation noch verschärften. Hungerharken folgten den oft in drei Reihen nebeneinander zur Beladung rollenden Gespannen, um das lose Getreide zusammenzuholen und bei den Hocken zur Verladung auszuklinken. Diese Geräte wurden von einem Pferd gezogen. Der Harker saß auf einem großen Blechsitz auf dem zweirädrigen Gefährt, mit der rechten Hand am Raff- und Ausklinkhebel. Wenn der Regen prasselte, ging es zu, wie auf dem Schlachtfeld. Alles strebte fluchtartig dem Hofe zu: Leere Leiterwagen, hochgeladene Fuder und scheppernde Hungerharken. Auch das Dienstpferd des Inspektors zeigte die Eisen.

Der erste Reitrock

Als der Schneider ins Haus kam und Jochen die Augen verbunden wurden, weil ein erster Reitrock Weihnachtsüberraschung werden und einem noch geheim gehaltenen Besuch des Landgestüts Redefin dienen sollte, wo Vater Köhler Reitlehrer-Lehrgänge auf Hengsten durchzuführen pflegte, wußte noch niemand, daß wenig später »Oddo« zum Nachfolger Se. Exzellenz des Oberlandstallmeisters Frhr. v. Wenckstern berufen werden würde. Zu dieser Zeit stand der Vierzehnjährige in Rostock unter der reiterlichen Order von Major Lotz, der mit Olnad (Hann.), Provinz (Trak., v. Jagdheld) und Poppäa (Trak., v. Master Magpie xx) zu den Zivilbesten des deutschen Springsports gehörte und den Rostokker Tattersall leitete.
Die züchterischen Ambitionen erfüllten sich vorerst in einer mit Erik Larsen, dessen Vater Däne und deutscher Reeder in Rostock war, betriebenen Kaninchenzucht (»La-Kö«), die mit vier »Hauptbeschälern« der Rassen Alaska, Blaue Wiener, Chinchilla und Angora sowie acht Muttertieren arbeitete. Die Stallungen hatten zum Abfluß ein Röhrensystem, und das ganze hatte »gestütähnlichen« Charakter. Sonntags war Besucherverkehr, wobei eine Haftung nicht übernommen wurde, wenn weißblusige junge Mädchen nicht ganz fleckenlos wieder zu Hause erschienen, nachdem die sogenannten Hauptbeschäler bei zu nahem Herangehen mit den Hinterläufen getrommelt und sich einer Abwehrspritze bedient hatten.

Künstlerische Neigungen

Eine gewisse inszenierende Neigung fand auf verschiedene Weise ihren Niederschlag. Im Haus des Freundes Erik Larsen spielte ein kleinerer Kreis von Gleichalterigen Theater. Mutter Larsens Garderobe gab viel her, und das feudale Badezimmer eignete sich sehr zum Umkleiden und Herausbringen der Akteure. Gespielt wurden Krimis und Begebenheiten des täglichen Lebens.
Der Höhepunkt schauspielerischer Leistung ergab sich mit der Rolle »Scheich«. Hier stand das Märchen »1000 und eine Nacht« zur Debatte. Gravitätisch schritt in Mutter Larsens seidenem Morgenrock der Hauptdarsteller durch die Gemächer. Zwei »Diener« hielten den Rocksaum waagerecht, den sie geflissentlich küßten, sobald der Scheich seine Blicke rückwärts schweifen ließ. Vor dem Kanapee im Damenzimmer verbeugten sich die Diener tief und gewannen rückwärtsgehend die Zimmertür, während sich der »Herrscher« lang

ausstreckte und mit einem Kamelhaar bedeckte. Auf den singend vorgebrachten Ruf »oh, bringet mir Frü -hü stück« eilten die Diener herbei, öffneten den Schokoladenschrank der Hausfrau und servierten Erlesenes auf einem silbernen Tablett. Diese Rolle war allerdings bald ausgespielt, was sich in erster Linie wohl dadurch erklären ließ, daß das »Frühstück« einerseits übermäßige Begehrlichkeit, andererseits infolge unübersehbaren Schokoladenschwunds Argwohn erweckte, wenn das reedernde Ehepaar von der Reise zurückkehrte. Alternativ wurde »York« in Tauroggen gespielt; und in diesem Zusammenhang entstand eine kleine »Schwadron« auf Fahrrädern mit Bindfadenzügeln, die durchs Gelände schwärmte und schließlich von der Domäne Niex aus, wo Jochen das Pferd vom Chef reiten durfte, hoch zu Roß »in die Schlacht« geworfen wurde.

Eines Tages war es soweit. Der achte Umzug stand bevor und der fünfte Schulwechsel. Die Möbel waren schon unterwegs nach Redefin, und die Familie wohnte bei Wilhelm Sass in Roggentin, der, gleichaltrig, ebenfalls einen Sohn und zwei Töchter aufgezogen hatte, die oftmals zuvor in Rostock zu Gast gewesen waren.

III. Paradies Redefin

Schon vom einlaufenden Zug aus sahen wir das Redefiner Hengstgespann vor dem Bahnhof Hagenow-Land. So gern wir Kinder in unbändiger Freude am liebsten im Laufschritt durch das Bahnhofsgebäude geeilt wären, so unwahrscheinlich erschien es uns allen doch gleichzeitig, daß nun wirklich wahr wurde, was wir seit Wochen erträumten: Der Einzug ins Paradies. Denn so stellten wir uns diesen neuen Lebensabschnitt vor.
Der Kutscher trug einen dunkelblauen Mantel mit mehreren karmesinrot abgesteppten und weit über die Schultern nach unten versetzten Kragen, Goldknöpfe blinkten frontal, und eine blaue Uniformmütze mit rotem Rundband bildete den höchsten Punkt auf dem Bock. Eine gelbe Wolldecke hüllte die untere Hälfte ein. Aus allem schaute mit unbeweglicher Miene der Oberwärter Erwin Ehlert heraus, die Fahrpeitsche von unten rechts nach oben links innerhalb Achenbachscher Leinenführung. Das sah schon mal toll aus. Erst aber die Dunkelfüchse Aldamus (v. Aldermann I) und Goldadler (v. Goldammer II). Die hatten vielleicht einen Nacken. Und Hosen. Und Augen. Ach, was nicht überhaupt noch alles. Leibhaftige Hengste. Ehlert sagte ihre Namen als seien es Geschöpfe aus einer anderen Welt. Und dann blieb er fast stumm. Was sollte man auch noch alles fragen. Man mußte ja erstmal sehen und wahrnehmen. Zunächst auf der fast zehn Kilometer langen Fahrt durch die unabsehbare Forst, die sich Wildbahn nannte. Fast nur Trab wurde gefahren, zweimal eine kurze Strecke Schritt. Wie Schlagsahne spritzte es zwischen den sich reibenden Hengstleibern, Schaum flockte unter den Kammdecken und den Schweifriemen. »Flung« machte der Wagen in den Auskuhlungen des breiten Sandweges, und das Wasser spritzte dann meterhoch. Wir saßen eingedeckt rundum, einen ledernen Knieschlag, rechts und links eingeklinkt, darüber.

Ankunft im Paradiese

Schließlich war der Wald zu Ende, Wiesen streckten sich zu beiden Seiten, Vogelbeerbäume standen Spalier. Dann – flong – über die Landstraße Hamburg – Berlin, hinein in den Dom einer alten Kastanienallee. Die Räder rollten jetzt metallen auf fester Straße, das sandige Knirschen und Mahlen war vorbei. Zur Linken tauchte eine lange Reihe gemütlicher Gestütwärterhäuser auf, davor eine Weide mit Schweinen, Gänsen und Hühnern. Und dann zog die Allee gerade: Vor uns der Gestüthof inmitten alter Baumbestände und gepflegter Parkanlagen, das ehrwürdige Reithaus in chamoix im Hintergrund vor Augen. Noch einmal »flong«, das war die Brücke über die Sude, schließlich wieder ein Knirschen der Räder: Der Wagen rollte auf den hellsandigen, sauber geeggten Gestüthof ein, schräg nach links hinüberdrehend zum großen Landstallmeisterhaus, das früher einmal großherzogliches Jagdschloß gewesen war. Hier also war das neue zu Hause. Undenkbar. Nicht zu fassen. Einzug ins Paradies. Das war nicht zu hoch gegriffen.

Kurzfristige Verbannung

Wie das aber mit Paradiesen so gehen kann, der Junior sah sich bald privat »pensioniert« bei einer üppig geformten Wirtin in der Landeshauptstadt Schwerin, um dort voller Kon-

Landgestüt Redefin i. Mecklb.

Ein Blick ins »Paradies«: Oben das Reithaus frontal, links Hengststall 1, davor das Verwaltungsgebäude mit der Wohnung des Gestütinspektors. Im linken Bild v. l. das Landstallmeisterhaus, das Verwaltungsgebäude und Hengststall 1. Im rechten Bild v. r. der ehemalige Stutenstall des früheren Hauptgestüts, das Haus des Veterinärrats und Hengststall 2. – Inmitten weiter Rasenflächen mit geschorenen Hecken und Heckenrondells, umzu steinloser, täglich geeggter Sandboden.

zentration dem Gymnasium am Pfaffenteich seine Reverenz zu erweisen. (Dat har nich komen dörft, pflegt der Mecklenburger zu sagen.) Das war nicht hart, das war einfach grausam. Frau Wirtin paßte auf, daß Schularbeiten gemacht wurden, fühlte sich auch erzieherisch fit und wedelte den ganzen Tag um den Käfig des sich verbannt Fühlenden herum. Da wurde der Schüler erst ernst, dann grimmig und schließlich wohl ungenießbar. »Aber mein lieber Achim«, säuselte sie dann busenwogend, »Du mußt mich nur zu umgarnen wissen, dann wirst Du es hier gut aushalten.« Garn hin und Garn her, was sollte dieser Blödsinn hier in der Fremde. Und der Jungzornige packte seine Sachen, meldete sich zu Hause als »Flüchtling« und setzte es durch – Gott sei Dank – sich künftig als Fahrschüler der Metropole des Landes (mit dem Büffelskopf im Wappen) Tag für Tag nähern zu dürfen. Zehn Kilometer mit einem Sachshilfsmotorrad durch die Wildbahn, dann 28 km per Eisenbahn und schließlich 15 Minuten zu Fuß. Immerhin: Weit besser als die Lösung zuvor. Und dazu die Chance, im Personenzug noch Hausaufgaben erledigen zu können. Dies manchmal allerdings in Schwaden von Niespulvern und anderen Belustigungen.
Da das Hilfsmotor-Rad nicht übermäßig PS-sig war, ging ihm erst weniger, dann des öfteren die Puste aus. Am Anfang der Wildbahn meist, komischer Weise. Es muß da so eine Stelle gewesen sein. Fast immer auch gerade dann, wenn der Herr Landstallmeister auf Dienstreise fuhr. So gesehen stießen die Pannen bei Muttern auf ein weit größeres Verständnis. Wie überhaupt: »Hans«, flüsterte sie gelegentlich, »leise, – der Junge liegt ganz

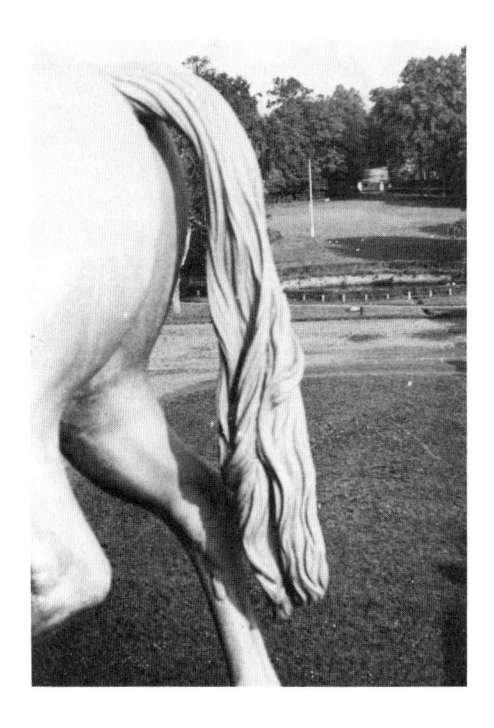

Vom Dach des Reithauses aus hatte man einen umfassenden Überblick über die Gestütanlagen; im Vordergrund der Hengstparadeplatz, dahinter die Schwemme, weit zurück die Einfahrt; linker Hand (verdeckt) der Wirtschaftshof.

bleich in den Kissen. Er kann so unmöglich zur Schule«, – wenn der alte Herr den Flur entlang donnerte, »wo ist denn der verdammte Bengel . . .«

Highlife mit Hengsten

Der verdammte Bengel fuhr dann nachmittags mit seinem Sachsmotor durch Hengststall 2, genau in der Mitte der Stallgasse, damit die hintausforzenden Beschäler nicht hinlangen konnten. Wenig horsemanlike, nachträglich betrachtet, und so konnte man Futtermeister Hacker verstehen, wenn er sich wie wild seinen Kaiser-Wilhelm-Bart zwirbelte und sagte: »Manning, Manning, oh, Jochen, dat is ja nu doch rein to dull und geiht arg to wiet.« Am Ende des Stalles standen zwei Hengste, die der etwas wilde Trieb eines knorrigen Eichbaums regelmäßig reiten durfte, die Hannoveraner Feierabend v. Feiner Kerl und Ahnherr v. Andernach. Ersterer war ein Filou und brachte den Reiter im Gelände oft in harte Wohnungsnot, nicht selten auch über die Ohren. Loslassen durfte er ihn nicht, denn dann wäre die Mutter einer Ohnmacht nahe gewesen, wenn der drahtige Braune allein nach Hause gekommen wäre. So war es wie ein Gesetz, daß er die Zügel in der Hand behielt, durch Schonungen geschleift und gelegentlich mit Schmissen bedeckt wie ein Student nach leichter Mensur. Ganz anders der Fuchs. Der war zwar hübsch, aber etwas hölzern und reichlich tugendsam. Aber gelehrig, und so konnte ihn der Sohn seines staunenden Vaters anläßlich einer Hengstparade vom Sachshilfsmotor-Rad aus an der Hand vorführen. In Gestütwärter-Montur und als etwas noch nicht Dagewesenes. Beim Üben war es erst schwer gewesen, gleichzeitig zu schalten, Gas zu geben oder auszukuppeln und den Hengst zu dirigieren. Dabei hatte ihn dieser mal hintenüber gezogen, mal war er dem querüber laufenden vierbeinigen Schüler vor den Leib gefahren.
Harmlos so etwas, wenn man bedenkt, daß der Oberwärter Sehlandt auf einer Hengstpa-

rade in üblicherweise gestrecktem Galopp seine vier Füchse von einer Break aus über die Diagonale des Platzes hinausdirigieren wollte – und diese fünfmal hintereinander nicht hinaus bekam, weil sich das linke Vorderpferd festbiß und das ganze »Geschütz« im entscheidenden Augenblick nach links herumriß, sodaß Sehlandt immer wieder in weiter Runde ansetzen mußte, den Ausgang zu treffen, wobei die Zuschauer neben diesem Exit jedesmal reihenweise in die Knie gingen, weil sie sich nicht sicher waren, ob der Linksdrall wieder gerade noch rechtzeitig einsetzte, ob der Fahrer den Ausgang tatsächlich erwischte oder ob die Hengste sich in ihrem irren speed gar sonstwo eine Gasse bahnen würden. Schreckliche Ungewißheit und große Aufregung.

Im Säulenvorraum des Reithauses spielte das Trompeterkorps des in Ludwigslust benachbarten Kavallerie-Regiments 14, auch dann, wenn die jungen Remontehengste unter den Putzburschen, zu denen bei Hengstparaden auch jener Schweriner Schüler gehörte, nach recht exakter Vorstellung in plain chasse den Platz verließen, um hundert Meter weiter hinter dem Stutenstall zu entschwinden, wo dann über den nicht einsehbaren Wirtschaftshof ein regelrechtes Rennen geritten wurde, das nach zwei rechtwinkeligen Wenden jedesmal vor dem Garten-Drahtzaun des Gestütveterinärrats Dr. Schütt in jähem Stop damit endete, daß die hier in dem Tempo nicht mehr alle rechts zu wendenden Beschäler ledig wurden, indes die Reiter in voller Traditions-Uniform mit blütenweißen Hosen in den zum Verbrennen bereitliegenden Kartoffelkrauthaufen landeten. Jedesmal wieder ein doller Spaß.

Wenn man heute darüber nachdenkt, sträuben sich noch die Haare. Besonders auch in Erinnerung an einige heimliche Mondscheinritte. Weil die Dielen knarrten, schlichen im Landstallmeisterhaus mit Stiefeln unter dem Arm einige »Halbstarke«, Freunde von der Schule darunter, über Treppen und Flure, sobald das Elternpaar im anderen Flügel dem Morgen entgegenschlummerte. Leise öffneten sich die Kopftüren des Stalles 2, die Stallwache lag weit hinten am anderen Ende auf der Pritsche in schöner Ruh, Stroh wurde um die Hufe gewickelt, und dann ging es behutsam hinaus, während der Mond aus vollen Backen zu grinsen schien. Durch das Gehölz am abgelegenen Krankenstall wurde noch getrabt, wenn dann aber der breite Sandweg zum nahen Dorf Belsch gleichsam seine Arme weit ausbreitete, ging die Post ab. Kadewitt, Kadewitt, Kadewitt – da flogen die Weiden vorüber, Wasser fluppte auf, Dreck spitzte in die heißen Gesichter, die Hengste schnaubten und Jubelrufe gingen zum Himmel. Bis –, ja, bis einmal Werner d'Hcurcusc mitsamt Sattel unter dem Leib seines Hengstes hing und erschreckend gebeutelt wurde in dieser gefährlichen Lage. Da wurde pariert und pariert, ho-ho gerufen und »halt Dich, Junge, laß nicht los«. Es ist schließlich alles gut gegangen. Im Schritt ging's nach Hause. Manch' dankbarer Blick galt dem Mond, als habe er geholfen, ein Unglück zu verhindern. Noch leiser als sonst schlich man in die Betten.

Später, in etwas abgeänderter Besetzung, machten sich die Trabanten wieder auf bei Mondes Schein. Die Tür am Kopfende von Stall 2, sie war verschlossen. Wo man auch an die schweren Klinken faßte, die Türen gaben nicht nach. Ratlos und peinlich berührt schlichen die Abenteurer zurück. Niemand konnten sie fragen, ohne ihr Geheimnis zu lüften. Es war aus. Bei weiteren Versuchen dasselbe Lied. Ein Jahr später, so ganz beiläufig, fragte der Landstallmeister seinen Sohn, sag' mal, findest Du es nicht sehr vernünftig, daß des Nachts niemand mehr die Hengststallungen betreten kann?« Da stieg jenem das Blut zu Kopf und er sagte, »Oddo, Du warst das?« – »Ja, ich meine, es war gerade zur rechten Zeit.« – »Aber warum hast Du nichts darüber gesagt, uns nicht zusammengestaucht oder so?« – »Manchmal hat eben eine stumme Lehre die besseren Effekte.«

Das Landstallmeisterhaus soll früher großherzogliches Jagdschloß gewesen sein. Von einer weitläufigen, quadratischen Diele mit Kamin gingen unten neun, meist sehr große Zimmer ab. Oben befanden sich weitere sechs Zimmer. Küche und Wirtschaftsräume lagen im Keller. Köhler bewohnte drei Räume hinter den fünf Fenstern vorn im Giebel, davon galt eins als sein persönliches Gästezimmer. Es war ja Platz genug.

Das erste eigene Pferd

Weihnachten stand eine braune Vollblutstute unter einer großen Edeltanne im Park. Sie ist Dein, mein Sohn, sprach Ali Pascha, wie »Oddo« mittlerweile gerufen wurde, sie ist etwas sensibel vielleicht und ein Pferd wohl für viel Geduld. Sie stammt v. Fervor xx und hat möglicherweise schon allerhand erlebt. Jedenfalls konnte ich sie erschwingen. – Mein Gott, das erste eigene Pferd. Alle Geduld dieser Welt sollte ihm entgegengebracht werden, alle Feinfühligkeit und ein Höchstmaß an fleißiger Ausbildung.
Es war gerade eine Zeit für viel Sport und für ländliche Turniere.
Die 100 m-Strecke lief Jochen mit einem Gummiband im Mund in 10^4, allerdings war die Strecke nicht richtig vermessen, und er sprang etliche Meter weit, aber von hoher Kante in eine tiefe Kuhle.
Was wirklich echt gut war, spielte sich mit der Fervor xx-Stute Sibelia ab. Sie war auf Anhieb das beste Pferd in der Hitlerjugend-Reitergruppe. In allen Disziplinen. Favorit also, wie er meinte, träumte ihr Reiter von Siegen und Ehrenpreisen, in der Schule, auf dem Weg durch die Wildbahn, überall und fast ständig. Als der Tag da war, sollte die Edle aufgetrenst werden für den Ritt zum Turnier nach Hagenow. Doch eigenartig, das vertraute Wesen schwand dahin. Schließlich, von der Futterkrippe aus, gelang es, ihr das Zaumzeug zu applizieren. Zufall, was sonst. Also im Reisetrab 12 km nach Hagenow, getränkt dort, grasen lassen und nochmal abputzen für den ersten öffentlichen Auftritt. Dressur, Einzelreiten für die Mannschaft. Gerte? Ja, Max, kannst Du haben. Meine Stute braucht sie

nicht. Einreiten, grüßen. Steht wie ein Baum. Dicke Nerven, fühlt der Besitzer. Anreiten im Arbeitstrab. Nanu, die Stute rührt sich nicht. Alle Kraft zusammen. Auf Sparflamme tütelt sie dahin, gibt keinen Tutt von sich aus, in Zeitlupe alles, zäh wie Leder. Verhaltenes Grinsen ringsum. Wachsende Sehnsucht beim Reiter nach dem bewußten Mauseloch oder nach einem Taschenmesser. Verdammt nochmal. Endlose fünf Minuten. Grüßen und Zügel aus der Hand kauen lassen. Danke.

Schlaues Aas, aber warte beim Springen. Den Zuschauern wird der Unterkiefer herunterfallen, wenn gazellengleich hoch und weit und sauber diese Stute in ihrem Element ist. Start. Kadewitt, Kadewi . . . Kade . . . stop. Mitsamt der Trense über die Ohren. Verschwunden im zarten Birkengrün. Ach, könnt' man hier verweilen. Aber was soll's. Raus aus dem Gestrüpp, Trense in der Hand, Beine in der Hand – und weit am Horizont das liebe Wesen. Out of bounds, wie der Engländer sagt. Alles dahin, Schleifen und Trophäen. Die Zuschauer staunten, aber auf andere Weise. Und die Mannschaftskameraden hatten sonst auch schon freundlicher geguckt.

Scheiße, verdammte. Wer hätte dies in solchen Momenten nicht auch gedacht oder lieber noch aus sich herausgebrüllt.

Was hatte der Vater gesagt? Ein Pferd für sehr viel Geduld. Du lieber Himmel, wurde man etwa schon ungeduldig, wo doch noch ein Stafettenspringen anstand? Vorbereiten das Mist . . ., das infame, das clevere vierbeinige Frauenzimmer, im Sprung auf dem Abreiteplatz noch mal – zack – die kurze Gerte. Doll, riefen welche, jetzt ist sie da. Die läuft jetzt

Mitten auf dem Gestüthof breitete sich die Schwemme aus. Dahinter das Verwaltungsgebäude, ihm auf der anderen Seite gegenüber das Haus des Veterinärrats Dr. Schütt. – Mit dem Hengst Ahnherr, geb. Han. 1932 v. Andernach, trieb Köhler verschiedene Künste. Der Goldfuchs saß wie ein Hund, ließ sich am Motorrad als Traber vorführen und ging die zwölf Stufen der Freitreppe des Landstallmeisterhauses hoch – und wieder runter.

wie im Derby. – Ja, wie im Derby lief sie dann auch im Stafettenspringen. Die beiden Reiter, die gestaffelt folgen sollten, waren noch gar nicht durch den Start, da fluppte Fervor's xx Tochter schon durch die Zielpfosten. Und immer weiter ließ sich die Hochgeborene freien, ungestümen Lauf, Runde um Runde, vorbei an Würstchenbuden, Parkplätzen und allen sonstigen Kulissen des festlichen Platzes, bis schließlich Insterburger und Georgenburger oder wie diese Aufwärtshaken alle heißen, in Kombination zueinander, nicht aber für sich allein, das Tempo allmählich begrenzten und den absterbenden Extremitäten des Reiters Gelegenheit gaben zu regenerieren. Inzwischen waren die Viererzüge des Landgestüts nach mehr als einstündiger Wartepause schaubildernd auf den Platz gelassen worden. Der favorisiert gewesene Redefiner auf seiner nunmehr gravitätisch dahinschreitenden Blaublutstute sah verwundert, daß die Schimmelhengste schon ganz schwarz waren, die Füchse in der Vorwacht kehrt machten und den Hinterpferden in den Hals bissen, während das rechte Vorderpferd der Braunen über den Strang gekommen war und nach Herzenslust hintenraus feuerte.

Das alles paßte nahtlos in den schönen Tag, und – gleichsam vorausahnend, daß er später mal einen Rittmeister aus dem Hause Götz v. Berlichingen-Jagsthausen als Vorgesetzten haben würde, galoppierte, – in götzbezogenem Sinne vor sich hin meditierend, – der Enttäuschte, Verzweifelte, Zornentbrannte, ohne Geduld in einem Rutsch nach Hause, 12 km in eins. Aber die Stute war nun erst richtig frisch. Mag sein, daß es stimmte: Der Nachtwächter Borgward will sie haben etwas grinsen sehn.

Viel Abwechslung im Landgestüt

Der große Hengstmarkt in Güstrow (Klein Paris) war vorbei. Erkundigungen hatten ergeben, daß die 17 Ankäufe für Redefin so um 10.30 Uhr den Güterbahnhof Schwerin passieren würden. Um 9.00 klagte in der Schule der erste über wahnsinnige Kopfschmerzen, um 9.30 der zweite über einen haltlosen »flotten Otto« und um 10.00 verließ der Dritte im Bunde wegen Blinddarmschmerzen das Klassenzimmer. Gegen halb eins rollte der Güterzug auf dem Bahnhof Hagenow-Land ein. Als erstes flogen drei Schultaschen aus einem der Waggons, die drei Erkrankten sprangen hinterher. Der anwesende Landstallmeister hatte, wie erwartet, nur Blicke für die Hengste, die danach aus den Waggons geführt wurden, und so konnten die Schwänzer gleichermaßen bewundern, was sich der alte Herr in Güstrow an Land gezogen hatte. Ein großer Rappe war dabei, derb und stark, augenklein und etwas verschlagenen Blickes. Ein Journalistsohn, der später auf Jagdherr getauft wurde. Als die 17 Hengste durch die Wildbahn geführt wurden in zweistündigem Fußmarsch, ungebärdig teils und gämmelig, daß den Wärtern die Socken qualmten, fuhr der Chef im Jagdwagen an der Kolonne vorbei. Und siehe, der schwarze Journalistsohn drehte aus heiterem Himmel bei und – päng – hatte er dem Kutscher Sehlandt ein Bein durchgeschlagen, durch Knieschlag, Decke und Stiefel.

Satan, der. Er blieb immer mit Vorsicht zu genießen. Lief gern rückwärts und gab unter fürchterlichen Tönen Feuer auf alles, was hinter ihm war. Auf seiner Deckstelle in Plau lief er einmal weg. Zur Molkerei. Da hat er dann im Akkord Milchkannen von den Wagen geräumt, die Gespannpferde zynisch gebissen, wild geritten und unbarmherzig geschlagen. Da kam erst die Feuerwehr, und dann Macky Messer. So mußte und konnte schließlich sogar ein »Beamter« hart und für immer von einer Karriere entbunden werden. Seinem menschlichen Beamten-Kollegen, dem Gestütwärter Ahrndt, wurde hernach sichtlich

Ernste Lehre aus erster Turnieraktivität

Der Siegesgott des Reitsports offenbarte sich mir. Als Traum. Mehrere Tage und einige halbe Nächte lang:

»Wirklich?«

»Ganz ohne Zweifel! Du wirst nicht nur einen, sondern mehrere Siege erringen. In knapp drei Wochen ist es soweit.«

»Und das auf meinem ersten Turnier?«

»Wie kannst Du zweifeln. Hast Du nicht von Deinem Vater gerade ein Pferd zu eigen bekommen von einsamer Klasse!«

»Oh ja. Und man sagt ja auch, ich ritte gut, besser noch...«

»...als alle anderen.«

»Nicht auszudenken. Es soll ein Sattel zu gewinnen sein.«

»Den bekommst Du im Springen.«

»Und die silberne Schale?«

»Für die Dressur.«

»Ob mich die Lehrer fragen, wie ich abgeschnitten habe?«

»Die lesen alles in der Zeitung. Hochachtungsvoll und in Vergebung, was sie an Schulpassion bei Dir vermissen mußten.«

*

Der Siegesgott alsdann – hielt sich vor mir verborgen. Er schickte später seinen jüngsten Assistenten. Der hatte weder Sitz noch Stimme. Ein frecher Kerl mit breitem Mund, und ewig grinsend zwischen beiden Ohren.

»Was war denn los mit Deiner Wunderstute?«

»Die hat mich böse sitzen lassen.«

»In der Dressur?«

»Da ging sie plötzlich nicht mehr vorwärts als wir allein im Viereck waren. Sie schlich nur gerade noch so viel, daß sie sich eben fortbewegte.«

»...und im Springen?«

»...zog wie die Pest vom Start. Das Tempo reicht, so dachte ich.«

»Und dann?«

»Erhöhte sie noch mehr die pace. In toller Fahrt. Der Oxer stand zum Absprung nahe, ich stieß mit beiden Händen vor, dazwischen vorgeneigt der Oberkörper.«

»Guter Stil?«

»Das nahm ich an. Doch hinter'm Lorbeerbusch, da saß ich plötzlich. Hart auf der Erde. Das Trensenkopfstück fest in meinen Händen. Verlassen von dem schlauen »Frauenzimmer«, dem stark errötend ich nun folgte. Mit ihrem Zaumzeug so vor allen Leuten!«

»Dir blieb jedoch noch eine große Chance?«

»Das abschließende Patrouillenspringen.«

»Du rittest vorn?«

»Ich sollte eine Mannschaft führen. Wir sausten los. Mein Stutchen raste wie besessen. Welch ehrliche Gerechtigkeit. Es würde klappen. Nun ganz zum Schluß lag mir der Sieg recht deutlich schon zu Füßen.«

»Ich sah es. Doch dann verlorst Du leider die Gewalt...«

»Die Edle ist mir schließlich durchgegangen. Und als es uns durchs Ziel gerissen, da fingen meine »Mannen« an, uns übers erste Birkenrick zu folgen.«

*

Nach geraumer Zeit ließ mich die Siegesgottheit der Reiterei durch einen ihrer Adjutanten wissen, daß Erfolge oft gerade dann ausbleiben, wenn man sie sich besonders wünscht. Und daß sie äußerst sparsam sind, wenn man seinen Mitmenschen oder Gymnasiallehrern imponieren will.

»Verstehst Du mich?«

»Fürs erste ja.«

»Ich werde manchmal wiederkommen. Du wirst noch viel erleben in der Reiterei. Manches ist ernst, vieles ist heiter. – Schreib' später mal drüber!«

»Ich will's versuchen.«

wieder ausgeprägtere Lebensfreude zuteil, zumal es ihm mehr lag, betulich seine Hühner zu füttern, als »Raubtiere« in Schach zu halten.

*

Bevor Ali Pascha einen Hansa als Dienstwagen nutzte, fuhr ihn Auto-Voß aus Redefin mit einem alten Horch über Land. Zur Hengstauswahl, zur Kontrolle der Deckstationen und anderen Gegebenheiten. Bergauf betätigte er eine gewaltige Benzinzufuhr-Pumpe während der Fahrt. Im Schweiße seines Angesichts, alldieweil er enormer Körperfülle teilhaftig war. »Hier rookt de Schostein, Herr Landstallmeister«, und wies auf das nahe Gustävel, wo er von der Mamsell stets so verwöhnt wurde. – »Diesmal nicht, wir fahren heute nach Petershof ins Quartier.« – »Wenn's denn nich anners is –, man möt sick mit allens äben affinnen in'n Läben«, und dann marachte Voß an seiner Pumpe, obwohl der Wagen flott lief, alles während der Fahrt und schweißgebadet . . .
Den Hansa übrigens fuhr der Landstallmeister manchmal selbst. Als er einmal schon dreißig Kilometer von Hause war, stand die Kiste. Telefon. Voß rollte an. Machte die Haube auf, fummelte ein Kabel fest. Und in verschiedenen Richtungen rollten beide von dannen.

*

Zur Jagdzeit gingen die Hengste unter den Gestütern und unter Offizieren des Kavallerie-Regiments 14, später auch eines Fallschirmspringer-Bataillons, wöchentlich einmal querbeet über steife Hindernisse und respektable Gräben. Eine Meute gab es nicht. Jochen ritt meist als Fuchs, Arnold Rukieck und Adolf Kann folgten vor Master und Feldern als Hunde. In langer Wagenkolonne erreichten die Zuschauer ihre Aussichtsplätze, um das Jagdgeschehen zu verfolgen. Unter ihnen traditionsgemäß die auf ihren Mann so stolze Frau des Gestütoberwärters Kröger, den sie Karl Hübsch nannten, und der mit seinen etwas fülligen 60 Jahren immer doll herausgebracht war, eine Schmachtlocke unter dem Mützenschirm herausgucken ließ und – einsame Klasse – in weißen Handschuhen die Zügel stets immer wieder ordnete, bevor er sie führte. Überhaupt, eine ganze Menge Gestütfrauen waren in der Zuschauerkavalkade stets dabei. Sie alle stachelten ihre Männer an, im Jagdreiten dabei zu sein. Und so war es erstaunlich, daß ältere Beamte – oft nicht weit von der Pensionierung – über Stock und Stein mitmachten, nicht selten achtungsgebietende Gesäße im leichten Sommersitz der milden Herbstsonne entgegenhaltend. Der Landstallmeister ritt stets den Schwabenkönig-Sohn Schwabenführer als Master. Der großrahmige Dunkelbraune war bombensicher. Seine krausen Mähnenhaare wiesen nicht auf krausen Sinn. Nur einmal, als Fuchs und Hunde die Strecke verfehlten und einen morastigen Graben zwischen die Beine bekamen, aber rechtzeitig wieder frei wurden in wachsender Ballance, ahnte der Chef – full speed – nichts Böses, blieb in dem Modderzeug stecken und flankte über die Ohren seines Hunters in einen anmoorigen Kartoffelacker. Kurz danach beim Halali streckte er den Teilnehmern den Eichenbruch entgegen, während in pechschwarzer Gesichtskulisse zwei weiße Zahnreihen Charme und Humor erstrahlen ließen. Die Schuldigen indes kamen etwas verkniffen herbeigegangen. Denn die Zähne des Jagdherrn verschwanden plötzlich hinter schmalgekniffenen Lippen.

*

Ziemlich steile Ufer hatte bei Gösslow das Flüßchen Sude. Die Böschung mußte geklettert, das Wasser dann gemäßigt durchschritten werden. Nicht jedem Jagdreiter gelang diese besonnene Prozedur, und so pflegte sich an dieser Stelle immer allerlei Publikum einzufinden, um Zwischenfälle zu erleben. Eines Herbstes stand hier ein ganzer Blumenstrauß holder Weiblichkeit und fieberte dem Nahen des Jagdfeldes entgegen. Als Fuchs vor den Hunden flog der hannoversche Rapphengst Alarm wie eine Rakete heran (so wurde das nachher beschrieben). Seinen Reiter müssen die illustren Zuschauer beflügelt haben, denn er machte keinerlei Anstalten, das Tempo zu verringern. Der Hengst drückte full pace oben von der Böschung ab, tauchte mit Reiter in den Fluten unter und kletterte laut hals wassergurgelnd an das andere Ufer. Während verhaltener Beifall aufkam, – man war sich nicht sicher, ob es sich hier um eine Art Heldentat oder um eine schlicht eitle Unvernunft gehandelt hatte –, versuchte Mutter Köhler, den Pudelnassen zu bewegen, den erkältungsgefährdeten corpus in Sicherheit zu bringen, während dieser unter einzelnen bewundernden Blicken die Hacken seiner Reitstiefel im Sattel an das Gesäß zog, um deren Wasserinhalt ablaufen zu lassen und den Ritt fortzusetzen.

Wenig später ging der Gestütwärter August Studier, nicht eben erpicht darauf, Hindernisse im Gelände zu überwinden, seinem Hengst Flex v. Flettner über die Ohren und landete in einem ziemlich breiten und flachen, mit Entengrütze bedeckten Graben. Da er mitten im Felde ritt, hatte er es schwer, ungeschoren aus dem Bachbett wieder herauszukommen. Immer, wenn er auftauchte, nahten nachkommende Reiter, und so war er dauernd am Tauchen und Wiederauftauchen, bis endlich die Luft rein war. Davon verständlicherweise entnervt, erschöpft und tief gekühlt, trat er griesgrämig, in Decken gehüllt und von seiner Frau sorgenvoll begleitet, die Heimfahrt auf einem zu solchen Zwecken bereitgestellten Jagdwagen an.

*

Regelmäßig in der zweiten Februarhälfte nahm der Dienstbetrieb im Gestüt gänzlich andere Formen an. Die bevorstehende Deckzeit forderte ihr Recht. Die Verteilung der Hengste auf die einzelnen Stationen war in wochenlangen Überlegungen und Planungen vorbereitet und kam nun schließlich zur Verkündung. Weniger als beispielsweise in Hannover, wo Vertreter der Zuchtvereine ihre Wünsche äußern und bestimmte Beschäler im Landgestüt mustern, erfolgte in Mecklenburg die Verteilung weitgehend auf Order des Landstallmeisters. Dessen Sohn, mit 15 bereits Zigarren rauchend, machte sich hier seine eigenen Gedanken und versuchte besonders mit Blutanschlüssen seine privaten Entwürfe zu untermauern. Er flog allerdings jedesmal im hohen Bogen wieder raus, sobald er sich »Ali Pascha« näherte, um seine »diesmal wirklich ganz dollen Gedanken« wenigstens zur Diskussion zu bringen. Auch bei Dr. Paul Schütt, dem Gestütveterinärrat, konnte er nicht landen. »Is doch alles Blödsinn, Jochen, mit Deinen Abstammungen. Es gibt doch bloß zwei Möglichkeiten: Entweder es wird ein gutes Fohlen oder ein schlechtes.« Und bei den alten erfahrenen Deckstellenleitern auf der Suche, Aussagen über einzelne Vererbungswerte zu erhalten, meinte der Oberwärter Friemann »Tjä, kann sien (sein), kann ok (auch) nich sien!« Das war alles wenig ermunternd. Aber die Begeisterung, sich jedes Jahr wieder in die Materie hineinzuvertiefen, wurde nur noch gestärkt.

Sobald also der Plan veröffentlicht war, wurden die Hengste stationsweise aufgestallt. Das war jedesmal zusätzlich spannend, wie das dann aussah. Die Dreijährigen, jeder für sich schon ganz passabel, verschwanden dann doch ziemlich zwischen den älteren Beschä-

Als Reitpferde hielt sich Landstallmeister Hans (»Oddo«) Köhler vornehmlich die Hengste Schwabenführer (Han., v. Schwabenkönig I) für Jagden und Sperber (Han., v. Sportgruß) für die Dressur. Dieser Fuchs zeigte eine ausdrucksvolle Versammlung in Piaffe und Passage, was der Chef unaufgefordert stolz zelebrierte. – Hier, in der Mitte, hat sich der Sperber-Reiter aufgebaut für den Fotografen, links Dr. Paul Schütt, rechts Futtermeister Wilhelm Hacker (»Manning«).

Dokting

Er ging schon etwas knickebeinig und war beamtlich bestallter Gestütveterinär in Redefin: Dr. Paul Schütt. Seine dritten Zähne hielt er durch leicht zischendes Luftansaugen und deutliches Knirschen bei der Stange. Jeden Morgen machte er einen Rundgang linker Hand. Dabei begegnete er an bestimmter Stelle auf die Minute genau dem Landstallmeister, der auf der rechten Hand inspizierte.

Dann blieben beide im Portal des Reithauses voreinander stehen und sagten nacheinander »Na?!« Damit waren Begrüßung und Gespräch beendet, die Runden wurden fortgesetzt.

Beide hatten die Neigung, Moselwein preisgünstig einzukaufen. Gegenseitige Besuche stellten das mehr billige (und saure) als köstliche Naß auf die Probe, schlürften laut und leckten sich die Lippen: »Schoinen Wien!« »Ja, wirklich 'n schoinen Wien!«

Da der Mecklenburger gern allen möglichen Namen und Begriffen die Endsilbe »ing« anhängt, nannten wir Dr. Paul Schütt »Dokting«. Obwohl er kein erpichter Nazi war, wurde er zum Ortsgruppenleiter ernannt. Als solcher hatte er vor dem Gasthof im Dorf Redefin die damals übliche Hitlereiche einzuweihen. Sein Hund Kastor, ein Pfeffer-Salz-Schnauzer fehlte nirgendwo, und so nahm er auch an dieser Feierlichkeit teil. Dokting, der kein r aussprechen konnte, nannte ihn Kaste. »Wir stehen hier nun vor diese Eiche, Volksgenossinnen und -Genossen. Donnewette, nehmt doch mal den Hund da weg! – Wir weihen diesen Baum unsem geliebten – Kaste! Geh da weg (der hob das Bein am Heiligtum) – Führe Adolf Hitle – verdammte Köte!«

Diese unfreiwillige Komik hatte manchen zu Tränen gerührt, so daß auch das obligatorische »Sieg Heil« in mancherlei Glugsen fast unterging.

lern. Die Deckstellenleiter schleppten alles zusammen von den Kammern, Spanngeschirre, Maulkörbe und Longierzeug. Transportkisten wurden empfangen, Deckregister, Fohlenscheine und Formulare für die Monatsrapporte. Die Putzburschen und Hilfswärter wurden als »zweiter Mann« den großen Deckstellen zugeteilt und flitzten für ihre neuen Bosse nur so durch die Gegend.

Drei Reisetage wurden bestimmt: Für die »Nordbahn« nach Rostock, Wismar, Grevesmühlen, Schönberg, Neukloster, Neubuckow, Schwaan, Güstrow u. a., die »Südbahn« nach Crivitz, Gadebusch, Lübz, Parchim, Plau, Waren a. d. Müritz, Kambs, Neustrelitz u. a., sowie den Fußmarsch nach Tewswoos, Boizenburg und andere näher gelegene Stationen. Wir Jungen wurden als Transporteure angeheuert, Jochen häufig bei dem alten Wilhelm Graff, der in Schwaan residierte.

Morgens um 5 Uhr ging es Ende Februar los. Alles stockdunkel, kalt und unausgeschlafen. Aber welch' ein Erlebnis! Heller Aufruhr in den Stallungen. Die Hengste ahnten, was los war. Ein Gewieher, eine Unruhe! Satteln, Handpferde ausbinden, bereitstellen. Draußen derselbe Lärm beim Anspannen der Gepäckwagen; trübe Wagenlaternen der einzige Lichtschein. Dann war die Kolonne beisammen. Eine Taschenlampe vorn als Wegweiser, dahinter die Kolonne der Hengste unter dem Sattel und an der Hand, am Schluß die knarrenden Gepäckwagen. Alle Augenblicke war ein Hengst los, drängte sich zwischen die anderen. Das gab dann ein Beißen und Schlagen, ein Grunzen, Orgeln und Fluchen, daß es durch die ganze Wildbahn hallte. Nach zwei Stunden schließlich Ankunft in Hagenow-Land, rauf auf die lange Güterrampe und rein in die Waggons, die zuvor schon beschriftet waren. Starke Anbindestricke an den Seiten, stramm verzurrt, sodaß die Hengste sich nicht beriechen konnten. Das Gepäck hinterher. Ein Mann blieb im Waggon, die anderen strebten in den Wartesaal zu Frühstück und Abschieds-»Körnern«. Die Transporteure wurden freigehalten. Die Kutscher auch. Wenn's dann los ging und zwei rote Schlußlichter das Auslaufen des Sonder-Güterzugs signalisierten, trollte sich das Begleitpersonal an den Gepäckwagen zusammen, rollte sich zwischen die Strohballen, und die am nächsten Morgen wieder gebrauchte Kavalkade rollte nach Redefin zurück. Schließlich sah man dann die letzten Heringsschwänze in den Mündern der das heimrollende Biwak bevölkernden Helfer verschwinden, die nach und nach in Morpheu's strohbedeckten Armen versanken. In den Osterferien durfte Jochen seinen Vater auf der Revisionsreise der Deckstellen begleiten. Er hatte weiterhin die Schulbank zu drücken. Denn seinen spontanen Entschluß, Gestütwärter zu werden, hatte Ali Pascha im Keim erstickt. Auch seitens Mutter Margarete (Mausi) war keine Unterstützung gekommen, als der Filius sie an einem späten Abend beim »Hühnchen machen« (auf einem Bein rücklings am Kachelofen stehend, mit dem anderen schuhentblößten Bein an den wärmenden Kacheln) im Wohnzimmer aufgesucht hatte. Im Gegenteil, er erlebte die sonst so Verständnisvolle von einer ganz anderen Seite. »Nein, sagte sie, da helfe ich Dir nicht. Es ist schon so schlimm genug mit Dir. Man kann mit Dir tatsächlich über nichts anderes mehr reden, als über Pferde. Für die meisten Menschen und überhaupt für später ist das etwas zu wenig.« Dann wechselte sie das Kachel-Bein und lächelte nachsichtig-freundschaftlich. Päng. Das saß.

Immerhin, das Land kennen lernen auf der Revisionsreise, hatte ja nicht nur etwas mit Pferden zu tun. Das erleichterte das Gemüt, verhinderte aber nicht die große Spannung von Deckstation zu Deckstation, wie die Hengste wohl aussahen, wieviel Stuten sie wohl gedeckt hatten und wie es den gleichaltrigen Kumpanen ging, die schon als »freie Menschen« ihren älteren Kollegen assistierten, während man selbst noch keine festere Aufgabe hatte, als seine Schularbeiten zu machen – oder nicht zu machen.

Wenn Ende Februar die Hengste auf ihre Deckstationen verladen wurden, war oft noch tiefer Winter. Das war dann besonders romantisch, zugleich vielfach auch abenteuerlich.

So grinste denn auch Arnold Rukieck seinen Freund Jochen überlegen an, als er in Bützow dem Landstallmeister die Beschäler herausstellte, bis schließlich der alte Friemann die Aufstellung des Hengstes Florian Geyer (v. Flettner) immer wieder korrigieren mußte, woraufhin Arnold auch nur aussah wie ein normaler Mensch.
In Burg Stargard lag die Station hoch über der Stadt. Hier stand unter anderen der gewaltige Dunkelfuchs Alsterfeld (v. Alstergold), der in Redefin mit dem Rappen Alsterstern (v. Alstergold) zusammen vor dem Wagen ging. Auch war es von der Burg oben nicht nur der tollste Blick ins Land bisher, sondern auch das Hotel dort mit den lila Bettbezügen blieb ein unvergeßliches Ereignis, weil vorher noch kein Hotel das verhältnismäßig kurze Leben des seinen Vater begleitenden Knaben gekreuzt hatte. Der Bericht über dieses und solches gefiel der Mutter zu Hause nachher gut, weil sie nun auch andere Interessen in ihrem Jungen geweckt sah.
Zur Erdbeerzeit Ende Juni konnte man im Gestüt schon wieder hoffnungsvoll durch die so leeren, kellerigen Ställe gehen, denn die Rückkehr der Hengste von den Stationen stand bevor. In der Reithalle wurden nur noch wenige Stuten gedeckt, sodaß »Manning« Hakker, der Sattelmeister und Vorsteher der Station Redefin, besonders mit dem Heranbringen des überaus scharfen Schimmelhengstes Schwanenritter nicht mehr so viel Last hatte. Der decklüsterne Beschäler ging nämlich, voll ausgeschachtet, immer in Riesensätzen vom Stall zur Reitbahn. Der etwas kurze und füllige Manning hing dann verzweifelt mit hochgedrilltem Kaiser Wilhelm-Bart an einer langen Longe, und in der Kurve in das Reithaus schien er dann nahezu waagerecht schwebend hinterher geschleudert zu werden, während der ungebärdige Schimmel in einer Art Raubtiersprung mit der erwartungsvollen Stute fast zu Boden ging. »Manning, Manning«, ächzte dann Wilhelm Hacker nur, während er mit aller Kraft versuchte, den Schwanenritter zurückzuzoppen.
Ende Juni gegen 20.30 Uhr rollte die »Südbahn« in Hagenow-Land ein. Alle Waggontüren standen offen, und lebhaftes Winken signalisierte die Freude des Wiedersehens. Die

Transporteure eilten zu ihren Hengsten, halfen beim Gepäckausladen und Verladen auf die Transportwagen, wobei von den Stationen mitgeführte Schweine blökten, Hühner gackerten und Mehlsäcke staubten. Da wurde erstmal verglichen, was denn jeder so mitgebracht hatte, und insgeheim malte man sich aus, was wohl die Gestüterfrauen zu Hause nachher »schnattern und zaddern« würden im Vergleichen der unterschiedlichen »Reichtümer«, derer ihre Männer teilhaftig geworden waren. »Emil«(Köhn), würde seine Ehefrau Mercedes sagen,»Du warst dies Jahr wohl nicht doll auf Draht, guck doch bloß mal, was Schefuß aus Neukloster alles mitgebracht hat!«

Vorerst aber war es ein herrlicher Sommerabend, als sich gegen 22 Uhr die Kavalkade der heimkehrenden Hengste in Bewegung setzte. Flex (v. Flettner) sprang hoch über jedes Schienenpaar am Bahnübergang, sodaß Jochen schließlich über Kopf ging. Beim Wiederaufsitzen stand ihm der Hengst mit einem Vorderfuß auf der Stiefelkappe, die infolge gewisser Mürbigkeit abklaffte und einen allmählich blau werdenden großen Zeh bloßlegte, der in schönem Kontrast zu den goldschillernden Glühwürmchen in einem glitzernden Steigbügel durch die langsam schummerig werdende Wildbahn trabte.

Kurz vor Redefin, um Mitternacht, war das ein Hengsteschreien und Gewiehere, daß das ganze Dorf gleichsam aus den Betten geholt wurde. Überall standen Gruppen von Menschen, die winkten und zuriefen, bis endlich der letzte Hengst sein Nachtlager aufgesucht hatte und Nachtwächter Borgward tiefbefriedigt seinen Seehundsbart knebeln konnte, als wenn er sagen wollte, »so, nu möt ick duwwelt gaut uppassen, de Hingsten sünd wedder tau Hus!«

Consilium abeundi

Das Training für die nächste Hengstparade hielt alles in Bann. Am meisten den Schüler des Gymnasiums in Schwerin. Seinen Klassenarbeiten unterstanden Zensuren, die zu taktischen Manövern zwangen, damit ihre Zahl nicht noch vermehrt wurde. Das war ein grausiges Lavieren; ein nahezu hoffnungsloser hinhaltender Widerstand. Im Unterricht fiel die Konzentration schließlich auf den Nullpunkt. Und so sagte man eines Tages: Gefragt wirst Du nun nicht mehr, denn Du antwortest ja doch nicht. Dann war es bald soweit. Das Lehrerkollegium beschloß einstimmig, den hoffnungslosen Schüler von der Schule zu weisen.

Ali Pascha, Gottseidank, flippte nicht aus, sondern besorgte kurzerhand einen Privatlehrer. Bis der in Redefin eintraf, waren es herrliche Wochen. Aber auch dann kam es nicht zu dem notwendigen Ernst. Der Pädagoge spielte leidenschaftlich gern Skat. Im zwei Kilometer entfernten Belsch gab es eine ausgekochte Runde, die bis in den frühen Morgen hinein die Karten auf den Tisch schmetterte. Das war genau das richtige, alldieweil dann im Unterricht der zu Unterweisende lateinische Texte vorlas, die er eigentlich übersetzen sollte, während der todmüde Philologe gelegentlich mit dem Kopf nickte und lobend zu vermerken schien, wie tadellos sein Schüler lateinisch sprach. Es war dann eine Zeit lang von guten Fortschritten die Rede, bis eines Tages der treusorgende Vater dahinter kam, daß der Lehrer am Tisch pennte, und der Sohn auf dem Hengst »Feierabend« im Gelände unterwegs war. Da kam es heraus, daß alles Fassade war, was einen so guten Eindruck gemacht hatte.

Der neue Lehrer war da nicht nur anders, sondern ein rigoroser, ganz infamer Pauker. Immerhin brachte er es fertig, den Gymnasiasten zu harter Arbeit zu bewegen und ihn fit zu machen für eine richtige Schule, an der das Abitur gemacht werden sollte.

IV In der Fremde

Mittelpunkt wurde zuerst das Arndt-Gymnasium in Berlin-Dahlem mit der Richterschen Stiftung, in deren Häusern jeweils dreißig Schüler aller Klassen bei einem Hausvater, der Lehrer am Gymnasium war, und einer Hausmutter, dessen Gemahlin, wohnten.
Der Redefiner kam zu dem Ehepaar Rasmus in das Haus Wittelsbach wo unter anderen Hubertus v. Mitzlaff, Tschammi, ein Sohn des Reichssportführers von Tschammer-Osten und ein unglaublich dreister Vetter des persischen Schahs Reza Pachlewi untergebracht waren. Aus dem Nachbarhaus Oranien drangen allerlei stories herüber, die von Bernhard zur Lippe-Biesterfeld berichteten, der kurz vorher ins Leben hinausgetreten war, um später Prinzgemahl der Niederlande zu werden. Es gab hier viele interessante Leute aus allen Teilen des Reiches, vielfach vom Lande, teilweise Söhne von Ministern, Opernsängern und anderen Vätern, die in der Öffentlichkeit standen.
Der Ton in den Häusern und in der Schule war preußisch, aber von jener Liberalität, die dem echten Preußentum immer zueigen war, die den kategorischen Imperativ zu einer Selbstverständlichkeit machte. Und so drückte sich niemand. Jeder gab sein Bestes, freute sich seines Lebens und wurde geachtet. Dies bekam dem verkorksten Schüler aus Mecklenburg großartig. Er respektierte seine Lehrer, entwickelte Ehrgeiz und besann sich darauf, daß der Kopf höher zu werten ist, als der Hintern im Sattel, daß Film und Theater, Musik und Museales Möglichkeiten boten, die Allgemeinbildung zu vertiefen und den Lebenshorizont zu weiten.

Olympia-Ausscheidungen

Zu dieser Zeit fand in Berlin-Düppel die letzte Vorbereitung der Dressurpferde für die Olympischen Spiele 1936 in Berlin statt. Dahin brachte das Fahrrad den nunmehr leicht lernenden früheren Schweriner einige Male und ließ ihm das Herz höher schlagen. Soetwas hatte er noch nie gesehen: Bürkner, Linkenbach, Lörke, Wätjen, Staeck und andere große Meister bereiteten hier ihre Meisterschüler auf ein Ausbildungsfinale vor, das die Nominierung der Olympiakandidaten bringen sollte.
Von Lörkes Trabanten war nur noch Heinz Pollay übriggeblieben (»der hat manchmal geweint wie ein Kind, aber er hat durchgehalten...«). Die Rappen Kronos und Emir standen ihm zur Verfügung. Der Prinz von Hessen ritt Lausbub, wenn nicht alles täuscht, Absinth ging unter Friedrich Gerhard, Lapis Lazuli mit Dr. Franz Herrschel, Gimpel mit Hermann v. Oppeln-Bronikowski. Eigentlich alle damals führenden Dressurreiter waren im Sattel, und – die Erinnerung mag manches etwas verklären – es war da ein Piaffieren und Passagieren, wie dies eben zu jener Zeit in einem später kaum wieder erreichten Niveau zelebriert zu werden pflegte.
Als Abiturient und in doch wohl gewachsener geistiger Reife kehrte der Redefiner im Frühjahr 1937 nach Hause zurück, nicht ins Paradies, sondern zum Kofferpacken für eine Reise, die damals jedem jungen Menschen laut Gesetz vorgeschrieben war.

Wie das Gesetz es befahl

Diesen Dienst hatte jeder junge Mensch zu absolvieren zwischen Schulabschluß und Militärdienst. – Tittling hieß das Nest nachschulischer Betätigung. Man erreichte es von Passau aus in nördlicher Richtung weit drinnen im Bayerischen Wald. Hierhin hatte es den Redefiner verschlagen. Hier standen die Baracken »seines« Arbeitsdienstlagers. Blitzende Spaten gaben einen gewissen Glanz, darüber hinaus waren Kartoffelschälen, Exerzieren und ein Graben, an dem ein halbes Jahr hindurch kilometerlange hohe Böschungen geschaufelt, fasciniert und mit Grassoden bestückt wurden, an der Tagesordnung. Außer Ureinwohnern des Landes gehörten nur drei »Preußen« zur dienstverpflichteten Belegschaft. Ausgerechnet nur diese waren Abiturienten und bereits für die Offizierslaufbahn angenommen, für Heer, Marine und Luftwaffe. Sie schälten die meisten Kartoffeln, kamen sich ziemlich gottverlassen vor und sannen unentwegt auf Abhilfe.
Ein wenig Abwechslung brachte den dreien ein Bratkartoffelverhältnis mit einer recht geistreichen, gepflegten und wohlmeinenden Dame, die in dieser Einsamkeit einen längeren Urlaub verlebte, um ihr Nervenkostüm zu erneuern. Wir küßten ihr nicht gerade die Hand, aber auch sonst nichts, weil sie etwas nervös und auch dem ersten Frühling schon ein wenig entrückt war.
Der Versuch, zu einem Ernteurlaub die heimatlichen Penaten aufsuchen zu dürfen, scheiterte an der geringen Hektarzahl, die den Gestütsgarten zu Hause umfingen, und so entdeckten zwei der angehenden Fahnenjunker ihren Ischiasnerv und jene Symptome, nach denen dieser dem Menschen Schmerzen bereitet. Einer Glaubwürdigkeit stand nichts im Wege, denn die Einweisung in das Krankenrevier erfolgte augenblicklich. Zwei Tage bereits dauerte die Behandlung, Weintrauben wurden von unserer Bekannten geschickt, und der Trott, Tag für Tag mit der Grabenböschung konfrontiert zu sein, war wohltuend unterbrochen.
Die eigentliche Kerngesundheit machte dann aber jäh einen Strich durch die Rechnung. Die Tür des Krankenzimmers wurde just in dem Augenblick geöffnet, als sich zwei »ischiasgequälte« Körper matratzengefedert rhythmisch in die Höhe schnellten, wobei sich die Patienten vor lauter Jux und Alberei nicht zu lassen wußten. Die Tür schlug wieder zu. Zwar. Aber die Betten waren kurz danach leer, und vier zusätzliche Hände packten Grassoden auf die Böschung des traumhaften Grabens.
Pferde waren weit und breit nicht zu sehen. Nicht einmal das Gelände bot sich optisch zum Reiten an. Da saß selbst die Fantasie auf dem Trockenen. Und es half leider auch nichts, als ein Kunstgenuß in Passau arrangiert wurde. Denn die Unausgeruhten vernahmen nur Teile der Opern Cavalleria Rusticana und Orpheus in der Unterwelt. Sie hatten ganze Teile der Oper mit Morpheus verwechselt.

Kurze Zwischenstation

Mit dem Bayerischen Wald im Rücken trennten den Heimkehrer die häuslichen Belscher Tannen nur sehr kurzfristig von dem 20 km von Redefin entfernten Ludwigslust, wo ausgekochte Kavallerie-Ausbilder eines neuen Rekrutenjahrgangs harrten. Köhler kannte diese Gefilde, wenn auch aus anderer Perspektive.
Es war in den dreißiger Jahren als der Hippologe noch Pennäler war: Auf dem Turnierplatz in Ludwigslust rollten eines Nachmittags die ersten Prüfungen des jährlichen Großturniers ab. Ein M-Springen war an der Reihe. Da kreiste ein Flugzeug über dem Platz und

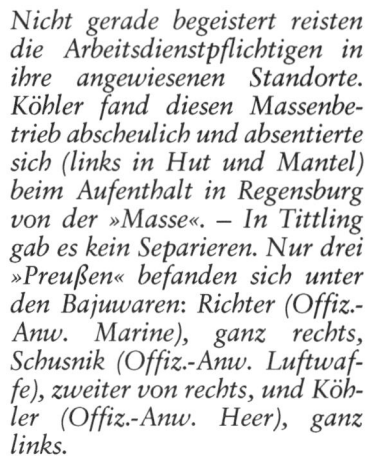

Nicht gerade begeistert reisten die Arbeitsdienstpflichtigen in ihre angewiesenen Standorte. Köhler fand diesen Massenbetrieb abscheulich und absentierte sich (links in Hut und Mantel) beim Aufenthalt in Regensburg von der »Masse«. – In Tittling gab es kein Separieren. Nur drei »Preußen« befanden sich unter den Bajuwaren: Richter (Offiz.-Anw. Marine), ganz rechts, Schusnik (Offiz.-Anw. Luftwaffe), zweiter von rechts, und Köhler (Offiz.-Anw. Heer), ganz links.

lenkte die allgemeine Aufmerksamkeit auf sich. Als sich alle Hälse in den Frühlingshimmel reckten, schwebte plötzlich an einem Fallschirm ein überlebensgroßes schwarzbraunes Pferd unter kurzgeschnalltem Springreiter langsam hernieder: »Soeben trifft Oberleutnant Micky Brinckmann nach mehreren großen Erfolgen vom Turnier aus Paris auf Wotansbruder bei uns ein, um sogleich an den Start zu gehen«, tönte der Lautsprecher, während »Micky« im selben Augenblick höchstpersönlich die Starterflaggen kreuzte.

Da wurde so manches ausgeheckt. Der Fliegerhorst lag am Rande des kleinen Landstädtchens. Und von Zeit zu Zeit galoppierte dorthin einer der jungen Leutnants mit einer feierlich auf Pergament gemalten Einladung für ein Wettessen im Hotel Stadt Hamburg. Wenig später kreiste dann eine Flugmaschine über der Reiterkaserne, um die ebenso feierlich aufgesetzte Antwort abzuwerfen. Es erschienen dann von jeder Seite ein Stabsoffizier, ein Rittmeister (Hauptmann) und ein Leutnant an der Tafel, um auf der Basis von 1,80 RM pro Person Platz zu nehmen und von der Kalten Platte soviel zu vertilgen, wie es die letzten leiblichen Möglichkeiten erlaubten. Dazu gab es Grabower Porter. Und Sieger wurden meistens nicht die üppiger konditionierten Flieger, sondern die schmächtigeren Figuren der Reiter, wie besonders der spätere Rennchampion und Fritsch-Adjutant Jochen v. Both.

Erich Wandschneider rollte regelmäßig mit zwei Waggons »fertiger« Springpferde nach Ludwigslust. Und mußte bisweilen noch eine Ladung nachkommen lassen. Er stieg selbst unentwegt in den Sattel, wobei sich nicht mehr genau erinnern läßt, ob die Zahl der Pferde, die man in einem Springen starten durfte, überhaupt begrenzt war.

Auf einem braunen Holsteiner (Typ T 34) karriolte Erich einmal – mehr in Schlangenlinien, als strichweise – auf den großen Wassergraben zu. Erich sprang allein und verschwand unter liebevoll verankertem Entenflott und Algenkram. Alsbald tauchte er auf. Grünumkränzt. Verschwand aber sogleich wieder. Das Publikum witterte was. Erich kam wieder hoch. Sprudelte einen Wasserstrahl senkrecht in die Höhe wie ein Seehund. Dann winkte er mit einer Hand aus der Tiefe, rief Ju-huh und schrie schließlich unter dem Gaudium aller über den ganzen Platz: »Will mi hier denn keen Mensch wedder ruthalen?«

Micky Brinckmann ist als Soldat in Ludwigslust groß geworden. Auch Max Huck. Von »Micky« ging die Sage, er habe den Weg vom Bett zum Lichtschalter oftmals dadurch überbrückt, daß er das Licht schlicht mit einem Pistolenschuß gelöscht habe. Aber wer weiß, was an dieser Geschichte dran ist. Vielleicht ebensowenig wie an jener Story, die da behauptet, daß einige Springreiteraspiranten im Leutnantsalter einem Gendarm, der die Herren um Ruhe ersuchte, eine mitgeführte Flasche Sekt auf der Pickelhaube spalteten, den Vertreter der Obrigkeit in den Stadtgraben komplimentierten und ihm aufgaben, Paradetritte in dem mittelseichten Wasser zu zeigen, welche Bemühungen mit einzelnen Pistolenschüssen unterhalb der gewaltig tretenden Gliedmaßen zu höchster Leistung gebracht wurden. – Bevor es richtig Tag geworden sei, habe man sich dann bei dem Ordnungshüter entschuldigt und ihn reichlich entschädigt, so daß dieser nur noch huldvoll und väterlich mit dem Finger gedroht habe.

In Ludwigslust (»Lulu«) und in Parchim (»Pütt«) lagen die 14. Reiter, früher die 17. und 18. Dragoner. Zu Zeiten des Gestütdirektors Se. Exzellenz Frhr. v. Stenglin liefen die Redefiner Hengste unter Offizieren in Ludwigslust ihre Prüfungsrennen, die aber bald wie-

Später als Rekrut:
An den Realitäten vorbeigeträumt hatte der Landstallmeister-Sohn. Auch ihm blieb Kommissiges selbst bei der Kavallerie nicht erspart. Dementsprechend fühlte er sich, – und so war es ja gewollt, – klein und aschgrau, dämlich und gedemütigt. Der unförmige, reitunfreundliche Armeesattel, das viele zu Fuß laufen und das Gebrüll mancher Unteroffiziere und Wachtmeister machten ihn stumpf und nahmen ihm vorerst den Glauben, einen großartigen Beruf gewählt zu haben.

der eingestellt wurden, da die meisten Hengste im großen Tannenwaldbogen ihren Reitern derart die Hand zu nehmen pflegten, daß zu wenige schließlich die Zielpfosten passierten.

Es waren also mannigfache Kontakte vorhanden zwischen Redefin und der Kavallerie in Ludwigslust und Parchim. Oberst Kleffel, der Regimentskommandeur, hatte in den letzten beiden Jahren mit seinen Offizieren auf Hengsten die Jagden mitgeritten und war im Landstallmeisterhaus zu Gast gewesen. Köhler hatte er sicher nicht übersehen, wenn dieser als Fuchs ritt, und so meinte dieser, daß er wohl optimale Voraussetzungen vorfinden würde, dem Militärdienst zu begegnen. Er ahnte damals noch nicht, was ihm bevorstand, und er hatte auch keinerlei Lebenserfahrung darin, daß gute Beziehungen auch eine Belastung sein können, wenn nämlich gerade »deswegen« besondere Objektivität, ja, sogar übermäßige Härte nicht einmal den Schein eines Vorteils aufkommen lassen sollen.

Die kurze Zeit zu Hause nutzte der Einberufene weidlich aus, sah sich im Geiste schon in schicker Extrauniform, infolge fortgeschrittener Reitfertigkeit auch vorzüglich beritten gemacht, von der Jung-Damenwelt der Garnison bewundert und – überhaupt – einem tollen Leben gegenüber, das nun ganz bald schon seine Tore weit öffnen würde.

V. Soldat mit Sporen

Der 3. November 1937, ein Hubertustag, führte der 1. Schwadron des Kav.-Reg. 14 in Parchim also nun einen Fahnenjunker-Rekruten zu, der da meinte, Pferde und Reiten seien auch beim Kavallerie-Militär nahezu ausschließlicher Lebensinhalt. Aus diesem Grunde verzichtete der gerade in der Kaserne eingetroffene Rekrut nach erstem Uniformempfang darauf, es seinen neuen Kameraden mit Spindeinräumen gleichzutun und begab sich drillichuniformiert in die Stallungen der Schwadron. Er wandelte – Hände auf dem Rücken – auf der Stallgasse, besah sich die Pferde von hinten und studierte die Namenstafeln auf ihre Abstammung. Daß schwitzende Soldaten eifrig putzten und wieder andere (Unteroffiziere und Wachtmeister) da herumstanden, störte ihn nicht in seinen tiefen Gedanken.

Er blickte erst auf und um sich, als es plötzlich ganz still wurde um ihn. Da stand ein großer blonder Uniformträger vor ihm, ließ seinen ausgehängten Säbel lang über die Stallgasse schleifen, ruhte seine rechte Hand zwischen den Brustknöpfen des Uniformrocks aus und sah ihn an, als ob er nicht alle Tassen im Schrank habe. Drei andere »mittelhohe Tiere« bildeten einen Halbkreis und guckten genauso. Die Soldaten äugten aus der Deckung ihrer Pferde erwartungsvoll.

»Was ist hier los?« sagte der Große. Und rollte jedes Wort. »Hier wird geputzt«, meinte der Neuling höflich, aber ahnungslos. – Allgemeines Staunen, wohl darüber, daß eine so schwere Frage so leicht beantwortet wurde. – Aber nein: Drohend trat der Gewaltige einen Schritt vorwärts, fixierte den nagelneuen Drillich von oben bis unten: »Und Du, Schnösel, was machen Sie hier?« »Ich . . ., ich gucke mir die Pferde an«, meinte der einige Stunden alte Soldat und dachte in seinem Sinn, daß das ja wohl ohne Schwierigkeiten zu bemerken sei. Doch dann hatte er unversehens ein Putzgeschirr in seinen erstaunten Händen, fand sich neben dem Wallach Panzerjäger zwischen den Flankierbäumen, und – immer, wenn der Säbelträger auf einer Pfeife trillerte, nahm er die Stallgasse im Sturm und klopfte seine Striegel darauf, daß es knallte. Das hatte man ihm in Sekundenschnelle beigebracht. Da rann dem Passionierten der Schweiß, und schöne Träume gerieten ins Schwimmen. Seinen Spind räumte er dann später ein. Zwanzig Kilometer ostwärts Redefin. Und doch so weit davon entfernt.

Aber am nächsten Tag, da gab es eine bessere Möglichkeit. In der Mittagspause. Bei einer anderen Schwadron. Da war Ruhe im Stall. Und Muße, die Pferde anzusehen, ihre Abstammungen auf den Tafeln zu studieren. Das war schön. Einen ganzen Beritt hatte er schon durch. Tiefer Friede. Doch – da war wieder dieses dumme Gefühl. Stand da wieder so ein Tressenmensch? Langsam drehte er sich um. Da ragte ein Gefreiter (Stallwache) auf. »Was machst du hier?«, lauerte er. »Die Pferde ansehen«, sagte der andere vorsichtig . . . und schob langsam die Hacken ein wenig zusammen und fügte auch noch höflich hinzu »Herr Gefreiter«. Aber diesen Titel bekam er gar nicht mehr ganz heraus, da klirrten die Kinnketten, und die Balken bogen sich: »Pfeeerde ansehen? Sagst du? – Klauen willst du Schwein . . .«, und dabei brüllte er und bölkte immer noch, als dem auf Zeigefingerzeichen Enteilenden alle Felle entschwammen.

*

Schon an einem der ersten Abende, bevor man weder richtig stehen, gehen oder grüßen konnte, wünschte der Regimentskommandeur, Oberst Kleffel, die Fahnenjunker im Parchimer Kasino zu sehen. Kunrad Frhr. v. Hammerstein, dessen Vater Chef der Heeresleitung in der Reichswehr gewesen war, v. Rautenstrauch, »Neger« v. Boddien aus Leissienen/Ostpreußen und Jochen Köhler entmieften sich unter kalter Dusche von Pferdestall und Drillichzeug und erwarteten die Herren Offiziere. Der Kommandeur wirkte väterlich, meinte aber, wir Fahnenjunker müßten uns untereinander siezen. Das gehöre zum guten Ton und stärke das Individuelle. Schließlich würden wir bald Verantwortung tragen müssen und könnten uns ein Herumgekalbere eh nicht leisten. Auch hätten wir zu lernen, mit Alkohol umzugehen, vor allem gerade dann pünktlich und fit zum Dienst zu erscheinen, wenn es hart und lange hergegangen sei. Dann sagte er »Prost«, und dies sagten dann stundenlang auch die Majore, Rittmeister und Oberleutnante. Die Leutnants waren die Schlimmsten. Sie sagten das auch immer noch, als es dem Morgen zuging. Uns fiel – augenklimpernd – ein, daß wir in Ludwigslust bei der Annahme zum Regiment Spaghettis hatten essen müssen, ständig in ein Gespräch gezogen von rechts oder links, sodaß uns die extralangen Fadennudeln nur so von der Gabel gekullert waren und aus dem höflich antwortbereiten Mund gehangen hatten. Dies war jetzt offenbar der Beginn eines Trainings und Tests, der den Konsum von Alkohol und seine Folgen auf die Probe stellen sollte.

Als endlich der jüngste Leutnant, als letzter des Offizierkorps noch im Kasino, huldvoll abwinkte, war es höchste Zeit, zum Stalldienst zu erscheinen. Beim Ausmisten tränten die Augen und der Kopf brummte, unhörbar zwar, aber fürchterlich. Da sagte Hammerstein, der mehrere Jahre in Amerika zur Schule gegangen war und so etwas Marzipaniges an sich hatte, »go on, old boy« und veranlaßte einen Braunen zur Seite zu treten. Sofort stand der Stalldienstleiter neben ihm und schaute ihn an, als ob er gelitten hätte. Doch der mitleidige Blick trog, die Gesichtszüge des Säbelträgers verfinsterten sich. Und eh' sich Hammerstein versah, stand er auch schon in einer Schiebkarre, hielt – wie befohlen – einen aufgerichteten Besen in der Hand und sang die erste Strophe von »Oh, Tannenbaum«. Das sah ziemlich albern aus, gehörte aber offenbar zum Repertoir soldatischer Erziehung.

Vor dem Abtreten zum Frühstück mußten wir eben noch mal über den Misthaufen robben, weil unsere selbstgewaschenen Drillichanzüge noch sehr sauber waren und wir das Waschen durch viel Übung wohl erst einmal richtig lernen sollten.

Mittags bei der »Parole« stand Anton vor'rer Front. Er hieß mit Nachnamen Prüter und war aufgrund einer Wette (...wenn der Spieß wird, zahle ich 100 Flaschen Sekt!) Spieß der 1. Schwadron geworden. »Keerls«, sagte er, »und wenn hunnerttausend Hurenweiber nackt auf diesen Zaun tanzen tun, kein Glied rührt sich!« (Daher war wohl auch so viel Sago im Essen). Nachdem Anton dem Futtermeister bedeutet hatte, daß die »Herren Offizieespferde« nicht so viel Hafer kriegen sollten, fragte er: »Wer kann von euch richtig frisieern?« Da meldete sich der Redefiner und hatte einen feinen Job. Für ein paar Tage. Dann hatten ihn die Wachtmeister auf Sicht. Und wieder stand er in Reih' und Glied beim Putzen, als er gewahr wurde, daß die Stute Operette sehr kitzlig war. Sobald zum Ausklopfen der Striegel auf der Stallgasse pfeifgetrillert wurde, zog er der Stute an den langen Haaren der Kinnbacken. Das klappte zuverlässig. Sie juchte laut auf und schlug hinten aus. »Wo bleiben Sie?« rief der Wachtmeister laut und fordernd. »Hier! Ich kann nicht raus, die Operette läßt mich nicht.« Das wollte er sehen, breitbeinig stand er dahinter, pfiff..., und dasselbe Manöver. Einen Wasserstrahl gab die Kitzelige noch dazu, während sich der Rekrut scheinheilig und Gefühle der Angst in seine Gesichtszüge legend, im toten Winkel barg. »Ausnahmsweise«, grollte der Portepeeträger, »können Sie drin bleiben

62

und den Striegel an der Wand ausklopfen.« Na ja, das war eine wesentliche Erleichterung. Zum Reiten wurde dem »Herrn Fahnenjunker«(Anton) der Rappe Bürger zugeteilt. »Weil Du ja in Redefin schon viel geritten hast, sollst Du nu mal einen ganz bequemen haben.« Und der alte Schwadröner war so faul, und so steif und so springunbedarft und so quesig am Zügel. Gemein, aber was war zu machen. Bis da mal ein Loch war am Reitplatz, das für irgendwelche Leitungsverlegung gebuddelt schien. Da stoffelte der Schwarze rein. Und der Reiter mußte zum Krankenrevier, weil er an der Innenseite eines Knies eine Wunde hatte. Die wurde verbunden, aber eiterte noch Tage. Denn jüst an dem Tag des Unfalls trat der Rekrut einen länger zuvor genehmigten Wochenendurlaub an, um mit seinem Vater nach Berlin zu fahren, wo in der Deutschlandhalle das große Reit- und Springturnier der »Grünen Woche« über die Bühne ging.

Endlich in kurzer Freiheit, verschwieg der Blessierte, wie es mit seinem Knie aussah und ging bewundernd durch die Stallungen, wo Ernst und Kurt Hasse, Micky Brinckmann, Harald Momm und all' die Großen ihre Pferde und ihre Turnierkisten stehen hatten, von selbstbewußten und in gut sitzenden Uniformen auftretenden Pferdeburschen bewacht. Das war was. Wenn man soweit doch erst wär'. Raus aus dem Kommiß, wo man sogar zu Fuß laufen mußte, mit Gasmaske, Karabiner und anderem Gepäck, wo man gleich beim ersten Platzpatronenschießen im Schnee vergaß, seinen Mündungsschoner abzunehmen und einfach so in die Gegend gefeuert hatte: »Wer hat hier eben scharf geschossen?« – (das hört sich dann so an) – hatte der Leutnant v. Stein verzweifelt geschrien. Und dann hatte man rumgeguckt, welcher Idiot das wohl gewesen war. Schließlich war man dann glücklich, daß dieser fauxpas ohne Laufaufbauchung abgegangen war.

Kurzurlaub nach Berlin:
Internationales Turnier in der Deutschlandhalle

Das Knie sah übel aus. Aber große Springen standen nachmittags und abends auf dem Programm der Deutschlandhalle, schwere Dressurprüfungen im Einzelreiten vormittags. Ein Erlebnis nach dem anderen. Die französischen Offiziere ritten ziemlich ungeregelte Pferde, elektrisiert nahezu, während die Reiter alle Hände voll hatten, aber treibend ebensoviel animierten wie sie parierten. Das war dann immer ein Feuerwerk in besinnungsloser pace, keineswegs hoffnungslos, sondern oft genug erfolgreich. Die Germanen ritten anders, besser nach unserer Auffassung, sicherer und erfolgsbeständiger. Für das Publikum vielleicht zu ebenmäßig, aber sehr ästhetisch, einheitlich im Stil der Kavallerieschule. Aber auch hier gab es Sensationen, wenn »Preisliste« im Galopp in den Bereitstellungsgang hineingeführt und Fritz Weidemann in den Sattel geworfen wurde. Dann gab es fliegenden Start. Anders wollte es die Stute nicht. Sie zischte los, blieb oftmals fehlerfrei und wurde nur selten in der Zeit unterboten. Staunenswert war einmal besonders, als Micky Brinckmann sich im Parcours von »Oberst« und Mütze trennte, woraufhin eine Lockenfülle sichtbar wurde, die in damaliger Zeit ungewöhnlich war, heute jedoch einem Hippy zur Zierde gereicht hätte. – Sehr gut und elegant ritten auch die Polen.
Überhaupt: Göttergleich traten die Reiter in die Arena, Kavalliere von bester Erziehung und feinem Einvernehmen mit ihren Pferden. Jeder Ritt in den verhältnismäßig kleinen Starterfeldern gedieh zur Feierlichkeit, war etwas besonderes, etwas, das man genoß. Keine Skandalgeschichten umwitterten die Akteure. Ein Tanz um das »Goldene Kalb« fand damals noch nicht statt, der Einsatz der Pferdestars erfolgte sparsam und entbehrte jeglicher Unerbittlichkeit. Die großen Heroen wurden in einfacheren Springen lediglich ange-

So sah anläßlich der Grünen Woche 1938 in Berlin die Deutschlandhalle aus. Im Gegensatz zu heute waren die Hindernisse ausladender, die Stangen leichter. Die Abmessungen dagegen hatten auch damals schon respektable Ausmaße, und selbst ein Hallenbillard und ein Hallengraben garnierten die Piste.

wärmt, dann gezielt in wenigen großen Entscheidungen eingesetzt. Für Sb und Sc (Barrierenspringen) gab es Spezialisten. Hierin hatten die »Klassiker« nichts zu suchen.
Neben den Dressurprüfungen bis zum Grand Prix fanden zahlreiche Material- und Eignungsprüfungen statt, wurden mehrere Championate durchgeführt, Paarklassen, Dreierklassen und Preise der Ställe. Schaunummern stellten das Heer und die Preußische Gestütverwaltung mit erheblichem Aufwand.

Köhler bleibt ein enfant terrible

Mit einer anständigen Blutvergiftung kam der erlebnisvolle Rekrut militärdaheim sofort unter das Messer, wenig später wieder unter die Soldaten. Durch Berlin inspiriert, erbat er sich von seinem Vater den leichten und schönen Redefiner Landbeschäler Alp v. Alpenflug II, den er zuletzt zu Hause geritten hatte, auf die Deckstation Parchim, damit ihm wochenends ein anständiges Pferd zur Verfügung stand. Vater Köhler hätte diesem Wunsch sicher nicht entsprochen, wenn er vorausgesehen hätte, daß sein Filius mit lammfellunterlegtem Sattel in Extrauniform an einem Sonntagvormittag auch durch die lustbewandelte Stadt reiten würde, bestaunt, aber auch mit Mißfallen zur Kenntnis genommen. Letzteres besonders von seinem Schwadronchef, Rittmeister v. Arnim, der mit seiner Frau spazieren ging und seinen Augen nicht traute. Klar, der kurze Rapport am Montagmorgen war schon ok und wurde auch richtig verstanden, aber das »Paradies« war dahin, die Freiheit schien ein philosophischer Begriff, und die Ehre, ein bewaffneter Reiter im ersten Dienstjahr zu sein, eine mausgraue Infamie.

»Guckt Euch mal diesem Schwei-en an«, sagte Anton vor'rer Front, als er Köhler vor diese treten ließ, »da hat der Kerl 'n ganzen Haufen Pappkartons unter'm Bett und kriegt seinen Spind gar nicht mehr zu. Der Keerl will Offissier werden. Da steht in Deine Papiere, mein Sohn« – und dann zeigte er sich an die Stirn – »I-di-ot! Bs, Bs, Bs!« und ließ seinen Finger vogelzeigend wie rasend rotieren. Wo sollte man das denn auch alles lassen. Manchmal wurde zu mehreren Appellen hintereinander gepfiffen. Da raste man mal im Trainingsanzug runter, dann feldmarschmäßig, dann in dritter Garnitur, erster Garnitur . . ., »Maskenball« nannte man das sinnigerweise, zugegeben, es gab ordnungsfähigere Gemüter.

»Kommt Ihr man erst bei die Russens, dann könnt Ihr die Affen aus'm Taback jagen« oder »Ihr wollt Deutschlands Szukunft sein? Ihr seid Deutschlands Niederkunft!«, das waren so Anmerkungen von Anton, die die »Parolen« dieses Hauptwachtmeisters belebten. »Mit Genehmigung von'n Chef eine Wache außer die Reihe«, auch das gehörte zu vieler Widerfahren, wenngleich der Chef natürlich keine Ahnung davon hatte.

Eines Tages ließ Anton eine Abteilung »junge Remonten« (Vierjährige) unter dem Reiter gehen, als Rittmeister v. Arnim hereinkam und die Abteilung übernahm. Anton blieb in erreichbarer Nähe und schiß – für den Chef unhörbar – die Reiter von draußen an. Da schaute Arnim plötzlich auf die Uhr, winkte seinen Hauptwachtmeister heran und sagte: »Prüter übernehmen Sie die Abteilung wieder, ich muß zum Kommandeur.« »Abteilung hört auf mir!« rief Anton laut und guckte funkelnden Auges in die Runde. »Um Gotteswillen, Prüter«, kam der Chef zurück, »die Abteilung hört auf mich!« – Da Anton: »Kommando szuurück, Abteilung hört doch auf Herrn Rittmeier!«

Zu besonderen Übungen ritten wir von Parchim zum Truppenübungsplatz Bergen. Da mußte Köhler eines frühen Morgens eine Meldung überbringen. Herr Rittmeister kauerte seitlich am Hinterhang eines Hügels, Anton Prüter neben ihm. Von weitem rief Köhler vorschriftsmäßig »Meldung, Meldung!« und versuchte die »alte Remonte« (fünfjährig) Quirner zu parieren. Der aber dachte gar nicht daran zu reagieren. Als das Meldepaar also ziemlich gestreckt am Schwadronchef vorbeigaloppierte und angesichts des Feindes die Kuppe des Hügels gewann, ließ sich Anton vernehmen: »Woans kommt das, mein Sohn, daß Du dem Pferde nicht beherrschen tust?« Das wußte der Reiter auch nicht so recht. Jedenfalls übte er nachher Paraden in einem Unterholz, deren eine wohl etwas heftig geriet, denn Quirner überschlug sich, und der über dem Rücken des Korrektors schräg hängende Karabiner brach mitten durch. Weiß der Himmel, wieso dem Delinquent acht Tage geschärften Arrests erspart blieben. Ähnliches Glück war ihm beschieden, als er später nach einer Kasinonacht im Morgengrauen zum Stall radelte und seinem Freund v. Rautenstrauch, der mit einer ihm über Ohren und Nase gerutschten viel zu großen Schirmmütze eines einen Kopf größeren Infantriehauptmanns seitlich auf dem Fahrradrahmen hockte, eine Hand an den verrutschten Mützenschirm des »blinden« Freundes legte, wenn ein Offizier entgegenkam. Offenbar hatten die so Geehrten Humor, denn der grobe Unfug blieb ohne Nachspiel.

Zum Fahnenjunker-Gefreiten befördert, hatte der Redefiner seine erste Stallwache zu führen. Zu diesem Zweck durfte eine Schirmmütze getragen werden, die in diesem Fall reichlich schräg und fesch auf eine enganliegende Moleskin-Uniformjacke herabblickte. Endlich nicht mehr Muschkot (»Gestatten Herr Oberreiter, daß ich vorbeigehe?« – »Nein, rasen Sie, damit ich Ihr dämliches Gesicht nicht mehr sehe«), hatte er die Mannen der Pfingst-Sonntag-Stallwache einzusetzen und zu beaufsichtigen. Dies waren Reservisten älterer Semester und beruflich schon in Amt und Würden. »Gestatten, Herr Gefreiter«, sagte ihr Wortführer gegen Abend und nicht weit vor der Ablösung, »daß wir wegen des Pfingstfestes einen Kasten Bier holen und wir Sie dazu einladen?« Sie durften, denn emsig hatten sie die Nacht vorher und den ganzen Tag herumgewirtschaftet und ihrem Pflichtbewußtsein ein gutes Zeugnis ausgestellt. Schließlich stellte sich die Gruppe einem Amateurfotografen zur ewigen, freundlichen Erinnerung. Da geschah's. In einer Stalltür war offenbar der Querbaum nicht eingelegt, und zwei junge Remonten tasteten sich langsamen, von weitem aber unaufhaltsamen Schritts ins Freie. Als sie das frisch angelegte, mit akkurat angelegten Böschungen umgebene Reitviereck, an dem frische Grassaat erstes zartes Grün herausgucken ließ, erreicht hatten, ging eine wilde Jagd los. Das war ein Akkern und Pflügen – und ein Ächzen und Gerenne bei der Wachequipe, die schließlich einen Kessel schloß um die Ausbrecher, um sie in Gewahrsam zu nehmen. Dann eilten die schon älteren Herren zu Harken und Schaufeln, um die Spuren in den Böschungen zu beheben, während der Stallwachgefreite auf einer Schleppe den Boden des Vierecks wieder eben zu machen versuchte. Bei der herrschenden Trockenheit war alles mit großer Staubentwicklung verbunden, auch war es schwer, den mahligen Sand wieder zu formen. Während der Prozeduren hingen Urlaubsrückkehrer aus den Fenstern und feixten ungehemmt. Gar nicht komisch fand dagegen die Wachablösung die Situation. Der in längeren Dienstjahren erhärtete Gefreite lehnte schlechtweg eine Ablösung ab und zitierte den Offizier vom Dienst herbei, der die alte Wache vorerst im Dienst beließ. Da hatten wir den Salat. Noch weitere Bodenverbesserungen schienen nicht möglich, und so blieb nur die Hoffnung auf starken Regen in der Nacht. Die Gebete wurden erhört, die letzten Spuren ausreichend verwischt, die Angehörigen der Wache abgelöst. Fröhliche Pfingsten!

Die »Kleine« reiten

Major v. Vultejus (»Harry hoch links«), der Fähnrichsvater, hatte eine Stute, die recht gut sprang. Köhler, kommen Sie, die »Kleine« reiten. Das geschah des öfteren. Und das war super. Raus aus dem Einerlei.
Inzwischen waren wir Fahnenjunker nach Ludwigslust kommandiert, wo der Regimentsstab residierte. Hier wurden wir auf eine Fjk.-Unteroffizierprüfung vorbereitet, die in Hannover stattfinden sollte. Dazu gab es auch Anstandsunterricht, den »Harry« recht drastisch untermalte. Als er beschwörend feststellte »man drückt eine Dame beim Tanzen nicht an sich, daß ihr das Korsett platzt«, wußten wir jedenfalls, was sich gehört. Vom Regimentsadjutanten, Rittmeister Wolf Frhr. Götz v. Berlichingen-Jagsthausen, einem Nachfahr des Ritters mit der eisernen Faust, lernten wir nicht etwa dessen unfeinen Ausspruch, sondern eine Aussprache höchst vornehmer Art: »Um zehn steht die Schwadron(g) – auf dem Perron(g) – mit Front zum Waggon(g).« Hier hatte die feine französische Art Vorrang.
Die »Kleine« reiten sollte Köhler auch wieder bei einer Jagd, nachdem solches zuvor gut geklappt hatte. Major v. Vultejus, beauftragt, die Gäste zu führen, versprach sich auch diesmal wieder eine gute Präsentation seines bewunderungswürdigen Pferdes. Das Halali sollte nach Überwindung eines etwas sumpfigen Grabens, der die Strecke beschloß, vonstatten gehen. Hierhin war auch rechtzeitig der Fähnrichsvater mit seinen Gästen geeilt, um verschiedener Badefreuden teilhaftig zu werden. »Aber jetzt« rief er der ihn umstehenden Prominenz zu, wird einer meiner Fahnenjunker meine »Kleine« über den Graben fliegen lassen, wie Sie es noch nicht gesehen haben, meine Damen und Herren! Die Braune

dort, ja da, das ist sie. Kann galoppieren, das Aas, nicht wahr?« Die Fontäne muß erheblich gewesen sein, als der Fahnenjunker untertauchte in den Fluten, denn erst allmählich zeichnete sich ab, daß die »Kleine« am anderen Ufer geblieben war. Nun, allerdings, die Situation konnte gerettet werden, weil die »Kleine« lange genug staunend verharrte. Und als sie, erneut angeritten, tatsächlich mit einem Riesensatz auf der Halali-Seite landete, rief Harry »gut mein Lieber« und – zu den Gästen gewandt – »anständig hingesetzt der Junge, – meine Schule!«, woraufhin er wohlgemut und quirlig alles um sich herum zu einer Theke heranwinkte, an der es wärmende Getränke gab.

Zu einer Generalprobe für die Unteroffizier-Prüfung standen die Fahnenjunker auf dem Kasernenhof. Jeder mußte die anderen kommandieren. Hammerstein war dran: »Achtung, präsentiert – das Gewehr!« Dann ging er die Front ab und stieß auf Köhler, der es so an sich hatte, mit einem Auge etwas zu blinzeln. Da nahm Kunrad Haltung an, erfaßte den Unkorrekten scharfen Blickes und kommandierte statt zu korrigieren: »Köhler, rechtes Auge – auf!« Da vibrierten die Karabiner, und ein infames schwaches Lachen drohte sich auszubreiten, als überdies drei Reinemachefrauen aus den oberen Fenstern der Kaserne (Schreibstuben) heraushängend, ihrem Spaß an dem zackigen Tun auf dem Hof freien Lauf ließen. Da warf Major v. Vultejus auf, eilte aufgebracht in die Kaserne und schaute dann – schweratmend nach einigen Truppen – selbst oben aus einem der Fenster heraus, das die »verfluchten Weiber« inzwischen fluchtartig verlassen hatten. Dieser Szenenwechsel war verblüffend und so voller Komik, daß die Karabiner nur so auf und nieder wuppten in unentwegtem Präsentieren. Da der Major, unten angekommen, sofort sein Auto bestieg und davon fuhr, hatte der jüngere Berlichingen, Dietz, Erbarmen und ließ die unernsten Prüfungskandidaten kurz entschlossen wegtreten.

Prüfung in Hannover

In Hannover erschienen sie auch zum Exerzieren mit Sporen. Die prüfenden Herren von der Infanterie in der Bothfeld-Kaserne sahen dies mit Verwunderung und gaben keine besonders guten Noten, weil sich die jungen Herren gelegentlich drauftraten und dann nur mit Mühe Balance bewahren konnten. Beim 10 000 Meter-Lauf wählte man ungarnierte Turnschuhe und kam recht gut über die Runden. Reine Mutproben waren Hocken und Grätschen vom Hochreck. Dankenswerter Weise standen fangbereite Mannen in Stellung. Beim Schwimmen über 100 Meter fiel es zunächst gar nicht auf, daß einer der Kandidaten nicht schwimmen konnte. Er war halbwegs normal ins Wasser gesprungen, hangelte nach dem Auftauchen mit der linken Hand in weiten Griffen an der Bande voraus, während die rechte in kräftigen Stößen die Fluten teilte. Das fiel dann schließlich doch auf. So wurde der Redefiner ans Ufer und um Stellungnahme gebeten. Er erklärte, daß er nach einer Operation am rechten Mittelohr lange Zeit Gleichgewichtsstörungen im Wasser gehabt habe und zum Schwimmenlernen noch nicht gekommen sei. Nach kurzer Beratung ließ die Prüfungskommission wissen, daß der Kandidat in der Wahl der Mittel die Situation richtig angegangen sei, daß aber das Regiment innerhalb von vierzehn Tagen ein Freischwimmerzeugnis nachzureichen habe, was geschah.

Kriegsschule Dresden

Auf dem Lehrter Bahnhof in Berlin begleitete Brigitte, die Zweitgeborene, ihren Bruder an den Zug nach Dresden. Der trug zwei schwere Koffer und ignorierte einen entgegenkom-

Noch einmal traf sich die Familie, bevor es ernst wurde: Von rechts Vater Köhler, als Res.-Major eingezogen, später verwundet auf der Westernplatte vor Danzig, die Schwestern Brigitte und Renate, Mutter Margarete, geb. Burgwedel, Sohn.

menden Major der Artillerie, weil es ihm blöd erschien, in Gegenwart einer Dame schwerbepackt »gerade Haltung« anzunehmen und den Kopf zum Gruß in starrer Blickwendung herumzureißen. Denkste. Der Major verhielt und sagte »Verzeihung, gnädiges Fräulein, aber ich muß ihren Begleiter mal eben zur Seite nehmen.«
Auf einem langen Gang in einem Kriegsschulgebäude der sächsischen Hauptstadt wurde erster Appell gehalten. Der Ludwigsluster trug unten zu weite Hosen und hatte eine unerlaubt zerknautschte Mütze schief auf dem Kopf. Als dies gerade moniert wurde, kam ein Major der Artillerie vorübergegangen, warf einen flüchtigen Blick zur Seite und bemerkte im Weitergehen »aha, da ist er ja wieder«. Du meine Güte, ausgerechnet mußte dieser Mann nun auch noch Lehrer an dieser Schule sein.
Dann ließ sich aber alles gut an. Tanzstunde war sogar Pflichtfach, und ein reizendes junges Mädchen mit leichten, tänzerischen Schritten und Tritten ließ jede Tanzstunde erwartungsvoll herannahen. Zu einer Fête ließen ihre Eltern bitten, sagte sie eines Tages. Da machte sich Köhler auf mit einem Blumenstrauß, klingelte an der Haustür und sah die Süße schon vor Augen, als sich die Tür öffnete – und einen Major der Artillerie in ihrem Rahmen sichtbar werden ließ, dessen Augen sich weiteten und die Größe von Spiegeleiern anzunehmen schienen. »Auch das noch«, murmelte er leise vor sich hin, während der Fahnenjunker in bestmöglichster Haltung ebenfalls seine Pupillen vergrößerte und ihm vorschriftsmäßig aber auch treu in die Augen blickte. »Was ist, Papa«, gurrte die Tochter herbei, laß' den Jochen doch endlich rein, er ist mein Tanzstundenherr, und wir haben uns sehr gern!«
Von Dresden nach Redefin war es für gelegentliche Wochenenden eine ganz schöne Entfernung. Diese wuchs einmal noch, als der Hamburger Zug verspätet in Berlin ankam und

der Zug nach Dresden bereits abgefahren war. Solches war kein Grund, verspätet zum Dienst zu kommen. Die Taxen am Lehrter Bahnhof standen still und stumm. Das Geld im Portemonaie verhielt sich zurückhaltend, denn es wußte, daß es für große Eskapaden nicht bemessen war. »Ich muß sofort nach Dresden« klang es ganz vorsichtig. »Wa?« »Nach Dresden, allerdings – fahren Sie überhaupt soweit?« »Sie sind wohl vom blauen Affen jebissen, Mann, wa?« – 200,– RM hat dann der Spaß gekostet, viel Geld für damals, das ganze Geld, kann man wohl sagen.

Mobilmachung

Der Kavallerist wurde Fähnrich und Oberfähnrich. Das 14. Reiter-Regiment hatte ihn wieder. Er kam 1939 nach Parchim zurück zur 1. Schwadron, in der er Rekrut gewesen war unter Rittmeister v. Arnim, dem Chef, und Anton Prüter, dem Spieß. Ein seltenes Begeben, gänzlich unüblich. Aber so war's. Der frühere Chef und der aufgrund einer Wette zum Hauptwachtmeister avancierte Anton Prüter waren noch da, auch alle Unteroffiziere, die den Kandidaten ausgebildet hatten und viele der Mannschaften, mit denen er zusammen gewesen war.
»Herr Oberfähnrich«, sagte Anton, »Herr Rittmeier haben angeordnet, daß Sie die Pferde »Quartus« und »Romanze« als Dienstpferde bekommen sollen. Die beiden Ostpreußen waren hart und ausdauernd, der Rappwallach (v. Trachenberg) sehr nervig und nicht besonders angenehm in der Hand, die dunkelbraune Romanze (v. Heidsieck) unkompliziert und bequem. Turnierinteressant waren wohl beide nicht übermäßig, aber wozu auch, die

In der Bereitstellung hinter dem Westwall bei Rodalben (Pirmasens) hatten die Pferde der Reiterschwadron in der Aufklärungsabteilung 171 (»Glückhafte Division«) noch gute Tage. So auch Köhlers Dienstpferde Quartus, Ostpr. v. Trachenberg (links) und Romanze, Ostpr., v. Heidsieck, die fit waren für kommende Unternehmungen.

Mobilmachung wurde in diesen Tagen verkündet. Es war also Krieg. Der Oberfähnrich wurde Leutnant, eh' er sich versah, und die Jahre, in denen man Turniere zu reiten gedachte, überhaupt das friedensmäßige Leben eines Leutnants zu genießen trachtete, lösten sich auf, bevor sie begonnen hatten.

Für kurze Zeit nach Frankreich

Da stand nun die Schwadron(g) – auf dem Perron(g) – mit Front zum Waggon(g), so, wie uns das der Regimentsadjutant Götz Frhr. v. Berlichingen leicht französisch näselnd damals beigebracht hatte. Sie gehörte zur Aufklärungsabteilung der 71. Division, die sich mit einem vierblätterigen Kleeblatt als Emblem die »Glückhafte« nannte. Pferde aus der Tschechoslowakei vermehrten den Bestand auf Kriegsstärke. Reservisten waren eingezogen, zusätzliche Fahrzeuge geordert. Es ging nicht »bei die Russens zum Affen aus dem Taback jagen«, sondern an den Westwall, der Maginotlinie gegenüber. In die Nähe von Rodalben bei Pirmasens.

»Häwt ji hier all Negers seihn?« robbte sich Anton zu einer vorgeschobenen Beobachtung. Da war alles noch ruhig, und er wunderwerkte, als ihm irgend ein schwarzer Punkt im Gelände gezeigt wurde: »Dunnerslag, dat sünd ja gewaltige Bengels.« Dann ging es eines Tages los. Marsch bis in die Nähe von Sedan – Carrignan. Absitzen zum Kampf. Sturm auf Befestigungen. Erste Verluste. Grauenhaftes Sterben mit zerfetzten Gliedern. Armseliges Nichthelfenkönnen. Sanitäterflitzen. Feuertaufe mit vor Angst und Schrecken ausgedörrter Kehle. Ganz langsames Eiskaltwerden, Umsichtgewinnen, Indianergespürentdecken. Sich fangen in trostloser Erbarmungslosigkeit.

Dann schließlich Ruhe. Wie aus heiterem Himmel. Wir sind durch. Die Handpferde werden herangebracht. Aufsitzen. Marsch. Die Straßen liegen unter Artilleriebeschuß, eingeschossen fast auf den Meter genau. Also querbeet, wie es Kavalleristen eigen ist. Verfolgung. Umgehung von Nancy. Durch die Maas. Einmarsch in Nancy von Süden her. Hoch zu Roß. Da stehen die französischen Soldaten wie verdattert, beim Spaziergang überrascht mit einem Mädel am Arm oder beim Exerzieren in den Kasernen. Kampfloses, eigenartiges Geschehen. Freundliches Gefangennehmen. Wieviel Gesichter hat so ein Krieg! Nancy war »unsere« Stadt, die sich auflösenden französischen Schwadronen mehrten unseren Pferdebestand, Beute-PKWs motorisierten unetatisiert und außer Dienst Fahrbefugte und solche, die keinen Führerschein hatten. Eine Siegesgaudi, reichlich albern ganz sicher – 22 Jahre alt, die man war – wenn man's heute bedenkt.

Gut war, daß dem Leutnant der Reiterschwadron so erstklassige Pferde wie die Franzosen Bajazzo und Bacchus in den Beritt kamen, nachdem Quartus durch Verwundung ausgefallen war, während Romanze weiterhin fit blieb. Weniger zweckmäßig war die Idee dieses Schwadronsoffiziers, sich eines Chryslers zu bemächtigen, der ihm auf einem großen Fahrzeug-Beuteplatz in die Augen stach. Mit dem Veterinär zusammen, der fahren konnte, drehte er unter Anleitung einige Runden auf dem Kleeschlag. Dann mußte der Doktor zu einer Besprechung davon, hinterließ aber auf dem verwaisten Beifahrersitz eine Zeichnung über die Schaltung der Gänge. Mit diesem Spickzettel an der Seite ging die Fahrt los. Nach Nancy hinein. Immer bergab. Mal links herum, mal rechts. Richtung Kaserne. Da flog der Zettel plötzlich weg. Bremsen und gleichzeitiges Kuppeln erhöhten gasgebend rapide die Geschwindigkeit. Eine Art Panik ließ den Wagen unverdrossen schnell in Kurven und Abzweigungen rasen, sodaß die Räder quietschten und der Fahrer nur noch durch irres Rotieren des Lenkrads immer gerade noch ein Anecken oder Aufprallen verhindern konnte. Schließlich tauchte jäh ein gewaltiges Gebäude auf. Die vordere Hauswand kam von links vorwärts direkt auf das außer Rand und Band befindliche Auto zu, das nach rechts wie wild rotierende Lenkrad schaffte nicht ganz mehr die ausweichende Richtung, und so schepperte der schwere Chrysler in hartem Schulterherein an dem Gebäude entlang, von dem Gemäuer zwar erheblich gebremst, aber doch noch einen aktentaschentragenden Soldaten genau auf Mitte zwischen den Vorderrädern unter sich verschluckend. In diesem Augenblick stand die Kiste. Der Fahrer raus und in Todesangst unter den Wagen geguckt. Aber – oh, Segen des Himmels – der Überrollte kroch flink hervor, stellte sich auf seine Beine und wies ganz ruhig darauf hin, daß er wichtige Befehle in seiner Aktentasche trage und von der Kommandantur käme, insofern also nicht nur überfahren, sondern als Kurier vor allem nicht genügend respektiert worden sei. »Mann, was bin ich dankbar, daß weiter nichts passiert ist«, inzwischen schwoll die Nase des Kuriers ziemlich an, »kommen Sie mit in die Kommandantur (die war in dem beschrammten Gebäude), da lassen Sie sich untersuchen, damit wir sicher sind, daß alles gut abgegangen ist.« »Das mag wohl sein Herr Leutnant, mir fehlt aber wirklich nichts. Als Kurier bin ich jedoch verpflichtet, Sie um Ihren Namen und ihre Truppenzugehörigkeit zu bitten.« Damit war das Malheur vorläufig ausgestanden. Und blieb es auch wohl deshalb, weil der Leutnant seinem Schwadronchef, Rittmeister v. Arnim, den Vorfall sofort gemeldet hatte. Der Führerschein wurde dann augenblicklich durch Fahrstunden eingeleitet. Als die Prüfung stattfinden sollte, war dies der gleiche Tag, an dem der Leutnant einen kurzen Urlaub antreten wollte. Er trug Extrauniform. Blütenweiße Manschetten lugten aus den Ärmelaufschlägen. Zuerst saß ein anderer beim Fahrlehrer im Auto. Der Urlauber fuhr mit einem schweren Motorrad hinterher, von Zeit zu Zeit weit zurückbleibend, um dann – voll aufdrehend – den Rausch der Geschwindigkeit zu erleben. Da kam plötzlich eine Kurve unter einer Bahnunterführung, die kurz zuvor eine Rinderherde beschritten hatte. Das schwere Krad glipperte jäh und wurde infolge unroutinierten, schreckhaften Bremsens übermächtig und schließlich haltlos, sodaß der elegant und besonders sauber herausgebrachte Fahrer in einem Hechtsatz über den Lenker ging und mit beiden Armen den reichen Souveniersegen der Gehörnten durchfurchte. Glücklicherweise war die Maschine in Takt geblieben. Auch gab es Grasbüschel in Mengen am Straßenrand. Wenig später wurden die Kandidaten ausgetauscht. Der Fahrlehrer rümpfte nur die Nase, ließ sich aber weiter nichts anmerken und hielt erfreulicherweise die Fahrkünste seines Prüflings für ausreichend.

Weitere kriegerische Handlungen zuvor und nachher seien hier nur insofern erwähnt, als daß sie stattgefunden haben. Schließlich wurde die Truppe in Reims in einer Kavalleriekaserne stationiert und ausbildungsmäßig überholt. Die Reithallen waren in Eichenlohe gebettet, deren rötlicher Staub in alle Ritzen drang und die Augen entzündete. Ansonsten war es ein angenehmes Leben, wie man sich wohl denken kann. Der »dicke Maltzahn«, Rittmeister und Chef der Radfahrerschwadron gab vor, gut französisch sprechen zu können. Als er uns aber in ein Damengeschäft führte und mit einem energischen »Aujourd'hui« auf die reizende Verkäuferin zusteuerte, ahnten wir, daß es mit seinen Sprachkenntnissen nicht weit her sein konnte. Er hatte »guten Tag« sagen wollen, schleuderte indes aber das fordernd klingende Wort »heute« in den Raum. »Abärr Maltzahn«, pflegte später oftmals der baltische Baron Artur-Eduard von Holtey, Major und Abteilungskommandeur, zu sagen, »säin Sie doch bittä etwas vorsichtigärr im Umgang mit Porzellan.«

Unverhofft in Dresden

In Ottendorf-Okrilla, vor den Toren der Zwinger-Stadt, fand sich die Reiterschwadron wieder. Dietrich v. Berlichingen war Chef geworden, Köhler blieb Schwadronsoffizier. Beide wohnten in einer Privatvilla gut betuchter Bürger, die mit echtem chinesischen Porzellan und anderen Preziosen künstlerischen Geschmack und gesellschaftlichen Hochstand zu dokumentieren gedachten. Die gnädige Frau war entzückt, fesche Kavalleristen im Hause zu haben, die sich in Kalten Enten und heißen Tangos auskannten, leider aber recht oft nach Dresden fuhren, wobei eines Nachts bei der Rückkehr bedauerlicherweise eine voluminöse chinesische Vase im Treppenhaus das Zeitliche segnete. Dietz Berlichingen arrangierte sofort eine Fête im Hause, ergriff gegen Mitternacht das diademgeschmückte Händchen der Hausfrau und zog in fröhlichem Ringelreihn die ganze Gesellschaft über Boden und Treppen und Keller. Das war so recht nach dem Geschmack der Gnädigen, die – trullala und hopsasa – den chinesischen Verlust verschmerzte.

*

Mit dem Bürgermeister, dem Ortsgruppenleiter und den Parteifunktionären ergab sich ein vernünftiges Arrangement. Sie wurden alle zu einem Geländeritt mit abschließender Kaffeetafel eingeladen. Es nützte ihnen nichts, daß sie beschwörend abwehrten, ein Pferd zu besteigen. Mit einigen Grogs und vielem Gutzureden (»Volksertüchtigung«, »gesund ist, was hart macht« und anderen banalen Sprüchen) wurden sie in die Sättel gehievt. Statt des Geländes wurde ein vier Kilometer langer Sandweg bestimmt, an dessen Ende die Kaffeetafel stattfinden sollte. Der Schwadronstroß stellte einige strohgeschüttete Fahrzeuge. Einige Unteroffiziere ritten vorweg, dann folgte die braune Kavalkade, weitere graue Reiter beschlossen das Feld, das erst im Schritt, dann im Trab und schließlich im Galopp Boden gewann. Da es vorher stark geregnet hatte, brachten große Wasserlachen Abwechslung in die an sich etwas monotone Strecke. Ermunternd tauchten die Offiziere mal hier und mal da auf, um den gebückt und mit hochgezogenen Extremitäten auf den Schwadrönern Hockenden ein wenig vom Glück dieser Erde zu vermitteln. Bei den ersten Pfützen machten einige Pferde erhebliche Sätze, und so hingen bald mehrere Parteigenossen am Hals oder auf der Kruppe oder lagen rücklings in blasenbildender Lache. Die Feldgrauen halfen, wo sie konnten. Vielfach konnte mancher haltlose Körper durch energischen Zugriff wieder in ausreichende Balance gebracht werden, häufig gelang es, Gefallene so zu bergen, daß sie wieder das Vergnügen hatten, im Sattel weiter vor sich hin zu kullern, während wieder andere – gänzlich erschöpft – auf die nachrollenden Fahrzeuge verladen werden mußten.

Nach einer Stunde etwa konnte Bestandsaufnahme gemacht werden, konnte die Kaffeetafel beginnen. Die Gäste von der Partei sahen allgemein zwar nicht besonders gut aus, fühlten sich aber trotzdem sehr männlich, wenn nicht sogar tollkühn, und nach einigen Schnäpsen waren es schon fast Helden, ja, Soldaten gleichsam, die frischer Dreck zierte. An den NSDAP-Uniformen war einiges verrutscht oder auch gerissen. Das spielte aber alles keine Rolle. Der Ortsgruppenleiter brachte ein Hoch aus auf die Kavallerie, insbesonders auf die Schwadron v. Berlichingen, die Ottendorf-Okrilla die Ehre habe in seiner Gemeinde stationiert zu sehen. Daß ein größerer Teil der Gäste später ihre lädierten Sitzflächen in Wassereimern kühlte, geschah auf einen wohlgemeinten Rat hin, der seine lindernde Wirkung nicht verfehlte.

Innerhalb der wenigen Wochen, die man in Okrilla vor dem Rußland-Feldzug residierte, fuhr Dietz v. Berlichingen für acht Tage auf Urlaub nach Hause. »Jochen«, sprach er, »verkauf' mir bitte meine Pferde nicht, schmeiß' den Hauptwachtmeister nicht raus und behandele unser Auto (Beutewagen aus Frankreich) pfleglich und macht auch sonst nicht zuviel Blödsinn, sondern macht es gut.«

Das war nun wirklich nicht zuviel verlangt. Aber mit dem Auto wäre es beinah schief gegangen. Köhler hatte seine Eltern nach Dresden eingeladen und fuhr dieserhalb eines abends mit dem schweren Wagen in die einst königlich-sächsische Residenz. Es waren pompöse Räume, die der Leutnant alsbald betrat. Barnabas v. Gezy unterbrach sofort das Schluchzen seiner Zigeunerweisen spielenden Geigen, winkte dem Kavalleristen erfreut zu und jagte mit seiner berühmten Kapelle unvermittelt die Rhythmen des »Schwarzer Panther« durch die Gemächer. Das war so üblich, wenn die Herren aus Okrilla erschienen. Das Elternpaar, leicht irritiert, schloß den lang entbehrten Sohn in die Arme. Bei der Rückfahrt fiel Schnee. Die linke Autotür mußte linkshändig an einem Riemen geschlossen gehalten werden, der vierte Gang mittels rechtem Knie, damit er nicht heraussprang. Dieses kleine Handicap, der Schnee und wohl etwas auch einige Drinks dürften Veranlassung gewesen sein, daß der »Franzose« aus der Kurve vor Okrilla weit nach rechts herausgetragen wurde und um einen Meter tiefer auf dem Acker landete. Es war eigentlich weiter nichts los, als daß der Motor etwas schockiert war. Jedenfalls zeigte er nicht die Kraft, die Limousine bahnbrechend genug weiter zu bewegen. Das besorgten dann vier Pferde vom Troß. Als sich Dietz bei seiner Rückkehr den Vorfall schildern ließ, hörte er aufmerksam zu. »Um dieselbe Zeit«, sagte er, »habe ich zu Hause gespürt, daß Du mit dem Wagen Malheur hattest.« Eigenartig, ihn war – wie schon oft – eine Ahnung überkommen, worunter er übrigens regelrecht litt.

Der Winter in Okrilla brachte neben dem täglichen Dienst wenig Abwechslung. Zwei Bäckertöchter luden einige von uns einmal zum Abendessen ein, das etwas länger dauerte. Als dann schließlich in der Backstube die Brötchen angesetzt wurden und unsere mehlstaubende Hilfe eher hinderlich als nützlich war, stempelten wir uns »Betrag dankend erhalten« auf die Stirn und verabschiedeten uns in gehobener Stimmung von unseren Gastgebern. Quer über die Dorfstraße hopsten wir untergefaßt in den dämmernden Morgen hinein und konnten uns gerade noch zum »Wecken« in die Quartiere begeben. Leider reichten härteste Wurzelbürsten nicht aus, auf Anhieb die Beschriftung unserer Stirnen zu entfernen, sodaß Dietz v. Berlichingen sich genötigt sah, seinem Leutnant einen (nicht einzutragenden) Verweis zu erteilen.

Leuchtkugeln: Großangriff

Bevor es weiter gen Osten ging, war der erbeutete Berberhengst »Nancy« seinem Gefreiten wieder einmal mit offenem Rachen begegnet und hatte ihm in den Karabiner gebissen. Da war der eisern entschlossen, solcher Untugend ein für allemal ein Ende zu machen. Er kochte eine Runkelrübe zu gleißender Hitze, spießte sie auf und näherte sich seinem Hengst. »Nancy« schoß auf ihn los und riß wütend das Maul so weit auf, wie er konnte. Ein Stoß, ein Schub: Die glühende Ackerfrucht verschwand in dunklem Schlund und blitzendem Gehege starker Zähne. »Ha«, frohlockte der Gefreite, »ha, ha, h . . .,« als er wie verdammelt bemerkte, daß der Hengst genüßlich Kiefer gegen Kiefer schob und den vitaminreichen Feuerball verschmatzte, während heißer Dampf entwich aus Nüstern und Lefzen. Mit so harten Pferden konnte es losgehen, wenn es los ging.

Am San bei Przmysl lag die 71., die »glückhafte Division« mit dem Zeichen des vierblättrigen Kleeblatts, in Bereitstellung. Die Reiterschwadron übte Erkundung, Umfassung und Absitzen zum Kampf. Pferdeappelle und Wodkaerprobungen rundeten das Bild. Alarmübungen hielten die Truppe überdies fit. Bis dann eines Tages Leuchtkugeln hochgingen, das Zeichen zu bestimmter Stunde, die Grenze zwischen Polen und Rußland zu überschreiten. Da hatten die Reiter bald freie Bahn, wie die Hunde am Wild. Nach ihren Positions- und Feindmeldungen vor allem taktierte die Division auf Nebenwegen und ungepflasterten Rollbahnen weit hinein in die östlichen Weiten. Ähnlich bei den Nachbartruppen, die alle mit berittenen und motorisierten Aufklärungsspitzen das Feindbild orteten und fixierten, um den Vormarsch nicht stocken zu lassen, sondern zu forcieren. Die Leistungen der Pferde verdienten Bewunderung. Die Heeresgruppe schließlich konnte nicht zuletzt darauf ihre operativen Entscheidungen stützen.

*

Die Verteidiger eines Dorfes vor Kiew müssen geglaubt haben, daß pferdebespannte Panzerfahrzeuge die in weiter Umfassung attackierenden Reiter unterstützten, als völlig unplanmäßig der gesamte Schwadronstroß einschließlich qualmender Feldküche auf einem weithin einzusehenden Feldweg frontal auf das Dorf zuraste. Alles zusammen muß eine panikartige Wirkung gehabt haben, denn das Dorf war wie leergefegt. Die Troßfahrzeuge waren aus einer ihnen vor dem Angriff zugewiesenen Deckung heraus nach einem Granatwerfer-Feuerüberfall regelrecht durchgegangen und hatten unfreiwillig – zumal sicherlich noch kein Sowjetsoldat eine attackierende Troßkarawane gesehen hatte – den Eindruck erweckt, daß getarnte Kampfwagen mit möglicherweise furchtbaren Waffen furiengepeitschtes Verderben herantrügen.
Auf dem Markt in Kiew geriet der weiße Berberhengst des Hauptwachtmeisters außer Rand und Band. Er besprang die Stute eines Zugführers, wobei er deren Reiter huffest umarmte, während der Hauptwachtmeister einen Augenblick durchgerüttelten Bergaufsitzes verharrte, bis er – plötzlich schaltend – seinen Schimmel mit kräftigen Paraden wieder auf alle vier Beine und zu diszipliniertem Marschieren brachte.
Nach monatelangen Kämpfen und Märschen, die damals noch gleichbleibende weitreichende Erfolge hatten, erreichte den Schwadronsoffizier bei Charkow die Order, ein Lehramt an der Kavallerieschule in Potsdam-Krampnitz anzutreten. Das bedeutete den Abschied des mittlerweile Oberleutnants von einer Einheit, die buchstäblich eine Einheit war, in der er von der Pike auf groß geworden war, in der er lange Zeit Verantwortung getragen hatte. Ein Jahr später – das ahnte er damals nicht – schon sollte er Teile dieser Schwadron wiedersehen und ihr Chef sein.

Kavallerieschule

In der Schule für schnelle Truppen, der früheren Kavallerie-Waffenschule, wurden Fahnenjunker und Reserve-Offiziersanwärter der Kavallerie zu Leutnants erzogen und ausgebildet. Die Turnierställe der früheren Kavallerieschule hatten als Heeres-Reit- und Fahrschule ihren eigenen Bereich. Jochen Köhler wurden die letzten Waffen-Reiter anvertraut, nachdem die meisten Kavalleristen auf Fahrräder oder motorisierte Fahrzeuge umgesessen waren. Hierzu stand eine Lehrschwadron unter Jochen Epping zur Verfügung,

Die Reitausbildung der zu Offizieren heranwachsenden Kavalleristen umfaßte häufiges Geländereiten nach Militaryart. Neben systematischem Training wurden auch Prüfungen durchgeführt. Die Lehroffiziere konkurrierten unter sich; hier Köhler mit Matador (Han., v. Butcher Bird xx) auf der Qu-Strecke.

den man – kleinfigürlich – auf seinem gewaltigen hannoverschen Fuchswallach inmitten eines nicht weniger imposanten Lammfells von unten her nur mit Mühe erkennen konnte. Dies alles spielte sich in einem nagelneuen Kasernengebiet in Potsdam-Krampnitz ab. In Hannover war alles zu beengt geworden.
Horst Niemack, unter General v. Saucken (Kommandeur der Schule) Lehrgruppenkommandeur für alle Kavalleristen, war damals schon einer der höchstausgezeichneten Offiziere des Heeres, horseman comme il faut und Kavalier auch seinen jüngeren Offizieren gegenüber. Bei seinen Besprechungen ließ er beste »Importen« anbieten und achtete auf Zwanglosigkeit, weil er steife »Jawoller« mißachtete. Er ritt unter anderen den bildschönen Trakehner Crescendo v. Pythagoras a. d. Cremona v. Ararad.
Als Taktiklehrer wirkten Georg Frhr. v. Boeselager und Hans Handler, der später von Alois Podhajsky die Spanische Reitschule in Wien übernahm. Die Heeres-Reit- und Fahrschule hatte Oberst Felix Bürkner als Kommandeur. Ihm überstanden in den verschiedenen Spezialschwadronen so namhafte Reiter und Chefs wie Karl Prinz zu Salm-Horstmar, Perl-Mückenberger, Hans Jay (Rennstall) und Bröker (Fahren). Im Schulstall, den sich Bürkner persönlich vorbehielt, ritten auch Willi Schultheis, Fritz Thiedemann, Walter Günther, Harry Geisler, Willi Rudat und Gerhard Röhler. Otto Lörke und der frühere Wiener Hofbereiter Zeiner wirkten als Zivillehrer.
Jochen Köhler, hierdurch in der Lage, auch turniermäßig zu reiten, hatte in Masur (v. Capitän, Ostpr.) ein erprobtes Springpferd zur Verfügung, in Matador (Han., v. Butcher Bird xx) ein Militarypferd und in dem tschechischen Vollblüter Treskow ein versprechendes Nachwuchspferd für alle Disziplinen. »Neger« v. Boddien, seinen Jahrgangskamera-

Drei Dienstpferde standen dem Lehrer der berittenen Offiziersanwärter der Kavallerie in Krampnitz zu. Matador, Han. v. Butcher Bird xx (oben) für Springen und Military, Treskow xx, ein tschechischer Vollblüter, für Military, und Masur, Ostpr. v. Capitän als Springpferd. – Auch Jagdreiten war Pflichtfach für die angehenden Leutnante, von denen aus dieser Runde Erdmann v. Burgsdorff (2. v. re.) und Jochen Witte (lks. vor Oberleutnant H. J. Köhler) heute noch leben.

den aus Parchim, sah er als Adjutant von Niemack wieder. Er hottete beim Umziehen noch genauso wie früher, ein jazzbesessenes fröhliches Haus, dem man damals schon einen Beatle hätte zutrauen können.

Eines Morgens um 5 Uhr galoppierte der Chef der berittenen Fähnriche mit einer Gruppe ausgewählter Reiter über die Jagdbahn der Renntrainingsbahn in Nedlitz. Alle hatten sich die Bügel »unters Kinn« geschnallt und fluppten in heller Freude über die Obstacles. Auch über den großen Graben flogen die Pferde weit hinüber. Treskow vorweg. Da verlor die Fuchsstute Mosel plötzlich die Beine beim Landen und blieb liegen. Der Reiter machte den Gurt los. Kein Aufstehen mehr möglich. Die Stute war tot. Genickbruch. Entsetzlich. Um 5.30 Uhr würde überdies Hans Jay mit den Pferden des Rennstalls zum Training auf der Bildfläche erscheinen. Der Reiter blieb beim Pferd. Die übrigen Reiter wurden nach Krampnitz in Marsch gesetzt. Der Oberleutnant galoppierte mit Treskow in gleiche Richtung, traf unterwegs den Chef des Rennstalls und meldete ihm das Unglück. »Ich werde Euch helfen, meine Trainingsbahn zu benutzen«, rief er. Aber, schon wieder etwas versöhnlich: »Sehen Sie zu, daß der Graben um 6 Uhr spätestens wieder frei ist.« Weiter ging's zum Leitenden Veterinär. Der veranlaßte augenblicklich die Bergung des verunglückten Pferdes. Dann zum Kommandeur. Heulen hätte man können.

Jede Woche wurden einmal Springkonkurrenzen ausgetragen, Dressurprüfungen geritten oder Teil-Militaries organisiert. Die Springen fanden teilweise auch im Springstall statt. Besonderen »Turnieren« widmete General v. Dalwigh-Lichtenfels seine Anwesenheit und dazu wurde das Trompeterkorps befohlen. An allen Jagden teilzunehmen, war angenehme Pflicht. Zur Hubertusjagd wurden mehr als zweihundert Brüche verteilt. Hier wurde in mehreren Feldern geritten. Horst Niemack führte als Master auf dem imposanten Schimmel Quader, Oberwachtmeister Kohlenberg die Meute. In einem der Felder pflegte bisweilen auch Otto Lörke auf seinem Dressurpferd Dorffrieden (Trak. v. Hyperion) dabei zu sein. Wenn dann rechts und links einige schwer zu haltende Hunter ungeregelt Boden gewannen, rief er mit seiner hellen, heiseren Stimme: »Meine Herren, was ist denn los? Reiten Sie doch vernünftig!« Dann parierte er seinen Dunkelfuchs aus dem Jagdgalopp zum Halten, richtete einige Tritte rückwärts und galoppierte Strich weiter in leichter Anlehnung, den Kopf schüttelnd über soviel reiterliches Unvermögen in seiner Umgebung.

Horst Niemack heiratete Annemarie Stein, älteste Tochter von Litho Stein, Oberst und Abteilungsleiter im Stab von Generaloberst Fromm. »Neger« Boddien und Jochen Köhler wurden als Trauzeugen gebeten. Vor dem Haus des Brautvaters standen in langer Reihe die Gespanne des Fahrstalls, von denen ein Schimmelgefährt über den Gartenzaun marachte. Litho, selbst ein ausgezeichneter Fahrer, hing darob – bildlich – an einer Gardinenstange des Salons, in dem sich die Gäste in angeregtem Zutrunk zur Fahrt in die Potsdamer Garnisonskirche bereitstellten. In der Sakristei stellte der Pfarrer fest, daß der Bräutigam den Trau-Erlaubnisschein vergessen hatte. So eilte dieser unter einem Stahlhelm alter Art in einem Automobil erst einmal wieder nach Krampnitz zurück. Es versteht sich, daß hernach die Trauung in der berühmten Garnisonskirche eine sehr feierliche war. Auch das Hochzeitsessen im Kasino der Kavallerieschule ließ es an nichts fehlen. Das Trompeterkorps spielte in weißen Jacken. Kameras surrten während der Essens-Gänge über die illustre Gesellschaft, in der auch der Champion-Trabrennfahrer Hans Frömming nicht fehlte. Die Brautführer, ihrer Pflichten inzwischen längst ledig, vergnügten sich zeitweilig mit der Braut-Schwester Inge, die man den schwarzen Panther nannte, weil sie einem aus großer Entfernung auf den Schoß springen konnte.

Vorführungen im Schulstall

Im Schulstall der Heeres-Reit- und Fahrschule fanden auch während des Krieges regelmäßig Vorführungen statt. Meist mittwochs erschienen ausländische Gäste der Reichsregierung oder des Diplomatischen Korps. Künstler wie Furtwängler oder Willy Birgel gehörten zu vielen namhaften Persönlichkeiten aus dem Kulturleben, die Krampnitz besuchten. Aber auch hohe und höchste Militärs erschienen von Zeit zu Zeit. Hierüber erzählte Willi Schultheis:
»Aus Richtung Berlin rollten die »Hohen Tiere« vom OKW (Oberkommando der Wehrmacht) und OKH (Oberkommando des Heeres) auf zwei verschiedenen Straßen in Krampnitz an. Eine Gruppe über Wannsee, Babelsberg, Potsdam, Nedlitz, die andere über Heerstraße, Groß Glienicke. Die Kolonnen passierten das große Tor, fuhren am Offizierskasino vorüber, am Haus Hannover und der Fähnrichschule, um dann das Areal der Heeres-Reit- und Fahrschule (früher Kavallerieschule Hannover) zu erreichen. Hier wurden der Springstall, der Militarystall und der Schulstall passiert. Am Fahrstall wurde Halt gemacht, kurz vor der Remonteschwadron, dem Jagdstall und dem Rennstall.
Es war 9 Uhr. Oberst Felix Bürkner machte Meldung als Kommandeur der Schule. Und dann rollten auch schon die Gespanne unter Leitung von Rittmeister Bröker (»der Lange«, 195 cm), assistiert von Anton Haid und den Fahrmeistern Hermann Butz und Immhäuser: Einspänner, Zweispänner, Vierer- und Sechserzüge. Major Hermann Walcher brillierte mit einem Achterzug.
Bei den Remonteschwadronen, deren Chefs Rittmeister Gustav Lange, Rittmeister v. Reden-Lütken und Major H. Seidel waren, dirigierten die Wachtmeister Stolberg und Dobs den Ablauf. Die Abteilungen gingen, wie man es sich nicht besser wünschen konnte.
Im Jagdstall hielten die Wachtmeister Mergen und Kohlenberg die Fäden in der Hand und die Meute zusammen.
Als nächstes folgte in der Besichtigung eine Abteilung des Militarystalles (35 Pferde), dessen Pferde ihre dressurmäßige Arbeit im Schulstall erhielten. Hier waren auch die Olympiasieger von 1936 Nurmi und Fasan unter Hauptmann Stubbendorf und Rittmeister Frhr. v. Wangenheim von der Partie.
Auf der Empore der großen Reithalle des Schulstalles versammelte sich dann alsbald ein kleines Orchester.
Otto Lörke, am Tage zuvor bestimmend, welche Pferde gehen sollten, hatte aufsitzen lassen, und so erschien als ein Höhepunkt dieses Besichtigungstages die große Schulquadrille, heute mit vier Rappen, vier Füchsen und vier Braunen. An der Tête der Trakehner Herder mit Oberst Bürkner, an der zweiten Tête Willi Schultheis auf dem Trakehner Fanal, dahinter Walter Günther auf dem Ostpreußen Questanowitsch, Willi Rudat mit Tschako (Ostpr.), Heinz Seidel/Urantus

(Hann.), Fritz Thiedemann/Eilbote xx, Harry Geißler/Oststurm (Trak.), Walter Rumstich/Pirat xx, Gert Röhler/Nobelpreis (Ostpr.), Gerh. Bork/Spitzbub x, Robert Schmidtke/Pommerländer xx.

Diese Quadrille war nach Aufbau und Ausführung einmalig. Sie dauerte 10 Minuten, und jedes teilnehmende Pferd war in der Lage, eine S-Dressur zu gehen. Der Schlußaufmarsch erfolgte in breiter Front, wobei alle zwölf Pferde passagierten...«

Diese Quadrille, von Felix Bürkner einstudiert und zusammen mit Friedrich Witeschnick, Kapellmeister in Wien und als Soldat zur Heeres-Reit- und Fahrschule kommandiert, in der Begleitmusik zusammengestellt, wurde 1972 bei den Olympischen Spielen in München als »Deutsche Schulquadrille« beim Schlußprogramm gezeigt.

Im Schulstall ritten zeitweilig auch einige Lehrer der Offiziersanwärter-Lehrgänge. So auch Georg v. Boeselager, dem ausgerechnet Otto Lörke mangelnde Energie bescheinigte, wenn nicht alles gleich so klappte, wie er es sich gedacht hatte. Dem Prinzen zu Sachsen-Meiningen rief er zu: »Hoheit, nehmen Sie die Hände tief!« Dann: »Hoheit, Sie schlapper Mensch, nehmen Sie...« Und schließlich: »Hoheit, Du verdammte Sau, nehmen Sie endlich die Hände tief!«

Köhler hatte häufig mit Reitmeister Zeiner das Vergnügen: »So, ganz still sitzen, bittschön, jetzt kommt's, hopp – allez, – ein schönes Kapriolchen!« Bubi Günther wurde es manchmal zu bunt mit Otto Lörke, wenn der immer wieder etwas auszusetzen hatte. Da markierte er einmal Wildwest, schien sein Pferd nicht mehr halten zu können und, während Otto schrie, schrie Bubi zurück: »Ich halt ihn nicht, Herr Lörke! Helfen Sie mir, er haut mir ab!« Während er den in der Bahn stehenden Meister fast umritt, spornierte er außen und tat gleichzeitig so, als wenn er aus Leibeskräften parierte. Eines Tages hatte Felix Bürkner die Schulquadrille geübt, ließ Herder die Zügel aus der Hand kauen und sagte: »Danke, meine Herren, das genügt.« Hinter der Bande der kurzen Seite zum Stall schaute Lörkes Melone hervor, worunter ein starkes Räuspern hörbar wurde. Da wandte sich Bürkner um und meinte: »Nicht wahr, Herr Lörke?« Der aber schüttelte das feierlich bedeckte Haupt und rief mit seiner dünnen Stimme: »Herr Oberst, die Traversalen haben mir teils gar nicht gefallen, und der Rudat hat in den Ecken gepfuscht!« Weiter gings.

Im Partisanengebiet bei der Neuaufstellung moderner Kavallerie wurde jede Gelegenheit zu reitsportlicher Betätigung genutzt. Köhler, nunmehr Chef 2. Schwadron (Mecklenburger und Rappen), hatte in der ostpreußischen Stute Residenz (v. Oxyd-Luftherrscher) ein sicheres Springpferd zur Verfügung. – Die Unterkünfte der Schwadronen wurden freundlich und sauber hergerichtet. Birken zur Einzäunung waren reichlich vorhanden.

In der Schule für schnelle Truppen in Krampnitz bei Potsdam herrschte Unruhe, als Boeselager Anfang Januar 1943 von einem kurzen Besuch von der Ostfront zurückgekehrt war, den er im Weihnachtsurlaub durchgeführt hatte. Es war etwas durchgesickert davon, daß es wieder Kavallerie geben würde, reitende Kampfverbände von großer Beweglichkeit mit schweren Waffen auf Tragpferden und hinter einspännigen Karetten, im Verbund mit bespannter Artillerie, Sturmgeschützen und Panzerabwehr-Einheiten. In Krampnitz hatte der Lehroffizier der noch berittenen Fahnenjunker, das Glück, von Boeselager als Schwadronchef berufen zu werden mit der Auflage, etwa zwölf seiner besten, zum Leutnant anstehenden Offizier-Schüler über das Personalamt Berlin dem bei Smolensk im Aufbau befindlichen Kavallerieregiment Mitte zuzuführen.

VI. Moderne Kavallerie

Bei Staiki hatte Boeselager inzwischen die als Aufklärungstruppe bei den Infanterie-Divisionen tätig gewesenen Reiterschwadronen gesammelt, bis zum äußersten gerupft natürlich von ihren verständlicherweise mißgestimmten Verbänden. So war noch alles in den Anfängen, als die »Krampnitzer« durch tiefen Schnee in leichten Schlitten full pace zu ihren verstreut im Partisanengebiet liegenden neuen Einheiten kutschiert wurden. Nur wenige Wochen war Zeit, das Kavallerie-Regiment Mitte zu einer modernen Kampftruppe von vielseitiger Beweglichkeit und harter Schlagkraft zu machen. Bis alle Pferde, Waffen und Ausrüstungsteile komplett beisamen waren, überfielen sich die Schwadronen nachts und »eroberten« Pferde, Waffen, Sättel, Decken und andere Utensilien, was die Partisanen, die eh' schwer zu fassen waren, ob dieses Indianerspiels mit Hochachtung erfüllt haben dürfte.

Bei Orel waren in dichten Wäldern drei Infanterie-Divisionen zurückgedrückt, bzw. über den Fluß geworfen worden. Die Boeselagerschen Schwadronen, in Eilmärschen herangebracht, folgten in breiter Front ihren Aufklärungsspitzen, still, weil atemlos, begrüßt von versprengten Truppenteilen, die stark angeschlagen zurückfluteten. Der Feind sollte zum Stehen gebracht und solange aufgehalten werden, bis wieder eine haltbare Front zustande gekommen sein würde. Es ritt sich nicht besonders durch das dichte Unterholz dieses Urwalds. Nur selten fand sich vorübergehend so etwas wie Schneisen. Aber diese Art Unbeweglichkeit war es ja gerade, die Boeselager veranlaßt hatte, die Kavallerie wieder in den Sattel zu bringen. Und so wurde hier ein etwa 12 km Stundentempo erreicht, das voll ausreichte, dem Gegner so rechtzeitig zu begegnen, daß er in der notwendigen Distanz zurückgehalten werden konnte. Die Spähtrupps vor der Spitze hatten auf breiter Front (etwa 20 km) fast gleichzeitig Feindberührung. Sie täuschten die Sowjets unter Vorspiegelung stärkerer Kräfte dadurch, daß sie mal hier, mal da auftauchten und Feuer abgaben, und ermöglichten so den nachfolgenden Schwadronen, zum Kampf abzusitzen und eine weit vorgeschobene Sperrlinie zu improvisieren, die zwar in den Zwischenräumen zu den Verteidigungsnestern riesige Lücken aufwies, aber in den dichten Waldbeständen wie eine starke Front wirkte. Die Handpferde (ein Mann hielt vier Pferde) blieben vorerst noch in Bereitschaft, ein wenig zurückgesetzt, an den Schwadronsgefechtständen wurden einzelne Meldereiter mit ihren Pferden zur Verfügung gehalten. Boeselager führte alles über Funk. Schon wenig später sagte er für den nächsten Tag nachmittags einen großangelegten Angriff der Sowjets voraus, der seinen Schwerpunkt wahrscheinlich vor der 2. Schwadron haben würde. Wie eigentlich immer, stimmte diese Prognose. Die Russen griffen zunächst mit Flammenwerfern an. Kurz dahinter, offenbar unter Alkohol, jedenfalls durchdringend schreiend, Welle auf Welle sowjetischer Infanterie. Am Gefechtstand der 2. Schwadron unterstützte eine Beute-Pak sehr wirkungsvoll das Abwehrfeuer der Karabiner, der leichten und schweren Maschinengewehre und der Granatwerfer. Der ganze Wald erstickte im Qualm der Flammenwerfer. Man konnte kaum noch schlucken, geschweige sprechen. Aber dem Gegner, der eigentlich zur Verfolgung hatte ansetzen wollen und nun unvermutet starken Kräften, wie er meinte, gegenüberstand, gelang es nicht, näher als auf 100 Meter heranzukommen. In diesem Feuerwerk erreichte ein Funkspruch von Boeselager den Schwadronchef: »Große Brücke über die Desna, 2000 Meter links von

Der Oberbefehlshaber der Heeresgruppe Mitte, Feldmarschall von Kluge (»kluger Hans«) kam gelegentlich mit einem Fieseler Storch zu den Boeselagerschen Reitern und vermerkte befriedigt, daß hier eine Truppe entstand, die in vielseitiger Kampfkraft und außerordentlicher Beweglichkeit ideal geeignet war, als Heeresgruppentruppe zu fungieren. Rittmeister König (rechts), Chef 1. Schwadron, führt hier eine neue Granatwerferkarette vor, im Hintergrund stehen die Kampfzüge aufmarschiert. Georg v. Boeselager (2. v. r.) stampfte seine moderne Kavallerie förmlich aus der Erde. Feldmarschall v. Kluge (Mitte) wußte dies zu würdigen; links von ihm Philipp v. Boeselager, Kommandeur der I. Abt. des Kav.-Rgt. Mitte.

Ihnen, sofort sprengen lassen. Pioniere sind dort, aber Funkgerät defekt«. Da sprang der mecklenburgische Bauernsohn Hermann Lange in den Sattel seiner Rappstute Oriflamme, die schon 1939 aus der Garnison Parchim ins Feld gezogen war, und galoppierte weit vornübergebeugt im Affenzahn auf einem schmalen Sandweg, der zwischen den Fronten zur Brücke führte, davon. Feuerschutz aus allen Rohren und Läufen, wenn der Dahinstürmende sich nicht gerade vor diesen befand. Aber auch Feuer von der Gegenseite auf den »apokalyptischen Reiter«, wie ihn später ein Bericht in der Zeitschrift »Die Wehrmacht« beschrieb. An der Brücke brach die treue Stute, aus vielen Wunden blutend, zusammen. Der Reiter, ebenfalls mehrfach getroffen, robbte sich heran, gab den Befehl weiter und wurde von den Pionieren geborgen, später in Sicherheit gebracht.
Das Getöse der hochgehenden Brücke war im Gefechtslärm des Waldes fast untergegangen, als auch das Funkgerät der Schwadron in Teile zerflog. Immer neue Wellen brandeten heran, von hinten war neue Munition herangekommen, auch für die Pak. Es lief alles lückenlos. Daß keine Verbindung zu Boeselager war, irritierte wenig. Er würde es schon machen. Da näherte sich dann später auch ein Meldereiter: »2. Schwadron hält noch bis

18 Uhr, um Herauslösung der anderen Kampfteile zu ermöglichen. Dann Absetzen auf Schienenstrang (x) bis (y), da Sumpfgebiet, Schwadronchef übernimmt Nachhut mit zwei Maschinengewehrtrupps«. Der Auftrag war offenbar erfüllt, die neue HKL weiter rückwärts aufgebaut. Als der Chef die beiden MG in aufhaltende Stellungen einwinkte, alles andere sich bereits vom Feind gelöst hatte, und nachdem die Pak noch einmal bäumezerfetzend wirksam geworden war, stand plötzlich Boeselager auf der Bildfläche schlagartig eingetretener Einsamkeit. Mutterseelenallein, wie zufällig, vollkommen gelöst und wie vertieft in die Beobachtung eines kapitalen Rehbocks. »Zwanzig Minuten noch« sagte er wie beiläufig, als einen MG-Schützen eine Kugel der nachdrängenden Sowjets traf. Er half, den Gefallenen zurückzubringen zur bereitstehenden Dräsine und stand dann wieder dabei, als die MG-Läufe in hartnäckiger Abwehr ratterten. »So«, sagte er dann schließlich, »das reicht«. Und warf sich als letzter auf die abrollende Dräsine flach auf den Boden wie alle, denn die nachdrängenden Russen schossen flott auf dieses geraden Weges entrückende Ziel, ohne allerdings mehr, als Holz- und Eisenteile zu treffen. In ihrer Atemlosigkeit.

Verwundet in die Heimat

Eigenartig, als der Schwadronchef andernorts hinter einem hart gefrorenen Ackerhang mit zwei Meldern kauerte, bevor der Sturmangriff begann, und ein Granateneinschlag in unmittelbarer Nähe dreckfetzend und ohrenbetäubend abgeflaut war, richtete er sich auf, sah in die Runde und freute sich, daß alles heil geblieben war. Er wollte aufstehen und zu seiner in einem moorartigen, ziemlich splittersicheren Gelände verteilten Schwadron hinübersehen, als sein linker Stiefel am Unterschenkel auseinanderkippte und nicht nur Blut sichtbar werden ließ, sondern auch die Tatsache, daß nur noch ein dünner Faden alles zusammenhielt. Erst jetzt setzten Schmerzen ein, und erst jetzt war klar, daß doch einer der herumpfeifenden Granatsplitter sein Ziel getroffen hatte.

Später auf dem Verbandsplatz beschwor der Blessierte die Ärzte, das Bein zu retten, egal wie. Beim Erwachen aus der Narkose bewies jedoch ein jäher Blick und ein hektisches Be-

Russische Unwegsamkeit im Narewgebiet: Hier konnte der Vormarsch der vielfach überlegenen Sowjetverbände noch längere Zeit aufgehalten werden.

Georg Freiherr von Boeselager wurde am 25. August 1915 als dritter Sohn unter zehn Geschwistern geboren. Seine Heimat war die Wasserburg Heimerzheim, ein Landwirtschaftsbesitz unweit Bonn. Im humanistischen Gymnasium, dem Aloisius Kolleg in Bad Godesberg, wurde er erzogen und auf das Leben vorbereitet: »Deo – Patriae – Vitae«. In den Ferien ritt und jagte er zu Hause. Ab 1934 Fahnenjunker und Offizier im Kav.Rgt. 15, Paderborn. Renn- und Turniererfolge. Schwadronchef und Abt.Kdr., 1942 Taktiklehrer an der Schule für Schnelle Truppen in Krampnitz und an der rumänischen Kav.-Schule, 1943 Kdr. Kav.-Rgt. Mitte, dann Kdr. 3 Kav.-Brigade. Gefallen am 27. August 1944 bei Lady Mans in Polen.

fühlen, daß der Unterschenkel nicht zu retten gewesen war. Nach einem Aufenthalt im Lazarett in Pinsk mit Feldmarschall von Kluge, dem Partisanen Milch vor die Autoscheibe gekippt hatten und der dadurch verunglückt war, und Georg sowie Philipp v. Boeselager, die in einer turbulenten Kampfnacht verwundet worden waren, ging es mit einer Ju 52 nach Brieg in Schlesien. Jochen Witte, der inzwischen auch verwundete Ordonnanzoffizier, flog mit. Von Brieg aus erfolgte Verlegung nach Ludwigslust, 20 Kilometer von zu Hause entfernt. Hier mußte noch einmal operiert werden. Aber schon wenige Wochen danach wurde Redefin zur Ausheilung bestimmt. Iwan, der russische »Hilfswillige« aus der Frontschwadron, den sein Chef rechtzeitig in die Heimat hatte beordern können, stand schon bereit, um dem Rekonvaleszenten zur Seite zu stehen, der bald auf Krücken alles zu inspizieren versuchte. Wenn das etwas länger dauerte, erschien Iwan, stellte sich vor seinen Chef und zeigte mit ausgestrecktem Arm zum Haus, wobei er augenrollend herausstieß: »Gänug!« Jeden Morgen zündete er die Kachelöfen an, wobei er einmal wild im Zimmer herumsprang und in einer Ecke in volle Deckung ging. Er wollte demonstrieren, wie er gefangen genommen war. Ansonsten fühlte er sich äußerst wohl und kümmerte sich um alles. Zu Mutter Köhler beugte er sich flüsternd herunter: »Du, Frau – Kuh zu Mann«. Dann war klar, daß eine der Landstallmeisterkühe einen Bullen benötigte. Abends klopfte er im Wohnzimmer an: »Guttää Nacht!« Einmal war er sehr aufgeregt: »Beide Hunde nix zu Hause!« Na, schon gut Iwan, geh' man zu Bett, die werden schon kommen. Zwei Stunden später steckte er wieder den Kopf in die Tür »schwarze Hund (Scotch-Terrier) diese Moment zu Hause«. Sehr schön, gute Nacht! Am nächsten Morgen um 7 beim Wecken des Landstallmeisters: »Gutten Morgen! Weiße Hund 3.15 Uhr zurück!«
Gelegentlich fuhr Iwan Mutter Köhler mit einem Einspänner ins Dorf. Sein Kretzchen setzte er dann schief gegen den Wind, hielt eine hängende Zigarette im Mundwinkel und fuhr in einem Affenzahn durch die Gegend. Keine Beschwichtigung konnte ihn daran hindern. Am 50. Geburtstag der Hausfrau erschien er am 31. Mai 1944 morgens zum Kaffee

Dies war Iwan, unwahrscheinlich treu und gewissenhaft. Niemand hat je erfahren, was aus ihm geworden ist, als sowjetische Truppen schließlich das ganze Land Mecklenburg besetzten. – Sobald die Beinprothese da war, wurde wieder gelaufen und geritten: Köhler als Rekonvaleszent in Redefin kurz vor seiner Rückkehr zum »Boeselagerschen Haufen«.

Dem Abteilungskommandeur I./Kav.-Rgt. 31 (Stab, schwere Schwadron mit Granatwerfern und schweren Maschinengewehren, drei Reiterschwadronen mit je 320 Pferden) gratulierte Micky Brinckmann, Führer Kav.-Rgt. 31, am Narew zu seinem 27. Geburtstag am 1. Oktober 1944. Micky war zu Pferde erschienen und brachte mehrere gute Buddeln in seinen Packtaschen an. Vorn mit Maschinenpistole Rittmeister Köhler's Meldestaffelführer, Unteroffizier Berner.

Der Geländegängigkeit der Reiter waren keine Grenzen gesetzt. Begleitende Sturmgeschütze und Pakgeschütze blieben auf festem Boden, während die Reiter den Feind umgingen und ihn in die Arme der an der Straße gedeckt in Stellung liegenden schweren Waffen trieben, während sie mittlerweile auch von der Flanke aus das Feuer eröffneten. (Die »gelbe Gefahr«, von der Waffenfarbe der Kavallerie abgeleitet).

mit einem großen Rotdornstrauß und meinte treuherzig: »Noch einmal so gut 50 Jahre!« Inzwischen war Köhler Anfang Mai nach fünfmonatiger Genesungszeit wieder zum Boeselagerschen »Haufen« zurückgekehrt, nachdem er sich im Laufen und Reiten wieder fit gemacht hatte. Iwan blieb in Redefin und lernte sogar das Telefon bedienen: »Hier nix zu Hausää!« (Was werden sich die Anrufer erschrocken haben!)

Wieder beim alten »Haufen«

Köhler übernahm seine alte Schwadron, die solange Albrecht von Ziegener geführt hatte und avancierte bald zum Abteilungs-Kommandeur. Nach monatelangen Kämpfen in Rußland, zuletzt um das ostpreußische Goldap, wurde die 3. Kavalleriedivision in Eiltransporten von Lyck mit zahlreichen Güterzügen nach Ungarn geworfen, während in Ostpreußen die Kräfte nicht reichten, das sowjetische Vordringen zu verhindern.

Boeselager gefallen

Unweit der ostpreußischen Grenze bei Lady Mans hatte die 3. Kavallerie-Division ein furchtbarer Schlag getroffen. Georg Freiherr von Boeselager war gefallen. Bei einem Gegenangriff hatte er, auf dem Bug eines Sturmgeschützes sitzend, die Angriffsspitze gebildet. Uns war alles klar, daß ihn Verzweiflung getrieben hatte, so tollkühn zu handeln. Seine Verbindungen zum Ia der Heeresgruppe, General von Treskow, der in die Ereignisse des 20. Juli verstrickt war, konnten nicht verborgen geblieben sein. Sein Tod war ein Schock für seine Regimenter, aber keine Lähmung. Er lebte weiter bei ihnen, obwohl er tot war. Und jedermann handelte, als sei der Kommandeur noch da.

> Das Geheimnis der Würdigung der Boeselagerschen Reiter bei Freund und Feind lag in mehreren Gegebenheiten begründet. Der Ton, der bei ihnen herrschte, war boeselagersch liebenswürdig, fair, und alles andere als laut. »Mehr sein als scheinen« war die unausgesprochene Devise. Achtung vor jedem Menschenleben war ungeschriebenes Gesetz, und so wurde oft die Hälfte der Kampfkraft bei den Handpferden geschont, weil es die andere Hälfte allein schaffte. Dem Gegner wurde hart, aber nur waidgerecht begegnet, Wehrlosen Pardon gegeben. Unbedingter Verlaß aufeinander und volle Hingabe an Auftrag oder Situationsbewältigung sicherten bis zum allerletzten Schluß Vertrauen, Disziplin und Zusammenhalt. Der Kopf Boeselager war geradezu genial. Er überzeugte auch grimmigste Oberbefehlshaber und fand Respekt bei ihnen. Und er taxierte so rechtzeitig und genau wie ein begnadeter Springreiter, der es seinen Pferden leicht macht, sie dort schont, wo nicht alles sein muß, sie aber da fordert, wo es um Entscheidendes geht, stets alles vermeidend, was – unnötig – Nerven oder Knochen kostet. Das hatte Boeselager seinen Kommandeuren und Chefs unmerklich eingeimpft durch sein eigenes Denken, Leben und Handeln.
> Nicht zuletzt dadurch auch der Truppe. So war es kein Wunder, daß dieser Geist am Leben blieb, als Boeselager starb. Es war dies wohl

die beste »innere Führung«, die es je gab. Denn sie stand nicht als Vorschrift auf dem Papier, unterlag keiner Diskussion, gab es auch in keinem Unterricht, sondern wirkte und wurde sich zu eigen gemacht allein durch die Ausstrahlung einer uneingeschränkt glaubwürdigen und überzeugenden, makellosen Persönlichkeit christlichen Glaubens.

Es war Nacht, und im ostpreußischen Lyck wurde Transportzug auf Transportzug mit Boeselagerschen Schwadronen beladen. Ab nach Ungarn. Bei Fünfkirchen am Südzipfel des Plattensees war der Russe auf breiter Front durchgebrochen, mehrere Divisionen waren zerschlagen, aus Italien per Schiene anrollende Ersatzverbände beim Ausladen vernichtet. Non stop rollten die langen Güterzüge gen Süden. Bei Stuhlweissenburg wurde durch einen heimtückischen ungarischen Lokomotivführer eine Schwadron fehlgeleitet. Ostwärts des Plattensees. Beschossen durch die Sowjets. Wieder zurückgeführt und richtig geleitet durch einen Gefreiten der Boeselagerschen Reiter, der zufällig Lokführer war. Im Eiltempo Reiter, Pferde und Waffen ins Niemandsland bei Fünfkirchen. Ausgeladen und aufgesessen zu Spähtrupps und Kampftrupps mit 5 Watt-Stellen, Sturmgeschützen und Pak. Der Russe auf breiter Front im Vormarsch gestellt, flankierend von Geländereitern beschossen, in Auflösung gebracht und frontal von schweren Waffen unter Feuer genommen. Die »gelbe Gefahr« (Waffenfarbe der Kavallerie), hieß es im russischen Heeresbericht, »ist wieder da«, und der Wehrmachtsbericht meldete Geländegewinne bis zu 40 km, tausende von Gefangenen und Waffen. Dies alles zu einer Zeit (1944 im Herbst), da niemand mehr an solche Aktivitäten dachte.

Dann ging es in Eilmärschen nach Norden. Entsatz der in Budapest eingeschlossenen Truppen. Zusammen mit anderen Verbänden. Stukas vorweg. Nur 700 Offiziere, Unteroffiziere und Mannschaften waren zu retten. Darunter Sven v. Mitzlaff, der heute so namhafte Vollbluttrainer.

Nachtangriff in Ungarn: Stalinorgeln vernichten den Regimentskommandeur »Ueckchen« v.d. Knesebeck, vormals Adjutant bei Brauchitsch. Sowjets schießen aus zahlreichen Strohschobern. Die Boeselagerschen Reiter reiten große Bogen und erreichen mit Köhler mittlerweile Kdr. I. Abt. Rtr.-Rgt. 31, begleitet von seinem Pferdeburschen »Schisko« (Westf.) eine Zwischenziel-Pußta. V-Mann schwere Waffen dabei. Alles ruhig. Absitzen, Gucken und Lauschen. Plötzlich Granatwerferfeuer, Maschinengewehrfeuer, Leuchtkugeln ringsum. Pferde auseinander geschreckt. Pferde weg in der Dunkelheit. Russen »uräh«. – Trillerpfeife. Fritz Thiedemann da. Mit zwei schweren MG. Die rasieren rundum. Ohne Seife. Und etwas später arriviert die erste der Schwadronen. Die Nacht ist gerettet. Die Pferde sind auch wieder da.

»Alle Handpferde der 1. Schwadron (Füchse, alle Reiter Rheinländer) vom Russen vereinnahmt«. Am Schloß eines älteren ungarischen Grafen. Diese Nachricht kam beim »Morgenritt«, der Geländegewinne erbrachte, Gefangene und Geschütze. Schließlich, am Nachmittag, auch die Handpferde der 1. Schwadron. Funkspruch zum Schloß (HJK an Ralf Zimmermann von Siefart, Adjutant): »Zum 5 Uhr Tee wieder zurück«. Ein Diener servierte stilgerecht, aber der gastfreundliche Graf monierte ziemlich energisch, daß es nicht wieder vorkommen dürfe, daß (russische) Maschinengarben die Glasveranda durchsiebten. Es wurde um Entschuldigung gebeten. (»Hallo, sportsmen!«).

*

Mit dem Tod Hitlers am 8. Mai 1945 war die Jagd noch nicht zu Ende. Niemand wußte, ob er nicht zum curée gehörte. Die Waffen schwiegen zwar, die Frage östlicher oder westlicher Vereinnahmung aber war ungeklärt. Die Boeselagerschen Einheiten marschierten geschlossen nach Österreich hinein. Über die Pakhöhe, Judenburg. Erste englische Verbände kamen ihnen entgegen – und ließen sie vorerst passieren. Doch noch war keine Entscheidung gefallen, und ein »kehrt marsch« lag durchaus in der Luft. Offenbar fanden die Westmächte Gefallen an der Kavallerie, die ihnen unter Waffen in tadelloser Ordnung und Disziplin begegnete. So etwas gab es sonst nicht. Normalerweise waren die Truppenteile aufgelöst worden. Jeder einzelne versuchte irgendwie nach Hause zu kommen. Schon bald sah man Gefangenenlager, denn irgendwo wurde fast jeder gecatcht. Trostlos diese Tausende hinter Stacheldraht, während feldmarschmäßig deutsche Schwadronen gen Westen vorüberzogen. Eine Fata Morgana?

Feldmarschmäßig von Ungarn über Österreich nach Württemberg

Das Trompeterkorps der 3. Kavallerie-Division unter Stabsmusikmeister Gerlach rührte das Spiel mit Kesselpauken und Fanfaren, als der USA-Kommandierende den Vorbeimarsch der Boeselagerschen Reiter abnahm, General v.d. Groeben seine Hochachtung aussprechend zu dem Geist dieser Truppe, ihrer Ausrüstung und ihrem Pferdematerial. Was sollte dies bedeuten? Würden die Regimenter als Ordnungstruppe belassen? So gingen die Gerüchte, während der Marsch nach Württemberg fortgesetzt wurde. Manchen Amerikanern stachen die Pferde in die Augen, und so versuchten einige, sich besonders auffallender Exemplare zu bemächtigen, was ihnen aber nicht gelang, weil sie die Geschlossenheit der Marschordnung nicht zu durchdringen vermochten. Da man nun nicht recht wußte, ob die Sieger nicht doch einmal ernst machen würden, wurden besonders wertvolle Reitpferde, die beim Haupttroß von Gerhard Röhler, Bubi Günther

und Harry Geißler dressurmäßig schon ganz erheblich gefördert worden waren, als Vorderpferde in die Trosse gespannt und ihre Beine mit blutdurchtränkten Verbänden versehen. Da war schließlich Ruhe.
Eigenartig, wenn man das so bedenkt: Der Krieg schien seit längerer Zeit schon verloren, aber in keiner Weise setzten hier Auflösungserscheinungen ein. Selbst die Ausbildung der Pferde wurde forciert, als stünde ein ehrenvoller Friede bevor und die nächste Olympiade.
Durch den westlichen Teil Österreichs und durch Bayern waren die Schwadronen mit allem Drum und Dran auf Güterzügen gerollt. Bei Rastatt ging der so unterbrochene Marsch weiter in die Räume Heidelberg und Oehringen. Hier wurden den Schwadronen Quartierräume angewiesen, in denen sie sich frei bewegen konnten. »Märsche und Lieder« war bei der I. Abt. Reiter-Regiment 31 ein Abend benannt, an dem das Trompeterkorps spielte, die Soldaten sangen und Biwakfeuer zum nächtlichen Himmel loderten. Was würde werden?
Der Krieg war verloren, und doch ein Leben in begrenzter Freiheit, in ehrenvoller Behandlung, ohne Lager und Stacheldraht! Unvorstellbar, vielleicht sogar unglaubhaft für die vielen, die es so ganz anders erlebten.
Der Einmarsch der Schwadronen der I./RR 31 in Oehringen stellte die Realitäten nahezu auf den Kopf. Die Bevölkerung stand Spalier an der Hauptstraße, aus den Fenstern hingen die Menschen, warfen Blumen und jubelten, als kehre eine siegreiche Truppe aus dem Felde zurück, als stünden herrliche Friedensjahre bevor. Aber es war wohl der Stolz dieser Menschen darauf, daß sich diese Reiter nicht gehen ließen, sich nicht aufgaben, der Zukunft vertrauten, dieser Eindruck, der sie überwältigte und daran glauben ließ, daß alles nicht so schlimm werden würde, wenn man zusammenhielt, Ruhe und Ordnung bewahrte.
Auf dem Marktplatz waren rundum hunderte von Metern Latten befestigt, woran die Pferde angebunden werden sollten, Heu war vorgelegt, und als unter dem Gedränge der Bevölkerung alles abgesattelt und ausgeschirrt war, entbot der Bürgermeister ein herzliches Willkommen in Oehringen von einem Podest aus, das mitten auf dem Platz aufgestellt war. Er dankte den Reitern für ihren jahrelangen Einsatz, gedachte der Gefallenen und wünschte allen eine gute Heimkehr zu ihren Angehörigen und Arbeitsplätzen für einen gemeinsamen Wiederaufbau. Dann wurden alle Reiter in Gasthöfe und Privatquartiere eingeladen, während sich die Wachen bei den Pferden, Fahrzeugen und Geräten alle zwei Stunden ablösten.

Ungefangen entlassen

Dies war um den 10. Juni 1945. Kurz darauf kam der Befehl, alle Pferde an die Landwirtschaft abzugeben, die Waffen, die Fahrzeuge und das

Gerät einer Sammelstelle zuzuführen. Danach erfolgte die Entlassung aller Unteroffiziere und Mannschaften. Sie wurden mit USA-LKW's in ihre heimatlichen Kreisstädte gefahren. Den beiden Divisionskommandeuren und ihren Generalstabsoffizieren (Ia) wurde dieser Vorzug leider nicht zuteil. Sie wurden nicht freigestellt. Die anderen Offiziere dagegen konnten wenige Tage später auf eigene Faust nach Hause fahren.
Bei der Übergabe der Pferde wurden beide Augen zugedrückt, wenn Ambitionen bestanden, das eine oder andere mit nach Hause zu nehmen. So gelang es Fritz Thiedemann zwei Pferde gen Norden zu entführen. Mit Fahrzeug. Heinz Steffen, Meldestaffelführer der I./RR. 31, spannte die Köhlerschen Pferde Walzerkönig (Ostpr.), Wiener Walzer (Ostpr.), Residenz (Ostpr., v. Oxyd – Luftherrscher) und Rakete (Pol.) vor und hinter einen Wagen. Bei der Ausscherung dieser Pferde aus dem Abgabepulk erhielt der Obergefreite Ernst Uphaus, jahrelang Bursche des Kommandeurs, einen USA-Steckschuß in den Oberschenkel, weil er sich angeblich verdächtig benommen hatte. Er konnte aber kurz darauf die Reise ins heimatliche Spelle im Emsland antreten.
Auf halbem Wege, in Liebenau (Bez. Kassel) bei Rabe von Pappenheim, der gleichfalls eine Stute für sich retten konnte, traf man sich. Für Köhler hatte seiner Beinprothese wegen der Ib der Division, Ulrich Gigas, einen Kübelwagen freistellen können, der den Melder Wilhelm Boots und Uffz. Harry Geißler (ehem. Schulstall der Heeres-Reit- und Fahrschule) mit an Bord hatte. In Liebenau wurde dieses Militärfahrzeug von den Amerikanern kontrolliert. Sie fanden eine Holzkiste, in der der Leibbursche Ernst Uphaus fein säuberlich die Dienstpistole seines Bosses und etliche Munition untergebracht hatte, außerdem alle Orden bis zum Deutschen Kreuz in Gold (riesiges Hakenkreuz inmitten) und Ritterkreuz sowie Gefechtstander der I. Abt. RR 31.
Diese Funde genügten, um die ganze »Besatzung« auf dem Dachboden eines Siedlerhauses unter Arrest zu stellen. Als Rabe v. Pappenheim dahinter kam, gelang es ihm, die »Gefangenen« freizusetzen und sie überaus gastfreundlich in seinem Hause aufzunehmen. Zwei Tage später wurde die Reise mit den Pferden und dem Kübel-VW in nördlicher Richtung fortgesetzt.
Ohne die Ankunft von Heinz Steffen an der Elbe abzuwarten – er wollte mit den Pferden zunächst zu seinen Schwiegereltern in den Kreis Dannenberg – ließen wir das Motor-Fahrzeug, für das wir keinen Tropfen Benzin mehr bekamen, in Bleckede stehen und setzten über die Elbe, um zu erkunden, was in Vielank (Eltern Steffen) und Redefin los war.

VII. Zu Hause sind die Russen

In Vielank, wo der mecklenburgische Heimkehrer als Junge im Hause Steffen (Bauer und Gastwirt) oft zu Gast gewesen war und wo jetzt sofort Berge von Spiegeleiern gebraten wurden, konnte von der bevorstehenden gesunden Rückkehr des Sohnes Kunde gegeben werden. Dann spannte Vater Steffen an und brachte die drei Reiter durch die Lübthener Tannen die 15 Kilometer lange Strecke nach Redefin.
In Vielank schon war beim Spiegeleieressen die Nachricht in's Haus gerufen worden, daß die Russen das bislang noch englisch besetzte Territorium gegen Abend übernehmen würden und daß ab 18.00 Uhr niemand mehr die Häuser verlassen dürfe. Gegen 16 Uhr trafen wir in Redefin ein und spürten Mutter Köhler in einer Gestütswärterwohnung auf, in die sie aus dem Landstallmeisterhaus mit wenigen Habseligkeiten gezogen war. Sie war allein. Der Landstallmeister war in Neuengamme interniert, beide Schwestern waren nach Hamburg unterwegs.
Es war ein freudiges und zugleich schmerzliches Wiedersehen. Schnell wurde noch dies und das vergraben. Dann war die Zeit da. Die Tür wurde aufgerissen. »Schnaaps« rief der Russe, der einen Kopfverband trug und mit einer Maschinenpistole herumfuchtelte. Er musterte besonders denjenigen mit stechenden Augen, der als Offizier am wenigsten geeignet war, hier Aufenthalt zu nehmen. Aber er blieb bei »Schnaaps« und bekam den kleinen Rest einer Flasche, woraufhin er sich fluchend verzog, eine denn doch einigermaßen schockierte Abendbrot-Runde hinterlassend. Am nächsten Morgen setzte sich Wilhelm Boots nach Ladenthin (nahe Stettin, westlich der Oder) in Bewegung, Harry Geißler nach Berlin. Köhler (»Jochen ist wieder da!«) folgte einer unerbittlichen Aufforderung, nach der sich alle Männer auf dem Markt zu versammeln hätten. Hier wurden Marschgruppen eingeteilt. Niemand wußte, wohin es ging. Manche blieben lange verschollen, manche kamen nach Tagen wieder. Der Kavallerist hatte Glück. Ein hartes Klopfen mit einer noch vorgefundenen Krücke an das Holzbein ersparte ihm den Marsch. Er »lahmte« wieder nach Hause.
Die sowjetischen Besatzungstruppen benahmen sich nicht schlecht. Sie hatten sich ja leider Gottes auch schon über viele hundert Kilometer deutschen Landes ausgetobt. Eine Kuh war vom »großen Haus« herübergerettet, und so konnten Mutter und Sohn in einem Weckglas auch buttern. Nachts, wo es besonders schwer war, zu innerer Ruhe zu kommen, sangen sie sich nach dem Motto »Wer erkennt die Melodie?« etwas vor oder fragten sich in Geographie oder Geschichte ab. Dem an Zigarren Gewöhnten blieb keine andere Wahl, als sich Ersatz zu drehen. Dabei schlug ihm bei einer aus Kastanienblättern um eine Stricknadel gebastelte »Zigarre« die Flamme in den Rachen. Das Wichtigste aber war, daß die Erkundigungen, die die Russen über die früheren »Herrschaften« eingezogen hatten, gut ausgefallen waren. Dies wurde den beiden hinterbracht, und es traten tatsächlich keine Schwierigkeiten auf.
Als Landstallmeister wurde der aus Ostpreußen nach Redefin geflüchtete Pferdezüchter Curt Krebs – Kl. Darkehmen bestellt. Er war Junggeselle und hatte seine Haushälterin und deren Sohn bei sich. Als wertvolles Andenken hatte er die Bronzeskulptur seiner DLG-Siegerstute Palmenblüte gerettet. Außerdem eine Reihe seiner Zuchtstuten, die er behalten und auf eigene Kosten halten durfte. Es wurde ihm schwer, seine früher gewohn-

te Lebensart zu unterdrücken, und so war er ständig in Gefahr, anzuecken und mit unbekanntem Ziel abberufen zu werden. Bis er dann noch rechtzeitig mit seinen Stuten westliche Gefilde erreichen konnte. Das Gestüt Weedern, die Familien v. Warburg und Dr. Schilke, die einige Zeit in Redefin einquartiert und im Landstallmeisterhaus zu Gast gewesen waren, hatten vor dem Abzug der Engländer die holsteinische Grenze als spätere Zonengrenze überschritten.

Inzwischen machte sich der arbeitslose Kavalleriemajor (28) auf, das Land Mecklenburg zu erkunden und nach Bekannten und Verwandten zu sehen. Er schwang sich auf's Fahrrad, hing sich eine Offizierspellerine um und fuhr – wenn Russen auftauchten – pfeifend und blöde grinsend seines Weges. Das schien genau das Richtige zu sein, denn überall ließ man den armen »Irren« unbehelligt.

Erkundungsfahrt durch Mecklenburg

In Perlin (nahe der holsteinischen Grenze bei Ratzeburg) besuchte er den aus Trakehnen vertriebenen Landstallmeister Dr. Ernst Ehlert. Der wohnte in einer kleinen, primitiven Wohnung. Achtzig ausgewählte Mutterstuten aus den verschiedenen Trakehner Herden hatte er unter seiner Order, dazu den Hauptbeschäler Hellespont (v. Marduck xx a. d. Hellebarde v. Tempelhüter) und als Hauptbeschäler-Diensttuer die Georgenburger Landbeschäler Sporn (Trak.) und Häscher (Ostpr.). Mit diesem geretteten Stamm und einer Reihe von Stutfohlen sollte hier ein züchterischer Grundstock für Trakehnen konserviert werden, denn damals hatte noch niemand die Hoffnung aufgegeben, in die Heimat zurückkehren zu können. In einer Scheune habe man die dort versteckten Gemälde aus dem Trakehner Schloß leider entdeckt und böse zugerichtet, erzählte »Väterchen« Ehlert. Mit

Langholzfahren, das tägliche Brot in der mecklenburgischen Landwirtschaft nach 1945. Diesem Einsatz konnten sich auch die Gespanne aus Gr. Voigtshagen (zuvor namhafter Hengstaufzuchtbetrieb) bei Dassow im Klützer Winkel, zwischen Wismar und Lübeck, nicht entziehen.

Futter ginge es leidlich, und, man würde schon über die Runden kommen. Auf dem gedielten Flur konnte der »Wanderer« hart unter einer alten Wolldecke Nachtruhe halten.
Auf der Domäne Weitendorf bei Brüel fand er die Familie Burgwedel, den jüngsten Bruder seiner Mutter, wohlauf. Onkel Fritz und Tante Gila waren glücklich, besucht zu werden und – abgeschieden und unorientiert, wie jeder lebte – wollten sie den Radler gar nicht wieder weglassen. Sie wußten allerdings, daß der Familienbesitz Altenlinden (früher Hof Malchow) bei Plau aufgegeben war. Onkel Ernst und Tante Dürten und alle sieben Vettern und Basen waren in den Westen gegangen. Großmutter »Ofo«, ihrer Art entsprechend, war nicht gewichen. Als die Russen kamen, war sie – einem Spaziergang gleich – in ihr geliebtes Ellernbruch gegangen, wo man sie später fand. Sie hatte sich durch Gift der Peinlichkeit entzogen, unter fremden Besatzern zu leben.
Der Radler ist noch ziemlich weit herumgekommen. Nur selten fand er Erfreuliches vor. Ganze Familien hatten ihrem Leben selbst ein Ende gesetzt – darunter mehrere Hengstaufzüchter – waren ermordet worden oder geflüchtet. Bei anderen waren die Männer nicht zurückgekehrt. Es war viel Leid. Und es gab wenig Trost. Vielleicht nur den ganz kleinen, daß sich einer aufgemacht hatte, um einmal nachzusehen.
In Schwerin glückte es, Zukunftskontakte herzustellen. Bevor sie realisiert werden konnten, stand auf dem Redefin nahen Bahnhof Pritzier (10 km) ein langer Güterzug unter Dampf. Er schluckte die Trakehner aus Perlin (nur Häscher und Sporn sowie knapp dreißig Stuten gelangten mit englischer Hilfe noch in den Westen) und fast alle Beschäler des Landgestüts Redefin, außerdem noch eine ganze Zahl von Beschälern aus den ostpreußischen Landgestüten Georgenburg und Braunsberg, darunter die Trakehner Hannibal (später im russischen Hauptgestüt Kirow) und Arnaut. Stalleimer, Forken und Besen verschwanden in den Waggons, die weit nach Rußland hineinrollten.

Zum Rapport beim Sowjetgeneral

Julius Büning und Ferdinand Soll, leitende Ministerialbeamte im Landwirtschaftsministerium in Schwerin, waren noch aus alter guter Kiste übrig und in der neuen Landesregierung seßhaft geblieben. Sie waren die richtigen Ansprechpartner für den in seine Heimat zurückgekehrten Kavalleristen, der jetzt den Zeitpunkt gekommen sah, seinen Jugendtraum, eines Tages aus der militärischen Reiterlaufbahn in die Gestütslaufbahn überzuwechseln, zu verwirklichen. Die Umstände hierfür waren zwar nicht traditionell, umso mehr aber abenteuerlich, und so entsprachen sie der aus dem unmittelbaren fünfjährigen Kriegserleben entstandenen inneren Verfassung und Lebensart fürs erste am besten.
Der russische General, der die Tierzucht in Mecklenburg von Schwerin aus überwachte, zitierte den frischgebackenen Sonderreferenten Pferdezucht mehrfach zum Rapport, erpicht auf Zahlen und Statistik. Ihm ging es nicht schnell genug, und als er eines Tages einen Schuldigen suchte, machte es ihm gar nichts aus, die Sachgebiete durcheinander zu werfen und den Pferdemenschen wegen unverschämten Ferkelsterbens lautstark zur Verantwortung zu ziehen, wobei die Versicherung des Angebrüllten, daß er ja gar nicht Schwein sei, die Sache nur um so schlimmer machte. Erst die Zusicherung, daß sofort ernsthafte Schritte unternommen würden, führte zu einer halbwegs huldvollen Verabschiedung.

Registrierung der züchterischen Restbestände

Zwei Horch 8 – Limousinen mit ihren zahlreichen Zylindern rollten Wochen und Monate durchs Land. Außen der Regierungsstander, drinnen die Pferde-Registrierungskommission, der neben dem Redefiner auch »Tarzan« Peters aus Gustävel und Werner Hartwig, Velgast, angehörten. Tarzan, Domänenpächter, einst Hengst- und Remonteaufzüchter großen Stils, war groß, ging gebückt und hatte sehr lange Arme, während der Pommer Werner Hartwig als früherer Kaltblut-Beamter berufen worden war. Beides Pferdeleute erster Sorte, der eine noch tiefer gebeugt durch sowjetischen und kommunistischen Alpdruck, der andere unbekümmerter, voller Döntjes und erpicht auf eine damals so seltene Delikatesse wie Obsttorte mit Sahne.
Auf dem Wall in Rostock waren 2000 Stuten und Hengste erschienen. Auf behördliche Anordnung. Denn alle Stuten und Hengste, die es – wo immer – auch gab, hatten sich auf bestimmten Terminen vorzustellen. Zu züchterischer Bestandsaufnahme, Eintragung oder Körung. Die Kommission arbeitete gleichzeitig in zwei Gruppen nebeneinander, und so hörte man – oft überkreuzend – ein monotones Warm, 5, 4, 0, Vorbuch, oder Kalt, 3, 7, 0, Hauptstammbuch, während Protokollführer eifrig ihre Listen beschrieben und ein Spezialist im Hintergrund die Feldschmiede qualmen ließ, um glühende Brenneisen einsatzbereit zu halten.
Die Pferdemassen wogten wie ein unübersehbares Kornfeld, in dem nur mühsam eine Gasse zu halten war, um die einzelnen Individuen besehen und beurteilen zu können. Wahllos standen auch Hengste in diesem Getümmel, meist aber armselig im Zustand und nur selten wild und ungestüm oder sich einer gerade stark rossenden Stute bemächtigend für ein später namenloses Kind der Liebe.
Mancherlei Begriffsstutzigkeit bei den Züchtern, von denen die meisten sogenannte Neubauern waren und ihren neuen Beruf mehr erwartungsvoll als routiniert betrieben, aber auch der Obrigkeitseindruck, den wohl die Kommission vermittelte in ihrer forcierten, notwendigerweise kurzab Arbeit, führte gelegentlich zu recht komischen Reaktionen: Wer ist der Vater? – »Ich!« Oder: Popieren! (für Papiere), welcher Aufforderung mit der hastig-erschrockenen Hergabe der Personalpapiere oder eines Führerscheins begegnet wurde. Oder: »Jawohl, Herr Landesstellmachermeister« (statt Landstallmeister). Auch ist es vorgekommen, daß beinahe ein brauner Wallach der Ehre einer Stutbucheintragung teilhaftig geworden wäre.
Unter den Hengsten fanden sich einzelne wertvolle Individuen der Jahrgänge 1943 und 1944, Versprengte aus den vielen Aufzuchtstätten, deren Besitzer tot oder geflüchtet waren, meist in der Hand von Neubauern. Sehr selten nur konnte ein früherer Land- oder Privatbeschäler entdeckt werden, unter ihnen allerdings der DLG-Hengst Flimmerstahl (Ldb. Labes), der infolge Langholzfahrens und Räude nur noch ein Schatten seiner selbst war. Gekört wurde nach Qualität, auch dann, wenn nur der Fohlenbrand vorhanden war, Abstammungspapiere aber fehlten. Allerlei »Hunkepunken« standen da vor der Kommission. Sie hatten außer ihren Genitalien nichts, was einen Hengst auszumachen pflegt. Bisweilen ergaben sich hier nicht ganz angenehme Situationen, denn die »neuen Bauern«, gelegentlich schon im Gesichtsausdruck welterobernd gezeichnet, nahmen manchmal eine ausgesprochen drohende Haltung ein, während gleichartige Standesgenossen den umstehenden Kreis verengten, als ob sie einem positiven Körbeschluß gewaltsam Nachdruck verleihen wollten. Da umkreiste dann Tarzan Peters schon mal, wenn auch ergebnislos, den zur Debatte stehenden Hengst in gebückter Geschwindigkeit und vernunftgebieten-

Die alten Hengste wurden im Handpferdedienst bewegt, vorweg ritt Sattelmeister Albrecht Schulz vom früheren Landgestüt Labes.

dem Augenrollen, wobei er in Begegnung mit den anderen Herren leise herauszischte: »Kört das Kamel, die machen uns kalt, merkt Ihr denn nicht, was hier los ist«?
Bei aller Passion, die verbliebenen Bestände der Pferdezucht zu sichten und zu ordnen, um auf lange Sicht das Beste daraus zu machen, blieb allmählich nicht verborgen, auf welch' schmalem Grad man sich am Abgrund bewegte. Ein Sturz würde verhängnisvoll sein, wahrscheinlich tödlich, denn diejenigen, die da jetzt am Werk waren, fühlten sich zwar qualifiziert, aber doch nur geduldet, weil es zunächst eine andere Lösung nicht gab. Schon bald hörte man von nächtlichen Verhaftungen bewährter landwirtschaftlicher Administratoren und Inspektoren, die niemand wiedersah, während politisch geschulte Andere deren früheren Einflußbereich übernahmen.
Von diesem Druck war man eigentlich nur tagsüber frei, wenn es rund ging wie in Rostock, Wismar, Güstrow oder Doberan, wo die Straßen der Innenstadt mit Pferden so

vollgestopft waren, daß etliche Schaufensterscheiben eingedrückt wurden und der Fall von Pferdeäpfeln ähnlich bemessen werden konnte wie beim Schneefall, der in Zentimetern oder Dezimetern angegeben zu werden pflegt.
Einmal bat ein alter Züchter abends die Kommission zu Gast. Es war ein glückliches und freudiges Wiedersehen in Kambs bei Röbel, unweit des riesigen Müritz-Sees. Aus dem verborgenen Keller wurden seltene Schätze gehoben, und in immer offenerem Gespräch gedachte man alter Zeiten, als auf der Redefiner Deckstation, die mit sechs Beschälern in diesem einst so bedeutungsvollen Züchterdorf untergebracht war, der Detektiv-Sohn Deutschmeister eine besonders große Rolle gespielt hatte. Auch die Sorgen und die Ängste in der vom Westen abgetrennten, so bedrückend verfremdeten Heimat, sprach man sich von der Seele, nicht ohne das Bekenntnis, in engem Zusammenhalt zu retten und zu verbessern, was überhaupt möglich sei, nicht auch, ohne die Hoffnung auszusprechen, daß der Engländer dieses Land wieder unter seine Besatzung nehmen würde, wozu laufende Gerüchte Nahrung gaben.
Da – plötzlich und gänzlich unvermittelt – stand der Regierungsfahrer des einen Horch 8 auf, musterte die Anwesenden mit einem ganz fremd erscheinenden Gesicht und ließ unter abstoßendem Zynismus vernehmen, daß er nun Bescheid wisse und eine »Gute« Nacht wünsche. Wir waren tödlich erschrocken, und die Angst schnürte uns die Kehle zu. Aber es ging am nächsten Morgen weiter. Der Chauffeur saß am Steuer, und unser Gastgeber blieb unbehelligt zurück. – Eigenartig: Dies war programmiert der letzte Termin vor einer kurzen Reisepause, und, als es wieder los ging, – saß ein anderer Fahrer am Steuer. Einige Tage später bekam man aus ihm heraus, daß sein Vorgänger verhaftet worden sei. Seine Vergangenheit sei nicht astrein gewesen.
Ein erneutes Gespräch mit dem russischen Tierzucht-General in Schwerin, das wieder in Schweinen ausartete und das nicht enden wollende Ferkelsterben zum Inhalt hatte, gab Veranlassung, diesen etwas heißen Boden und zugleich den Wohnsitz Redefin zu verlassen, da sich in einer Zone von 30 km Umkreis sowieso niemand aufhalten durfte, der – aus »höherer Klasse« – dort wohnhaft gewesen war.

Gestütsaufbau in Ferdinandshof

Für die vormals vorpommerschen Kreise war das Landgestüt Labes (ostwärts der Oder) unter polnische Verwaltung gefallen, und so ergab sich der Gedanke, für diesen zunächst verwaisten Bezirk ein neues Landgestüt einzurichten. Die Wahl fiel auf das frühere Remontedepot Ferdinandshof im Kreis Ueckermünde, 20 km südlich von Anklam und ebensoweit nördlich entfernt von Pasewalk an der Straße Stralsund – Berlin.
Diesem Gedanken wurde stattgegeben, und die Landesregierung beorderte den Redefiner an den gewünschten Ort, damit dieser also schalte und walte.
Sohn und Mutter verließen die kleine Gestütswärterwohnung in Redefin und übersiedelten gen Osten. Dem Remonteamt war ein großer landwirtschaftlicher Betrieb zugeordnet. Dieses Landesgut bewirtschaftete Franz Petereit, ein Ostpreuße von der Erscheinung eines russischen Großfürsten. Er und seine Familie wohnten im Inspektorhaus und nahmen uns herzlich auf, dieweil Mutter und Sohn das ziemlich große Haus des früheren Remonteamtsleiters nach und nach bezogen. Nach einem kurzen Weg durch den Park war man im Dorf, vor allem bei dem Kaufmann und Gastwirt Jagdmann, der in großen Blechkanistern Pfefferminzlikör amerikanischer Herkunft gehortet hatte. Es war Juni und herrlicher Sommer. Ohne Verzug begannen die Bauarbeiten. Denn die Stallungen waren

Eine Attraktion im Wagenpark, der mit viel Mühe aus dem Nichts zusammengebracht werden mußte, war die Viktoria, die hier mit den Hengsten Racheakt und Rigoletto (beide mit hannoverschem Hauptstutbuch-Fohlenbrand, aber – als Findlinge – ohne Abstammungsnachweis) vor dem Landstallmeisterhaus vorbeidefiliert.

Lauf-Tiefställe. Es gab weder Boxen, noch Stände, keine Sattelkammern und praktisch gar nichts, was einer Aufstallung von Beschälern näher gekommen wäre. Die Umbaupläne wurden sofort genehmigt, die Handwerker prompt ausgezahlt. Da konnte man loslegen. Je nach Baulage wurden in Etappen die Deckstationen nach Ferdinandshof abberufen, wenn auch Halfter fehlten zum Anbinden und Feuerzeuge zum Heimleuchten, wenn nächtens diverse Hengste los waren und auf der »Baustelle« verrückt spielten. Alle Gestütwärter kamen verhältnismäßig »nackt« an. Was besaßen sie schon? »Nuscht nich« sagte der alte Damjonat, der mit Frau und zwei Söhnen aus Trakehnen gekommen war. So war es allgemein, mit den Trakehnern, mit den Familien aus Labes und den früheren Kavalleristen der Boeselagerschen Reiterei. Aus diesen drei Quellen setzte sich das Personal vornehmlich zusammen. Es fehlte alles, bis zur Glühbirne und zum Nachttopf. Da galt es, zu kompensieren. Weil es aber für Geld nichts zu haben gab und Tauschobjekte nicht vorhanden waren, paßte es zu Beginn recht gut, daß eine große Hafersendung aus Qualitätsgründen beanstandet werden mußte, nicht aber retiriert wurde. Da ergab sich die Möglichkeit, Wohnungen einrichten zu können und auch bekleidungsmäßig die größte Not zu beseitigen.
Auf den 12. Dezember 1946 war die Einweihung des neuen Landgestüts festgesetzt. Für 120 Landbeschäler war das Domizil gesichert. Der Voigtsdorfer, der Velgaster und der Labeser Stall. Ein Festprogramm harrte seiner Enthüllung, und am Abend zuvor trafen die Herren der Landesregierung aus Schwerin, die Vertreter des Zuchtverbandes und andere Honoratioren in Ferdinandshof ein. Sie alle hatten Quartier im Landstallmeisterhaus, in dessen Kellern eine Betriebsküche für die Unverheirateten unterhalten wurde. Betten waren keine vorhanden. Aber Strohschütten in Hülle und Fülle. Und so nächtigten die Regierungsvertreter und die anderen hochgestellten Persönlichkeiten primitiv, wenn-

gleich wohlgemut nach fröhlichem Umtrunk. Am Morgen des großen Tages gab es nur Schwierigkeiten mit dem Rasieren. Das Frühstück wurde in ausgedehnter Runde eingenommen. Wobei der Jagdmannsche Pfefferminzlikör die Runde machte. Denn niemand war zu dieser Zeit verwöhnt oder gar übersättigt.

Dann war es Zeit, den Festakt zu erleben. Es waren 15° Kälte, und der Frost ließ selbst wohlgemeinte Gesichtszüge erstarren. Da starrten sie nun alle vor sich hin, den Voigtsdorfer Stall vor Augen, aber der feierlichen Reden noch nicht ledig. Die russische Kommandantur war fast vollzählig vertreten. Aus Schwerin klirrte der Tierzucht-General mit vollem Ordensbehang in der asigen Kälte. Doch bald ward Hilfe den Verklammten. Eifrige Gestüter sausten mit Blechkanistern Pfefferminzlikör von Mann zu Mann. Und allen ward Labung. Wie vom Roten Kreuz. Dankbare Blicke galten den Samaritern.

Als Julius Büning sich aufs Rednerpult schwang, ein wenig bläulich im Gesicht und – wie zu Ehren der Russen – mit roter Nase, war der Höhepunkt des Aktes gekommen. Seiner Worte waren wenig, seiner Begeisterung gab es eine ganze Menge: » . . . haben wir heute die große Freude, schon so bald nach dem Zusammenbruch ein neues Landgestüt einweihen zu können. (Beifall.) Meine Herren, bedenken Sie, welch' eine Leistung! (Beifall.) . . . welch' ein Erfolg (Beifall), obwohl doch leider der ganze Großgrundbesitz zerschlagen ist und die Masse der bäuerlichen Betriebe (starker, nicht endenwollender Beifall) zerstückelt wurde«; weiterhin anhaltender Beifall, wobei die russischen Gäste in die Hände klatschten und einen gerade erreichbaren Kanister zu sich heranwinkten.

Alsdann wurde dem Regierungsvertreter Büning eine Schere gereicht, mit der er den im Stalleingang festgezurrten Strick durchschneiden sollte. Der hohe Beamte schritt fürbaß, und feierlich trottete die hohe Gesellschaft mit, von der wärmenden Stalluft magnetisch angezogen. Vielleicht hätte man dem Zerschneideinstrument ein kleines Zielfernrohr aufmontieren sollen, aber so hatten gleich mehrere Ehrengäste miteinander den Vorzug, die energisch vorausgestoßene Klippmaschine ihrem Ziel zuzuführen und Wirksamkeit zu erzielen. Wie ein Nichts brach schließlich die eigentlich nur symbolische Sperre zusammen, so daß die Geehrten und über alle Maßen Erfreuten sich dem murmelnden Ablesen der ausführlichen Stalltafeln über den Hengstboxen widmen konnten. Den sowjetischen Würdeträgern wurde dies und jenes übersetzt, so daß sie nachdenklich wiederholen konnten »Fliemerstall« (Flimmerstahl), »Aaasä« (Aase) oder »Wäälgass« (Velgast).

Währenddes bestiegen Gestüter ihre Hengste, um auf dem neuen, entsteinten Paradeplatz die Festvorführungen zu eröffnen. Alles trollte nach draußen, einigermaßen aufgeheizt und neugierig, das lebende Inventar der jungen Institution zu sichten.

Mit gefrorenen Schaumbärten umkreisten die Beschäler auf frostzementiertem Boden die Freiluftarena in abwechslungsreichen Bildern. Atemlose Spannung kam auf, als der fohlengebrannte, aber papierlose brandenburgische Rapphengst »Passatwind« seinem Vorführer die Vorderhufe auf Kopf und Schultern niedergehen ließ wie ein ausflippender Schlagzeuger und somit dessen Zusammenbruch bewirkte. Während noch alle den Atem anhielten, trampelte der Tiefglänzende auch noch auf seinem Opfer herum, so daß Beiständige heranspringen mußten, um das Schlimmste zu verhindern. »Kapuutt«, sagten die Russen, »aallääs kapuut«! Aber das war nur scheinbar. Denn der blaugefleckte Gestüter vermochte den ihm später zugeführten Blechkanister noch deutlich genug zu erkennen. Über dem ganzen Platz lag überhaupt irgendwie ein lieblicher Pfefferminzgeruch. In der kältegezeichneten, wenngleich heiteren Atmosphäre, erschienen die Hengste »Flimmerstahl« und »Racheakt« in einem Zweispänner an der Spitze einer Gespannvorführung. Niemand weiß, wie es geschah, plötzlich kamen sich die beiden Dunkelbraunen zu nahe

Als Aktionstraber brillierte der Landbeschäler Depeschenbote, geb. Han. v. Detektiv – Grunelius, der selten auf Deckstation ging, sondern meist als Wagenpferd für die Revisions- und Stutbuchreisen eingesetzt wurde. – Alles mußte beschafft werden, auch diese Break und die Geschirre, um Mehrspänner herauszubringen. Nicht immer konnte dabei Stilechtheit gewahrt werden.

und in die Wolle. Erst biß der eine, dann der andere. Dann bissen beide gleichzeitig. Und kamen voneinander nicht wieder los. Da nützte keine achenbachartige Leinenführung, kein harter Anruf, keine Peitsche. Die Post ging ab. Ineinander verbissen wühlten zwei Leiber vor dem Wagen umeinander in halsbrecherischen Kurven und plötzlichem Halt, kerzengerade zu Zweit dem Winterhimmel entgegen. Da half nichts mehr. Manche Gäste glaubten den Höhepunkt des Festaktes zu erleben, als höchste Ekstase ihrem Höhepunkt zustrebte und gleichzeitig der alte schnurrbärtige Sattelmeister Albert Schulz mit zwei Helfern einen flachbrüstig gefrorenen Feuerwehrschlauch unter Anspannung aller Kräfte in rasantem Bewegungsablauf auf den Platz forcierte, um das wasserleitende Schlauchgebilde dem rotierenden Gespann frontal entgegenzurichten, . . . aus dem aber kein Tropfen Wasser kam.

Wie so oft im Leben erledigt sich manches von selbst. Das Gespann entschwand. Hinter dem Velgaster Stall hörte man einiges Getöse. Dann war wieder Ruhe. Die Russen konnten wieder ihre (diesmal) treffende Anmerkung machen, und der Aktionstraber »Depeschenbote« (v. Detektiv) hatte freie Bahn, sich in effektvollen Runden zu präsentieren.

Damit war das Landgestüt Ferdinandshof eingeweiht und eröffnet. Der Pfefferminzgeruch verflog allmählich, während er in der Gastwirtschaft Jagdmann noch des längeren dominierte. Immerhin blieb es zunächst Winter, und jedes neue Gerücht, daß die Russen abziehen würden, hatte schließlich ein Anrecht darauf, patriotischen Umtrunk zu erleben. Gottlob hatten Franz Petereit und Köhler lange, dicke Pelze um ihre Körper. Denn manchmal war Glatteis, und hin und wieder auch ein gewisser Seegang zu Land auf dem Parkweg in die behausenden Kemenaten.

Angst und Verzweiflung werden dazu beigetragen haben, daß zu dunkler Nachtzeit Destilierapparate aus Rüben und Kartoffeln lauwarme Essenzen zelebrierten, die nicht in die Kategorie der Fruchtsäfte einzuordnen waren. Zur selben Zeit, meist im Morgengrauen, ereignete sich Schlimmeres. Dann wurde dieser oder jener abgeholt. Nicht zu Geselligkeit oder zum Dienst, sondern auf nimmer Wiedersehen. Und dann stand man machtlos visavis. Allein vor der Frage, wann man selbst dran war.

Jeder Morgen, den man ungefangen erlebte, war eine Offenbarung, Ansporn, weiter zu machen bis zum (erhofften und erglaubten) freieren Dasein. Man meinte, dies schuldig zu sein den Mitmenschen, dem Land, der Pferdezucht und seiner hierfür eingesetzten Arbeit für bessere Zeiten. Eigenartig, wenn man's bedenkt, wo doch gerade der Einsatz im Waffenrock einen so jämmerlichen Schiffbruch erlitten hatte.

Im autobereiften Jagdwagen ging es in der Deckzeit von Station zu Station. Hinauf bis zur Insel Rügen, hinunter bis zur polnischen Demarkationslinie südlich Pasewalk. Gestütswärter Karl Krüger saß auf dem Bock. Der Hengst »Depeschenbote« und der als früheres Kriegsdienstpferd heimgeführte Rappwallach »Wiener Walzer« gingen im Geschirr. Das heißt, der schöne Rappe, zeitlebens nur an den Sattel gewöhnt, tat es nicht immer gleich. Beim Anfahren fand er oftmals Gefallen daran, nach links soweit rückwärts einzuschwenken, daß er dem Kutscher gleichsam auf dem Schoß saß. Krüger bekam jedesmal einen roten Kopf, wohl, weil er derartige Intimitäten nicht liebte.

Der Sommer stand im Zeichen von Stutbucheintragungen und Stutenschauen. Die Kommission reiste im Jagdwagen des Landgestüts. Gleichzeitig wurden die Hengste in Ferdinandshof für die Hengstparade vorbereitet.

Eines Morgens, die jungen Remonten canterten auf dem Paradeplatz, trat ein Russe an den gestütsleitenden und früheren Boeselager-Kavalleristen heran: »Du, – äh Du –, tawai, kommen zu Kommandant!«

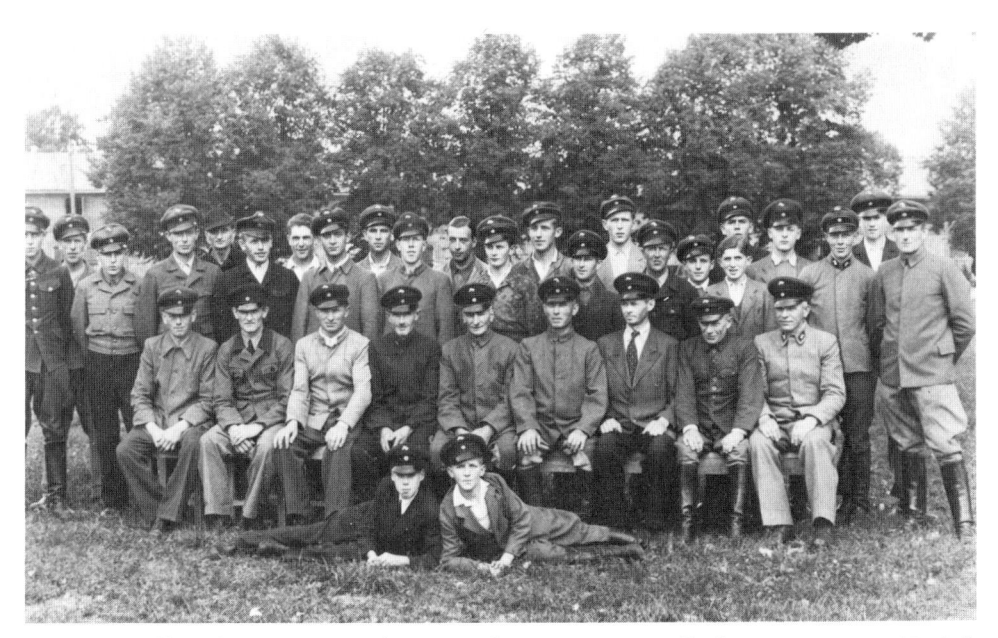

Die Angestellten des neu gegründeten Landgestüts waren geflüchtete Wärter aus Trakehnen und aus Labes, Boeselagersche Reiter und Lehrlinge aus verschiedenen Gegenden. Unter ihnen war der schon ältere Karl Damjonat von der Trakehner Fuchsherde mit zwei Söhnen. Dieses Gestüt-Korps fand sich teilweise zufällig zusammen, wobei Köhler (hintere Reihe Mitte) das Glück hatte, viele wertvolle und tüchtige Menschen gleichsam zu einer Familie zusammenführen zu können.

»Nix kommen – ich hier arbeiten.«
»Du aabaiten? Aabaiten? Los, los tawai! Du immer nur kiukäähn (gucken)!«
Professor Werner Wussow dozierte in Tierzucht in Halle an der Saale. Er kam mehrfach nach Ferdinandshof. Ein famoser Gast, ein großartiger Mensch. Zu seinen Studenten zählte Walter Hartwig, der später nach Hannover ging, um dort eine zunehmend dominierende Rolle zu spielen. Er gehörte damals zu rund 20 Kommilitonen, denen Werner Wussow Ferdinandshof zeigen wollte. Hengstvorführungen belebten die Szene und Gastfreundschaft die Gemüter, bis es dann Zeit wurde für die Besucher, den Abendzug in Anklam zu erreichen. Dieserhalb fuhren zwei vom Sattel gefahrene Hengst-Viererzüge vor. Lange Erntewagen hinter sich mit viel Stroh drauf, und dann ging die Post ab mit fröhlich winkenden Studenten zur Straße nach Greifswald, die 20 Kilometer später Anklam als Zwischenziel durchkreuzte.

Hengstankauf im Westen

Der schon ältere, einst preußische Landstallmeister Burow aus Berlin, dessen Oberlippenbart sich früher oft wie bei einem Terrier gesträubt haben soll, wurde vom Haupt- und Landgestüt Neustadt/Dosse, der »Redefiner« vom Landgestüt Ferdinandshof aus eines Tages in den Westen beordert, um dort Hengste einzukaufen. Dr. Kurt Volkmann, später Generalsekretär der FN in Bonn, hatte dies von Berlin aus gemanagt.

Welch' ein Ereignis! Die erste amerikanische Zigarette auf der anderen Seite wirkte wie Hasch (oder so, wie man sich Hasch vorstellt). Im Kopf wurde alles ganz frei, ganz leicht und immer leichter, und dann ganz leer, so daß ein leichtes Schwindelgefühl jede Erdenschwere aufhob und den Körper knieelastisch wie auf einer Wolke balancieren ließ.

Wir kamen auf den Dobrock nahe Cuxhaven mitten hinein in den Züchterabend des hannoverschen Hengstmarktes, wurden höflich an einen »Katzentisch« gebeten, weil die Essenszeremonie schon beendet war, und skeptisch aufmerksamer Blicke zuteil.

Immerhin kamen wir aus der sowjetischen Zone. Konnten sich denn da überhaupt noch leitende Personen aufhalten, ohne bis über beide Ohren »rot« zu sein? So blieb denn auch die Frage des Vorsitzenden, Fritz v. d. Decken, ob – ähä – wir denn doch wohl in der SED seien, verständlich. Schwer zu sagen, ob die verneinende Antwort auf glaubhaften Boden fiel. Der einst preußische Landstallmeister Burow zeigte ein leichtes Vibrieren des Bartes, hielt aber den genußreichen Verzehr der gereichten Speisen denn doch für bedeutungsvoller, als sich auf nähere Erörterungen einzulassen.

Die verfügbaren Hengste nächsten Tages ließen nicht gerade einen Sternenhimmel aufkommen, aber für beide Gestüte konnte doch Nützliches an Land gezogen werden. Ein Auktionator waltete seines Amtes zu erschwinglichen Preisen, deren Auszahlung durch Hafer, Bindegarn und einen Teil Geldes kompensiert werden mußte.

Anschließend in Münster und Hannover ging es um Kaltbluthengste, von denen sogar IIa-Hengste für die Ostzone freigegeben wurden. Hier war man besonders konziliant und erhoffte sich wohl weitere, regelmäßige Ankäufe, deren Fortsetzung jedoch bald sehr zu wünschen übrig ließ.

Trotz der weit größeren Sicherheit im Westen fühlte man sich hier nicht zu Hause. Und freiwillig wäre niemand von uns bereit gewesen, nicht zurückzukehren. Im Gegenteil: Man freute sich, daß die Aufbauarbeit fortgesetzt werden konnte. Mit neuen Hengsten. Mit neuen Hoffnungen, daß eines Tages der sowjetische Alpdruck weichen würde und dann alles gut vorangebracht wäre. Bei dem hervorragenden Zusammenhalt im Landgestüt Ferdinandshof und auch im Landesgut, mit dem alles in bestem Einvernehmen lief, war es gar nicht so schwer, immer wieder der Angst Herr zu werden, daß man zu nächtlicher Stunde abgeholt würde.

Es war ein großes, langes Fest in Greifswald, als die Hengstkörung vorüber und der Ankauf abgeschlossen war. Die Gestütswärter aus Ferdinandshof hatten erstmalig in gleichmäßigen, ansprechenden Uniformen auf der Körbahn und im Ring amtiert.

Das war ein stolzes Gefühl angesichts der allseits noch herrschenden Primitivität. Eine Gestütsabordnung aus Redefin war zu Gast und staunte, was in zwei Jahren aus dem Nichts geschaffen war.

Einer war darunter, der nicht mehr wie früher war. Er bewegte sich etwas lauernd in Zivil und sprach irgendwie parteichinesisch. Es sollte nicht lange dauern, daß er sich dienstlich in Ferdinandshof meldete, um das Landgestüt zu kontrollieren. Da war nichts mehr von früherer ruhiger Bescheidenheit und Gutmütigkeit, da kam ein anderer Mensch, dem hektischer Ehrgeiz und unverhohlener, auf Jahre zurückdatierter Neid aus den Augen und Worten sprach. Er hatte eine Schulung für die höhere Laufbahn hinter sich und war vollständig herausgekrochen aus seiner Hülle, die allen nahezu zwei Jahrzehnte sympathisch geläufig gewesen war. Ähnliche Fälle gab es vereinzelt mehrere. Sie verschlugen einem den Atem, besonders wohl als jungem Menschen, weil man solche plötzlich sichtbar gewordenen Abgründe noch nicht erlebt hatte.

Verhör durch die rote Landrätin

Dem Leiter des Landgestüts wurde eines Nachmittags die Einladung des Landesgutsleiters überbracht, er möchte zum Kaffee herüberkommen, die Landrätin aus Ueckermünde sei da und wolle ihn kennenlernen. »Erbarmung«! dürfte Franz Petereit gesagt haben, als die in Moskau geschulte Kommunistin über seine Schwelle trat. Und der Herbeigerufene hätte sicherlich lieber gedünstete Bullenhoden-Scheiben mit Franz gespeist, als unter solchen Umständen jetzt zum Kaffee zu ihm zu kommen. Die Familie Petereit saß sechsköpfig am Tisch. Auf dem Sofa thronte das Politweib in recht zivilisierter Aufmachung und warf dem Hereintretenden etwas lauwarme Augen entgegen. »Sagen Sie«, begann die Geschulte ihr Gespräch, »es geht da ein Gerücht um, Ihr Vater sei Landstallmeister gewesen, Sie selbst aktiver und hochdekorierter Offizier«, dann schlurfte sie etwas Kaffee, »aber Sie brauchen den Irrtum ja nur aufzuklären, dieses Gerücht ad absurdum zu führen, denn wenn es stimmte, wären Sie ja bestimmt nicht hier, würden es ja nicht wagen, hier eine leitende Rolle zu spielen.«
In der Runde hätte man eine Stecknadel zu Boden fallen hören: »Es stimmt so, wie Sie es sagten. Ich habe ein gutes Gewissen. Und es macht mir Freude, dieses Gestüt aufzubauen.«
Ein längeres Schweigen brachte Beklemmung. Man meinte die Zimmerwände sich zur Mitte neigen zu sehen. Die Landrätin hielt ein Stück Kuchen regungslos zwischen Fingern und Zähnen. Dann sagte sie ganz kurz »nicht möglich!« Dann stand sie auf und meinte, sie wolle versuchen, ob vielleicht noch eine Bewährung von der Pike an genehmigt würde, weil doch schließlich einiges geleistet sei.

VIII. Zuflucht im Westen

Das war der Augenblick, der eindeutig die dringende Notwendigkeit zur Flucht signalisierte. Nach herzlichem Abschied von den Petereits, von Sattelmeister Albert Schulz und – in aller Eile und Diskretion – von Freunden und Bekannten, trabten bei einbrechender Dunkelheit zwei Reithengste zur nächsten Bahnstation im Walde; den anderen ritt Wilhelm Boots (21) aus Ladenthin, genannt Moritz und im Kriege zuletzt Melder im Stab seines jetzigen Chefs (30), der nun in großer Niedergeschlagenheit das Feld räumte, das ihm so sehr ans Herz gewachsen war.
Noch in derselben Nacht wurde das Landstallmeisterhaus durchsucht. Es war also eingetreten, was so oft schon befürchtet werden mußte. In die gardinenlosen Fenster hatten jede Nacht unzählige Male die Autoscheinwerfer aus der Fahrtrichtung von Pasewalk hereingeleuchtet. Doch außer der Sorge »sie kommen« war nichts gewesen. Die Mutter war – schon um Weihnachten – rechtzeitig in Sicherheit gebracht worden. Sie wohnte seither bei ihrem Mann in Holstein. So fand man das Nest leer.
Bei Bitter im früheren Amt Neuhaus gingen beide, die zu Pferde Ferdinandshof verlassen hatten, nur mit dem, was sie am Leibe trugen, nachts über die Elbe. Die Russen feierten ein Fest, und so konnte der Kahnfahrer ungestört die beiden Flüchtlinge in Hitzacker anlanden. Diese gelangten in damals noch umständlicher Bahnfahrt bis Neumünster, wo sie von den Eltern Köhler nach Hohenwestedt abgeholt wurden. Es war im März 1948.

Reiten für Milch und Brot

Moritz und der heimgekehrte Sohn bauten sich Schlafpritschen im Pferdestall und hielten Umschau, Pferde in Ausbildung zu nehmen. Da war zuerst die dicke braune Mutterstute Martha, dann kam der Fuchswallach Fritz und schließlich die schwarzbraune Antje. Die brachten uns Arbeit und als Lohn landwirtschaftliche Erzeugnisse, die in die Familie eingebracht wurden. Vater Köhler verdingte sich als Reitlehrer und Turnierrichter.
In Bordesholm (1948) trafen wir zum Turnier per Kutschwagen ein, Sättel und Futter an Bord, Martha und Antje im Geschirr, Fritz hinten angebunden.
Gleich zu Anfang rissen sich vier Pferde von Fritz Thiedemann los, die um eine große Buche festgezurrt waren und erst nach längerer Verfolgungsjagd wieder eingefangen werden konnten.
Im A-Springen legte Martha mit dem Redefiner eine gute Zeit vor und blieb fehlerfrei. Fritz Thiedemann, der als nächster an den Start ging, meinte nur, er würde 2 Sekunden schneller sein. Er behielt Recht, was sich in dieser Weise noch oft bestätigen sollte. Moritz und Köhler hatten das Glück, auf vielen Turnieren zu Erfolgen zu kommen, und so erhöhten sich die Milch- und Brotrationen von Fall zu Fall.
In Elmshorn bestand die Kühnheit, Fritz über einen M-Parcours gehen zu lassen, was Vater Köhler und der alte Richter Otto Johanssen für hellen Wahnsinn hielten. »Schoochen«, meinte Onkel Otto zu Köhler, »das is reines Gottversuchen, schone Deinen Vater!« Aber es gab keine Schonung, und als alles gut lief und nur noch eine beachtliche Säulenmauer zu bewältigen war, wendete sich Onkel Otto ab und guckte in entgegengesetzte Richtung. Als er meinte, daß die Mauer wohl an der Reihe war, fragte er angstvoll nach rückwärts

Nur schweren Herzens war der Ferdinandshofer Redefiner dem roten Druck gewichen und in den Westen gezogen. Hier, von Hohenwestedt (Schleswig-Holstein) aus arbeitete er mit Pferden und brachte sie auf Turnieren heraus. Mit dem Holsteiner Fritz wagte er sich sogar nach Elmshorn und konnte in einem M-Springen bestehen.

»Vater Köhler, is er rüber??« Ja, er war rüber und wurde an dritter Stelle plaziert. Junge, Junge, war das ein Spaß. Der Besitzer von »Fritz« sprach von seinem Pferd in den höchsten Tönen und ließ weiterer Milch voraus einige Schnapsrunden springen.
Moritz gewann mit Antje eine Eignungsprüfung. Die nächsten Wochen waren wieder gesichert. Das war eine schöne Zeit, aber auf Sicht keine gesicherte Zukunft.
Da wurde der Redefiner unvermittelt zu einer Besprechung mit dem hannoverschen Züchterverband auf den Dobrock gerufen. Es sei da ein Buch in zwei Teilen im Entstehen »Das Glück dieser Erde« und »Hannovers Edles Warmblut«. Der beauftragte Dichter reite einen etwas wolkigen Pegasus und man brauche zusätzlich einen Pferdemann. Ob sich der in den Westen Verschlagene dies wohl zutraue.
Natürlich traute der sich. Aber nur für diese Aufgabe, hieß es, nachher sei an eine weitere Beschäftigung nicht zu denken. Wenn schon, vielleicht ergab sich ja doch etwas. Immerhin war Land in Sicht.
Die Aufgabe war ungewohnt und machte einiges Kopfzerbrechen. In der kleinen elterlichen Stube wurde gebrütet, Schwester Renate tippte die geistigen Ergüsse, während ein Kanonenofen gewaltige Hitze verbreitete.
Der Dichter J. H.-B. ließ sich mehr und mehr von der ihm beigestellten Fachkraft überzeugen und schwärmte davon, daß man ein schönes nacktes Weib in liegender Haltung erst einmal völlig mit Rosen-Blütenblättern bedecken müsse, bevor man sich ihr, sie dann genußvoll wieder entblätternd, nähern dürfe. Dabei rollte er mit den Augen und atmete schwer. Sicherlich auch ein Sachverstand, aber für Pferdebücher vielleicht doch etwas verwirrend.

Die Manuskripte und die Illustrationen wurden abgeliefert und gedruckt. In viel zu aufwendiger Art in dieser Zeit und in zu hoher Auflage. Der Verlag ging pleite, und das Honorar blieb recht mager. Aber beim Verband in Hannover hatte die Arbeit gefallen, denn der Geschäftsführer, Dr. Arnold Schlie, forderte den Autor auf, für 400,– DM monatlich die Redaktion der Verbandszeitschrift »Hannoversches Pferd« zu übernehmen und ansonsten ihm assistierend zur Seite zu stehen.

Debüt in Verden an der Aller

Der Mühlenbesitzer Hahn in Hohenwestedt hatte einen glänzenden Rappen, was sich aber in erster Linie auf das Haarkleid bezog. Er konnte etwas springen, und da Fritz Thiedemann 1949 mit vier Pferden nach Verden zum Turnier wollte, nahm er den Rappen und Köhler mit. Auf einem offenen LKW, der sonst Kartoffeln fuhr oder anderes Gemüse, waren die fünf Pferde quergestellt und festgezurrt. Die flache Umrandung war durch Lattenschläge ein wenig erhöht, ein halsbrecherisches Unternehmen. Beide Reiter thronten zwischen den Pferden, um ihnen gut zuzureden. Vater Köhler fuhr im Führerhaus mit.

Das Turnier war am Sonntag von 15000 Zuschauern besucht. Micky Brinckmann war erfolgreich auf dem später so berühmten Schimmelhengst Ramzes, der allerdings ungern Gräben sprang, Rolf Bartels profilierte sich, und Helga Gohde (Köhler) war Lokalmatadorin mit Prinz von Sickingen, einem hoch im Blut stehenden Hengst, der damals als das schönste Turnierpferd weit und breit bewundert wurde. Köhler und seine spätere Frau wußten auf diesem Turnier noch nichts voneinander.

Fritz Thiedemann kam erfolgsmäßig auf seine Kosten, der Rappe von der Mühle und sein Steuermann ritten nach der Devise: Dabeisein ist alles.

Auf der Rückfahrt erregte sich auf dem Verdener Marktplatz die Thiedemannsche Fuchsstute Freddita (v. Freddy) und ließ sich nicht beruhigen. Sie keilte durch die Latten der provisorischen Aufbauten des flachen Transporters, daß die Fetzen flogen. Plötzlich schoß ein massiver Blutstrahl in Stößen aus einer durchgeschlagenen Hauptader am rechten Hinterbein unterhalb des Sprunggelenks. Fritz riß seinen Koffer auf, entwand ihm ein Handtuch, und mit vereinten Kräften banden wir damit die Wunde ab. Vater Köhler sauste in eines der Geschäfte um zu telefonieren. Zehn Minuten später steuerte der Tierarzt Dr. Honebein aus Wahnebergen im PKW heran, sprang auf das Pferdedeck und vollbrachte eine Meisterleistung, als er zwischen den tobenden und drängenden Pferden die beiden Aderenden abschnürte und die Blutungen stoppen konnte. Allmählich beruhigten sich die Pferde wieder, und so nahm die Exkursion noch ein gutes Ende. – Verden..., Köhler wußte damals nicht, wie bald er dieser Stadt gehören würde.

Von Hohenwestedt aus ging Köhler mit Fritz Thiedemann zusammen auch nach Verden an die Aller zu einem großen Turnier. Der Rappe Nordstern, den er mitnahm, war noch recht grün, tat aber was er konnte. – In den gleichen Springen brachte auch Helga Gohde ihren Hengst Prinz von Sickingen erfolgreich heraus (unten). Beide Teilnehmer wußten damals noch nicht, daß es sie oder ihn gab. Sie sollten erst wenig später zusammenfinden.

Ruf nach Hannover

Die Umsiedlung von Hohenwestedt nach Hannover war schnell getan. Ein kleiner Koffer tat's. Schwester Renate fuhr mit, um dem Bruder beim Einrichten zu helfen. Dazu stellte Werner Schott in Langenhagen eine Dachstube. Das Geschwisterpaar sah sich in der Großstadt Hannover um, vielmehr der Bruder allein. Als der mittags in der Dachkammer eintrudelte, hatte er nichts weiter als drei Bände »Abenteuer des Grafen Sandor« im Arm, die er in einem Antiquariat gekauft und damit fast alles Geld ausgegeben hatte. Später wurde dann ein altes Bett erworben, ein alter Schrank und ein alter, einfacher Schreibtisch, der in Borstel heute noch Dienst tut. Renate wohnte bei Bekannten und ging bald wieder nach Hohenwestedt zurück.

Im Verband behagte dem neu Angestellten die Büroarbeit wenig. Und er schmiedete Pläne nach seiner Fasson. Man müsse, so trug er Dr. Schlie vor, ähnlich wie in Trakehnen, Reitpferdeauktionen machen mit vortrainierten Pferden, um den Absatz zu beleben und Hannover unter den anderen Zuchtgebieten herauszuheben. In Verden würde das wohl am besten gehen. Nach anfänglicher Skepsis wurde grünes Licht gegeben. Das war im Sommer 1949, und Köhler ging nach Verden, um in der Reit- und Fahrschule alles nötige zu veranlassen. Hier residierte Günter Schulze-Breustedt mit seiner turniererfolgreichen Frau Eva, geb. Kutscher. Walter Schmidt, der spätere Springderbysieger arbeitete als Bereiter. Pferde gab es genug, aber niemand wollte eine neuartige Auktion mit Vortraining beschicken. Das sollten man lieber erstmal andere machen. Der Hufschlag in der Brunnenwegkaserne war auf 2 m mit kleinen kniehohen Tannen abgegrenzt. Dahinter verfolgten auf lehnenlosen Bänken die Herbeigeeilten nahezu aus der Froschperspektive die Auktionspferde an der Hand, unter dem Reiter und beim Freispringen, wobei ihnen zeitweilig die Brocken des dunklen Hufschlags um die Ohren flogen, was durch ausgesuchte Grammophonmusik etwas gemildert wurde.

Als Reiter konnten der Olympiasieger, General a.D. Hermann v. Oppeln-Bronikowski und die Turnierreiter(innen) Inge Bamler, Helga Gohde, das Ehepaar Schulze-Breustedt und Walter Schmidt gewonnen werden. Außerdem betätigte sich der Züchtersohn Hans-Georg Mahler in hervorragender Weise als Cowboy auf gänzlich rohen Pferden, die in dem nur 10tägigen Training zu ausreichender Repräsentation gebracht werden mußten. Die meisten Pferde sahen reichlich »natürlich« aus, langhaarig, in Erhaltungskondition und nicht gerade üppig in der Muskulatur. Da blieb auch der Futtermeister, Peter v. Borstel, machtlos.

Über die Hälfte der Kollektion wechselte immerhin den Besitzer. Das Spitzenpferd (3000,– DM) Florett v. Florenz aus Isernhagen ging an den Turnierstall Dr. Funk in Isernhagen, der erst auf dem Umweg über Verden in den Besitz dieses Pferdes gelangte.

Die 2. Auktion im Frühjahr 1950 war mit einem 14tägigen Vortraining verbunden. Schauplatz war wieder die Brunnenwegkaserne. Leider kamen viele der damals noch wenigen Kaufinteressenten acht Tage zu früh – und zum richtigen Termin nicht alle wieder: Das Inserat im »Sankt Georg« hatte aus nie geklärten Gründen ein falsches Datum beinhaltet. Wegen ihres zu frühen, ergebnislosen Erscheinens in Verden war so mancher verständlicherweise verärgert. Und es nützte der auf das liebenswürdigste vorgetragene Hinweis, man würde sich freuen, die Herrschaften acht Tage später wieder begrüßen zu können, wenig. Die wertvollen Interessenten verließen vielmehr ergrimmt den noch mageren Boden der Auktionsgefilde mit dem Ruf »solche Böcke haben wir auch zu Hause, da brauchen wir hier nicht herzukommen!«

Wieder flogen am Auktionstag über Minitannen der Dreck und dieses Mal Frau Bamler aus dem Sattel einem Interessenten zu Füßen. Fritz Meyer-Stocksdorf, aus russischer Gefangenschaft zurück, wurde als reiterliche Neuerwerbung präsentiert, schüchterne Blumenarrangements blühten zusätzlich, neue Musikplatten versuchten sich beschwörend einzuschmeicheln: Wieder wurden nur 50 % der Kollektion verkauft. Doch der Durchschnittspreis fiel von 1900,– auf 1700,– DM, und das Spitzenpferd Feine Dame v. Futurist I (später von Walter Körner zu Dressurehren gebracht) vermochte den mageren Nachkriegsbrieftaschen nur 2750,– DM zu entlocken.

Nach dem so schon wenig verheißungsvollen Debüt war dieses zweite, rückläufige Ergebnis wenig dazu angetan, erwartungsvoll vor sich hinzulächeln. So war denn auch die Stimmung auf dem Nullpunkt, als der Verbandsgeschäftsführer, Dr. Schlie, überraschenderweise erklärte, er sei für den Anfang eigentlich ganz zufrieden und man sollte nur getrost weitermachen. Indes trat Köhler vor seinen Vorstand und äußerte den Wunsch, nicht mehr Angestellter zu sein, sondern freier Mitarbeiter mit dem Sitz in Verden für gravierende Aufgaben wie Werbung, Schriftleitung »Hannoversches Pferd«, Export und vor allem die Verdener Auktionen.

Dr. Schlie fiel fast vom Stuhl, und die Vorstandsmitglieder staunten ungläubig. Kaum hatte man diesen Mecklenburger bei sich aufgenommen, da fing der schon an, nach Rosinen zu schielen und dem Alltag des Bürolebens zu entfliehen. Gott sei Dank ergriff der Vizevorsitzende, Louis Wiegels, der sonst um Groschen feilte, die Initiative und meinte, wenn er sich das zutraut, laßt ihn doch, und wenn er was leistet, soll er doch getrost an den Roherträgen partizipieren. Da war's geschafft.

IX. Bau'n wir uns ein Nest

Fritz Meyer-Stocksdorf, der neue Leiter der Verbands-Reit- und -Fahrschule, und Jochen Köhler machten sich eines Tages auf, den Eltern der Auktionsreiterin Helga Gohde einen Besuch zu machen. Die Blumen hatte Frau Lassow, die Wirtschafterin der Reitschule, besorgt. Sie waren so lang, sperrig und papierumhüllt, daß die Kavaliere kaum durch die Tür kommen konnten und auch nicht recht wußten, wie sie das Gebinde entkleiden sollten. Beide wurden zum Abendessen eingeladen, und es gab ein aufwendiges Suppée. Vater Gohde, als Arzt auch in den Abendstunden seinen ländlichen Patienten zu Besuchen verpflichtet, entschwand bald der Runde, vielleicht auch deswegen, weil er Böses ahnte. Denn seine Tochter wollte er nicht gern hergeben, das war allgemein bekannt. Umso besser unterhielten sich die zwei Besucher mit den Damen des Hauses, zu denen als Praxis-Assistentin auch Tante Liselotte, eine äußerst rassige und lebensfrohe Frau gehörte, die längst gemerkt hatte, daß irgendetwas im Busch war.

Daß es eines Abends zu einem Spaziergang kam, bei dem Helga und Köhler tiefsinnig ausgerechnet die Aschenbahn des Stadions umrundeten, lag daran, daß der männliche Part mit der Zeitpistole drohte und nicht einsah, warum und auf was man noch länger warten sollte. Die schüchterne Blonde dagegen fand es unmöglich, schon nach wenigen Wochen an Heirat zu denken und brachte vor, daß ihr Vater das auf keinen Fall gutheißen würde. Also ging es etwas kühl zur Bahnhofstraße zurück, und der Abschied fiel reserviert aus.

Eigenartig so manches im Leben: Beim Freispringen anderen Tags, als die beiden sich unter Aufbietung aller Kräfte kaum beachteten, erschien Vater Gohde und lud voller Herzlichkeit den Köhler zum Mittagessen ein. Vermutlich als Pferdemann, wie wir später meinten, denn er ahnte doch wohl von nichts.

Nachher beim Kaffee im Wohnzimmer, den Helga servierte, flüsterte der Eingeladene jedesmal beim Vorbeigehen seiner Blonden zu: »Soll ich? Ich sag's jetzt!«, wobei sie mit hochrotem Kopf jedesmal leise zischelte: »Nein, um Gottes willen, nein!«

Auch dieser Anlauf führte nicht zum Ziel, aber offenbar imponierte der Amazone Helga die Entschlossenheit des damals noch »Schwarzen«. (Mutter Gohde: So'n Schwarzen?) Diese Entschlossenheit hatte sie schon einmal zu spüren bekommen, als sie auf einer Eisenbahnfahrt zu Inge Fellgiebel nach Bad Harzburg in Hannover hielt und in diesem Augenblick der »Schwarze« wie zufällig an ihrem Abteil stand, um sie zu begrüßen. Vollends verwirrt war sie dann in ihr Abteil zurückgekehrt, als ihr Kavalier in den Wagen des wieder anrollenden Zuges gesprungen war, um sie zu umarmen und zu küssen. Da dies »öffentlich« geschah, war sie so erschrocken, daß Köhler nahezu mit einem Salto rückwärts wieder auf dem Bahnsteig landete, während sie nachher hochroten Kopfes und gesenkten Auges genierlich im Abteil saß und das Geschehene schier unglaublich fand.

In der Vorbereitungszeit zur dritten Auktion war die Amazone einverstanden, daß offiziell um ihre Hand angehalten wurde. Eines Abends ließ sich Köhler einfach melden und wurde zu Mutter Gohde geleitet, die für ein Essen mit Politikern, darunter Herr von Meerkatz, Salate in der Küche zubereitete. Bei der Offenbarung schlug dem Antragsteller so das Herz, daß sich dies rhythmisch am sommerlichen Oberhemd deutlich abzeichnete. Die künftige Schwiegermutter bat um Geduld, da der Hausherr noch Gäste habe, ließ ihr Einverständnis durchblicken und reichte ein Glas Sekt zur Beruhigung.

Als die Gäste gegangen waren, wurde der »Kandidat« dem gestrengen Vater der Tochter zugeführt. Die holde Weiblichkeit zog sich zurück, und mutterseelenallein saßen die beiden Herren miteinander, starke Rauchwolken vor sich hinblasend zunächst. Da wurde es dem Doktor mulmig, und er rief nach seiner Frau, Tante Liselotte und seiner Tochter. »Verdammt, wo steckt ihr alle, und was ist hier überhaupt los?« Jetzt mußte er also geahnt haben, um was es ging. Niemand antwortete und niemand kam. Da legte der Freier los. Kurz und bündig. »Ach so, junger Freund«, meinte Vater Gohde, »Sie denken wohl, hier steckt etwas dahinter, ein großes Haus, Pferde . . . das ist alles Staffage! Das überlegen Sie sich lieber noch mal, damit Sie nachher nicht enttäuscht sind«. – »Ich will doch nur Helga, Herr Doktor, und wenn wir erstmal in einer Hängematte schlafen!« Wieder wurde es dem Vater mulmig, und wieder rief er abwechselnd nach den weiblichen Wesen des Hauses, die aber unsichtbar und unhörbar blieben. Dann mußte Köhler aus seinem Leben erzählen. Schließlich bot der alte Herr dem Jüngeren Feuer an: »Darf ich Ihnen Feuer geben? Ach nein, da muß ich denn nun wohl Du zu Ihnen sagen«. Das war offenbar das Stichwort, denn auf Zuruf öffneten sich jetzt die Türen, und die bis dahin vergeblich Beorderten eilten glückstrahlend herbei. »Komm' morgen bitte zum Frühstück«, sagte der Doktor schließlich. Es war geschafft.
Am nächsten Morgen beim Frühstück, kam Vater Gohde verspätet herein, stutzte und sagte: »Da sitzt er ja wirklich, ich dachte, es war nur ein böser Traum!« Das war nicht gerade eine beglückende Begrüßung, aber inzwischen wußte jeder, daß er seinen frischgebackenen Schwiegersohn schätzte und gern hatte, daß es ihn nur noch immer viel Überwindung kostete, sich mit der Hergabe seiner Tochter abzufinden.

Reiterhochzeit

Die Hochzeit wurde schon bald darauf festgelegt. Fritz Meyer fuhr vierspännig zur Kirche, und der Bräutigam raste mit seiner Braut in einem derartigen Tempo auf das Kirchenportal zu, daß die sich beinah' in ihrem langen Kleid verfing und nur noch atemlos sagen konnte: »Arbeitstempo genügt«. Vor der Abfahrt saß der Brautvater einsam und gebeugt auf einem Stuhl in der Diele, hatte einen wollenen Handschuh an und den anderen verloren. »Muß das nun wirklich sein?« meinte er zu Tante Liselotte.
Die Hochzeitsreise ging über Bremen nach Hamburg. Sie dauerte drei Tage. Köhlers Geschwister hatten eine Art Fürstenflucht in einem Hotel an der Esplanade bestellt. Da saß zufällig Graf Eckart Hahn unten in der Empfangshalle und fragte das junge Paar: »Sind Sie eigentlich schon verheiratet oder soll das erst losgehen?« Dies veranlaßte Helga zu einem Traum, demnach sie nackend in der Empfangshalle auf Köhlers Schoß saß und sich furchtbar genierte. Als die Hotelrechnung präsentiert wurde, eilte der junge Ehemann unter einem Vorwand in die Innenstadt und versetzte seine goldene Uhr in einem Pfandhaus. Aber es waren sehr schöne Tage mit Oper und Theater, nur nicht ganz der damaligen Kragenweite gerecht.
Umsomehr mußten die Verdener Auktionen in Schwung gebracht werden, denn Frau und Pferde waren zusätzlich zu ernähren. Sonntags, wenn turnierfrei war, wurde nicht geritten, zum Ärger von Vater Gohde's Gewohnheit, seine Tochter zu solchem Tun zu veranlassen. Da dachte sich der Schwiegervater, der auch züchterisch sehr interessiert war, aus, die Turnierpferde Armalva und Sigola decken zu lassen. Eines Morgens früh um 5 Uhr hörte Helga draußen Getrappel und konnte noch gerade rechtzeitig den Ritt zur Deckstelle Stedebergen unterbinden. Schwiegermutter mußte häufig auch mal unter das Kopfkissen ih-

»Arbeitstempo genügt« meinte Helga, als Köhler mit ihr in rasantem Tempo dem Kirchenportal zustrebte.

res Mannes gucken. Oft lag darunter ein Fohlenschein. Dies war Alarm, denn wenn er einige Nächte darauf geschlafen hatte, schritt er meist zum Kauf des dazugehörigen Pferdes. Und da er nie Geld bei sich trug und auch ein eigenes Bankkonto nicht unterhielt, sondern alles durch seine Frau erledigen ließ, war in solchen Fällen kein Scheckbuch sicher, in dem er dann einen Scheck auszufüllen pflegte, der erst durch die Hausfrau gängig gemacht werden konnte. »Was ist das alles für ein Umstand«, meinte er dann vorwurfsvoll.

Vater Gohde versah auch eine große Landpraxis, die er schon von seinem Vater übernommen hatte, der noch mit Pferd und Wagen seine Patienten besuchte. Doktor Hans ritt vielfach auf Praxis, einen seiner drei Söhne als Begleiter und Pferdehalter dabei, sich Zeit nehmend für das Anhören von allerlei Nöten und Sorgen.

Helga Gohde

Sie müssen unbedingt Helga Gohde kennenlernen, hatte man Köhler bei Beginn seiner Tätigkeit für den hannoverschen Züchterverband in Verden beschworen: Sie ist blond, von sehr guter Figur und unerhört sportlich. Allerdings hat ihr Vater, Humanmediziner und Pferdebesessener, sie ganz unter Order. Im Krieg war sie Remontereiterin in der Wehrkreis – Reit und Fahrschule in Soltau und ist oftmals übers Wochenende mit dem Fahrrad die – hin und zurück – etwa 120 km lange Strecke gefahren. Ein Jahr Landhaushaltspraxis hat Helga in Schwagsdorf bei Neubrandenburg in Mecklenburg absolviert, ein Jahr in Bad Harzburg als Arzthilfe gelernt.
Auf Turnieren ist diese Amazone überaus erfolgreich mit Prinz v. Sikkingen (v. Sickingen xx), Sigola (v. Sickingen xx) und Armalva v. Armring I. – So war das also. Der Neuverdener hatte sich skeptisch verhalten und nur lakonisch gemeint, »na, ja, das wird dann wohl so eine richtige Turnierhyäne sein oder werden.«
Diese abfällige Äußerung war der Blonden mit den blauen Augen hinterbracht worden. Sie sollte gekocht haben vor Empörung. Und hatte beim ersten Freispringen die Gelegenheit benutzt, diesen »arroganten Kerl aus Hannover« auf den Zahn zu fühlen. »Kennen Sie Turnier-Hyänen?« »Oh, ja.« »Haben Sie hier auch schon welche kennengelernt?« »Ich hatte bislang noch nicht das Vergnügen. Aber was nicht ist, kann ja noch werden.«
Der »Knabe« sei aber mit Vorsicht zu genießen, hatte Helga Gohde zu Inge Bamler gesagt. So hatte es also angefangen, wenngleich das Mißtrauen auf beiden Seiten spätestens an jenem Abend im Galoppweg, einem Fußgängerdurchgang in Bahnhofsnähe, zu schmelzen begann, als beide dort im Sattel ihrer Fahrräder eine Art gemächliche Paarklasse fuhren.
Hierbei und bei späteren Gelegenheiten kam dann das ganze Leben des jungen Mädchens zum Vorschein. Zuerst hatte sie ein Pony gehabt, langhaarig wie ein Angorakaninchen mit Stallplatz im Keller des Wohnhauses. Als Irmgard von Opel sprang sie zu Fuß über liebevoll gebaute Hindernisse. In der Voltigierabteilung »Mohrchen« ging sie – noch nicht schulpflichtig – auf viele Tourneen, auch nach Berlin in die Kaiserdammhalle (Vorläufer der Deutschlandhalle), wo sie mit ihren Brüdern und Freunden dem greisen Feldmarschall von Hindenburg vorgestellt wurde, wenig später abermals nach Berlin zum Reichswettkampf der deutschen Reiterjugend, als sie in ihrer Klasse die goldene Schleife eroberte. Zu Hause hatte sie einen Spielzeug-Pferdestall mit voller Innenausstattung. Den Hafer, den sie in die Krippen schüttete, fraßen die Holzpferdchen tatsächlich aus, so glaubte dies fest die kleine Stallbesitzerin, denn die Mäuse des Nachts hatte sie nicht gesehen.

Später hat Vater Gohde in dem Hengst Harun al Raschid (zeitweilig Hauptbeschäler in Trakehnen) und einigen Stuten einen Teilbestand des Arabergestüts Röblingen aufgekauft, so daß die Gohde-Kinder auf diesen Pferden erstklassig beritten gemacht werden konnten.
Die besonders schnittigen, bewegungsfreien springfreudigen Araber gingen nach englischer Art auf scharfen Gebissen und waren dadurch überaus handlich und anlehnungsgefühlvoll. (Ein Nonsens, daß man scharfe Gebisse heute bei Kindern schlechthin verteufelt.)
Dr. Hans Gohde pflegte mit seiner Tochter gelegentlich sogar während der Schulstunden auszureiten. Als einmal die Klassenlehrerin den »unmöglichen Vater« stellte, als dieser mit Helga an der Lehranstalt vorüberritt, meinte er nur »ach was, für Mädchen gibt es nichts wichtigeres als Gesundheit in frischer Luft. Seh'n Sie doch, wie zart sie noch ist und wie blaß!«

Sardelle war eine Scheckstute im Format eines pointierten Reitpferdes. Mit ihr gewann Helga eine Jahrgangsprüfung bei den Reichs-Jugendwettkämpfen in Berlin. –

Vor den großen Verdener 10-Tage-Turnieren gehörten die Gohde-Kinder zu denen, die auch in der Hansestadt Bremen für diese Veranstaltung warben, einmal Helga und Hans-Peter, der heute die Praxis des Vaters weiterführt, mit Mohrchen in einer Art Sulky.

Keine Reitjagd wurde ausgelassen. Helga ritt meist in der Nähe ihres Vaters (hier auf dem Schimmelhengst Ausbund v. Harun al Raschid), der oft genug gegen die Jagdfelder zurückgaloppieren und -springen mußte, wenn bei Unfällen ärztliche Hilfe zu leisten war; (hier auf der Araberstute Heckenröschen).

Das erste richtige Pferd war schließlich der ungekörte hannoversche Hengst Prinz von Sickingen (v. Sickingen xx), den Helga in nahezu allen Disziplinen zu großen Erfolgen führte und der in der Fachzeitschrift Sankt Georg oftmals als das schönste Pferd im Turniersport herausgestellt wurde (unten in Hamburg auf dem Derbyplatz in der Hauptprüfung einer M-Dressur).

Auktionen in der Holzmarktkaserne

Die beiden nächsten Auktionen, nunmehr mit dreiwöchiger Trainingszeit, fanden in der Holzmarktkaserne mitten in Verden statt. Eine große Kuppelhalle stand zum Reiten zur Verfügung und ein langer Stalltrakt der früheren Stabsbatterie AR 22 nahm die Auktionspferde auf. Die Herbstauktion 1950 sah also gehobene Voraussetzungen.

Auch hier saßen die Interessenten noch zu ebener Erde in der Halle, die kurze Seite hinzugenommen mit vielen Stehplätzen hinter zwei Bankreihen. Alfred Brüns waltete zum erstenmal seines Amtes. Beim Freispringen war es zu einem unangenehmen Zwischenfall gekommen. Das später international berühmte Springpferd »Sabine« sprang in's Publikum. Beim Einlauf drehte die Stute links ab, sprang über zwei besetzte Sitzplätze und dann noch einmal in die voll ausgefüllten Stehplätze hinein. Glücklicherweise gingen nur ein Regenschirm kaputt und eine schwarze Männerhose. Sonst kam alles mit dem Schrecken davon, auch der Käufer von Sabine, Herr Meulenbergh, dem rheinische Freunde nachher beim Zuschlag (1600,–) aufgeregt bedeuteten: »Wie kannst Du so ein Pferd kaufen –, die janze Blutlinie springt in't Publikum!« Unter der Schlagzeile »Mit Sekt zu Burgund« berichtete die Tageszeitung die WELT über diese 3. Verdener Auktion, die Burgun-

der v. Burgfrieden (Trak.) für 4600,– DM als Spitzenpferd sah, und den Sektmarken-Inhaber Otto Henkell, Wiesbaden, als glücklichen Besitzer.
Am 24. Februar 1951 kletterte bei der 4. Auktion der Durchschnittspreis auf 2100,– DM für bereits 40 verkaufte Pferde. Das wurde als Sensation gewertet. Spitzenpferd wurde Schwerin, ein für damalige Begriffe sehr eleganter Fuchs v. Schober für 5200,– DM, eine Summe, die den Aussteller dieses Pferdes veranlaßte, erst in mehreren Tagesetappen seine Heimat Dannenberg zu erreichen. Die Presse berichtete damals ausführlich, wo der stolze Züchter auf seiner Reise Station gemacht und seine Bewunderer freigehalten hatte. Das Spitzenpferd kam in die Hände von Robert Wilke, der dem Schulstall der Kavallerieschule angehört hatte. Auf dem Turnier im Hameln gewann Schwerin dann die Materialprüfung für Reitpferde, ging aber anschließend anläßlich einer wohlgemeinten Erfrischung so passioniert und weit in die Weser hinein, daß sein berühmter Reiter in langem, schweren Schwalbenschwanz-Reitrock, vollgesogen und triefend nur mit Mühe das Ufer wieder erreichte.
Welche Aufregung auch damals schon herrschte, sobald die Versteigerung begann, zeigt diese kleine Begebenheit: Die Verkäufer mußten zum Pult treten, wenn ihr Pferd an der Reihe war. Und so stand da auch Hermann Meyer, Allwörden, als seine sehr kleine Duellanttochter Donau effektvoll ihre vier weißbestrumpften Beine voreinander setzte. »3000,–, das kann doch wohl nicht angehen für das kleine Pferd, 3100,–!«, meinte der Züchter, abwechselnd durchbluteter und weißer Gesichtsfarbe. »Haben Sie noch Appeln«, fragte er zum Pult, »Sie kriegen einen Korb voll (Appeln) . . ., 3500,–, wo kann das angeh'n, 3600,–, nee o nee, das ist mir ja bald peinlich, 3800,–!, die kleine Dulli-Puppe, aber Gang hat sie ja, Junge, was die aber auch tritt, 3900,–!, 'ne ganze Kiste Appeln kriegen Sie . . . 4000,–!, so, bums, Gott sei Dank, das hätt' ich nicht mehr länger ausgehalten«.
Die vierte Auktion (Frühjahr 1951) brachte schon 41 Pferde zum Verkauf und den Durchschnittspreis eben über 2000,–. Damals wurde auf Turnieren eine bestandene Zugwilligkeitsprüfung verlangt, und so entschloß sich die Auktionsleitung, alle Auktionspferde im Training schon solchermaßen zu prüfen. Tagsüber, wenn Leute dabei waren, marschierten die ruhigen Gemüter vor der Sandsackschleppe in der Reithalle am Holzmarkt, abends gegen 22 Uhr die temperamentvolleren Kandidaten. Als der Poet xx – Sohn Panther da so an der Bande entlang düste und plötzlich anhielt, schob sich ihm die Schleppe an die Hakken. Da stieg der Dunkelfuchs und traf den linken Longenführer mit den Vorderbeinen auf den Kopf, dann den rechten auf die Schulter, so daß beide niedersächsisch Erdverwachsenen wie vom Blitz getroffene Eichen am Boden lagen. Und dann ging die Post ab. Zuerst flog der Sandsack dem hemmungslos Dahinstürmenden in's Kreuz, dann nach scharfer Kehrtwendung die ganze Schleppe. Da sah der Examinant rot, stürmte über die Barriere der Tribüne und sammelte mit der wieder nachhängenden Schleppe sämtliche Stühle und Bänke auf unter ohrenbetäubendem Getöse, derweil die Anwesenden in echter Lebensgefahr von der Tribüne auf den Hufschlag flüchteten, um dem holzberstenden Tornado zu entkommen. Allen wurde die Kehle trocken, als der in Todesangst rasende Auktionsanwärter abermals die Halle umkreiste, wobei sich Bänke und Stühle aus der Verhakung lösten und an die Bande rasselten. Alle eilten wieder auf die Tribüne zurück angesichts der orkanartigen Gewalten. Da löste sich auch die Schleppe, und wie ein dunkler Pfeil jagte der Besinnungslose zwischen uns hindurch, duckte sich in voller Fahrt blitzschnell und verschwand in einem kleinen Mauerloch, das uns sonst nie aufgefallen war. Es gab wenig später ein klirrendes Fallgeräusch. Dann war Totenstille. Dunkel war's, als einer nach dem anderen in das tiefe Gewölbe hinter dem kleinen Mauerloch hinunterguk-

ken wollte. Hans-Georg Mahler, Wechtern, heute bekannter Hengstaufzüchter, raste los und kam mit einer Laterne zurück. »Ich hab' dem Wurstmaxe 10,– DM auf den Wagentisch geknallt und einfach seine Latüchte ergriffen«, erklärte er das Manöver. Ein anderer eilte ans Telefon, Dr. Meyer zu alarmieren. Dann sah man die Bescherung. Panther lag bäuchlings zwei Meter tief, alle vier Beine durch mehrere Fenstergläser in Stahlrahmen gesteckt, Hals und Kopf unter dem Körper. Das Gewölbe war etwa 1.20 breit, so daß man da unten nur schwer arbeiten konnte. Zunächst wurden Strohbunde hineingeworfen, damit der Dunkelfuchs Halt bekommen sollte. Dann krabbelten H. G. Mahler und ein anderer Reiter nach unten und legten Panther eine Art Lasso um den untergestreckten Hals, mit letzten Kräften über Kopf ziehend, um den Feststeckenden auf's Kreuz zu legen. Klirrend kamen die Beine aus dem Glas. Zentnerweise wurde Stroh nachgeworfen, bis der sich aufrappelnde Körper bis zur Bodenebene der Tribüne hochgearbeitet hatte. Während des erschien Dr. Meyer: »Wo ist der Patient?!« »Noch da unten im Keller.« Endlich war es soweit, Panther kroch aus dem Loch auf die Tribüne. Knickebeinig zwar und an hundert Stellen leicht blutend, aber nur an einem Vorderbein ernstlicher verletzt, wie Dr. Meyer beleuchtend und befühlend feststellte. Welch' ein Wunder! Hörbares Aufatmen in der dicht gedrängten Runde.
Abgetupft alles und die schlimme Stelle verbunden: aus mit weiteren Versuchen des Zugwilligkeitstests, angerufen bei Johann Beckmann, dem ahnungslosen Besitzer. Zwei Tage vor der Auktion. Schaudernd noch im Bett und schweres Einschlafen.
Panther bekam einen Tag Ruhe. Am Auktionstag ritt ihn Helga Köhler als einen der Favoriten. Er trug nur einen wollenen Schutzverband und war abgeklärter denn je. Vater Fellgiebel erhielt den Zuschlag für Interessenten aus Italien.
Bei der gleichen Auktion war Bubi Günther als Auktionsreiter engagiert. Ein kleiner Par-

Schauplatz der 3. und 4. Verdener Auktion war die Holzmarktkaserne mitten in der Stadt. Die Vorführung der Pferde an der Hand fand auf dem Kasernenhof statt.

cours leitete damals die Versteigerung ein. Bubi sprang die später international berühmte Fregola, die vor der durch Sonneneinfall stark blendenden Mauer refüsierte und ihren Reiter über die Ohren katapultierte. Die Rappstute bekam kein Gebot. Als sich Bubi Günther hernach noch einmal Fregola in ihrer Box besah, kam die Züchterfrau Meyer aus Isernhagen darüber zu. Bubi sprach ihr sein Bedauern aus und meinte halb tröstend, halb wollend, dann müsse er die Stute wohl nun kaufen, und was sie denn kosten solle. Da wurde – schwarz gekleidet – Frau Meyer zur Hyäne, zeigte deutlich ihre Zähne, und erhobenen Regenschirms rief sie: »Aha, jetzt weiß ich Bescheid, mit Absicht haben Sie das gemacht, Sie, Sie . . .«»Nein, nein, bestimmt nicht, oh, Frau Meyer!« Und wie ein Wiesel war Bubi Günther aus der Box und um eine Stallecke entschwunden. Aber die Geschichte geht noch weiter. Wenig später erschien die nachherige Springreiterin Gerlinde Merten mit ihrem Vater Sam in Borstel und fragten, ob ein gutes Springpferd zu haben sei. Nichts einfacher als das: Fahren Sie nach Isernhagen auf den Hof Meyer, lassen sich die Stute Fregola zeigen und kaufen diese. Ich wüßte nichts Besseres zur Zeit. Sofort fuhren sie dahin. Nach etwa eineinhalb Stunden war Vater Merten am Telefon. »Ja, sind Sie denn total verrückt geworden, uns dahin zu schicken?« »Wieso?« »Wir sahen die Stute und mochten sie leiden und haben nach dem Preis gefragt. Da sagte die alte Meyersche: »Kennen Sie denn aus Köln auch Herrn Bubi Günther?« »Natürlich hab' ich gesagt, sehr gut sogar.« Da hat die Alte die Hunde losgemacht, und nun bin ich hier mit Gerlinde in einer Telefonzelle«. Du lieber Gott. – »Ich rufe die Meyers sofort an, und Sie rufen mich in einer viertel Stunde wieder an, ob die Luft rein ist.«. Gemacht, Meyers den Marsch geblasen, Fregola zum Stall Merten nach Gummersbach, große Erfolge, zuletzt noch unter H. G. Winkler.

Während der Besichtigungsfahrt zur nächsten Auktion war in Drochtersen beim Gastwirt und Deckstellenvermieter Hintelmann Hochzeit seiner Tochter. Dazu wurde die Kommission eingeladen. An den Säulen im Tanzsaal hingen ganze Zweige mit Äpfeln und Birnen. Nach jedem Tanz führte die Dame ihren Herrn zur Theke. Das war so Brauch. Dementsprechend schwungvoll gelangen die Walzer. Im Morgengrauen nahmen wir Herrn Bahr mit, den gewichtigen Geschäftsführer des Kehdinger Pferdezuchtvereins. In Höhe seines Hauses Halt. Er wuchtete sich aus dem PKW heraus, nahm die falsche Richtung und landete in einem Wassergraben, wo er supergewichtig und breitbeinig einen hilflosen Eindruck machte. »Aber, sehr verehrter Herr Bahr, warten Sie, ich helfe Ihnen,« ließ sich Landwirtschaftsrat Wilfried Papst vernehmen und reichte dem kalt Badenden hilfreich die Hand. »Ach wat«, grummelte es da aus dunkler Tiefe, »wenn ick all natt bün, dann schast Du Swien ok natt war'n«, sprachs, und riß den hilfreichen Samariter neben sich in die kalte, nasse Gesäßwanne. Da würden vielleicht beide heute noch thronen, wenn nicht die übrigen Kommissionsmitglieder so vorsichtig zu Werke gegangen wären, daß sie zwar retten konnten, nicht aber auch noch da unten mit in die Reihe gebracht wurden. Im Bützflether Hof erfrischten meterhohe Oberbetten für den nächsten Tag. In Freiburg/Elbe allein standen 180 Pferde für die Auswahl nach Verden bereit, überwiegend »Haustiere«, nur wenige Interessante. Eine Folgsamtochter blickte kalt und undurchsichtig, als Köhler an sie herantrat. Da hatte er auch schon ihre Hinterhufe am Gesäß, und als er sich in einem reifen Rittberger über der Erde drehte, bekam er die gleiche Ladung auch noch auf die andere Backe. Dank guten Polsters gab es nur blaue Flecke. Immerhin war es dem wieder auf den Beinen Stehenden eine Genugtuung, die Worte hervorzustoßen: »Danke, eine weitere Musterung entfällt!«

Fritz Meyer-Stocksdorf war immer mit von der Partie und stellte der Kommission seinen alt gekauften Opel P 4 zur Verfügung. Der verlor alle Nase lang die Kühlerschraube, auch

Feuerland war eines der spektakulärsten Springpferde ihrer Zeit. Sie übertraf Armalva weitaus an Vermögen, erreichte sie aber nie in deren Treue und Formbeständigkeit. Als junges Pferd war sie im ländlichen Reiterverein oftmals Siegerin beim Fuchsschwanzgreifen gewesen, das war ihr wohl weniger gut bekommen. Ihre Hauptschwierigkeit lag aber in ihrem etwas diffizilen Charakter.

konnte Köhler von innen nicht die Tür öffnen, bevor Fritz von außen mit einer Brechstange tätig geworden war. Mehr als 60, und dies nur mit Achterwind, lief das Vehikel nicht, und so kam es oft zu Verspätungen bei den Terminen. Einmal zwischen Badbergen und Belm im Osnabrückschen lief das Ding bergab und rückwindig fast 65. »Kierl«, staunte Fritz, »kiek blot, wat dat Auto löppt!« »Mensch, hör auf, die Maschine fliegt uns um die Ohren.«. Und dann ging es plötzlich los mit darawatt, darawumm, darapäng. »Ach wat, das ist doch bloß die Wasserpumpe!« Das Karaballern wurde immer schlimmer. Als wir in Neubruchhausen ankamen, wo die Züchter seit Stunden erwartungsvoll unserer Ankunft harrten, gingen die fast in Deckung, weil an unserem Auto alles qualmte und ballerte. »Tag, meine Heern«, sagte Fritz und tänzelte aus dem Volant, »versteht hier einer was von der Wasserpumpe. Die ist, glaub ich, etwas defekt. Ach Gott, Jochen, Du kannst da ja nicht raus«, nahm das Stemmeisen und holte Köhler aus dem Qualm hervor. Ein Autoschlosser blickte tiefsinnig auf die Ruine und sagte leise, »die Wasserpumpe ist in Ordnung, nur der Motor ist im Arsch. Da war wohl schon lange kein Tropfen Öl mehr drin.« »Junge, wie kann sowat angahn«, meinte Fritz, als der erste Auktionsanwärter zur Aufstellung gelangte.

Auf der Rückfahrt mittels Taxe zeigte der kleine Direktor auf einen großen Bauernhof. »Da wohnt Holzens Emma.« »Na, und?« »Die soll't ich mal heiraten.« »Du Tüffel, warum hast' das nicht gemacht?« »De hett'n annern heirat.« »Schade!« »Nee, de Mann hett sick dot schoten.« »Und was hättest Du gemacht?« »Ick har mi vergifft!«

Im Kreis Bremervörde, auf dem Musterungsplatz in Niederochtenhausen fragte Fritz ganz ungereimt den dicken Hermann Ehlen: »Habt ihr hier Fasanen?« »Oh ja, massig«. »So, und was macht ihr mit den vielen Fasanen?« »Also, die essen wir und die verkaufen wir.« »Und sonst nichts?« »Nee, sonst nichts.« »Jochen«, sagte da Fritz unter vorgehaltener Hand, »wenn der nicht gleich spurt, nehmen wir hier kein Pferd mit!«
Mehr Glück hatte Fritz in Tespe bei Bauer Vick, wo die Kommission zum Kaffee eingeladen war. »Laß' hinten die Klappe auf«, meinte er. »Wieso?« »Mein Gott, frag' nich' so viel.« Als wir das gastfreundliche Haus wieder verlassen und etwa einen Kilometer weit gefahren waren, stieß er Köhler an. »Halt, rechts ran. Utstiegen!« »Was ist denn los.« »Komm mit.« Klappe hinten hoch. »Siehste!« Zwei Fasanen im Kofferraum. Den kleineren nahm Fritz in die linke Hand, den größeren in die rechte. »So«, sagte er, mir wohlwollend die Linke entgegenhaltend, »diesen kriegst Du. Du hast die größere Familie!«
Nach dem Motto, einen geschenkten Hahn legt man nicht auf die Waage, wurde die Reise bei strömendem Regen fortgesetzt. »Fritz, guck Dich mal um, ist die Straße frei?« »Alles frei, führ doch los!« Dabei hatte er nicht einmal den Versuch gemacht, seinen Kopf zu wenden, »bi düssen Wetter kümmt us ja keener nach!«
Später in Diepholz, als es noch keine Zebrastreifen gab, stand eine in sommerlichem Blumenmuster wogende Dame am Kantstein und wußte nicht, ob sie die Straße kreuzen sollte oder nicht. Fritz hielt an und winkte liebenswürdig, »bitte sehr!« Da pürzelte die Geblümte dankbar nickend vorüber. Fritz aber machte die Scheibe herunter und rief hinaus: »nu man beten forscher« und schließlich »gah doch weg mit dinen dicken Mors!« »Aber Fritz, das war aber zu hart.« »Ach wat, dat Fruensminsch har ja noch ne halbe Stünn dor rümstolziert«.

Das erste gemeinsame Pferd

Sie sollte 2 m springen können, hatte alle Fuchsschwanzjagden gewonnen und hieß Feuerland. Groß, mager und abweisend. In der Jorker Halle wurde sie gekauft. Beim Freispringen mußte sie nach tatsächlich überzeugender Landung aus großen Höhen mit einer Stange in die Ecke gedrückt werden, sonst ließ sie sich nicht anfassen. Horst Niemack wollte sich beteiligen. Aber so etwas hätte vielleicht die Freundschaft zerstört, und so machten wir uns alleine stark. Dies bißchen Charakter glaubten wir durch Erziehung bessern zu können.
Da der schwiegerväterliche Stall voll war, quartierten wir die Wunderstute jenseits des Bahnübergangs ein. Eines Abends kam sie an. Das junge Paar stellte sich zum Verweilen einen Strohballen in die Box und beleuchtete stolz mit einer Stallaterne das erste gemeinsame Wundertier. Da wurde der Braunen das zu bunt. Sie duckte sich rückwärtsgehend in eine Ecke und setzte offenen Rachens zum großen Panthersprung an, wobei Köhler seine Helga greifend, gerade noch rechtzeitig aus der Box herauskommen konnte. Meine Güte! Aber das Springen war doll. Später an der nach vorne geöffneten Box konnte kein Fremder vorbeigehen, ohne erschrocken in die Knie zu gehen. Feuerland schoß dann wie Olga das Mistvieh mit bleckenden Zähnen und ohrenlos herfür. »Das sind die Besten« meinte Bubi Günther, als er sich nach kurzem Robben auf der Stallgasse in sicherem Winkel wieder erhob. Bei Turnieren kam rückwärtig kein Pfleger an ihr vorbei ohne den Verlust seines mühsam herbeigeschleppten Eimer Wassers, der allen Umstehenden in vehementem Erguß um die Ohren flog. Erziehung nutzte nichts, dafür gewann sie bald in Aachen ein Springen gegen das dato beste Springpferd der Welt, Foxhunter unter Col. Llewellyn, in allen Zeitungen als Sensation herausgestellt.

Helga Köhler schlägt die Weltklasse
Das 17. Internationale Reitturnier in Aachen eröffnet

Aachen (dpa/AP). Das siebzehnte internationale Aachener Reitturnier wurde am Samstag mit einem Zeitjagdspringen der Klasse M eröffnet. Unter 78 Teilnehmern behauptete sich Deutschlands beste Amazone Helga Köhler (Verden) auf Feuerland mit der schnellsten Zeit von 83,1 Sekunden.

Auf dem mit den Flaggen der elf Nationen geschmückten Turnierplatz war ein 700 m langer, mit siebzehn Hindernissen bestückter Parcours aufgebaut. Fast alle Spitzenreiter — auch Weltmeister Goyoaga (Spanien) mit Quorum und Fritz Thiedemann (Elmshorn) mit Diamant — brachten ihre Pferde heraus, um sich mit den Verhältnissen vertraut zu machen. Nicht immer entstand allerdings der Eindruck, daß die Teilnehmer bereits voll aus sich herausgingen.

Ergebnisse: 1. Helga Köhler ((Verden) auf Feuerland 83,1 Sekunden, 2. Oberstleutnant Llewellyn (England) auf Foxhunter 84,4, 3. S. Oppes (Italien) auf Mistro 89,0, 4. H. François-Poncet (Frankreich) auf Girardi 89,,2 5. Oberleutnant Piero d'Inzeo (Italien) auf Uruguay 89,5.

Das Amazonenjagdspringen Klasse M „Preis der Kaiserpfalz" gewann Fräulein Inge Fellgiebel auf „Skala" mit null Fehlern, 28,4 Sekunden, vor Inge Merten auf „Fregola" mit null Fehlern, 31 Sekunden, und Frau Natalie Perrone (Italien) auf „Voltigeur". 16 Reiterinnen aus sieben Nationen hatten sich beteiligt, acht waren ins Stechen gekommen. Der Parcours war 700 Meter lang, hatte 13 Hindernisse und 17 Sprünge.

Die aus Fritz Thiedemann (Elmshorn) mit Diamant, H. H. Evers (Hemme) mit Baden und M. von Buchwaldt (Hellmstorf) mit Jaspis bestehende schleswig-holsteinische Reitermannschaft gewann am Sonntag auf dem internationalen Reitturnier in Aachen das Mannschaftsspringen der Bundesländer. Sechs Mannschaften hatten einen aus elf Hindernissen (14 Sprünge) bestehenden 600 m langen Parcours zweimal zu durchreiten. Nach den beiden Umläufen blieben Magnus von Buchwaldt und der britische Hauptmann Dallas mit Marmion fehlerfrei. Das Stechen um den Preis des besten Einzelreiters gewann Hauptmann Dallas mit einem erneuten fehlerfreien Ritt.

Mit Kind und Kegel in der Europahalle Hannover

Zunächst war da die Tochter Jutta, die – einige Wochen alt – mittels Wäschekorb und Hausgeist Grete nach Hannover zum Messehallenturnier transportiert wurde und von einem neben der Europahalle gemieteten Zimmer aus indirekt erstmalig am Turniergeschehen teilnahm. Die junge Mutter eilte zwischen den Ritten zu ihrem Baby, um ihm die Brust zu geben, wie eine Zigeunerin, unten Reithose und gespornte Stiefel, oben ohne, manchmal den Zylinder noch auf dem Kopf.
Armalva holte – wie immer – die Kastanien aus dem Feuer, Archimedes gewann Material und Eignung, Feuerland plazierte sich gut. Eine ältere Dressurreiterin zeigte sich empört über mangelhafte Plazierung und spritzte Gift und Galle. Am nächsten Morgen sah man sie zwischen Rails und Tribüne entlang gehen. Aus entgegengesetzter Richtung kam – unausweichlich – Gustav Rau, der böse Richter des Vortags, herbei. Oha, was nun wohl kommen würde. Die verkannte Dressurfavoritin machte ein Gesicht, als habe sie auf drei Ratten gebissen. Der Oberlandstallmeister jedoch strahlte von weitem, breitete weit seine Arme aus, und stoppte die griesgrämige Lady mit den Worten: »Meine Gnädigste, Sie sehen wieder aus wie ein janzer Strauß Maiglöckchen!« Süßsauer, aber zur Sprachlosigkeit entwaffnet, ließ die Dame den Verhaßten passieren.
Wenig später kritzelte Gustav Rau gut gelaunt auf die Starterliste am schwarzen Brett für das Länderspringen unter die Mannschaft Westfalen: Clemens Nagel mit Dorffrieden, Justav Rau uff Ratte.
Es dauerte nicht lange, daß das Kind besonders die Mutter in Verlegenheit brachte. Einer allerdings bis zur Unkenntlichkeit aufgegagten Dame, die zu Besuch im Sessel saß, näherte sich Jutti zu artiger Begrüßung, als sie anstelle eines Knixes unvermittelt eine Hand der Dame ergriff, diese mit roten Fingernägeln geschmückte Geschmeideträgerin interessiert von allen Seiten betrachtete, um sie verachtend mit »igitt, pfui deubel« wieder fallen zu lassen. Ihren Vater nannte sie Wuff, der die Tochter schon früh einmal zur Pferdeauswahl mitnahm. Zu einem Mittagessen eingeladen, saßen beide in einem etwas dunklen Raum, in dem alte, kriegsmäßig beschädigte nicht mehr ganz volltürige Eichenmöbel standen, als Jutti sich zu ihrem Vater hinüberbeugte und reichlich laut meinte, »Du, Wuff, laß uns hier rausgehen, mir grauselt es viel.« Dazu erzogen, sich nicht von fremden Menschen auf der Straße ansprechen zu lassen, ließ sie die freundlichen Worte eines älteren Herrn, der am Zaun vorbeiging, nur kurz über sich ergehen: »Na, bist Du wohl die kleine Köhler?«, um sofort zu erwidern: »Hau ab, Du stinkst!« Nicht ganz fair war es vom Vater, als der Helga mit Jutti in einem Damenbekleidungsgeschäft allein zurückließ.

Er hatte aber die Fassung verloren. Die Inhaberin hatte auch reichlich nervensägend gefragt: »Na, Du kleine Süße, Dein Opa hat ja so herrliche Hunde (Barsois), machst Du die denn auch wohl leiden?« »Nee,« »Ach, das sagst Du jetzt bloß so, Du liebst die doch ganz sicherlich! Wie heißen sie denn?« »Vicky.« »Und die anderen beiden?« »Axel.« Und der dritte, mein liebes Kind?« »Arschloch!«

Das Baby Jutta war sofort ruhig, wenn es Pferde um sich hatte. Besonders liebte sie Archimedes, der den Kinderwagen unbekümmert in Augenschein nahm.

Die Pferdepassion blieb unverkennbar. Erste »Ausritte« wurden genutzt, an Rosen zu duften, und der Fürsorge für ihr »Pferd« schienen keine Grenzen gesetzt.

Das neue Auktions-Haus

Zum Herbsttraining 1951 zog die fünfte Kollektion in die Niedersachsenhalle am Lösweg, wo sich auch die Reit- und Fahrschule etablierte. Als Reitbahn war der Gebäudeteil, der als Tennishalle gedient hatte, hergerichtet worden. Die Maße des Hufschlags betrugen 18 x 38 m. 500 Sitzplätze entstanden in vier Reihen an zwei langen Seiten und einer kurzen.
Der größere Teil der Hallenanlage nahm einfache Holzboxen auf. Hier hatte bis dahin die Firma Höing riesige Mengen an Futter gelagert. Die Zahl der Auktionspferde blieb um 40; eine geringe Erhöhung wurde erst 1953 vorgenommen.
Außenanlagen in kleinem Rahmen konnten neben der Halle benutzt werden. Darüber hinaus gab es die Möglichkeit, das Rennbahngelände, etwa 2500 m entfernt, auf einem Reitweg zu erreichen.
Als die erste Kollektion in der allen Beteiligten feudal erscheinenden Hallenanlage angeliefert wurde, erschien aus Thedinghausen (20 km nordwestlich Verden) ein Einspännerfuhrwerk, das von der Mutterstute Tanzweise (v. Tanera) bewegt wurde, während ihr Sohn Archimedes (v. Altan) dem Fuhrwerk hintangebunden war, um sich auf diese Weise als Auktionskandidat in Verden zur Stelle zu melden. Der edle und sehr kesse Braune maß damals nur 156 cm Stockmaß, was ihn nicht hinderte, zu wachsen und später Olympia-Dressurpferd von Jessica Newberry, USA, zu werden.
Als Stallmeister amtierte damals in langen schwarzen Reitbeinkleidern und einem ebensolchen Gehrock »Graf« Beckmann aus Gr.-Eilstorf mit außerordentlichem Charme besonders Kaufinteressenten gegenüber, denen er mit Pfefferminzlikör auf einem Tablett entgegenzuschreiten pflegte, um sie willkommen zu heißen, nie vergessend, späterhin durchblicken zu lassen, daß er Mussolini den hannoverschen Fuchs Armin als Geschenk des »Führers« nach Rom gebracht und ihm diesen in viel bewunderter Reitkunst offenbart hatte.
Den Spitzenpreis brachte die Schimmelstute Alster v. Agram, dessen Name hier zum ersten Mal genannt wurde. H.G. Winkler ließ die eitle Stute, die entgegen späteren Agram-Erfahrungen gut durchs Genick trat, effektvoll paradieren. Mit 6400,– DM wurde ein neuer Höchstpreis erzielt.
Beim nächsten Mal war das Zuchtgebiet um Hoya/Sulingen vorn mit der großrahmigen, etwas bunten Fuchsstute Feuerwerk v. Falkonier. 7000,– DM wurden in der Spitze notiert. Die 7. Auktion brachte zum ersten Mal außerordentliche Spannung in das Geschehen, zumal eine Favoritin auf die Spitze, die bildschöne und bedeutende Ferdinand - Futurist I-Tochter Fulda durch einstweilige Verfügung mit Polizeigewalt aus dem Auktionsstall überführt wurde in einen Stall, der 200 m von der Niedersachsenhalle entfernt war. Dies geschah am Mittwochabend vor der Auktion. Am Donnerstag wurde juristisch gefochten, wobei sich herausstellte, daß der Anspruchsvolle die Stute keineswegs vor Wochen gekauft hatte, sondern sie nur hatte kaufen wollen, was aber nach den Zulassungsbestimmungen abgelehnt worden war. Fulda kam abends zurück, versichert für den 200-m-Weg, und wurde sogleich noch in der Halle gearbeitet, um für Freitag fit zu sein. Als die Stute in der Halle erschien, freuten sich die angereisten Käufergruppen und klatschten Beifall. Der vermeindliche neue Besitzer saß traurig auf der Tribüne, genoß das Bild der eleganten, in ihren Bewegungen hervorragenden Erscheinung noch einige Minuten und wandte sich dann gebeugt und gerührt ab, um die Heimfahrt anzutreten. Das war irgendwie ergreifend, und niemand nahm ihm den regelwidrigen Schachzug nachhaltig übel.

Als die alte Niedersachsenhalle am Lönsweg durch den Verband hannoverscher Warmblutzüchter bezogen wurde, ritt Amazone Helga eine Eröffnungskür auf Page (v. Persaldo, Trak.-Alpenstrauß), der wie Prinz v. Sickingen – Dressur und Springen bis zur S-Klasse beherrschen lernte. Archimedes, rechts, (v. Altan, Trak.–Tanera) wurde zusammen mit Attaché (v. Athos – Moselland) zu Robert Schmidtke nach Balve in Dressur-Ausbildung gegeben. Auf beiden wurde Hermann Schridde, den wir auch nach Balve empfahlen, dressurmäßig gefördert. (Archimedes unter Hermann auf dem Wiesbadener Turnierplatz im Biebricher Schloßpark.)

So sah es während einer der ersten Versteigerungen in der alten Niedersachsenhalle aus. Das Podium wurde hier von Fach- und Presseexperten umlagert, während Sybille Nehring, die später nach England ging, erwartungsvoll ihre Runden drehte. – Ein anderes Mal sucht sich auf engem Raum Jürgen Winter einen Weg für dem Lateran-Schimmel »Latino« – als Experten sind zu erkennen: Landstallmeister Hans Fellgiebel (oben in Knickerbockerhosen), Karl Zipper (oben links mit hellem Hut), H.-J.v. Killisch-Horn, rechtes Bild (mit Rücken an der Pferdekruppe), davor Fotograf Werner Menzendorf, in der Mitte (mit Brille) Pressechef Mirko Altgayer.

Der andere Favorit, Frohsinn v. Futurist I, erschien am Auktionstag mit Verband, weil er die letzte Nacht über dem Flankierbaum gehangen hatte, schaffte es aber dennoch, mit 9100,– DM vor Fulda das höchste Gebot auf sich zu lenken (O. Schulte-Frohlinde), während Douglas v. Duellant den »dritten Rang« belegte, ersteigert von Josef Neckermann, der zufällig in die Halle gekommen war, stehend den Fuchs sah, kaufte und wieder entschwand.

Im Frühjahr 1953 starb Stalin. Die Erinnerung hieran ergibt sich daraus, daß Axel Springer mit einer Sonderausgabe der WELT alle anwesenden Trainingsbeobachter überraschte, die wie er in Verden nach geeigneten Pferden Ausschau halten wollten. Im Vordergrund standen der Rappe Preisträger (von dem leider schon nach 2 Deckzeiten eingegangenen Trakehner Pythagoras-Sohn Per Saldo, der auch Page lieferte), und Doublette v. Duellant, die mit ihrer hohen Trabaktion allerdings keine ungeteilte Zustimmung fand. Beide Pferde gingen in dieser Reihenfolge durch's »Ziel«. 48 Pferde waren im Ring und erbrachten einen Durchschnittserlös von 2719,– DM. Der Herbst 1953 sah bereits 55 Pferde im Auktionskatalog. Dieses Mal ging das Spitzenpferd in's Ausland, Fidelio v. Falkonier, nach Belgien, hatte dort zunächst Dressurerfolge und trat dann als internationales Amazonen-Springpferd hervor. Zu dem Transport nach Belgien gehörte auch Freibrief v. Feo. Sein Züchter hatte nicht mit einem so hohen Zuschlagpreis gerechnet. Ihm wurde schwarz vor Augen auf dem Olymp. Und er taumelte die Treppe herunter, um an der frischen Luft wieder auf die Beine zu kommen.

Nach Fedelio kaufte Monsieur Peeters Allegro v. Astfarn, Spitze der 9. Auktion. Dieser Goldfuchs war wohl das schönste Pferd, das bis dato in den Ring gekommen war. Leider fügte er sich in Belgien nicht wie erwartet in die dressurlichen Exerzitien, während Asbach v. Anilin, der ihm bei der Auktion an zweiter Stelle folgte, schon bald danach seine große Dressurlaufbahn begann. Erst bei Peter Busch in Düsseldorf, dann bei Josef Neckermann in Frankfurt.

Grüne Woche Berlin

Helga und Köhler verluden zu den Bahntransporten, die damals nahezu ausschließlich Verkehrsweg waren zwischen den Turnierplätzen, ein Fahrrad, auf dem sie sich zwischen Quartier, Stall und Platz bewegten. Helga mit Zylinderkarton seitlich auf dem Gepäckträger. Kein Mensch hatte Geld, und so wurden nicht selten die Transporte vom Veranstalter eingelöst in der Hoffnung, diese Auslagen mit möglicherweise gewonnenen Geldpreisen verrechnen zu können. Die Reiter fuhren in den Waggons mit ihrem Pferd zusammen.

So wohnten wir 1951 im Januar/Februar zur Grünen Woche in Berlin während des Hallenturniers in der Ostpreußenhalle am Funkturm, zwar auf dem Kaiserdamm, nicht aber in einem Hotel, sondern in einer Dachstube für 9,– DM je Nacht.

Verpflegung wurde von zu Hause mitgenommen. Schließlich aß man trocken Brot, um nach ersten Gewinngeldern abends einmal billig irgendwo warm zu essen. So ging es fast allen, und der Zusammenhalt war großartig, der Sportgeist nahezu ideal. Man gönnte sich gegenseitig ehrlich Erfolge, und alle waren froh, wenn so viel Geld gewonnen war, die Rückreise zu finanzieren.

H.-G. Winkler, damals noch unvorstellbar nervös vor jedem Start, übergab sich vom Sattel aus, bevor er in die Halle einritt, welche Malaise er dann dank seiner Willenskraft allmählich abzustellen vermochte.

Wie es LAH Helmcke sah: **Dramatischer Zwischenfall**

Bei der Turnier-Ouvertüre ereignete sich ein Zwischenfall, der glücklicherweise ohne ernstliche Folgen blieb. Das Pferd des englischen Capt. Bonn, „Tor di Quinto", wurde von seinem Reiter durch zu spätes Zügelaufnehmen vor dem Startband direkt gegen die Wand der Teilnehmerloge gerissen. Der aufgeregte Fuchs trat durch die leichte Verkleidung, erschrak und kletterte buchstäblich, nachdem Capt. Bonn über den Hals den Vortritt genommen hatte, in die Loge durch die zertrümmerte Brüstung mitten in die Menschen hinein. Madame **F u n e l**, die Gattin des Maréch.-de-Logis-Chef Funel von den französischen Besatzungstruppen in Reinickendorf, mußte sich mit Kopfverletzungen in ärztliche Behandlung begeben, während andere Beteiligte mit Daumenbrüchen und Hautschrammen glimpflich davonkamen.

Zu den Abendveranstaltungen erschienen viele Besucher aus der damals sogenannten Ostzone, begeistert in der Halle mitgehend und nachher quirlig in den Stallungen Gesprächspartner aus dem Westen suchend in ihrem Elend und ihrer abgeschnittenen Trostlosigkeit.
Als Pfleger hatten wir Helmut Petereit, der bei Köhler schon im Landgestüt Ferdinandshof Gestüthilfswärter gewesen war und dessen Vater dort die Schweine unter sich hatte. Helmut fanden wir nachts um 12 Uhr, nachdem wir in Tempelhof gelandet waren, unter dampfenden Decken auf einer Pritsche verborgen noch in letzter Minute. Da es so kalt war in den Stall-Hallen hatte man Heizaggregate mit langen Schläuchen installiert. Und Helmut hatte sich, in Decken eingemummt, ein Schlauchende zur Erwärmung mit untergeschoben. Er war schon ohnmächtig, konnte aber mit ärztlicher Hilfe wieder zur Besinnung gebracht werden. Immerhin war er am nächsten Morgen noch so durcheinander, vielleicht auch infolge einiger Klarer zur Wiedergeburt, daß er unter großem Gelächter vergeblich versuchte, sich ein Handtuch als Hemd überzuziehen.
Auf dem Arbeitsplatz übten die Sauteurs des Cadre noir aus Saumur Capriolen und Courbetten. Das verfolgte Bubi Günther auf dem Springschimmelhengst Losander, saß ab, band dem Holsteiner den Schweif hoch, und während er dann vom Sattel aus mit arrêts und Gertenzisch erstklassige Kapriolen zelebrierte, verließ beleidigt einer nach dem anderen der Sauteurs die Vorbereitungs-Arena.

Clever rauschten zur Hauptprüfung der Paarklassen Helga und Köhler auf Attaché und Page als erste in die große Halle. Ein anderes Paar, ärgerlich über sich selbst, den Auftritt an der Spitze verpaßt zu haben, überholte rechts und übernahm die Tête. Bis zu der Ecke, in der mit blitzenden Instrumenten die Berliner Polizeikapelle den effektvollen Reigen musikalisch untermalte. Da retirierten die beiden Mogelanten in bodendeckenden Fluchten, so daß die Ursprünglichen wieder vorn waren, was sie dann beim Schleifenempfang auch blieben.

Fast in Vergessenheit geraten ist die Pferde-Luftbrücke Hannover-Berlin –, als wegen Maul- und Klauenseuche die »Grenze« geschlossen wurde. Chartermaschinen verschiedener Nationalitäten flogen damals sämtliche Turnierpferde für die Deutschlandhalle von Hannover nach Tempelhof. Die Neckermannschen Pferde machten Rabatz an Bord und mußten wieder ausgeladen werden. Sattelzug und Reitbekleidung kamen teilweise erst nach Turnierbeginn an, so daß beispielsweise d'Oriola in Socken reiten mußte. Ein Amazonenvater verlud sorgfältig Tochter und Pferde, raste dann per PKW nach Berlin, sah die Maschine über Tempelhof kreisen und wieder nach Westen zurückfliegen, jagte nach

Mit diesem für Berlin so typischen Plakat lief die Werbung auch schon vor dem Kriege. – Unvorstellbar beeindruckend waren die vielen Besucher aus der damals sogenannten Ostzone, für die die Turniertage in der Ostpreußenhalle am Berliner Funkturm (die Deutschlandhalle lag noch in Trümmern) wie Balsam wirkten auf ihre Seele.

Hannover zurück, verlud abermals und erreichte Berlin erneut, um schließlich die Landung zu erleben. Niemand hatte ihm sagen könne, was losgewesen war.

Volks- und Versuchsturnier in Warendorf

Unter den tausend Ideen des großen Justav waren auch immer bahnbrechende. Dazu gehörte das Volks- und Versuchsturnier in Warendorf. Gleichzeitig waren zwei Pferde im Parcours, das erste Nachtspringen unter künstlicher Beleuchtung wurde aus der Taufe gehoben. Aber das war nicht alles. Es gab auch ein Rennen vor der Schleppe (einfacher Kufenschlitten). Beim Startschuß hauten die Pferde ab, und die Fahrer wurden bäuchlings in den Leinen geschleppt, weil sie nicht mehr schnell genug auf die Schlitten gelangten. So war da mancher Spaß. Auch in der Materialprüfung. Schrittstart mit Pistole. »Jochen, Du gemeiner Kerl, warte doch, bis ich ran bin,« schrie Bubi Günther dem Köhler nach, »meiner zackelt sonst so!« Nach kurzem Verhalten dankbares Aufschließen von Bubi. Und dann wanderten beide Pferde gewaltig los, schön in Front, als urplötzlich ein Westfale vorbeienterte. Der Braune gewegte sich wie ein Geher in einer Art Laufschritt. »Ja,« drehte sich der münsterländische Reiter blasiert um, »das hat er beim Pflügen gelernt.« Leider war er nicht mehr einzuholen. Er wurde Sieger in der Schrittprüfung. In der Trabwertung ging es abermals darum, wer als erster die Nase durchs Ziel steckte. Da waren Bubi Günther und Köhler auf ihren Pferden Portland und Altländerin (beide von Allerhand) nicht zu

Über lange Zeiträume waren die Nachwuchspferde aus Borstel nur schwer zu schlagen. Neben vielen Einzelsiegen in Material- und Eignungsprüfungen sowie Championaten gewannen Page (Han. v. Per saldo) und Attaché (Han. v. Athos) – unten unter Helga Köhler und Hermann Schridde – so manche Paarklasse, später internationale Springen und Dressurprüfungen bis zur Klasse S. – Schnell bereit Einspruch zu erheben: Piero d'Inzeo auf der »Gössing-Stiege« in der Berliner Deutschlandhalle.

schlagen in totem Rennen. Das Grabenspringen mit 24 verschiedenen Gräben rund um den Platz war Helga und Feuerland nicht zu nehmen.

Am ersten Abend stiegen berühmte Vorkriegsreiter in den Springsattel, so Irmgard von Opel, Günter Temme und Hermann Frhr. v. Nagel. Dieser volkstümliche Wotan-Reiter kam mit dem Vollblüter Clausewitz an einen Graben, dem eine Lampe aufs grellste heimleuchtete. Nagel ritt full speed an, aber der Braune refüsierte im letzten Augenblick. Der Reiter ging mit vollen Zügeln über die Ohren. Rücklings im Wasser liegend und eisern die Zügel zum Maul in Verbindung haltend, beschwor er mit seiner tiefen Stimme in allgemeiner Lautlosigkeit sein Pferd: »Clausewitz, nur Ruhe, warte nur, ich komme gleich!«

»Im Wandel der Zeiten« ritt unter anderen der großfigürliche Obersattelmeister Juppe des Landgestüts Warendorf in einer fest verschraubten Ritterrüstung an der Haupttribüne vorüber. Sein Hengst machte einen leichten Schattensprung und der Eherne kippte steif und klirrend zu Boden. Erst zwei Mechaniker konnten den wie Erstarrten mit Schraubenziehern aus seiner peinlich-hilflosen Lage erlösen. So war immer etwas besonderes los. Rekordspringen weit, hochweit und hoch gaben viel Spannung im Programm. Fritz Thiedemann und Original Holsatia überwanden 2 m³. Beim Weitspringen, wo vor dem Graben Trassen gespannt waren, um 7 m zu erreichen, schied allerdings einer der Favoriten aus, weil er so früh absprang, daß er schon vor dem eigentlichen rush up wieder landete. Das

Nicht alles, was bei diesem Turnier ausprobiert wurde, erwies sich als Ei des Columbus. Kurz vor dem Startschuß zu einem »Rennen« in allen drei Grundgangarten: v. l. ein westfälischer ländlicher Reiter, Sieger der Schrittstrecke, H. J. Köhler auf Altländerin (v. Allerhand) Walter (›Bubi‹) Günther auf Portland (v. Allerhand), ganz rechts H. J. Webers mit Feingart (v. Florenz).

war Losander unter Bubi Günther, der den Schimmel durch jockeyähnliches, turbulentes seitliches Drehen der Gerte wohl etwas überheizt hatte.

Otto Lörke ritt drei Pferde hintereinander in den verschiedenen Ausbildungsstufen: Malteser, Adular und zuletzt Fanal, den er diagonal im starken Galopp abschließend in Einerwechseln präsentierte. Da flippte der große Gustav aus, bemächtigte sich des Mikrofons und verkündete in begeisterungsbedingter Vornamensverwechslung: Hiermit verleihe ich Oskar Lörke den großen roten Edelstein mit Schwertern. Einen solchen Orden gab es gar nicht, auch soll er dem Vernehmen nach niemals angefertigt worden sein. Dennoch war es eine Würdigung ohnegleichen.

»Und jetzt meine Damen und Herren«, (liebes Volk sagte Gustav Rau nicht) »kommt die Verbrecherjagd«. »Da! ist sie schon die ausjefeimte Kanaille, die da jetzt mit einem jeklauten Schinken im Tannengehege verschwindet. Schon naht berittene Polente, durchkämmt den Wald (Anm. 40 in den Sand gesteckte Tannen) und da! da! sie haben den Halunken, diesen jemeinen Schurken! Da sieht man mal: Was wär'n wir alle ohne berittene Polente!«

Trip nach Bilbao

Erne (Wilhelm-Ernst Frhr. v. Cramm, Harbarnsen) bekam schon nach dem ersten Geldwechseln in Paris seine Koffer nicht mehr zu. Ein Ende Schlips, ein Ende Pyjama waren nicht mehr unterzubringen. Harald Momm – in den 30er Jahren Leiter des Springstalls der Kavallerieschule und einer der erfolgreichsten Springreiter seiner Zeit – der Equipechef, nahm's mit Humor. In einem Personenzug, dessen Wagen Apfelsinenkisten glichen, rollte die Mannschaft in die nordspanische Hafenstadt Bilbao, die Pferde in ähnlichen Bretterverschlägen hinterher. Die Taxe am Bahnhof drohte auseinander zu fallen, erreichte jedoch unter festgehaltenen Türen das Hotel.

Dies war nach dem ersten mißglückten Start in Rom der zweite deutsche Versuch einer internationalen Beteiligung mit neuer Mannschaft. Erne Cramm, der Fehland dabei hatte,

Concurso Hípico Internacional

El comandante Domínguez Manjón, "sin barboquejo", bate al campeón olímpico M. Pierre Jonqueres d'Oriola

La señora Köhler alcanza un éxito doble
Por Francisco Arriquibar

meinte angesichts des ersten Parcours in seiner ihm eigenen Amateurart »sind wir eigentlich lebensmüde?« Hans Günter Winkler, debütierend in der deutschen Nationalequipe, trat erwartungsvoll mit Sturmwind an. Doch ein guter Geist beflügelte die Gemüter. Helga Köhler hatte anfangs Befürchtungen. »Wie soll ich da denn drüber kommen?« Fritz Thiedemann lakonisch: »Du hörst erst auf, wenn Du platt wie eine Seezunge auf der Piste liegst.«

Na also, dann ging's los. Barren war noch nicht verboten. Fritze hielt als Saubermann für die anderen eine Barrstange parat. Einmal erwischte er Armalva. Dann ging die auf 20 m schon nicht mehr an den Sprung heran. »Fritz, hör auf mit dem Mist!« »Ach, eure dämlichen hannoverschen Zicken können aber auch gar nichts ab!«

Deutsche Reiter wurden seit Bilbao wieder respektiert: Vorn Fritz Thiedemann (Meteor), dahinter v. l. Hans Günter Winkler (Sturmwind), Helga Köhler (Armalva), Hans-Heinz Evers (Baden) beim Aufmarsch vor dem Nationenpreis.

Der erste offizielle deutsche Reitersieg im Ausland nach dem Kriege veranlaßte die Stadt Verden, der Siegerin, Helga Köhler, einen festlichen Empfang bei ihrer Rückkehr aus Spanien zu bereiten. Sie wurde im Viererzug von der Stadtgrenze aus eingeholt und von einer Reitereskorte begleitet. Trotz später Stunde hatten sich viele begeisterte Verdener Bürger am Straßenrand eingefunden.

Nun, die »Zicken« liefen gut: Erster deutscher Nachkriegssieg, ein Doppelsieg von Helga mit Armalva und Feuerland. Große Aufregung. Damit hatte man nicht gerechnet. Keine Noten da für die deutsche Nationalhyme. Schließlich hatte man irgendwo eine Schallplatte aufgetan. Jedenfalls ertönte zum ersten Mal nach dem Kriege das Deutschlandlied auf einem Turnierplatz für einen deutschen Reitersieg.

Die Heimatstadt Verden empfing am 23. September 1952 ihre Amazone am Stadtrand, wo sie auf den von Fritz Meyer-Stocksdorf gefahrenen Viererzug der Reit- und Fahrschule umsitzen mußte, um, geleitet von einer Reitereskorte des Schleppjagdreitvereins, ein dichtes, teils fackeltragendes Jubelspalier der Bevölkerung an der Bremer Straße bis zum Rathaus zu durchfahren.

Der Blumenstrauß des Bürgermeisters stellte einen Dimensionsrekord auf, und beim Empfang im Festsaal wurde auch die Tradition der Reiterstadt gefeiert und neu beschworen.

Die Bahnsteigschilder fanden allerdings nicht wieder die offizielle Beschriftung REITERSTADT VERDEN, wie dies die letzten zehn Jahre bis 1945 der Fall gewesen war.

Unter Pinien in Rom

Nach dem gelungenen Start einer deutschen Equipe in Bilbao wurde dieselbe Mannschaft für Rom nominiert. Anstelle von W. E. Frhr. v. Cramm war allerdings Magnus von Buchwaldt von der Partie. Ihm stand der damals groß ins Gespräch kommende Jaspis zur Verfügung. General Horst Niemack führte die Equipe. Edwin Graf v. Rothkirch ging als Missionschef mit.

Schon acht Tage vor Beginn des Turniers, Anfang April, waren die deutschen Reiter bei Gräfin Manzolini in Castella Lucia, etwa 30 km südlich der ewigen Stadt, zu Gast. Dies war ein Vorzug, wie er wohl nie wieder zum Tragen gekommen ist. Die Unterbringung im Schloß war eine einzige Verwöhnung, zumal unten im tiefen Grunde ein Trainingsplatz zur Verfügung stand, der keine Wünsche offen ließ. Auch die Pferde waren optimal untergebracht. Die Gräfin, aus polnischem Adelsgeschlecht, bewirtschaftete einen großen landwirtschaftlichen Betrieb und unterhielt eine kleine Zucht auf Trakehner Basis. Ihr wesentlich älterer Gemahl gehörte zu den größten Flugzeugproduzenten des Landes und verstand sich gut mit seinem aus Polen nach Castella Lucia übergesiedelten Schwiegervater, der einige Jahre jünger war. Zwei reizende Töchter der Gräfin, im Kindesalter, belebten das durch die deutsche Equipe erweiterte wohlgemute Familienleben.

Gleich am ersten Morgen, als die Reiter eines Nieselregens wegen ihre Pferde in der Halle arbeiteten, kam es zu einer kleinen Aufregung. Denn H. H. Evers und Baden schienen verschollen, bis schließlich jemand auf den Gedanken kam, daß beide womöglich unten auf dem Springplatz Karreeoxer übten, eine Psychose aus letzter Zeit, die schon zu bösen Bauchlandungen geführt hatte. Als ein Spähtrupp ausgeschickt wurde, kam der gerade darüber zu, daß sich die schwarze Holsteiner Stute aus dem Stangensalat eines gleichhohen Oxers herauszuarbeiten suchte. Also, tatsächlich. Es war so, wie wir es befürchtet hatten, höchste Zeit, den guten Evers unter Order und ihm und seiner Stute den Horror zu nehmen. Was dann allmählich auch bis zu einem gewissen Grade gelang.

Als wir an der Mittagstafel saßen, brachten Diener brennende Speisen herein, und wenn es auch nicht jedesmal so erleuchtet zuging, so waren es doch unzählige Gänge, denen wir erwartungsvoll entgegen sahen und die dann schließlich kaum zu bewältigen waren. Beim Espresso anschließend in tiefen Sesseln sitzend, fragte Graf Manzolini, der an sich kein

Bei der Vorstellung der Equipen vor dem Nationenpreis fiel es gar nicht sonderlich auf, daß die deutsche Flagge auf Gold-Rot-Schwarz getrimmt war. Erst auf dem Foto wurde die Panne recht deutlich. V.l. Magnus von Buchwaldt (Jaspis), Fritz Thiedemann (Nordstern), Helga Köhler (Armalva), Hans Günter Winkler (Alpenjäger).

Nach dem Nationenpreis wurde die deutsche Equipe in die Regierungsloge gebeten. Mitte: Staatspräsident Einaudi. V. r. Helga Köhler, Magnus v. Buchwaldt, Fritz Thiedemann, H.-G. Winkler.

Wort deutsch sprach, ganz unvermittelt den eine lange Importe anzündenden Horst Niemack »zieht se?« Der in Wolken gehüllte General blickte verblüfft und etwas hilflos um sich herum, weil er kein italienisch verstand und auf deutsche Worte des Grafen nicht gefaßt war, bis sich zu allgemeiner Freude herausstellte, daß der Graf tatsächlich nichts anderes wollte, als die Bestätigung zu hören, ob die Zigarre zieht. Am meisten amüsierte sich der Kaplan Adenauer, ein Sohn des alten Kanzlers in Bonn, der zufällig zu Besuch war. Hans Heinz Evers, durchaus gewandt auf Empfängen, verspürte nicht allabendlich Lust, an allen gesellschaftlichen Verpflichtungen teilzunehmen. Horst Niemack hatte ihn gele-

Zuvor acht Tage in Castella Lucia: Auf dem Trainingsplatz v. l. Horst Niemack, H. J. Köhler, Fritz Thiedemann, Helga Köhler; im Hintergrund das Schloß hochoben.

gentlich angepflaumt »na, Sie alter Ladykiller!« Als fast die geschlossene Equipe mit Anhang eines abends zur Fahrt nach Rom bereitstand und Evers das Haus hüten sollte, meinte er, »na, Herr General, dann killern Sie die Ladies man schön«, welcher Ausspruch lange Zeit als geflügeltes Wort umging.
Tagesfahrten in Rom waren von unvorstellbarer Hektik. Die Autos sausten da nur so umeinand. Alles hupte wie wild, und wer am schnellsten war, hatte Vorfahrt. Nur »Tullu«, Magnus von Buchwaldts Gemahlin Ottilie, hatte die Ruhe weg. »Seht nur, dort die herrliche Kirche Santa Maria!« Und dann »Manu« (Magnus) »halt mal an, ich glaube, wenn wir jetzt rechts fahren, sehen wir ganz bald das Collosseum! Oder sollte es links sein?« Während Manu hielt und Tullu überlegte, stoppte dann in wildem Hupkonzert eine Autoschlange hinter dem deutschen Mercedes, der sich andachtsvoll konzentrierte. Zum Preis der Nationen kam das Buchwaldtsche Ehepaar gerade noch rechtzeitig in letzter Minute. Manu hatte in der Stadt Schritt fahren müssen, um ein renommiertes Geschäft für Damenblusen nicht zu verfehlen.

Nach dem Abschied von Castella Lucia, wohnten wir in einem erstklassigen Hotel in der Stadtmitte. Die Pferde standen einige Kilometer entfernt in einer Kaserne, wo auch die Morgenarbeit betrieben wurde. »Meine Güte Fritz«, meinte eines morgens Köhler. »Du gehst mit Meteor aber noch mal gewaltig auf die Klappe, wenn Du ihn weiter so in die Oxer hineinsetzt!« »Ach was«, konterte der unverwüstliche Dithmarscher, »Meteor kann'n ganzen Parcours an den Beinen haben, der fällt nicht!« Recht hatte er, Thiedemanns Fritz. Denn Meteor war nicht weniger unverwüstlich als sein Reiter. Gefährlich sah es einmal aus, als der mächtige Braune mit weit offenem Rachen unter den Pinien der Piste dahinschoß, weil ihm der Sperrhalter, auf den letzten Millimeter angezurrt, unter starker Kieferngewalt geplatzt war, während Fritz den Dicken mit seitlichen Handbewegungen in der vorgeschriebenen Richtung zu halten suchte. Da hatte besonders H. G. Winkler seinen Spaß, alldieweil Fritze ihn dauernd verkohlt hatte, ein wie schwaches Licht er sei, daß ihm beim ersten Parcours der Alpenjäger am Start mit einem Seitensprung über den kleinen Grenzzaun einen Streich gespielt hatte, woraufhin er eliminiert worden war.

Eines späten Nachmittags gingen die Reiter den Parcours ab. Fritze gewann schon Boden auf der Piste, als Magnus sich anschickte, gleiches zu tun. Doch im Aufstehen verhoffte er und zeigte auf den Westholsteiner »also nein, wenn ich solche O-Beine hätte, würde ich nicht allein über den Platz gehen, guckt Euch das doch bloß mal an«, sprachs und schregelte ebenfalls los, ohne noch zu hören, daß die zurückbleibende »Meute« ihn um keinen Deut weniger seitlich gewinkelt im »Hinterbein« befand. Manu ritt dann ein imposantes Springen mit Jaspis, der mit seinen lang hängenden Vorderbeinen alle Begrenzungen in großen Reserven übersprang. Plötzlich allerdings, ganz unmotiviert, schoß ihm sein hellmähniger, lehmfarbener Fuchs an einer Mauer vorbei. Manu legte sich hintüber und fuchtelte den Ungetreuen zur Raison, um sogleich dann fehlerlos den Parcours zu beenden. Oha, dachten wir auf der Tribüne. Bloß nicht gleich ansprechen. Und dann erschien der Reiter gesenkten Blickes, ausschließlich mit sich beschäftigt. Wir hielten erstmal alle die Luft an. Nur Ottilie, seine Gemahlin, strahlte dem Herankommenden liebevoll und vergebend entgegen: »Manu, war's die Sonne?!«

Natürlich, da hätte man doch gleich drauf kommen können. Die Sonne war's gewesen. Was denn sonst. Aber, wie so oft, blieb es Tullu vorbehalten, in kniffligen Situationen das befreiende Wort zu finden. Auch nach dem Nationenpreis wußte sie zu trösten. Die deutsche Mannschaft lag mit der französischen Equipe nach dem ersten Umlauf gleichauf vorne. Ein unerhörtes Geschehen, das damals den deutschen Reitern noch keineswegs zugetraut wurde.

Als Armalva und Helga die zweite Runde hinter sich hatten, wuchs die Begeisterung. Die Position blieb hervorragend. Nur die letzten Reiter mußten noch auf die Strecke, als plötzlich der Lautsprecher bekannt gab: Helgi Kohler et Armalva eliminé. Ach, Du lieber Himmel, was war denn nun los. Horst Niemack eilte zur Jury, um Einspruch zu erheben. Aber er kam schon bald zurück. Wir alle reckten ihm unsere Hälse wie junge Schwalben im Nest entgegen: »Man hat mir gesagt, Helga hat über dem oxerüberbauten Wassergraben ihre Satteldecke mit 15 kg Bleigewichten verloren« – aber das hätten wir doch sehen müssen! Hab' ich auch gesagt. Aber dann zeigten sie mir das Corpus delicti. Da ist nichts zu machen.« Was war geschehen? Armalva war über den Oxer mit Wassergraben so vehement abgesprungen, daß sich der Gummigurt ruckartig gedehnt und die Bleidecke nach hinten seitlich abwärts herausgerutscht war. Tatsächlich, die Bleidecke fehlte. Und wirklich, keiner hatte das gesehen. Bis die Soldaten an diesem Hindernis die Bleidecke zur Jury gebracht hatten. Was es alles gab!

Über den großen Teich

Die Bravour, mit der Gustav Rau 1954 an die Planung und Organisation einer Springreiter-Expedition in die USA und nach Kanada heranging, war erstaunlich. Vor allem in finanzieller Hinsicht. Obwohl eine Kostendeckung für die Rückreise noch nicht gesichert war, gab der Oberlandstallmeister zuversichtlich grünes Licht. Er selbst begleitete die kleine Equipe als Chef. Als Adjutanten nahm er Alfons Schulze-Diekhoff, den Geschäftsführer des DOKR mit auf die Reise. Das Team bestand aus den damals erfolgreichsten internationalen deutschen Reitern, die auch die Nationenpreise bestritten:

Fritz Thiedemann mit Meteor (Holst) und Nordstern (Holst)
Hans Günter Winkler mit Halla (Hessen) und Alpenjäger (Han.)
Helga Köhler mit Armalva (Han.) und Page (Han.)

Diese Reise mit den Turnieren in Harrisburg, New York und Toronto hat den deutschen Farben außerordentliche Geltung verschafft, gleichzeitig auch der deutschen Pferdezucht die Möglichkeit gegeben, Exporte nach Übersee zu entwickeln.

Die Pferde überstanden den Flug frisch und unternehmungslustig. Auf dem weiteren LkW-Transport ging man jedoch wenig sorgsam mit ihnen um. Die meisten hatte es wenigstens einmal umgerissen. Helga Köhlers Armalva war von zahlreichen Blessuren gezeichnet und hatte sich die linke Hüfte böse gestoßen. Doch lief sich allmählich alles wieder zurecht. Die Tageszeitung »Die Welt« hatte mit Helga Köhler einen Exklusivvertrag über laufende Berichte abgeschlossen, deren Wiedergabe hier durch nichts Besseres ersetzt werden könnte, ebensowenig, wie die umfassende Orientierung von Carl-Heinz Moßdorf im »Hamburger Abendblatt«, so daß jetzt beide zu Wort kommen sollen.

Empfänge und Galadinners hielten die deutsche Equipe in ständiger gesellschaftlicher Bereitschaft. Von Anfang bis Ende der wochenlangen Tournee. Die blonde deutsche Amazone, »the german riding mother« fand zu dieser Zeit besonderes Interesse, da damals reitende Damen im Hochleistungssport noch nicht engagiert waren in der neuen Welt. So wollte sich der deutsche Generalkonsul Hans Riesser genauestens informieren.

Mit 10 000 und 6 PS über den Atlantik

Am „Tag des Pferdes" flogen 6 deutsche Springpferde zu ihren Starts nach den USA

Von unserem Redaktionsmitglied
Carl Friedrich Mossdorf
Düsseldorf, 17. Oktober

Das Pferde Luftreisen unternehmen und von Kontinent zu Kontinent transportiert werden, ist heute nichts Außergewöhnliches mehr. Aber daß eine geschlossene Equipe mit den Springpferden Meteor, Nordstern, Halla, Alpenjäger, Armalva und Page zu Turnieren über den Atlantik fliegt, das ist nicht nur im deutschen sondern auch im internationalen Turniersport etwas Außergewöhnliches. Gestern begann dieser Lufttransport der Elite der deutschen Springpferde auf dem Düsseldorfer Flughafen, als sich 16.33 Uhr ein DC 6 A — Liftmaster „the flying dutchman" („Der Fliegende Holländer") in die Luft erhob.

Um 16.45 kam die Funkmeldung von Bord: Alle Pferde im Flugzeug ganz ruhig. „Auf diesen Augenblick habe ich seit 14 Tagen gewartet", erklärte Landstallmeister Schulze-Dieckhoff, der Geschäftsführer des Deutschen Olympiade-Komitees für Reiterei. Nachdem zunächst die Pferde per Schiff nach Amerika fahren sollten, wurde im letzten Augenblick alles auf einen Lufttransport umgestellt. Aber alle mühsamen Arbeiten der sorgfältigen Vorbereitung lohnten sich. Die Verladung ging reibungslos vor sich, und alle Zuschauer staunten, wie ruhig und gelassen das „Einsteigen" bewerkstelligt wurde.

Pünktlich waren die drei Waggons aus Elmshorn (Meteor, Nordstern), Verden (Armalva, Page) Warendorf (Halla, Alpenjäger) am Flughafen. Eine große Zuschauerzahl erwartete zusammen mit einem ungewöhnlich starken Aufgebot an Photographen die vierbeinigen Stars. Ein seltener Anblick auf einem Flughafen, als in einem kleinen Umzug auf dem Rollfeld um die Maschine herum die sechs auserlesenen Pferde an die Rampe herangeführt wurden. 6 PS gesellten sich zu 10 000 PS. Die 1000fachen Pferdestärken des stählernen Giganten imponierten den Pferden gar nicht. Völlig gelassen ließen sie sich auch direkt unter den Propellern aufbauen, um von den Blitzlichtern der Photographen „erschossen" zu werden.

Als erster ging, als ob es sich um einen Weidegang handele, der Senior, der 11jährige Holsteiner M e t e o r über die angelegte Rampe in die Maschine. Sein Platz war vorne links. Eine Box, sehr gut ausgepolstert und trotz der Enge noch genug Raum lassend für ein wenig Bewegung. Neben ihm kam sein jüngerer Stallgefährte N o r d s t e r n zu stehen. Diesen beiden Holsteinern folgten Helga Köhlers Hannoveraner, A r m a l v a links und P a g e rechts. Als Alpenjäger, der Hannoveraner Fuchs, im Leib des Liftmasters verschwunden war, wieherte H a l l a. Sicher sollte das heißen: „Ich komme gleich!" Denn sie mußte sich noch eine besondere Ehrung gefallen lassen. Dieser hessischen Stute wurde als dem 250. Pferd auf der langen Pferdetransportliste der KLM eine blaue Decke mit weißem Namenszug als Geschenk übergelegt. Dann verschwand auch sie im Laderaum, rechts neben Alpenjäger stehend, so ruhig, als ob auch sie schon mehrere Flüge hinter sich hätte. Alles in allem hatte die Leitung pro Pferd eine halbe Stunde zur Verladung veranschlagt, da man vorher nicht wußte, wie sich die einzelnen Pferde verhalten würden. Doch in nicht ganz einer halben Stunde hatten die Sechs ihren Platz gefunden. Sie hatten sich wie wohlerzogene und anständige Passagiere benommen.

Inzwischen waren auch die Kisten mit Sattelzeug, Hufeisen, Geschirr, die Koffer mit der Garderobe der Reiter und etwas Futter verstaut. Die Pferdepfleger, für je zwei Pferde

Guter Stil am Tag des Pferdes

einer, begannen es sich gemütlich zu machen, als ein wichtiges Requisit, in irgendeinem Koffer versteckt, vermißt wurde. Wo sind die Dauer-Skatkarten Düsseldorf—New York? Der Frachtleiter sprang sofort ein und überreichte den ständigen Begleitern und Skatbrüdern ein Spiel. Damit war auch diese „Sorge" behoben, und es schlossen sich die Türen des Flugzeugs, das als modern eingerichtete Transportmaschine in der Druckkabine über eine automatische Klima-Anlage verfügt. Denn die Reise geht in 3000–4000 m Höhe mit einer Reisegeschwindigkeit von rd. 500 km/h über den Atlantik. In 18 Stunden werden die modernen Pegasusse in New York sein, also heute mittag 14.00 Uhr MEZ. Während die 4-motorige 1500 Liter Benzin in einer Stunde verbraucht, werden die Springpferde unterwegs nur mit etwas Hafer, Möhren und Wasser gefüttert und getränkt, um durch die veränderten Verhältnisse keine Beschwerden aufkommen zu lassen.

Alle Erfordernisse und Möglichkeiten eines solchen Pferde-Lufttransportes sind von der Luftgesellschaft und Veterinären bereits vor vier Jahren erprobt worden, als der pferde- und reitpassionierte P r i n z B e r n h a r d der Niederlande 2 Pferde aus dem Marstall eigens für Probeflüge zur Verfügung stellte. Diese Erfahrungen kommen heute auch den deutschen Pferden bei ihrem Flug zugute, die bei ihren Starts in Harrisburg (23.–30. 10.), New York (2.–9. 11.) und Toronto (Kanada, 12. bis 20. 11.) erneut Ehre für den deutschen Turniersport einlegen werden. Ihre Reiter Helga Köhler, Fritz T h i e d e m a n n, Hans Günther W i n k l e r und Equipenchef. Oberlandstallmeister Dr. h. c. Gustav R a u fliegen heute abend mit der fahrplanmäßigen Maschine um 19.20 Uhr von Düsseldorf in die Neue Welt, die — soviel weiß man schon jetzt — mit der ihr eigenen großen Reklame die deutschen Reiter und Pferde empfangen wird. Hoffen wir, daß die Luftreise und die Starts bei den drei Hallenveranstaltungen erfolgreich verlaufen.

Helga Köhler berichtet aus den USA (II):

Pferde mit versilberten Hufen und Sätteln

Eigenbericht der WELT
Hamburg, 24. Oktober

Dies ist der zweite Bericht, den die deutsche Turnierreiterin Helga Köhler kurz nach dem Start der deutschen Equipe in Harrisburg der WELT sandte (vgl. DIE WELT Nr. 249 vom 26. Oktober) Weitere Berichte werden folgen. Inzwischen haben amerikanische Beobachter festgestellt, von Tag zu Tag würden die deutschen Pferde besser. Nach zwei zweiten Plätzen errang H. G. Winkler seinen ersten Sieg in einem schweren Springen (siehe Meldung). Über die besonderen Bedingungen des Turniers von Harrisburg schreibt Helga Köhler:

Tempo — Tempo — Tempo

Harrisburg, den 24. Oktober: Der erste Turniertag in Harrisburg zeigte uns, daß Turniere hier ganz anders ablaufen als in Deutschland. Über allem steht das Motto: Tempo, Tempo, Tempo! So wurden von 14 bis 19.30 Uhr und von 20 bis morgens 2 Uhr so viel verschiedene Prüfungen abgewickelt, wie bei uns nahezu in einer Woche.

Sobald ein Springen zu Ende ist, rasen zwei Monstertrecker in die Bahn mit gewaltigen Tragevorrichtungen vorn und hinten und entfernen blitzartig alle Hindernisse. Fast gleichzeitig strömen unzählige Hunter (Jagdpferde) in die Arena, um in allen Gangarten ihre Kreise zu ziehen. Das Richterkollegium in Frack und Zylinder läßt schon nach ganz kurzer Zeit die zahlreichen Konkurrenten anhalten, geht in Windeseile von Pferd zu Pferd und beurteilt das Material. Gleich darauf werden der Sieger und die Placierten aufgerufen, ein Richtergehilfe im roten Rock betritt mit den Schleifen die Bahn und reicht den Auserwählten, die bereits dem Ausgang zustreben, im Vorbeireiten die Schleife. So jagt eine stark besetzte Prüfung die andere.

Etwas ganz Neues und Interessantes sind für uns die Saddle-Horses. Es sind dies große, besonders edle Pferde mit einem ganz langen, besonders hoch aufgesetzten Hals. Sie traben mit unnatürlich hochgreifenden Bewegungen und wirken wie sich bewegende Denkmäler. Die Reiter sitzen mit steif weggestreckten Beinen und führen die Zügel mit sehr hohen Händen. Unwahrscheinlich glanzvoll ist die Aufmachung, die in einzelnen dieser Prüfungen besonders bewertet wird: silberbeschlagene Sättel, bunte Tücher am Pferd, versilberte Hufe und farbige Seidenschleifen in Schweif und Mähne. Ein Sattel soll oft 30 000 DM kosten.

Einen weiten Raum nehmen auch die Konkurrenzen der Kinder ein, die im Alter von sechs bis fünfzehn Jahren auf winzigen Pferdchen in Ponygröße, die aber wie Miniaturvollblüter aussehen, in großartigem Stil über recht ansehnliche Springparcours gehen.

Die riesigen Parcours lassen sich mit den deutschen oder europäischen Parcours kaum vergleichen. Es gibt hier so gut wie keine Hochweitsprünge. Alle Sprünge sind steil und bestehen größtenteils nur aus einzelnen hoch in der Luft hängenden Stangen; bis zur Erde also klaffen große Löcher, damit wird den Pferden das Taxieren erschwert. Vielfach aus einem spitzen Winkel nach einer ganz knappen Wende müssen diese Obstacles angeritten werden, immer unter außerordentlichem Zeitdruck. Vor allem die mexikanischen Reiter schrauben die Zeit bis an ein Renntempo hoch.

Es ist etwas belastend, daß Presse und Rundfunk uns hier mit einem ganzen Wald von Vorschußlorbeeren bedacht haben. Diesen Lorbeer werden wir durch die in vielerlei Hinsicht neuartigen Verhältnisse auf Anhieb kaum rechtfertigen. Im Eröffnungsspringen brachten die Mexikaner alle ihre sechs Pferde fehlerlos über die Bahn. Unsere Pferde hatten fast alle nur ein einziges kleines Versehen. „Halla" und „Nordstern" gingen sogar fehlerlos. Winkler wurde mit „Halla" Zweiter, während „Nordstern" unter Thiedemann im Stechen nicht schnell genug war.

Erst zwei Minuten vor Beginn eines Springens dürfen wir zu einer Blitzbesichtigung in die Bahn und dann geht es einzeln auf Trompetenzeichen an den Start. Schnell, schnell, das ist die Devise hier — in New York und Toronto wahrscheinlich nicht anders. Wir hoffen aber, uns bald an alles zu gewöhnen und unsere an sich sehr gut gehenden Pferde dem Erfolge noch näher zu bringen. *Helga Köhler*

SPORT

Helga Köhler berichtet aus den USA:

„Dauernd spielt Dr. Rau an automatischen Knöpfen..."

Eigenbericht der WELT
Hamburg, 25. Okt.

Dies ist der erste Bericht, den die deutsche Springreiterin Helga Köhler kurz vor Beginn der großen Turniere in Harrisburg, New York und Toronto der WELT sandte. Das Eröffnungsspringen in Harrisburg gewann — wie bereits gemeldet — der mexikanische Hauptmann d'Harcourt. Der deutsche Weltmeister H. G. Winkler erreichte mit „Halla" den zweiten Platz vor General Mariles (Mexiko), entgegen anderslautenden Nachrichten, die Winkler als Dritten bezeichnet hatten.

Frau Helga Köhler, der einzigen Amazone dieses Turniers, unterliefen bei den Vorkämpfen mit „Armalva" 12,25 und mit „Page" vier Fehler. Beide Pferde hatten Schwierigkeiten — wie man noch lesen wird.

Stundenlang in Pose

Harrisburg (USA), 21. Oktober

Es ist kaum zu glauben, wir sind tatsächlich heil in New York gelandet. Unsere Pferde haben wir zwar noch nicht gesehen, aber sie müssen unerhört frisch aus dem Flugzeug gestiegen sein, denn hier war alles erstaunt über ihre ausgezeichnete Kondition nach dieser ungewohnten Luftreise. Im Autobus kommen sie heute von New York nach hier.

Die Turnierhalle in Harrisburg ähnelt der Dortmunder Westfalenhalle. Die Boxen für die Pferde sind prima, alles unter einem Dach. Abreitemöglichkeiten draußen oder morgens zwischen 8 und 9 Uhr in der Halle. 700 bis 800 Pferde werden für das Turnier erwartet, einschließlich der Pferde und Ponys für die nationalen Prüfungen.

Tabletten habe ich im Flugzeug nicht gebraucht. Man gewöhnt sich doch schnell ans Fliegen, denn 20 Stunden muß es nicht durch, auf den Motor zu achten. Ich habe den Flug schließlich richtig genossen und bisher viel Spaß an dem ganzen Unternehmen gehabt.

Die Bildreporter haben mich in New York wie einen Filmstar aufs Korn genommen. Mit einem Telephonhörer in der Hand und auf einem Tisch sitzend, wurde ich stundenlang photographiert.

In einem „ganz kleinen" Cadillac sind wir vom Flugplatz in die Stadt in ein schickes Eßlokal gefahren, wo uns wieder furchtbar viel Leute erwarteten, einschließlich Rundfunk. Nachdem mir zwanzigmal von den Reportern ein riesiger Nelkenstrauß überreicht wurde, empfing uns die Besitzerin des Lokals mit netten kleinen Geschenken, für mich eine Puderdose. Ob Amerikaner oder Deutsche, die Menschen sind hier unwahrscheinlich nett. Wir kommen uns vor wie kleine Könige.

Einer unserer deutschen Freunde erzählte uns, der Besitzer einer deutschen Zeitung in Amerika habe durch einen Artikel über die Schwierigkeiten unseres Transportes viele Geldspenden zusammengebracht.

Vor der Weiterreise nach Harrisburg bummelten wir ein wenig durch die Straßen von New York. Nur langsam kann ich mich an Amerika gewöhnen. Es kam mir vor wie ein Film, der vor meinen Augen abrollte und jeden Augenblick zu Ende sein könnte. Ein atemraubender Verkehr, aber er ist gut organisiert und unvorstellbar geräuschlos. Der Equipechef (Dr. Gustav Rau) hat besonderen Spaß an den automatischen Bedienungen, die nicht nur für die Fensterscheiben an den großen Wagen, sondern überall, wo er nur angebracht ist, verwendet werden. Dauernd drückt er auf irgendeinen Knopf und erwartet dann mit großer Spannung, was wohl passieren wird.

Harrisburg, den 23. Oktober:

Inzwischen sind auch unsere Pferde eingetroffen. Die Luftreise bis New York haben sie tatsächlich gut überstanden, nur die Autofahrt nach Harrisburg war recht unangenehm. Alle Pferde haben unterwegs mindestens einmal die Beine verloren und sind im Wagen hingefallen. „Armalva" hat ein dickes Bein, einige Schrammen an der Hüfte und vorn etwas dicke Sehnen. Anscheinend ist aber alles nicht schlimm und bis zum Turnierbeginn hoffentlich vergessen. „Page" ist in Ordnung.

Wir sind nun sehr gespannt, was uns die Turniertage bringen werden. Es verdichtet sich hier das Gerücht, der Aufbau der Parcours sei ungewöhnlich eng, die Sprünge folgten dicht aufeinander und die Wenden seien kurz. „Akrobatik" wird wohl groß zu schreiben sein. Da wären ja die Mexikaner in ihrem Metier.

Helga Köhler

SPORT

Helga Köhler berichtet aus den USA (III):

Mancher wallende Schweif war nur ein angesteckter Zopf

Eigenbericht der WELT
Hamburg, 1. November

Kurz vor der Abreise der deutschen Reiter-Equipe, Helga Köhler, Fritz Thiedemann und H. G. Winkler, aus Harrisburg nach New York, erreichte uns der dritte Bericht Helga Köhlers. Der Abschlußtag in Harrisburg brachte der deutschen Mannschaft — wie bereits gemeldet — einen vierten Platz. Helga Köhler zieht das außersportliche Resümee:

Ein Vergnügen war es nicht

Harrisburg, 30. Oktober: Endlich — ich habe ein Ribbon (Schleife)! In einem Mannschaftsspringen mit Fritz Thiedemann auf „Nordstern" wurde ich mit „Page" Zweite, die Mexikaner nur ganz knapp davor. Ich bin so froh, denn ganz ohne Placierung wollte ich doch nicht fort von hier. So haben wir jetzt in Harrisburg einen Sieg und fünf zweite Plätze.

Das Springen war bisher leider gar kein Vergnügen. Es ist alles Akrobatik. Mit Jagdspringen hat es nichts mehr zu tun. Die Pferde müssen hier in allen Parcours ein Springvermögen entwickeln, wie dies sonst nur von Spezialisten in einzelnen Konkurrenzen verlangt wird. Auch die Reiter müssen wahre Akrobaten sein, die bei den verrückten Abmessungen der Hindernisse — in sich und zueinander — mit fast explosiver Kraftentwicklung den Absprung forcieren.

Winkler mit „Halla" war in Harrisburg weitaus der Beste unserer Mannschaft. Um seinen Sieg gab es einen unglaublichen Jubel. Die Arena bebte förmlich unter dem Geschrei und Getobe der Zuschauermassen. So stelle ich mir einen Hexenkessel vor. „Halla" ging wie eine Feder von Sprung zu Sprung, und als Winkler sie an der Triple-Barre (1,60 m hoch, 1,90 m breit) eine ganze Länge zu früh abschoß, weil sie sonst zu dicht herangekommen wäre, sprang die Stute dennoch sauber und souverän. Da konnten sich die Menschen vor Begeisterung nicht mehr fassen.

Immer wieder füllten Nationalprüfungen das Riesenprogramm. Insgesamt waren es 143 in sieben Tagen. Wir haben uns das oft angesehen und hatten unendlich viel Spaß dabei. Wenn die Pferde zur Materialbeurteilung vor die Richter gestellt wurden, standen vielfach ganze Gruppen von Angehörigen des Besitzers daneben und wedelten mit Gerten, Zeitungen und Tüchern, damit ihr Pferd ja die Ohren spitzte und wie ein Gemälde wirkte. Vielfach machten sie das aber so turbulent, daß gerade im entscheidenden Moment das Pferd entsetzt zur Seite sprang. Das Make-up der Pferde war dabei von größter Wichtigkeit. Die prächtigen, bis auf die Erde voll herunterwallenden Schweife sind — wenn man näher hinsieht — oft künstlich angesteckt. Pferde mit Zöpfen!

An eines haben wir uns bisher noch nicht gewöhnt. Wir tragen nach dem Reiten immer noch Stiefel, und das ist hier absolut ungewöhnlich. Gleich nach einem Ritt zieht man sich hier die Stiefel aus und gibt sie dem Pferdepfleger und zieht sie erst vor dem nächsten Start wieder an. In der Zwischenzeit trägt man Kniestrümpfe (nicht selten völlig verschieden an beiden Beinen) oder gar keine Strümpfe über der Reithose. Dazu dann Halbschuhe oder Hauspantoffel. Auch wenn die Pferde an der Hand gezeigt werden, wie beispielsweise in den Hunter-Prüfungen, erscheinen die Reiter in dieser Aufmachung in der Halle.

Die Startnummern, die bei uns am Zaumzeug befestigt sind, tragen wir hier auf dem Rücken. Sie sind in weißen Zahlen auf einen großen schwarzen Pappdeckel gemalt, der mit einem Drahthaken oben in den Rockkragen gesteckt wird.

Nun klingt das Turnier hier aus und wir packen schon für den Umzug nach New York. Unsere Pferde haben gerade Zeit für den Transport. Dann geht es bereits weiter im New Yorker Madison Square Garden. Was wird uns dort wohl erwarten? **Helga Köhler**

```
* 0   Telegramm         Deutsche Bundespost
    8700 TORONTOONT AHB1290  12 18 0333 =
 aus
```

ALPENJAGER METEOR ARMALVA MANNSCHAFTS SPRINGEN YEWONNEN =
GRUSS HELGA +

Helga Köhler (IV):
Wie bei einem Opernball

New York, 7. November: Man muß New York gesehen haben. Fritz Thiedemann sagte in einem Interview: „Das Insichaufnehmen der vielen großen Eindrücke erfordert fast mehr Puste als ein Stechen bis zur Entscheidung." Wir wohnen im Waldorf-Astoria. Das ist allein schon ein Erlebnis. Eine Reihe großer Persönlichkeiten hat in diesem Mammutgebäude seinen ständigen Wohnsitz, so auch General MacArthur.

18 000 Menschen faßt der Madison Square Garden. Das Interesse der Zuschauer kennt keine Grenzen. Jede Leistung wird temperamentvoll begleitet und mit enthusiastischem Beifall bedacht, so daß ständig eine fast elektrisierende Atmosphäre die riesige Halle erfüllt. Unvorstellbar ist die auffallende Eleganz, die dem Aufwand zu einem Opernball ähnelt. Die New Yorker sehen in den Reiterkämpfen außergewöhnliche Festspiele. Sie wollen erleben und sehen — und gesehen werden.

Unter der Erde stehen unsere Pferde in einer Art Keller. Schöne einladende Boxen sind errichtet und liegen im Oval zu einer breiten Stallgasse, die mit einem Teppich bedeckt ist. Teppiche führen auch hinauf in die Halle. Auf diesem weich gepolsterten Weg versuchen wir, unsere Getreuen im Schritt zur Losgelassenheit zu bringen und sie etwas „durchzuheizen", denn einen Abreiteplatz oder gar Probesprünge gibt es nicht. Jeder versucht das auf seine Weise und achtet auf die Schliche des anderen, der vielleicht ein noch besseres Rezept besitzen könnte.

„Hallas" Leistungen (die Reiter werden schon genügend gefeiert) kommen oft einer unwirklichen Vision gleich. „Alpenjäger" ist unterschiedlich, aber bisweilen doch sehr imponierend. „Nordstern" mit seiner erst kurzfristigen Routine vertraut ganz seinem Meister und zeigt sich oft schon hervorragend. „Meteor" ist nicht ganz „da", deshalb fällt ihm jedoch keine Perle aus seiner Krone. „Armalva" hat sich wieder so herrlich gefunden, und auch „Page" kämpft wie ein kleiner Löwe. Er ist mit „Nordstern" der Jüngste und hat in mehreren Parcours großes Format bewiesen.

Jedenfalls, man fürchtet uns hier in New York, und weil dies ja eine nette Furcht ist, freuen wir uns darüber.

Helga Köhler

SPORT

Helga Köhler berichtet aus den USA (V):

„Die deutsche Equipe ist sehr liebenswert"

Eigenbericht der WELT
New York, 10. Nov.

Der unvorstellbare Wirbel in New York ist zu Ende. Morgen rüsten wir zum Umzug nach Toronto, wo am Freitag das dritte Turnier auf unserer Amerikatournee beginnt.

Für die deutsche Mannschaft war dieses New Yorker Turnier mehr als erfolgreich. Das hätten selbst wir Reiter nicht erwartet: sieben Siege in den vierzehn Wettbewerben. Spanien und Mexiko mußten sich diesmal nur mit drei Erfolgen begnügen. Mein Pech war es, daß wir im Schlußwettbewerb, einem Mannschaftsspringen, nur Fünfter wurden. Meine „Armalva" riß einmal und verweigerte anschließend die nächste Hürde. Ohne jeden Fehler gewannen die Mexikaner diese Konkurrenz.

Wenn wir morgen zum Bahnhof fahren, werden wir uns sicher an einen Zwischenfall erinnern, der sich bei der Abreise vom ersten Turnier in Harrisburg zutrug. Das war so: Unser Equipenchef Dr. Rau sagte zu dem Chauffeur: „Bitte, fahren Sie das arme deutsche Team zum Bahnhof." — „Wieso arm?" — „Wir haben nur einen Sieg und waren fünfmal Zweiter." Darauf der Fahrer: „Ihr habt aber den besten Mann der ganzen Welt. Ihr wißt das nur nicht. Oder denkt ihr anders über euren Kanzler Adenauer?"

Auch jener Ausspruch von Fritz Thiedemann in den ersten Tagen von Harrisburg, als wir uns darüber unterhielten, was wohl wäre, wenn wir ganz ohne Sieg nach Hause kämen, ist nun überholt. Er sagte: „Es ist alles nicht so schlimm, nur, wie schleichen wir uns in Deutschland ein?"

Jedes Stockwerk unseres Wolkenkratzerhotels ist ein Irrgarten für uns. Gestern saßen wir in einem der vielen Eßlokale dieses Hauses, als sich Gustav Rau allein auf den Weg machen wollte, um sein Zimmer aufzusuchen. Im Fortgehen drehte er sich plötzlich um und meinte: „Fritze, mein Bester, ich weiß nicht ein noch aus. Wohin und durch welche Tür raten Sie mir zu gehen?"

Heute gegen 1 Uhr nachts beginnt der große offizielle Abschlußball. Bei Betrachtung der schon beim Turnierbesuch der letzten Tage großartigen Toiletten bin ich gespannt, wie nun noch eine weitere Steigerung möglich sein wird.

Aber es gibt eben immer noch Möglichkeiten. Denn was ist beispielsweise der Harrisburger Zeremonienmeister gegen den New Yorker: im roten Rock mit goldenen Aufschlägen, in roten Schuhen und in vergoldetem Zylinder spreizt er sich wie ein Pfau in der Arena. Auf einem Jagdhorn bläst er die Teilnehmer herein und hinaus. Das große Hallenorchester spielt dazu. Man kann sein eigenes Wort nicht verstehen. Und dann singt noch von Zeit zu Zeit eine gutturale Stimme ins Mikrophon.

Wenn man nach einem Ritt atemlos wieder im Stall ankommt, stehen vor den Boxen Geschwader von Reportern, Photographen und Damen der Gesellschaft in Abendkleidern, um das Pferd zu bestaunen und den Reiter auszufragen. Aber man wundert sich über nichts mehr und läßt alles über sich ergehen, ob auf englisch, französisch, deutsch oder spanisch.

Nach einem unserer Siege gegen die Mexikaner kam General Mariles auf mich zugestürzt und gibt mir ein Billett: „Die deutsche Equipe ist sehr gefährlich, aber auch sehr liebenswert." Ist das nicht nett?

Helga Köhler

Da man die Parcours nicht abgehen konnte, war das Studium der nachfolgenden Springbahn auch für die hannoversche Helga und den Holsteiner Fritz Thiedemann jedesmal eine präzise Lektüre. – Mit einer auf dem Rücken montierten Startnummer ging es dann über oft ungewöhnliche Hindernisse, auf die sich Amalva routiniert einspielte.

The WALDORF·ASTORIA
PARK AND LEXINGTON AVENUES
49TH AND 50TH STREETS
NEW YORK 22, N. Y.

Empfang in New York

New York, 2. November (dpa)

Zum Auftakt des New Yorker Reitturniers gab der Bürgermeister von New York, Robert Wagner, im Rathaus für die teilnehmenden Reiter aus fünf Nationen einen Empfang. Sämtliche Reiter wurden dem Bürgermeister vorgestellt, darunter die einzige weibliche Teilnehmerin, Helga Köhler (Deutschland) und ihre Landsleute Winkler und Thiedemann sowie Equipenchef Dr. Rau.

Mexikanische Reiter siegten erst nach Stichkampf

Associated Press

New York, 6. November

Den Springwettbewerb des amerikanischen Reitturniers im Madison Square Garden, der sich über drei Tage erstreckte, gewann am Freitag die mexikanische Mannschaft nach einem Stechen mit der deutschen Equipe. Beide Mannschaften hatten nach den drei Wettbewerben je 16 Fehlerpunkte, so daß ein weiterer Durchritt erforderlich wurde, an dem aus jeder Mannschaft zwei Reiter teilnahmen. Während die beiden Mexikaner, General Mariles und Rittmeister D'Harcourt, ebenso wie Helga Köhler auf Armalva den Parcours fehlerlos bewältigten, riß Fritz Thiedemann auf Nordstern zwei Hindernisse (8 Fehler).

at the bottom it says:
"Gen. Mariles, captain of the Mexican team believes the Germans are the most ~~strong~~ best contenders."

Springpferde aus USA zurück

Eigener Bericht

Mo. Hamburg, 14. Dezember

Nach stürmischer Überfahrt auf dem deutschen Dampfer „Essen" sind die deutschen Springpferde Halla, Alpenjäger, Meteor, Armalva und Page wohlbehalten in ihren Heimatställen eingetroffen. Obwohl während der Seereise auf dem Atlantik und im Kanal laufend Windstärken zwischen 6 und 11 zu verzeichnen waren, die die Wellen mehrfach über dem Schiffsdeck zusammenschlagen ließen, ist den fünf deutschen Springpferden und ihren drei Begleitern nichts zugestoßen. Im Gegenteil, man kann sogar sagen, daß die Reise ihnen ausgezeichnet bekommen ist. Meteor, der sich in seiner Heimatbox in Elmshorn erst einmal hinlegte und ganz lang machte, sieht aus wie das blühende Leben, ist runder geworden und läßt von Strapazen nichts erkennen. Auch die beiden Pferde des Springweltmeisters H. G. Winkler zeigten sich in glänzender Verfassung, wie auch die Köhlerschen Pferde in Verden gesund und frisch in Empfang genommen werden konnten. Mit der Rückkehr der Pferde hat die Amerika-Reise der deutschen Springreitermannschaft ihren endgültigen Abschluß gefunden.

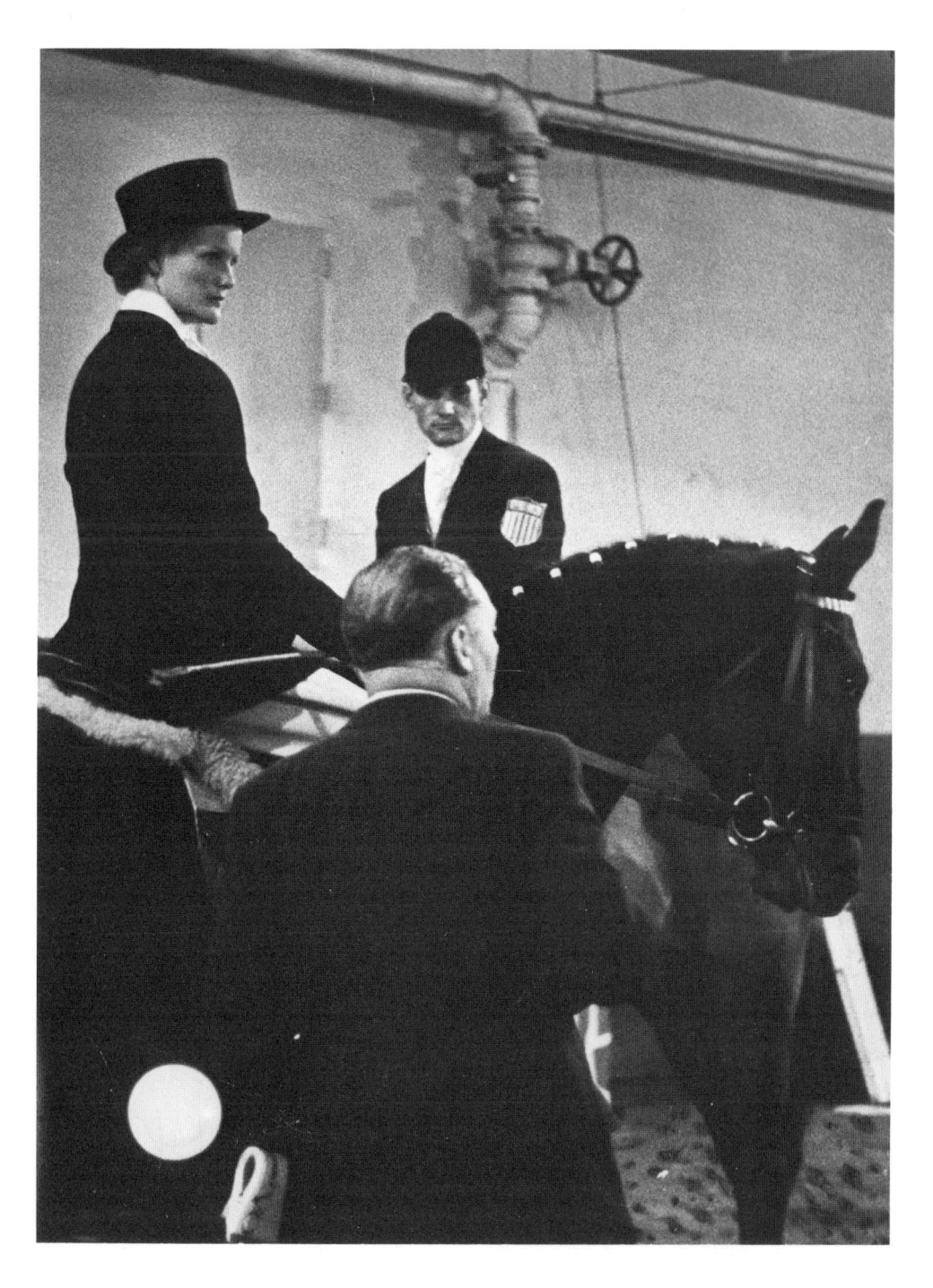

Abreitemöglichkeiten gab es nur draußen auf dem Parkplatz oder – wie im Madison Square Garden im Keller. Das machte allen die gleiche Sorge, William Steinkraus, Helga und Landstallmeister a.D. Alfons Schulze-Diekhoff, der die deutschen Teilnehmer betreute.

X. In Borstel zu Haus

So gut wir auch aufgehoben waren in der ersten Etage des Gohdeschen Hauses in der Bahnhofstrasse 13, mit Pferdestall im Garten, so sehr trachteten wir doch danach, uns eine eigene Behausung zu schaffen. Während Helga in New York, Harrisburg und Toronto in der Equipe die deutschen Farben mitvertrat, waren unentwegt Spähtrupps durchgeführt worden, etwas Geeignetes zu finden. Eines Tages schien es so weit.
Fritz Meyer-Stocksdorf war mit, als wir in Borstel das Anwesen der Witwe Haase in Augenschein nahmen: Wohnhaus in Fachwerk aus dem Jahre 1810, von drei Parteien bewohnt, kleines Stallgebäude mit vier Boxen und Waschküche, größeres Stallgebäude mit vier Boxen und kleiner Scheune dahinter, Hühnerstall. Rundherum fast ein Hektar Land (8500 qm) davon $^2/_3$ verpachtet. Alles etwas primitiv und nicht sonderlich in Schuß, aber genau das, was uns vorschwebte. 25 000,– DM wurden gefordert ohne das Pachtland. Viel Geld damals, lächerlich wenig, wenn man es heute bedenkt. Als Helga aus Übersee zurück war, akzeptierte sie diese Überraschung in großer Begeisterung. Der Kauf wurde perfekt. Unsere Pferde sorgten für die Finanzierung, auch für den weiteren Ausbau. Armalva und Feuerland waren bei der Rückkehr vom Turnier in Rotterdam im Waggon einen Ablaufberg hinuntergelassen worden und dabei in voller Fahrt auf stehende Waggons geknallt. Wutschnaubend kam später Helmut Petereit mit dem Transport auf dem Verdener Güterbahnhof an. Da ähnliches schon häufiger vorgekommen war, begaben wir uns zu unserem Nachbar, dem Rechtsanwalt von Massenbach, der sofort einen Bundesbahn-

So schön es auch bei den Schwiegereltern in der Bahnhofstraße war, so ganz anders lebte es sich doch in Borstel auf eigenem Besitz. Das spürten alle: Helga, Jutti, Page und Punsch.

rat zitierte. Diesem armen Mann wurden die Leviten gelesen, daß kein Hund ein Stück Brot von ihm genommen hätte. Leichte Verletzungen der Pferde und des Pflegers wurden geltend gemacht, vor allem aber auch der nervliche Schock, den besonders Feuerland erlitten hatte.

Wenig später lagen 12 000,– DM Entschädigung auf dem Tisch des Hauses. Das war unser Grundkapital. Dann erfolgte der Verkauf unseres Archimedes an Mrs. Newberry in die USA für 6000 Dollars (a 4,–). Der Ausbau der Stallungen konnte beginnen. Auch der Ausbau des Heubodens auf dem Wohnhaus. Die Leiter wurde durch eine Rundtreppe abgelöst, die Lehmdecke mit Fußboden überbaut, und vier Zimmer mit Fensterausbauten erweiterten die unteren, noch längere Zeit durch drei Familien blockierten Räume.

So konnte Einzug gehalten werden in Borstel. Welch ein Glücksgefühl, eigenes Dach und eigenen Grund und Boden zu besitzen. Helmut Petereit, der 1951 aus Ferdinandshof angelandet war, wohnte in einer Kammer im Stall und betreute Armalva, Page, Cremona und Latos (v. Lateran). Bald kamen Peer Gynt (v. Poet xx) und Ambassador (v. Abendruf xx) hinzu.

Das Gohdesche Hausmädchen Grete zog mit nach Borstel um und betreute die kleine Jutti weiter. So konnten wir unbekümmert unser turnierbedingtes Zigeunerleben fortsetzen. Als Reithalle diente uns die alte Anlage des Verdener Schleppjagdreitvereins am Kleinbahnhof, etwa 3 km entfernt und querfeldein, über sandiges Ödland das heute voll besiedelt ist, zu erreichen. Zu dieser Zeit fing Alwin Schockemöhle beim Stall Freitag in Verden

Zuerst war noch alles recht kahl und primitiv. Aber man hatte ja ein Leben lang Zeit, um- und auszubauen, anzupflanzen und im Laufe der Jahre dem Anwesen eine besondere Note zu geben. Es hat dann auch fast 20 Jahre gedauert, bis alles annähernd so aussah, wie es sich heute darstellt, erheblich arrondiert und parkartig bewachsen.

Tochter Jutta, das wurde schon bald deutlich, war pferdenärrisch erblich belastet von beiden Eltern. Auf Pony Susi probierte sie alles aus, was reiterlich anzustellen war. Pudel Punsch blieb lange Jahre ihr treuer Begleiter.

an. Er klebte mit Bacchus optisch fast an der sehr niedrigen Decke der Halle, wenn er seine großen Sprünge machte.

Für Jutti wurde die Ponystute Susi angeschafft, mit der sie regelrecht aufwuchs. Mit ihr ritt sie – stets ohne Sattel – zum Kaufmann, band die Schwarze an den Zaun und tätigte leidenschaftlich oft den Einkauf von Negerküssen. Erst wenn Susi das süße Zeug eines Kusses maulschäumend vernascht hatte, wurde der Ritt fortgesetzt, in einer Hand die Tüte, in der anderen die Zügel und einen halben Negerkuß. Dies ging ja noch an, ein wenig unangenehm aber war es einmal, als wir unsere Tochter all so, dazu noch barfuß mit schwarzen Indianerbeinen, zwischen feierlich gekleideten und demütig verweilenden Ehrengästen bei der Einweihung des Krieger-Ehrenmals auf Susi entdeckten. Allerdings waren auch Jutti und das Pony in tiefe Gedanken versunken, so daß sich die Festversammlung offensichtlich weder irritiert fühlte, noch gestört.

Als neue Bewohner des Dorfes fühlten wir uns verpflichtet, am Schützenfest teilzunehmen. Das dauerte – ziemlich pausenlos – zwei Tage und eine Nacht. Nach dem Motto »Bleibe bei einem Getränk« wählte Köhler eine Art Jägermeister. Er zweifelte später daran, ob dies wohl gerade die zweckmäßigste Entscheidung gewesen war. Helmut Petereit erschien morgens mit einem blauen Auge. Die Dorfjugend hatte ihn zu immer weiteren Einstandsrunden nötigen wollen, bis er schließlich einen nach dem anderen spontan an die

Luft gesetzt hatte, was nicht ganz ohne Gegenwehr abgegangen war. Unter einer Sonnenbrille von »Madame« war er dennoch dann, und dies auf lange Sicht, eine Respektsperson in Borstel, der man mit ausgesuchter Höflichkeit begegnete. Helmut war so lang, daß er eigentlich nur das rechte Bein heben brauchte, um im Sattel zu sein. Er ist heute Reitlehrer in Süddeutschland, glücklich mit Frau und wohlgeratenen Kindern.

Nach und nach zogen die Untermieter aus. Das ganze Haus konnte umgebaut werden. Die Firma Intemann, deren Inhaber und Haupthandwerker beim reitenden Artillerieregiment 22 in Verden Wachtmeister gewesen war, spielte zusammen mit Köhler auch den Architekten. So gestalten zu können, war ein Hauptspaß, zumal die Hausfrau ausgeprägten Consens offenbarte. Die Kosten stiegen allerdings über das vorhandene Maß, und so gab es besonders dann schlaflose Nächte in der vorläufig weiter benutzten Schlafkammer unter schrägem Dach, wenn unten davor auf wenige Meter Peer Gynt v. Poet xx und Ambassador v. Abendruf xx von ihren Boxen aus die hölzerne Stalltür benagten. Dann fielen uns alle Sünden und Verpflichtungen ein. Schließlich kam man dann aber doch über den Berg. Die treue und nicht mehr junge Hausgehilfin Grete zu einem Urlaub in den Harz zu zwingen, erwies sich unsererseits als Fehler, denn sie, die an Heiraten nicht mehr dachte, lernte dort einen älteren Handwerksmeister kennen, der uns die Unentbehrliche entführte. Es kamen danach junge Mädchen in's Haus, die leider ziemlich regelmäßig nach etwa zwei Jahren weggeheiratet wurden, noch schneller Erika Schwarze, deren Dirndl so stoffsparsam die körperlichen Rundungen umfaßte, daß es besonders beim Lachen nicht immer sicher schien, ob die Blusenknöpfe ein open air würden verhindern können.

Durch Straßenumlegung blieb ein Teil der alten Dorfstraße toter Arm, der einem Teil des Köhlerschen Anwesens eine überaus praktische Lage verschaffte.

Präsident

Die Wahl fand 1954 in Verden statt. Der Präsident des Deutschen Reiter und Fahrer Verbandes, Edwin Graf von Rothkirch und Trach, stellte sich nicht wieder zur Wahl. Die Deligierten aus den Bundesländern bestimmten Köhler zum neuen Vorsitzenden. Als Geschäftsführer wurde Hans Gert von Baath (Pussi) berufen, ein Verbandsbüro in der Verdener Obere Straße eingerichtet und mit einer Sekretärin besetzt. Es gärte zu dieser Zeit bei vielen Aktiven des Reitsports. Gustav Rau war gestorben (Ende 1954), und Wilhelm Hansen-Rosenthal war in die Ämter des »großen Gustav« gewählt worden. Als »Staatssekretäre« blieben Alfons Schulze-Dieckhoff (DOKR) in Warendorf und Dr. Kurt Volkmann in Bonn (FN) im Amt. Die Reiterei war zu Teilen »staatsverdrossen«. Sie fühlte sich in den obersten Gremien nicht ausreichend vertreten: »Die Funktionäre können vom grünen Schreibtisch aus doch nicht machen, was sie wollen.« Der Reiter und Fahrer Verband als Zusammenschluß der Aktiven im Bundesgebiet fühlte sich also aufgerufen, dem Einfluß der Aktivitas mehr Geltung zu verschaffen.

So wurde zunächst die Fachgruppe Berufsreiter im Verband (DRFV) gegründet – Gustav Rau hatte die Berufsreiter nicht haben wollen im HDP – (heute FN) – und durch zahlreiche Mitglieder verstärkt, vor allem aber die heute noch bestehende Berufsreiter-Unterstützungskasse gegründet, um unverschuldete Not lindern zu können. Hierzu geben bis heute alle A-Turnierveranstalter 1% der ausgeworfenen Geldpreise. Reitmeister Hans Niemann amtierte als Vorsitzender der Fachgruppe, die großen Zulauf bekam und sich ihrer sehr selbstbewußt wurde, nicht zuletzt infolge des geachteten Sozialwerks. Auch die allgemeine Mitgliedschaft im Verband gewann erheblichen und laufenden Zuwachs, worauf ein neues Mitteilungsblatt, das bald darauf zu dem beliebten Reiter und Fahrer Magazin im Kornett Verlag v. Killisch-Horn entwickelt wurde, gravierenden Einfluß nahm.

Es kam jedenfalls vieles in Fluß, das den Stolz der Aktiven beflügelte, zugleich aber auch das Aufbegehren gegen die »Verwaltung« der Reiterei weiter entzündete. Die wenigen Vertreter des DRFV im Reiter-Parlament zu Warendorf hatten bisher einen schweren Stand gehabt, gegen manches Reglementieren der zahllosen Funktionäre der Landeskommissionen, Landesverbände und des Bundesverbandes wie auch vor allem der FN und der Regierungsvertreter in den Ländern anzukommen. Hier waren in gewisser Weise Herrschaftsbereiche entstanden, die gleichsam mit Windmühlenflügeln abgesichert wurden. Umso mehr gingen nun die neuen Repräsentanten des DRFV ins Geschirr und konnten nach und nach auch einigen Einfluß geltend machen.

Vielen Reitern war dies bei weitem nicht genug, und auch zahlreiche Turnierveranstalter sahen über den DRFV die Möglichkeit, sich größere Eigeninitiativen zu bewahren. Nicht zuletzt Dr. Carl Kober, der Vorsitzende des großen Norddeutschen und Flottbeker Reitervereins, der Veranstalter des Derby-Turniers in Hamburg, goß Öl in das Feuer. An mehreren Stellen im Bundesgebiet regten sich revolutionäre Bestrebungen. Der DRFV berief im Frühjahr 1955 eine stark besuchte Sondersitzung in Drübberholz bei Verden ein, auf der heiß diskutiert wurde und schließlich ein Sitzungsprotokoll zustande kam, das die Mitbestimmungsansprüche der Aktivitas in den Länder- und Bundes-Gremien präzisierte und zu einer Forderung erhob, die durchgekämpft werden sollte.

Beim nächsten Reiter-Parlament in Warendorf, wo zunächst die einzelnen Verbände tagten, bevor das FN-Gremium unter dem Bild von Gustav Rau den Schlußpunkt setzte, wurde das Präsidium des DRFV durch seine Mitglieder nochmals in lebhaften Debatten darin

Im Warendorfer Hotel »Zum Engel« tagte unter den Gremien bundesdeutscher Zucht und Reiterei auch der Deutsche Reiter und Fahrerverband (DRFV) unter seinem Präsidenten H. J. Köhler und dem engeren Vorstand, zu dem (v. l.) Reitmeister Hans Niemann (Fachgruppe Berufsreiter), Clemens Freiherr von Nagel-Vornholz und Hans Gert von Baath (Geschäftsführer) gehörten.

bestärkt, die in Drübberholz gefaßten Pläne ad hoc zu verwirklichen. Die FN- und DOKRSitzung am 5. Dezember 1956 verlief dramatisch. Den Forderungen des DRFV wurde mit Feuer aus allen Rohren begegnet. Dr. Volkmann, der mit seinem Stuhl auf dem Vorstandspodest hart an der Kante saß, wirbelte so wild mit einer dicken Akte herum, daß er plötzlich mit berstender Stuhllehne auf dem Rücken lag. Dies war die einzige heitere Szene in einer Atmosphäre von Empörung und Haßgesang, dem die wenigen Mannen des DRFV ausgesetzt waren, einer zehnfachen und individuell mächtig fundierten Mehrheit gegenüber. Graf Landsberg, damals noch einfacher Parlamentarier, meinte im Vorbeigehen zu Köhler: »Mönchlein, Mönchlein, Du gehst einen schweren Gang!«

Was in einer Sitzung nicht zu erreichen war, mußte dann eben in fortlaufender Anstrengung zurechtgerückt werden. Da gab es ja Möglichkeiten. Die Betreuung der Reiter und die Durchsetzung ihrer Wünsche in der Praxis standen voran. Es wurde erfolgreich Einfluß auf diverse Ausschreibungen genommen, die Militaryentwicklung fand Unterstützung. Otto Rothe erfand die Stubbendorf-Prüfungen, und Dr. h. c. W. T. Schaurte förderte als Ehrenpräsident des DRFV bestimmte Prüfungen nachhaltig. In Verden wurde eine Fachvermittlung für Berufsreiter beim Arbeitsamt eingerichtet. Auf großen Turnieren unterhielt der DRFV repräsentative Clubzelte für seine Mitglieder und setzte es durch, daß auf immer mehr Turnieren ein DRFV-Beauftragter die Interessen der Aktiven vertrat. Das Reiter und Fahrer MAGAZIN nahm durch Analysen, Kritiken und Anregungen wachsenden Einfluß auf die reiterliche Entwicklung der 50er Jahre.

*»Sie kommen! Schießen
Sie doch meine Herren,
Feuer bitte, aus allen Rohren!«*

Das alles wurde anerkannt, und es setzte allmählich Tauwetter ein bei der »Obersten Heeresleitung« der FN.
In dieser Zeit wurde es immer offenkundiger, wie sehr eine Reithochschule fehlte auf Bundesebene. Max Boden, Chefredakteur der Fachzeitschrift »Die Peitsche«, trat unerbittlich immer wieder als Mahner auf und machte auch Vorschläge für eine Verwirklichung. Im September 1957 erschien bei Köhler in Borstel eines Tages ganz unvermittelt der Generaldirektor des Versicherungskonzerns Allianz aus München, Alfred Haase, und teilte ihm mit, daß der umfangreiche Komplex der früheren SS-Reitschule in München-Riem zum Verkauf stünde. Und er beschwor den DRFV-Präsidenten, diese Gelegenheit zu nutzen, er würde helfen, soviel er könne. Es müsse doch endlich etwas geschehen, zumal sich die FN offenbar uninteressiert zeige in dieser Frage.
Das Projekt Riem war eine aufregende, auf den ersten Blick faszinierende Sache. Es stand allerdings unter Zeitdruck, da der Filmboß Atze Brauner bereits seine Finger nach dem Objekt ausstreckte. Am 8. Januar, vom Reiterparlament in Ludwigsburg aus, fuhr der engere Vorstand des DRFV auf vereister Fahrbahn nach München, um die Anlage in Riem zu besichtigen. Hinzu traten Generaldirektor Alfred Haase und Direktor Dümmler von der Allianz, und als Eigentümer und Verhandlungspartner der Vorsitzende des Münchner Rennvereins Fürst zu Oettingen-Wallerstein sen. und der bayerische Bauernführer Baron Feury. H. J. Köhler wurde von W. E. Freiherr von Cramm, Carl-Heinz Finger und Hans Gert von Baath begleitet.
Die Anlage umfaßte 63 500 qm und war 1937 für $1^{1}/_{2}$ Millionen RM erstellt worden. Die große Reithalle zeigte die Maße von 113 × 40 Metern und faßte etwa 3000 Zuschauer, ein Kasinogebäude mit 30 Zimmern und Restaurant rundete den großzügigen Gebäudekomplex der Boxenstallungen einschließlich Schmiede, Werkstätten und Wa-

*Der Generalsekretär des HDP, heute FN, Dr. Kurt Volkmann, äußerst auf der Hut vor den
»Machtgelüsten« der Aktiven, blieb in Aachen lieber hinter dem Zaun zum Zelt des DRFV.
»Ach wissen Sie, mein lieber Herr von Baath, ich mache das gleich hier. Und notiere mir
nur eben, was da gestern wieder geredet sein soll. Na ja, wissen Sie, es wird ja so viel ge-
quatscht. Aber trauen tue ich nur mir allein. Man kann ja nie wissen.«*

Es wird immer so bleiben: Organisatorisches muß sein. Funktionäre sind wichtig. Aber die Praxis muß Nutznießer solcher Bemühungen sein. — Der DRFV-Präsident unter Armalvas Decke während eines Springens in Nörten-Hardenberg mit dem Fahnenkönig-Ausbilder Heinz Veting.

genremisen mit Wohnräumen für das Stallpersonal ab. Feste Straßen führten durch das Areal mit Alleebäumen. Ein riesiger Natur-Turnierplatz (etwa 200 × 250 m) schloß sich an. Die Arbeitsbahnen des Rennvereins sollten für das Training von Militarypferden zur Verfügung stehen. Der Zustand der Gebäude war vergilbt, aber von der Substanz her überwiegend noch einigermaßen in Ordnung.

Fürst Oettingen, der Atze Brauner schon länger hingehalten hatte, setzte ein Ultimatum. Am 12. Januar mußten wir spätestens kaufen. Sonst würde der Reiterei dieses uns einmalig erscheinende Objekt verlorengehen und zu Filmhallen umfunktioniert werden. Der Präsident setzte nach Rückkehr in Ludwigsburg FN und DOKR in Kenntnis. Er traf zwar auf Zurückhaltung, doch mochte es keiner der Herren auf sich nehmen, bei einer solchen Gelegenheit vom Kauf abzuraten.

Der engere DRFV-Vorstand war sich einig, zugreifen zu müssen, wenngleich es noch vieler, oft nächtlicher Telefongespräche bedurfte, diesen Entschluß auf breiterer Basis einigermaßen abzusichern. Die Tagungen des Reiter-Parlaments gingen derweil zügig weiter. Am 12. Januar 19.00 Uhr fiel endgültig die Entscheidung. Fürst Oettingen bestätigte den Kauf kurz darauf. Wir waren glücklich und fühlten uns schwer beladen zugleich. Dieser Husarenritt war doch verdammt forsch über die Bühne gegangen!

Nicht alle, die es in der angegebenen Hektik zu konsultieren galt und die nicht in Ludwigsburg anwesend waren, konnten erreicht werden, so auch nicht Harald Kühnen, der Chef der Bank Oppenheim in Köln, als Vorsitzender des Finanzausschusses des DRFV, weil er im Ausland war. So war die Situation also nicht gerade rosig, und man war geneigt, sich sinngemäß einer oesterreichischen Gepflogenheit zu erinnern, wo ein Offizier, der im

Alleingang einen weitreichenden Entschluß faßte, entweder den höchsten Orden erhielt oder seinen Kopf hergeben mußte.

Nun, es wurde noch schwierig genug. Die Kaufsumme wurde zwar pünktlich abgeliefert, aber der Finanzausschuß stellte sich quer, FN und DOKR fingen plötzlich auch an, eine Reithochschule auf die Beine zu stellen (Warendorf), und der bayerische Landwirtschaftsminister Alois Hundhammer, der Köhler in einer ersten Audienz eine jährliche nennenswerte Beihilfe zugesagt hatte, machte diese Verfügung rückgängig, als er merkte, daß die »Aufbaustelle der Reitakademie München« von Preußen (Verden) aus geleitet wurde.

Das war viel scharfer Tabak auf einmal. Jede Woche stieg der verantwortungsbeladene DRFV-Präsident in Verden in einen D-Zug nach München, um dort zu verhandeln und anzukurbeln. Viel guter Wille und auch manche Unterstützung wurden ihm zuteil. Beileibe aber nicht von allen Seiten. Wieso kam eigentlich der DRFV dazu, sich derart mausig zu machen, wo doch die obersten Behörden in Warendorf und Bonn für soetwas zuständig waren? Viele hielten zur Stange, viele schwenkten aber auch um oder waren von vornherein dagegen. Der Deutsche hat größeren Respekt doch wohl immer vor der Obrigkeit.

Es lief an in Riem. Pferde wurden gekauft, Kurse durchgeführt, Wolfgang Feld und Herbert Meyer als Bereiter eingestellt. Micky Brinckmann übernahm befristete Ausbildungsvorhaben.

Micky Brinckmann fest zu engagieren, gelang letzlich doch nicht. Als Köhler ihn noch

Die Entwicklung der Reitakademie in München-Riem war ein mühevolles Unterfangen. Als die ersten Voraussetzungen für eine lange herbeigewünschte höhere Schule oder Hochschule geschaffen waren, begann ein Tauziehen der bundesdeutschen Kräfte um Repräsentanz. – Die massive Bauart der Stallungen und Hallen war in der Substanz intakt geblieben. Äußerlich sah alles mausgrau aus.

einmal in Lüneburg aufsuchte, stand er unerwartet auch dem Rechtsanwalt v. d. Meden gegenüber. Dessen Forderungen jedoch überstiegen das Maß des Möglichen. Auch schwere Brasilzigarren nützten nichts, die verfahrene Unterredung zurecht zu rücken, sie hauten den nachts nach Borstel zurückkehrenden Unterhändler vielmehr fast um. Ihm wurde am Steuer kurz vor Rotenburg plötzlich der Kragen zu eng, und er konnte sich in frischer Waldluft gerade noch wieder soweit reechauffieren, daß er am Krankenhaus in Rotenburg eine Nachtschwester erreichte, die ihm den Arzt vom Dienst besorgte. In der Wartezeit tönte aus der Entbindungsabteilung wohltuendes Geschrei, das dem durch die Hektik der letzten Monate Überforderten gewaltigen Auftrieb gab. So konnte Dr. Hans Peter Gohde, sein hier nicht vermuteter Schwager, grünes Licht zur Heimfahrt geben, wenn gleich er Schonung empfahl für die nächste Zeit.

Am 17. März war die Reitakademie München eröffnet worden. Im Sommer wurde dem Präsidenten eine dringend notwendige Entlastung zuteil. Carl-Heinz Finger amtierte von jetzt ab für den DRFV als Stellvertreter, in gleicher Position Baron Cramm für die Reitakademie. Am 1. Oktober erhielt Dr. Georg Wilhelm Prinz von Hannover die Leitung in Riem übertragen, nachdem Köhler mit ihm in Braunschweig die Positionen ausgehandelt und vom Vorstand die Zustimmung erhalten hatte.

Die Last war dennoch zu groß. Die Spannkraft für zu viele Aufgaben zugleich auf die Dauer nicht ausreichend. Es waltete sogar Vernunft. Und im Frühjahr 1960 stellte der Borsteler sein Amt im DRFV und in der Reitakademie zur Verfügung. Carl-Heinz Finger, Hameln, wurde zum Präsidenten gewählt.

Der Kampf gegen Windmühlenflügel hörte nicht auf. Er hörte auch wohl nimmer auf. Macht und Ohnmacht liegen so nah und so grausam konträr beieinander. Privatinitiative ist letztenendes selten erwünscht. Sie wird allzugern als persönlicher Ehrgeiz verteufelt.

In der Dortmunder Westfalenhalle

Als Arena für große Reiterwettkämpfe hat sich dieser Palast ebenso bewährt wie für andere Mammutveranstaltungen ohne Pferde. Wenn auch Aachen seit langem Schauplatz ist für die offiziellen internationalen Turniere in Deutschland, so fanden doch die ersten Begegnungen dieser Art mit Nationenpreisen in Berlin, in der Deutschlandhalle, statt. Nach dem Kriege sogar einmal in Dortmunds Westfalenhalle, bei welcher Gelegenheit Helga Köhler und Hans Günter Winkler, die zur siegreichen Nationenpreis-Equipe gehörten das Silberne Lorbeerblatt als höchste sportliche Auszeichnung durch Bundespräsident Theodor Heuß verliehen bekamen.

Höchst eindrucksvoll war die Riesenschau »Das Pferd muß bleiben«, ein Meisterstück von Organisation und faszinierender Effektivität.

Unvergessen sind auch die Empfänge von Paul Wiegmann, dem langjährigen Vorsitzenden des Dortmunder Reitervereins, der zusammen mit seiner gartenarchitektonisch versierten Frau seine Turniergäste bereits im März durch ein Blumenmeer in ihrem großen Privatgarten geleiten konnte. Nicht minder attraktiv waren immer die Turnierbälle in einem der silbernen oder goldenen Säle der Westfalenhalle, wobei Gesellschaftsspiele Trumpf waren und ein nachfolgender Budenzauber oft alles auf den Kopf stellte. Niemand fand am nächsten Morgen mehr seine Schuhe oder Stiefel auf dem Hotelflur.

Fritz Thiedemann hat einmal eine ganze Nacht gezaubert. Ihm fiel immer wieder etwas Neues ein, wenn man ihn bewunderte. In der Halle führte er beständig Buch über die Resultate jedes Springens und wußte dann genau, mit wieviel Galoppsprüngen dieses oder jene Pferd beispielsweise von Sprung 1 zu Sprung 2 gekommen war.

Gütig und väterlich ehrte Bundespräsident Theodor Heuß Helga Köhler und Hans Günter Winkler mit dem Silberlorbeer in der ausverkauften Westfalenhalle, um beide dann zu ihren Pferden Armalva und Halla zu entlassen, die unten vor der Ehrenloge das Zeremoniell offenbar recht interessiert verfolgt hatten.

Während im Hintergrund Karl Hüske alle Drähte in der Westfalenhalle bediente, repräsentierte Polarfuchsbesitzer Paul Wiegmann (rechts) und begleitete die Honorationen zur Siegerehrung: Zweiter von rechts Außenminister von Brentano, F. A. Greis (später FORS), Westfalen-Geschäftsführer Tonius Schulze-Dieckhoff und DOKR- und FN-Präsident Wilhelm Hansen-Rosenthal (links).

Selbst bei Schnee und Eis spürt Sieglinde (siehe oben) keine Kälte. – Friedel Gohde, der hier diesen damals zweijährigen Valentino xx – Sohn vom Auslauf zurückbringt, konnte sich darüber immer ganz besonders amüsieren.

Sieglinde in Borstel

Sie ist nicht die bekannte Kartoffelsorte, obschon sie diese gerne ißt. Sie ist vielmehr ein Mensch von Rarität. Als vor etwa 20 Jahren ihre langen, dünnen Beine am Kochherd standen, fragte ich »unsere Madame« (Helga), wer mag denn die Gestalt wohl sein? – Sieglinde! (???).

Sieglinde also, aus Neddenaverbergen, Krs. Verden, war lange Patientin von Dr. Gohde sen. gewesen. Sie aß nichts, sie vertrug nichts, sie brauchte hauptsächlich Pillen. Das war auch bei Dr. Gohde jr. so geblieben. Na und? Ja, nun ist sie hier in Borstel erschienen, weil es ihr so ganz allein in dieser Welt auf ihrem kleinen Kotten zu einsam war und weil sie sich nützlich machen will. So ist sie nun da.

Aha, sie ist nun da. Sie ist heute noch da. Jeden Morgen um 7.45 Uhr trifft sie ein und jeden Abend um 19.00 Uhr fährt sie zu ihrem kleinen Kotten zurück. Tag für Tag, Jahr für Jahr. Im Sommer und bei Eis und Schnee. 12 km eine Tour. Mit dem Fahrrad. Sie will dies so und nicht anders.

Um 8.00 Uhr hat sie den Kaffee fertig, das Mittagessen bereitet sie vor, nachmittags macht sie wieder Kaffee und dann das Abendbrot. Zwischendurch arbeitet sie mit im Haus und im Garten. Plätten und Einmachen tut sie auch. Wenn alle unterwegs sind, füttert sie auch mal die Pferde. Die Hunde sowieso und reichlich.

Wenn das Brot alle ist, sagt sie das. Immerhin. Und wenn sie mal n'Bock hat, droht sie, daß sie zu ihrem Onkel nach Amerika will. »Aber Du weißt doch gar nicht, wo der in diesem Riesenlande wohnt«. »Natürlich weiß ich das. Wenn ich da ankomme, gleich rechts!«

Pillen nimmt sie schon lange nicht mehr. Dafür trinkt sie den ganzen Tag starken Kaffee und ißt Bratkartoffeln. Sie ist kerngesund. Und fühlt sich pudelwohl.

Nur zu Weihnachten nimmt sie Geld. Sonst schmeißt sie es einem vor die Füße. Wenn wir ihr Brennholz hinfahren für ihren kleinen Kotten, ist sie erst böse, sie brauche das nicht. Aber brennen und wärmen tut es nachher doch ganz schön.

Wenn es eiskalt ist draußen und man ihr sagt, »Donnerwetter ist das heute kalt,« sagte sie , »nee, überhaupt nicht, ich finde es fast warm!« – Sieglinde.

Reitertod

Mit »Dr. Hans« (Gohde) war nicht einfach zu reden. Er machte doch, was er wollte. Seine Frau Anneliese und seine Assistentin Lieselotte Lohse versuchten es mit viel Diplomatie. Als eines Tages ein dreijähriger Halbbluthengst mit dem Sattel unter dem Leib in die Bahnhofstraße gedonnert kam und bei der Hausnummer 13, die fast immer eine Glückszahl war, schweißbedeckt einpassierte, sprangen alle Anwesenden in diverse PKW, um auszuschwärmen und Dr. Hans zu suchen.

Nicht weit hinter der Rennbahn fand man ihn besinnungslos an einem Steinhaufen, blutend aus einer Kopfwunde und quittegelb im Gesicht. Zu Hause wurde er ins verdunkelte Schlafzimmer gebracht, behandelt und verbunden. Als Ehefrau und Assistentin nach einer Stunde visitierten, war das Zimmer leer. Der Dr. wurde aufgetan in der Ärztekammer, wo er mit riesigem Kopfverband und eine Zigarre rauchend, einer Sitzung präsidierte.

Als Helga und Köhler im Sommer 1957 vom Turnier aus Oldenburg zurückkehrten, um dem Armalva-Entdecker zu berichten, daß sie einen weiteren Armring I-Nachkommen gekauft hätten, herrschte betretenes, sorgenvolles Schweigen im Doktorhaus. Es sah hoffnungslos aus. Dr. Hans lag mit Querschnittslähmung im Krankenhaus.

Er hatte sich beim Springen überschlagen und war unter seiner Stute Fürstin (v. Fürwitz) regelrecht begraben worden. Einer seiner Sanitäter aus dem Kriege eilte mit dem Krankenwagen herbei. »Der Doktor wußte genau, was los war«, erzählte er. »Erst mußte ich dies, dann das machen.« Auf keinen Fall wollte Dr. Hans je im Bett sterben. Und so war es tröstlich, daß er diesen besonderen Tod freudig begrüßte, als er in der Zeit, die ihm noch blieb, Eichendorff-Verse deklamierte in seliger Verklärtheit. Seinem Weg zur Beisetzung folgte ein unübersehbarer Trauerzug.

Seine schwere Kriegsverwundung und sein völliger Niederbruch gleich nach dem Kriege hinderten ihn nicht, täglich zu reiten und bei vielen Reitjagden dabei zu sein: Dr. Hans Gohde, nahezu eine legendäre Persönlichkeit in der Reiterei und in der Bevölkerung seiner Heimatstadt Verden.

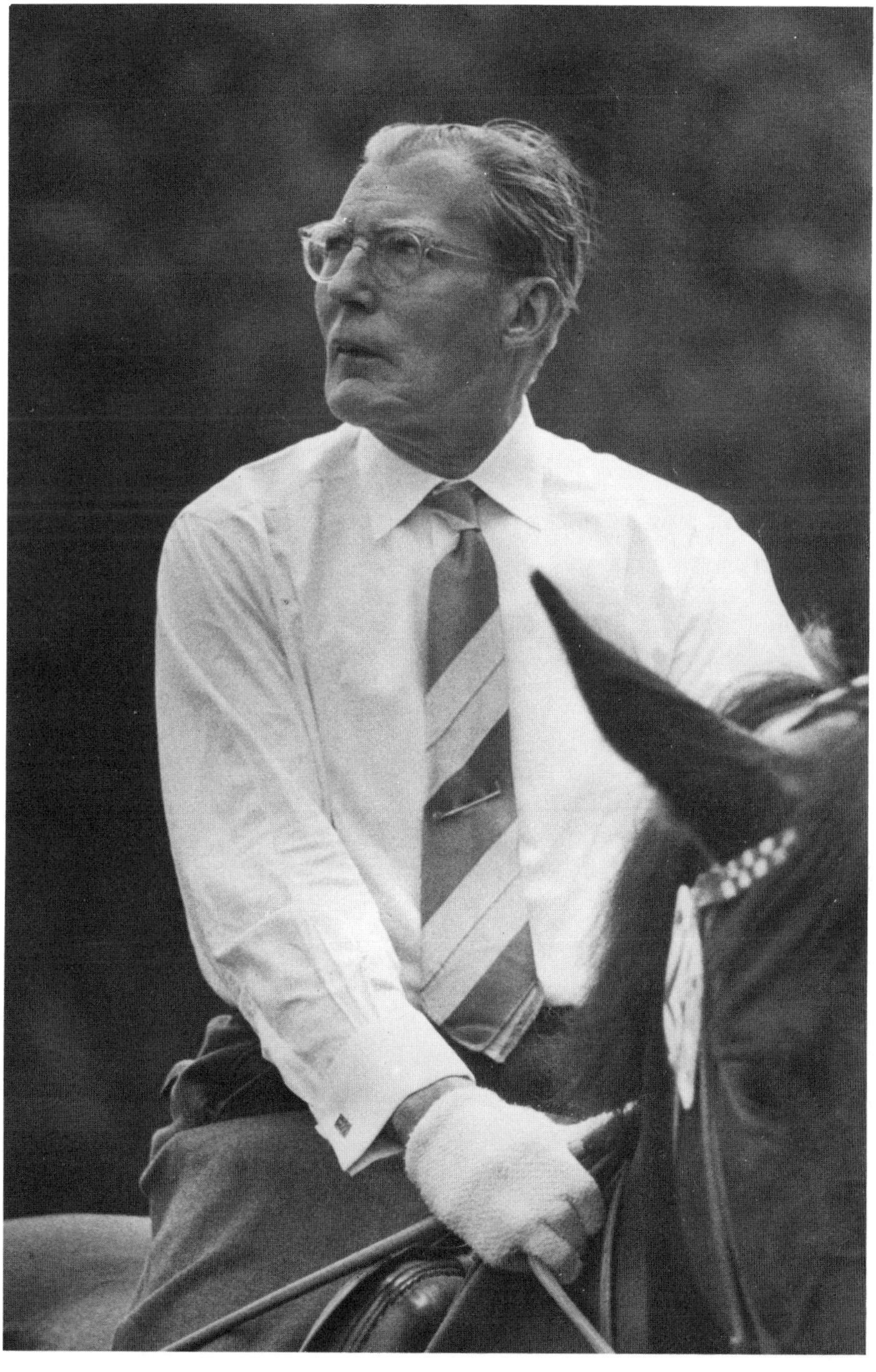

XI. Auslandsreisen

Madrid

Die Zubringermaschine aus Bremen sackte bis Frankfurt in diverse Löcher, und es ließ uns aufatmen, als wir auf dem Flughafen der Mainmetropole einen großen und komfortablen Vogel besteigen konnten. In diesem trafen wir Oscar Willmer, der als Deutscher in Madrid wohnte und die reitsportlichen Beziehungen zwischen Spanien und der Bundesrepublik in aufopferndem Einsatz entwickelte und pflegte. Wir versicherten uns gegenseitig, daß das Fliegen gewisse mulmige Gefühle veranlasse und nahmen einen doppelten Whisky, der eine Gelassenheit verursachte, als wenn ein Amerikaner Kaugummi zwischen den Kiefern hin und her schiebt und ein dazu passendes Pokergesicht macht. An der Gangway in Madrid begrüßte ein Botschaftsrat die Equipe mit Gerlinde Merten nebst Papa, Helga Köhler, Kurt Capellmann, der von seiner Frau »Parapluie«, (weil sie immer einen Schirm trug) begleitet wurde, und H.J. Köhler, der als Equipechef fungieren sollte. Das Botschaftsauto brachte die Germans in ein großes Hotel. Dort wartete ein Militärwagen, der mit den Turnierfreudigen zum Turnierplatz und zu den Stallungen eilte. In hellen, luftigen Boxen standen Armalva, Page und Fürstin, Fregola und Almmusik, Alpenkönig, Figaro und Alexe.

Auf einem riesigen Abreiteplatz standen viele Hindernisse herum. Aber der Boden war steinig und unelastisch, so daß es sich nicht empfahl, da viele große Sprünge zu machen. Im Hotel alsbald kam Neigung auf, unverfälschte spanische Küche kennenzulernen. Die Weinbergschnecken trieften vor Öl und manch anderes auch. In vermeintlich vornehmer Art würgten sich die des Landes Unkundigen einige Spezialitäten herunter, milderten alles ein wenig durch süffige Weine und gingen nach kurzem Barbesuch auf ihre Zimmer. Am nächsten Morgen sah besonders Kurt Capellmann recht blaß aus. Er wählte einen Frühstückstisch in der Nähe des Ausgangs und wurde bald nicht mehr gesehen. Man erfuhr dann, daß Zwieback und Haferschleim auf sein Zimmer geschafft wurden, schließlich per Telefon, daß das Leiden recht arg sei, aber entsprechend bekämpft werde. Den anderen ging es leidlich.

Auch die Pferde gingen ganz ordentlich, obwohl im Rahmen der Futterrationen Heu sparsam und als solches nicht ohne weiteres zu erkennen war. Leider hatte Oci Willmer das Pech, seinem refusierenden Fuchswallach über dessen Ohren zu entgleiten, worauf hin es einen Augenblick den Anschein hatte, als wolle dieser seinem Reiter in den Hintern bei-

Aug. Peters — Internat. Spedition — Münster (Westf.)
Offizieller Spediteur des Deutschen Olympiade-Komitees für Reiterei
Neue Rufnummer 3 64 51 - 3 64 53
Telex 0892 834
Kopie

Reiseplan zum CHI Madrid vom 7. Mai - 14. Mai 1956

Waggon Nr. 1

" ARMALVA "
" PAGE "
" FÜRSTENMÄRCHEN "

Frau Helga Köhler
Verden /Aller

Zug Nr.				
	1233	ab Verden /Aller	16.15 Uhr	am 30. April 1956
"		in Bremen - Hbf.	18 Std.	
"	5328	ab Bremen - Hbf.	20 "	
		in Kirchweye	21 "	
"	5058	ab Kirchweye	22 "	
		in Aachen-West	7 "	am 1. Mai 1956

Waggon Nr. 2

" ALMMUSIK "
" FRIGOLA "
"

Fräulein Gerlinde Merten
Gummersbach

Zug Nr.				
	8939	ab Gummersbach	19.33 Uhr	am 30. April 1956
"	9254	ab Dieringhausen	22 Std.	
		in Köln-Gereon	24 "	
"	7234	ab Köln-Gereon	2 "	am 1. Mai 1956
		in Aachen-West	5.16 Uhr	

In Aachen-West Aufteilung der Pferde " ALPENKÖNIG, ALEXE, FIGARO " auf Waggon Nr. 1 und 2. Diese Pferde werden von Herrn Capellmann fristgemäß per LKW angedient.

Weiterreise für Waggon 1 und 2

Zug Nr.				
	5058	ab Aachen-West	9	Std. am 1. Mai 1956
"		in Montzen	10	"
"	47300	ab Montzen	11	"
		in Jeumount	17	"
"	5706	ab Jeumount	23	"
"	(42436)	in Paris	7	" am 2. Mai 1956
"	4025	ab Paris	14	"
		in Bordeaux	22	"
"	4041	ab Bordeaux	23	"
		in Hendaye	6	" am 3. Mai 1956
"	6221	ab Hendaye	8	"
		in Irun		"
"	6002	ab Irun	13	"
		in Madrid	3	" am 6. Mai 1956

Umladung in Irun in Verbindung mit der Firma Juan Zamalloa Internationale Spedition. Ich bin bemüht, von der spanischen Eisenbahn die Genehmigung zu erhalten, ab Irun einen Personenz (correo) benutzen zu können. Eintreffen Madrid evtl. 5.5.56

Dieser Transportplan mutet heute unglaublich an. Immerhin überstanden Pferde und Pfleger die 12 bis 13 Tage im Waggon gut.

ßen. Die Reise konnte aber glücklich fortgesetzt werden, eine kleine Verletzung an der Hand sollte der Bahnarzt nachher verbinden. »Tetanus?« fragte er gleich und schaute bedeutungsvoll. Oci verneinte. Da griff der Doktor zur Spritze: »Allerdings, Alkohol ist in nächster Zeit tabu, nicht wahr?« Dann war der Mediziner plötzlich allein. »Hallo«, rief er noch verdutzt ...

Abends lächelte eine deutsche kalte Platte durch die Büsche des Gartens der Deutschen Botschaft. Mit Leberwurst, Schinken und Schwarzbrot. Da konnte auch »Keks-Kurt« mit dem Zwiebackessen wieder aufhören. Die Mägen waren wieder im Gleichgewicht. Absolute Fitneß stellte sich ein.

Gute Plazierungen brachte der nächste Tag. Mit Almmusik gab es zwar Havarie am Wassergraben, den Gerlinde ganz gegen ihre Gewohnheit anmeterte und sich damit selbst zu nasser Landung brachte, was ihr zu dem Namen »Wasserpöx« verhalf. Dafür ging Fregola überzeugend. Auch die Pferde aus Heidchen (Capellmann) wurden schon energischer unterstützt. Um 14 Uhr hatten die Springen beginnen sollen. Um 15 Uhr wurde durch Lautsprecher bekanntgegeben, daß es der Hitze wegen erst um 16.30 Uhr losgehen würde. Na also, warum nicht? Außerdem wurden immer zehn Pferde gewettet, dann war eine längere Pause, hernach schlug der Toto die nächsten zehn Pferde an.

Ein freier Tag wurde vormittags der Besichtigung von Stierzuchten, nachmittags einem

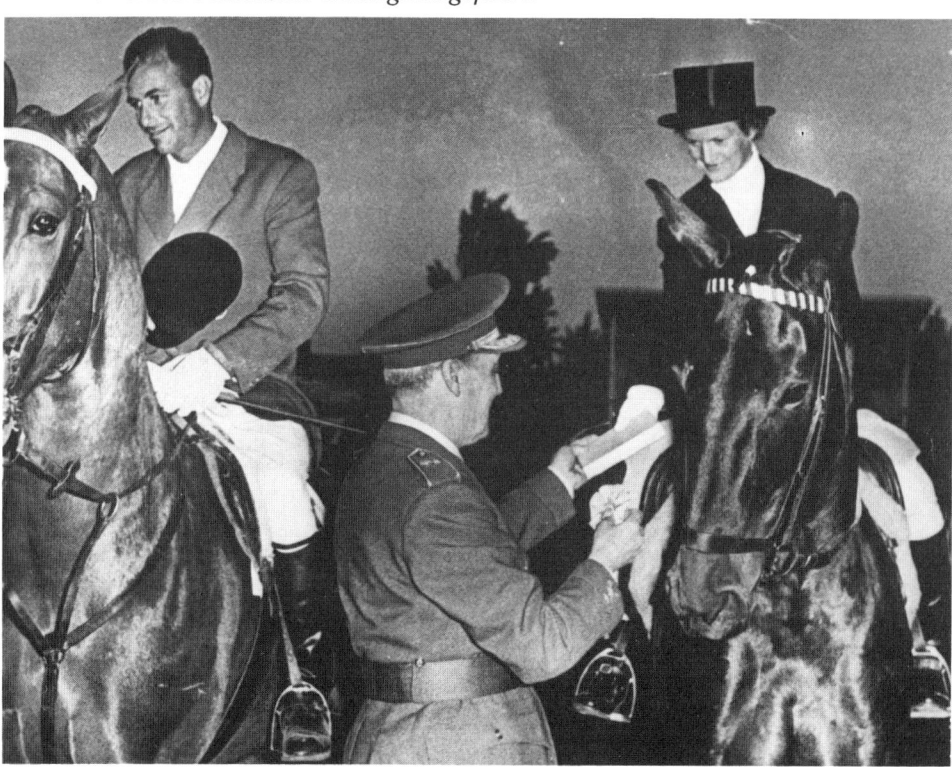

Am Abend vor dem Großen Preis war Goyoga noch vor Armalva (unten). Am Tage darauf wurde die deutsche Amazone als Siegerin gefeiert.

Stierkampf-Programm gewidmet. Eine völlig andere Welt so etwas. Echt interessant, spannend und – ob man will oder nicht – unvergeßlich. Ein Volksfest sondergleichen, unerhörter Glanz, die ganze Arena ein siedender Kessel. Nicht jedermanns Geschmack und nicht unbedingt zu wiederholtem Besuch animierend. Faszinierend aber, ein solches Schauspiel erlebt zu haben.

Auf dem Turnierplatz spitzten sich die Prüfungen zu harten Entscheidungen. Fahnenkönig mit Paco Goyoaga und Armalva mit Helga Köhler erwiesen sich als die härtesten Rivalen und entschieden in dieser Reihenfolge die Vorschlußrunde. Am letzten Tag stand der Große Preis von Madrid plötzlich als spanische Olympiaausscheidung für Helsinki an. In zwei Umläufen. Das würde »feierlich« werden, aber wir waren zu Gast und keine Muffel. Also, man zu. Überdies war noch ein Abschiedsspringen angesetzt, so daß sich der Einsatz der Pferde regeln ließ und in beiden Prüfungen Erfolge brachte.

Generalissimus Franco und Frau Gemahlin saßen in einem Pavillon in der vordersten Reihe, um die Entscheidung zu erleben. Man konnte ungeniert zwischen den Rails des Parcours und dem Pavillon hindurchpromenieren, um das berühmte Paar ganz aus der Nähe zu sehen. Nach dem ersten Durchgang lagen Fahnenkönig und Armalva vorn. Sie waren auch als Favoriten gewettet. Der Parcours hatte außerordentliches verlangt. Es hatte Ausfälle gegeben und hohe Fehlerzahlen. Für den zweiten Durchgang war nichts geändert. Ein Teil der Starter wurde zurückgezogen.

Armalva (4 Punkte) und Fahnenkönig (0 Punkte) waren in etwa gleicher Zeit gegangen. »Wie soll ich reiten?!« fragte Helga ihren Köhler. »Noch einmal genauso, ein ganz klein

Nachdem Kurt Capellmann mit Alexe »auf Sieg« geritten war und dabei eine ganze Mauer geteilt hatte, kam er besonders mit Figaro noch gut zum Zuge, während Gerlinde Merten vor allem auf Fregola (unten) recht erfolgreich war.

wenig schneller und fehlerlos, dann schaffst Du es.« So lapidar dieser Tip wirken mochte, er stimmte. Und er wurde haargenau realisiert. Armalva erreichte zwischen den Startpfosten bereits das vorgefaßte Grundtempo und hielt dieses unvermindert den ganzen schweren Parcours hindurch, hatte auch in den Wendungen keinen Tempoverlust und setzte schon im Landen nach dem letzten Hindernis zu einem unerhörten Finish an.

Als die treue Stute die Ziellinien passiert hatte, war für Augenblicke die Spannung fast unerträglich. Denn auch Fahnenkönig, beim zweiten Umlauf 4 Punkte, hatte gekämpft wie ein Löwe. Zwei Heroen waren mit ihren Reitern weit über sich hinausgewachsen. Ein hinreißendes, großes sportliches und vorolympisches Ereignis harrte auf die Verkündigung des Siegers. Es war gerade Sonnenuntergang, als die deutsche Flagge oben am Mittelmast erschien und die deutsche Hymne ertönte, während die anschließende Ehrenrunde von einer selten erlebten, südländisch spontanen Begeisterung begleitet wurde.

Auf dem Rückflug sahen unten die Pyrenäen sehr steinig und hart aus, und so freute man sich, daß der Prospekt im Netz der Rückenlehne des Vordersitzes versprach: Wenn wir über dem Atlantik sind, keine Sorge, wir haben Schwimmwesten an Bord.

Vom 12.–20. Oktober 1962 ritt Helga abermals in Madrid. Cremona, Pesgö und Piroschka waren von der Partie, Harald Momm als Equipechef. Es ging um die Europameisterschaft der Springreiterinnen. Neben guten Erfolgen mit allen drei Pferden gewann Cremona das Finale der Europameisterschaft. Helga wurde in der Gesamtwertung Vize-Europameisterin hinter Pat Smythe.

Reiter-Olympia in Stockholm

Schon 1912 war die schwedische Hauptstadt Austragungsort der ersten olympischen Reiterkämpfe gewesen. 1956 hatten die Reiter noch einmal den Vorzug, allein unter sich zu sein. H-J. von Killisch-Horn, Fritz Peyer, Fritz Meyer-Stocksdorf und Köhler erreichten die Olympiastadt im Linksverkehr. Gleich am ersten Tag brannte die schöne alte Reithalle in der Kavalleriekaserne nieder. Da war nichts mehr zu retten.

Die Querfeldeinstrecke der Militarystrecke besichtigten wir als erstes. Sie war schwer, oha!, aber landschaftlich schön. Hindernisse schienen der Natur angepaßt.

Das Stadion, alt und ehrwürdig, bildete einen stilvollen Background für die Eröffnung der Reiterspiele, die in imponierender Weise zelebriert wurden. Das schwedische Königshaus und Elisabeth II. von Großbritannien gaben dem Festival eine großartige Note.

Otto Lörke war mit seinen Olympiadamen immer schon beim ersten Hahnenschrei in Aktion, wenn noch kein anderer an Morgenarbeit dachte. Nur die Russen hatten zu dieser Zeit schon Beobachter im Busch, damit ihnen nichts entginge. Die Early-Mühe lohnte sich: Liselott Linsenhoff (Adular), Anneliese Küppers (Afrika) und Hannelore Weygand (Perkunos) eroberten die Silbermedaille hinter den Schweden.

Eines Nachts war der olympische Springparcours aufgebaut worden. Hierzu war das Stadion hermetisch abgeriegelt worden. Gespannt eilten früh am nächsten Morgen die Teilnehmer in die Piste. Ein nach oben abgerundetes Gatter erregte die Gemüter besonders, dann ein Graben mit hohem Steilsprung an der Landeseite, ein Birken-Doppeloxer vor der Königlichen Loge und eine Dreifache auf der gegenüberliegenden langen Seite. Es ging dann auch hart her. Selbst Favoriten havarierten spätestens in der dreifachen Kombination. Reiter der »Entwicklungsländer« summten zu hohen Fehlerzahlen auf. Sie hatten allerorts ihre Klippen. Nur wenige dominierten mehr oder weniger souverän.

Daß Hans Günter Winkler sich auf Halla beim ersten Umlauf verletzt hatte, wußten wir als Zuschauer nicht. Die Tausende auf den Tribünen merkten erst, daß etwas los war, als der deutsche Reiter sehr blaß und mit eisigen Gesichtszügen seinen zweiten Ritt begann, dann immer mehr in sich zusammensackte und schließlich nur noch kraftlos und schmerzverzerrt auf seiner treuen Stute hing, die ihn in faszinierendem Einsatz weiterhin fehlerlos über die letzten Hindernisse brachte. Als das Ungemach in Zusammenhang mit dieser Leistung offenbar wurde, kannte die Begeisterung keine Grenzen. Fritz Peyer war so in Fahrt, daß ihm mit der Kamera der bekannte Meisterschuß auf die Brille einer schönen Frau gelang, in deren Glas sich Winkler im Stadion wiederspiegelte.

Olympiasieg also für Winkler und Halla, Gold für die deutsche Equipe mit Winkler, Fritz Thiedemann (Meteor) und Alfons Lütke-Westhues (Ala). Auch in der Military standen die Zeichen gut, nämlich auf Silber.

Zur Eröffnung der Reiterspiele erfreute ein imponierendes Schauspiel die Massen, als der schwedische König mit der Queen vierelang vor die Ehrentribüne rollte, gefolgt von dem Wagen mit der schwedischen Königin und dem englischen Prinzgemahl. Eine starke Kavallerieeskorte und die Viererzüge standen unbeweglich, als die Majestäten ihrer Loge entgegenschritten, wobei Prinz Philip salopp seinen Zylinder auf den hinteren Rockschößen seines Fracks plazierte.

August Lütke-Westhues (Trux v. Kamax), Otto Rothe (Sissi) und Klaus Wagner (Prinzeß) waren mit drei Hannoveranern den Schweden nah an die Gurte gekommen.
Dieses Ergebnis war nach Berlin (1936) das beste und gab der deutschen Reiterei weiterhin Glanz und Anerkennung, den deutschen Pferdezüchtern eine erneute Begriffsaufwertung, wobei auch die Trakehner noch einmal wieder an ihre frühere Wertschätzung anknüpfen konnten.

Die Schiffsüberfahrt nach Sizilien war beschwerlich. Es herrschte eine unglaubliche Enge durch Überfüllung, obwohl alles ordnungsmäßig gebucht worden war. Dies wurde jedoch durch die überwältigenden Eindrücke auf Sizilien und in Palermo leicht wieder wett gemacht.

Wohl um die aufragenden Felsen der Turnierplatzkulisse nicht zu übermächtig erscheinen zu lassen, waren die Hindernisabmessungen hochgeschraubt. Wie schon so oft, wuchs Armalva weit über sich hinaus und hatte überdurchschnittliche Erfolge.

Palermo

Zur Europameisterschaft der Springreiterinnen wurden Anna Clement und Helga Köhler vom 16.–22.10.1958 nach Palermo auf Sizilien entsandt. Fritz Vollerthun und »Pitzek« Rabe begleiteten Nico, Domino, Armalva und Page.
Die Fahrt erschien allen endlos, bis Neapel per Bahn, dann weiter mit dem Schiff auf die Mittelmeerinsel. Aber was sah man alles von der Welt auf diese abwechslungsreiche, hochsportliche offizielle Weise. Beide Reiterinnen gewannen Einzelspringen und landeten final in der Spitzengruppe. Bemerkenswert, wie diese vielen Reisen von den Pferden überstanden wurden und wie lange diese Pferde gesund und frisch blieben in langjähriger Beanspruchung. Armalva gehörte nun schon seit 9 Jahren zur internationalen Spitze!

Brüssel

Vater Merten aus Gummersbach, der Tochter Gerlinde, H.G. Winkler und das Köhler-Ehepaar in seinem Mercedes durch Belgiens Hauptstadt kutschierte, fuhr in Rasierklingenbreite zwischen Straßenbahn und parkenden Autos hindurch, so daß die Insassen leicht gerädert die Hotelhalle betraten. Hier saß in einem tiefen Sessel der irische Reiter *Dudgeon*, lang hinten übergelegt und die Reitstiefelbeine lang ausgestreckt auf einem ovalen Tisch. Ein bindfadenverschnürter Persilkarton, der wohl seinen Zylinder barg, stand neben ihm. »Hallo!« quetschte er durch seine Zähne, als wir die Idylle passierten.
Im Palais du Sport führte ein niedriger Gang von der Abreitehalle in die massenbesetzte Arena. Hier hindurch mußte abgesessen, die Pferde konnten nur geführt werden. Gott sei Dank war Vater Merten gesprächig, so konnten wir ihm einen deutsch sprechenden Pastor zuführen, der reichlich viel von den reitenden deutschen Schäfchen erfahren wollte.

Auf zwei genau gleichen Springbahnen wurden jeweils zwei Reiter gestartet. Jeweils der Sieger machte später mit einem anderen Sieger weiter. Nach diesem KO-System wurde auch in Brüssel das damals übliche, sogenannte Bilbao-Springen entschieden. Hierbei kam es einmal zu einem unerwarteten Richterspruch. Cpt. Dudgeon (Irl.), links, wurde der Sieg zuerkannt, obwohl Feuerland mit Helga Köhler als erste im Ziel war, wie sich dies oben im Bild über dem letzten Sprung bereits deutlich abzeichnet. »Sorry« sagte der Ire hinterher und brachte der Amazone eine Blume. Damit war die Sache vergessen.

Gerlinde hatte einen großen Triumph. Sie gewann das Mächtigkeitsspringen mit Fregola. Armalva, kein Zoll ein Puissancepferd, wurde Fünfte, gewann dann noch das Amazonenspringen und überließ ihrer Stallgefährtin Feuerland das Zweikampf-Springen, das diese gewann und doch die goldene Schleife an Dudgeon verlor.

Ein prachtvoller Ball erfreute die Gemüter. Zwischen den Gängen wurde heftig geraucht. Das ist in Brüssel wohl so Sitte. Anschließend unterbrach ein launiger Rundfunksprecher aus Paris das Tanzgeschehen gelegentlich durch rasante Gesellschaftsspiele, die eine bombige Stimmung entfachten. Beim Wettrinken aus großen Bierhumpen überraschte eine Dame der Gesellschaft den spanischen Equipechef dadurch, daß sie unter seinen ungläubigen Augen den ganzen Hektoliter – oder was etwa da drin war – in einem Zug hinter zarter Seide, die nicht ganz ausreichte, alles zu bedecken, verschwinden ließ.

Meisterschaften

Mit Jahres-Championaten begann's. Dann wurden Meisterschaften daraus. Auf der Ebene von Kreis, Bezirk, Land, Bundesrepublik, Europa und Welt.

Den Amazonen als dem schwächeren Geschlecht ward hierbei nicht immer chevalreske Liebenswürdigkeit zuteil. Oft müssen sie mit den Starken der Schöpfung um die Wette reiten. Damit noch nicht genug, wiegt man sie in Blei auf, damit sie nicht durch Federgewicht Schwergewicht in Verlegenheit bringen. Im Rennsport geht es da nur um wenige Kilos. Manche Amazone aber, wie beispielsweise Helga Köhler, mußte ihren eigenen 52 Kilo soviel Blei in den Satteltaschen ihrer Pferde hinzutun, daß die Waage maximal 75 kg anzeigte. Dieses tote Gewicht knallte dann beim Landen in den Pferderücken. Und dies ist ähnlich heute noch so, wenngleich die Prüfungen, die sie bestreitet, maximal 70 kg verlangen. In Aachen einmal hatte das Blei nicht ganz gereicht. Die Amazone wurde zurückgewogen. Aber Helmut Petereit, der so ruhige Pfleger aus Ostpreußen, reichte an der Waage seiner »Madame« nicht nur den bleischweren Sattel, sondern manövrierte ihr dabei auch einen ansehnlichen, aber unsichtbar bleibenden Feldstein in die Hände. Das Gewicht stimmte. Helmut hatte eine äußerst prekäre Situation gerettet. Seine Madame stieg erleichtert, aber mit hochrotem Kopf von der Waage.

Die schönsten Meisterschaften waren eigentlich immer in Berlin auf dem Olympia-Reitplatz, der in seinen Bodenprofil-Unterschieden besondere Anforderungen stellte, womit Armalva hervorragend klar kam. Heute ist hier mit der Planierraupe mehr Gleichmäßigkeit hereingebracht worden. In Münster konnte Amazone Helga einmal mit Pesgö überlegen Deutsche Meisterin werden. Wohl zehnmal insgesamt wurde sie Bundesbeste, meist auf Armalva.

Bei Europameisterschaften, in Kopenhagen, Palermo, Hickstead, Deauville und Madrid behauptete sie sich in der Spitzengruppe und wurde in Madrid Vize-Europameisterin auf Cremona hinter Pat Smythe auf Flanagan.

Zu weiteren Meisterschaften brachte sie es mit zahlreichen Stilpreisen, von denen sie eine Reihe im Hamburger Springderby gewann.

Auch dürften die 19 Nationenpreise für diese Amazone Meisterschaften besonderer Art

Mit seinem verhältnismäßig hügeligen Bodenprofil pflegte der Olympia-Reiterplatz in Berlin den Meisterschaftsanwärtern teils erhebliche Schwierigkeiten zu machen, auch der sich lang dahinschlängelnde, sich allmählich erheblich erweiternde Graben, den hier (v.l.) Peter Wandschneider, Lutz Merkel, Rolf Bartels, Alwin Schockemöhle, Micky Brinckmann, Sönke Sönksen, Berndt Bagusat, Kurt Jarasinski und Hermann Schridde skeptisch betrachten.

Nach sieben Jahres-Championaten gewann die Amazone Helga die erste Deutsche Meisterschaft der Springreiterinnen auf Armalva, die in unglaublicher Rasanz (oben) beide Umläufe absolvierte. Die hier bereits 16jährige formbeständige Stute hatte später in Pesgö einen würdigen Meisterschaftsnachfolger.

gewesen sein, denn sie war ja nun ganz und gar nicht ein starker Reiter vom Körperbau her und keineswegs ein Robust-Mensch in ihrer allerdings drahtigen Verfassung. In Nationenpreisen ritt sie Armalva, Page, Cremona, Pesgö und (Winklers) Orient, der in Ostende als viertes Pferd für die nur aus drei Reitern bestehende Equipe eingesetzt wurde. Helga war ausgelost worden, zwei Pferde zu reiten, vier Umläufe also, mit Armalva und Orient.

Nörten-Hardenberg

In nichts unterscheiden sich die Grafen Hardenberg von ihren Vorfahren. Sie haben sich ihren sicheren Blick, der sie früher von ihrer Burg Land und Straßen beherrschen ließ, für wesentliche, für wertvolle Dinge unserer Zeit bewahrt. Und sie nehmen gefangen. Nicht aus irgendeiner Macht heraus, sondern durch die Art, wie sie im Leben stehen und wie sie dieses aus einer großen Familie heraus meistern.
Ihr Turnier atmet Vergangenheit und Gegenwart in glücklicher Verbindung. Man fühlt sich zu Hause hier. Vom ersten Augenblick an. Man gehört zur Familie. Und man fühlt sich weit entfernt von Lebenshast und Lebenskampf.
»Gott schuf die Zeit. Aber von Eile hat er nichts gesagt«, diese Lebensweisheit mindert hier nicht den Fleiß, doch bannt sie die Hast. Und so besinnt man sich auf sich selbst.
Von denen, die zuschauen bei diesem Turnier, die zu Tausenden die in alte Baumkronen hineinragenden Tribünen bis auf den letzten Platz bevölkern, ja, die hoch oben auf den Mauern der Burg zu Hunderten mit herunterbaumelnden Beinen sitzen, hat man das Gefühl, als seien sie Menschen aus lange vergangener Zeit. Eine so behagliche Ruhe, eine so selbstverständliche fröhliche Festlichkeit strahlen sie aus. Wenn man diesen Eindruck übertreiben wollte, könnte man sagen, alle diese Menschen hießen Hardenberg.

Und so ganz aus der Luft gegriffen ist diese Behauptung auch eigentlich gar nicht: Das Quartieramt leitet in beispielhafter Weise eine Gräfin Hardenberg, den Ablauf am Platzeingang ein Herr von Alvensleben, das Turnierbüro eine Gräfin Hardenberg, die Burgschenke die vereinten Grafen und Gräfinnen Hardenberg, ja, überhaupt alles, was von einiger Bedeutung ist, ist in den aufopferungsvollen Händen dieser gastfreien Familie. Das geht von Telefongesprächen des Quartieramts (»wann werden Sie wohl eintreffen, wir hörten noch keinen Termin von Ihnen«) über den Austausch einer leichten in eine schwere Decke im Schlafzimmer der Teilnehmer (»wird es Ihnen auch warm genug sein?«) bis zum sofort herbeigeschafften Heftpflaster bei kleinem Wehweh und bis zur Teilung eines Jagdspringens (»wenn 70 starten, wollen wir doch lieber 2 Springen daraus machen«).

Bei einem morgendlichen Springen, in dem die Zeit nicht drückte, erschienen um die Zeit des 2. Frühstücks keine weiteren Teilnehmer am Start. Da verkündete der Lautsprecher: »Wir machen nun 7 Minuten Pause«. (Auf die Frage, warum gerade 7 Minuten, erklärte der gerade amtierende Graf vom Dienst, jede präzisere Angabe klänge nach einer Nötigung). Nach 23 Minuten berichtete der Ablauf, es seien wieder Starter eingetroffen. Und da wurde das Springen fortgesetzt. Es ging dann gerade zu Mittag zuende.

Am Nachmittag sorgten die Reiter ganz allein für Pünktlichkeit. Denn es waren viele Zuschauer zugegen. Und wer läßt da einen solchen Gastgeber im Stich! Da geschah es, daß die Gemahlin eines bekannten Springreiters in ihrem Zimmer am Turnierplatz aus dem Mittagsschlaf geweckt wurde. Denn der Lautsprecher verkündete den Start des Ihrigen, der in konzentrierter Anspannung und vom Willen zum Siege deutlich gezeichnet, sogleich durch die Startpfosten zischte. Die Gemahlin eilte ans Fenster. Sie sah *ihn* in windender Fahrt bereits das Hindernis 7 hoch und weit überspringen. Da sah sie zugleich den greifbaren Sieg vor Augen. Welch' eine Zeit! Eben erst gestartet und schon die Hälfte des Parcours hinter sich. – Doch dann war alles irgendwie scheinbar nicht ganz in der Ordnung, und die Gemahlin sprach wenig später die gemessenen Worte: »Entweder warst Du ganz unvorstellbar schnell, oder Du hattest Dich ganz schrecklich verritten?«

Die Schlafzimmer in der Burgschenke mit Front zum Turnierplatz führten zu einem frühen Erwachen, hatten aber den Vorzug, daß man schon im Bademantel das Prüfungsgeschehen verfolgen konnte. Die Burgruine im Farbspiel des traditionellen Feuerwerks zu erleben, war ein visionäres Erlebnis. – Heute soll die Burgschenke leider ganz aasig teuer sein.

Als Armalva fehlerlos aus dem Umlauf des Großen Preises herauskam, blutete sie an einem erheblichen Ballentritt. Es wurde fieberhaft daran gearbeitet, daß sie für das Stechen wieder fit war, und die treue Stute tat uns den Gefallen, voll mitzumachen und die begehrte Goldene Peitsche zu gewinnen. Es dunkelte schon stark, als Armalva am rechten Flügel aufmarschierte vor Ala (Alfons Lütke-Westhues) und Marsalla (Alwin Schockemöhle).

Man glaube nun nicht, daß nur ein kleiner Kreis eine solch wohltuende Atmosphäre verspürte. Nein, Hunderte von Pferden tummelten sich hier und dazu ebenso unzählige Amazonen und Reiter. Aus allen Kreisen. Beigesellt vollzählige Familien in deren Gefolge. Keiner war unter diesen allen, der nicht umfangen worden wäre von dieser unbeschwerten Lebensart, von diesem weiten Mantel des persönlichen Aufgenommenseins, von dieser ansteckenden Fröhlichkeit, zu reiten um des Reitens willen.

Zur internationalen Military hatte Nörten-Hardenberg die Russen, die Engländer und die Schweizer eingeladen. Leider kamen nur die Reiter aus den Kantonen. Aber sicherlich werden auch bald einmal die Russen kommen. Und die kommen dann bestimmt immer wieder. Genau wie die Schweizer. Ob die Engländer kommen werden, weiß man nicht. Die Strecke der Querfeldeinstrecke war schon viele Monate zuvor ausgesucht worden. Im Winter standen die Hindernisse schon. (In tiefem Schnee, so sagt man, führte Graf Carl bereits eine Kommission des Olympiade Komitees zur Abnahme über Täler und Höh'n . . . sagt man). Weil hier eben alles ganz frühzeitig geplant und vorbereitet wird. Und die Inserate für das Programm müssen schon ein Vierteljahr vor dem Turnier aufgegeben werden, sagt man, weil Wochen vor dem Beginn schon alles ausgedruckt ist. Ganz bestimmt aber waren die ersten Ehrenpreise in Göttingen schon sehr lange vor dem Turnier öffentlich ausgestellt. Und da wurden es noch eine ganze Menge mehr. Später waren dann die ersten und die in Göttingen neu hinzugekommenen Ehrenpreise in Northeim öffentlich ausgestellt. Und was Göttingen konnte, vermochte dann Northeim erst recht. Ja, diese Ehrenpreise – man soll nie in Superlativen reden – nein, aber diese Ehrenpreise waren so reinrassig geschmackvoll und so überaus wertvoll, daß man sagen muß: Sie waren einmalig! (Bitte nicht böse werden, ich weiß, andere Plätze haben auch zum Teil ganz wunderbare Ehrenpreise).

Während unter alten Parkriesen auf einem unter hohen Kosten geschaffenen großen Dressurviereck sehr gute Dressur geboten wurde, (gleichzeitig wurde auf mehreren anderen Vierecken Dressur, Eignung und Material geritten – und Graf Carl sagte, »Ihr könnt überall reiten, wo Ihr wollt, nur bitte im Gemüsegarten des Schlosses nicht«) war es für die Springreiter nicht ganz einfach, ihre Pferde über Probesprünge zu schulen. Denn dafür war dann schließlich nur noch ein Platz übrig, der aussah (was hat es aber auch geregnet!) als wenn darauf Teig geknetet worden wäre. Auf diesem Platz kamen die Pferde vorn und hinten nicht recht hoch. Aber wenn die Dressur vorbei war (ich weiß gar nicht mehr genau, ob da getrennt und offen oder vereint und geschlossen gerichtet wurde – »der St. Georg« ist, glaub' ich, mehr für eine würdige »Plaudernote« einer vereinigten Geschlossenheit im Gegensatz zu einer oft etwas peinlichen Offenheit, weil, wiederum nach dessen Ansicht, die aktiven Reiter ja überhaupt gar nicht so offen wollen, wenn ihre Richter mehr für das Verschlossene sind. Und es ist demnach ja eigentlich auch so: Die Dressurprüfungen hätten in den letzten zwei Jahren ja noch viel mehr begeisterte Zuschauer geworben, wenn nicht immer so »eintönig offen« gerichtet worden wäre), nun, wenn also der große Dressurplatz frei war, dann konnten die Springreiter viele große Sprünge machen. Da ging einer in seiner Begeisterung so weit, daß er eine Eisenstange hervorholte, die wie eine Drehorgel aussah. Wenn das Pferd darüber schwebte, drehte einer daran. Dann kam infolge der Hebelwirkung die Stange plötzlich und unerwartet um einen halben Meter den ahnungslosen Pferdebeinen schroff entgegen. Das war sehr spannend. Und manch' einer hüpfte wie zufällig über die Wunderwaffe, nicht jedoch, ohne einige ehrbare-schüchterne Blicke um sich herum geworfen zu haben. So etwas ist wohl das Kind im Manne. Aber schade wär's, wenn dieser Spaß weiterliefe, denn dann müßte man eines Tages sagen: Der Barren ist doch wohl verboten, nicht wahr? Soviel über dieses Turnier. Man könnte vielmehr darüber schreiben. Vorwiegend Schönes und Erbauliches. Aber wo soll man dann aufhören. Nur dieses noch: Das Burgturnier in Nörten-Hardenberg ist ein Familienturnier. Die Familie ist klein und durch und durch persönlich, obwohl immerhin wenigstens 6000 Menschen zu ihr gehören.

Olympiade in Rom (1960)

In der Piazza de Siena stand am frühen Morgen des 7. September nicht der von den römischen Experten ursprünglich entworfene, sondern der von der FEI mehr auf klassisch getrimmte Parcours für das Olympische Einzelspringen. Lediglich die dreifache Kombination blieb ein Zugeständnis an den Gestaltungswillen des Gastgebers. Man sollte überlegen, ob nicht zweckmäßiger die FEI bei allen Olympischen Reiterspielen von vorneherein für Hindernisse und Aufbau verantwortlich zeichnet. Man hätte dann vermutlich in Rom das unsympathische Catch-Manöver der heimtückischen Distanzen in der Dreifachen so manchem ehrlichen Klassepferd ersparen können. Denn hier war die Grenze zweifellos überschritten, wenn auch der Parcours sonst »rauh«, aber (»herzlich« bestimmt nicht!) nicht immer unfreundlich war. Was sich in ihm weniger Anziehendes ereignete, stand zum Teil mit dem Olympischen Reifegrad in Verbindung. Wenn man allerdings Bilanz zieht und die Zahl der Ritte mit dem Prädikat »mit Anstand« denen gegenüberstellt, die als »vernichtend geschlagen« anzusehen sind, erhebt sich die Frage, ob hier nicht doch eine Art unwürdigen k.o.-Systems so manchen reitenden Athleten zu hart mit dem »höchsten Glück dieser Erde« konfrontiert.

Warum eigentlich sollten nicht mehrere Teilnehmer nach zwei Umläufen in einem Stechen um die Medaillen kämpfen. Es muß ja doch wohl schließlich nicht unbedingt alles am Boden liegen, bevor der Olympiasieger mit 12, der »Silberne« mit 16 und der »Bronzene« mit 23 Fehlerpunkten nach zwei Umläufen feststehen und der an 26. Stelle Placierte mit 48 Fehlerpunkten noch 36 weitere Teilnehmer mit entsprechend höheren und allerhöchsten Fehlerzahlen hinter sich läßt. Man hat im Turniersport eigentlich noch immer in den Springprüfungen die wirklich besten Reiter und Pferde vorne gesehen, ganz gleich ob mal leichter oder schwerer aufgebaut war im Rahmen der Klasse. Man mache daher aus dem Olympischen Einzelspringen einen schweren Kampf, den zwar die Besten gewinnen, der aber für die Masse der Teilnehmer nicht von vorneherein so hoffnungslos ist, daß nur »Überlebende« die Wahlstatt verlassen. Dann nämlich wäre die Teilnahme im allgemeinen ehrenvoll, nicht aber – wie jetzt in so vielen Fällen – niederziehend.

Es muß zu denken geben, wenn »gewachsene« Pferdeleute und aktive Reiter, die alles andere sind als springende Salontiroler, mit einem bitteren Beigeschmack den Kampfplatz verlassen, auf dem man nach ihrer Ansicht so viele ehrliche kämpfende Pferde – im übertragenen Sinne – zu Grunde gerichtet wurden.

Der Wassergraben in der Siena, wie übrigens auch einige Tage später jener im Stadion, gehörte zu jener Kategorie von Gräben, mit denen man schließlich auch den besten Grabenspringern auf die Dauer ein sauberes Überfliegen abgewöhnt. Wenn – wie hier – von 61 Startern nur vereinzelte Pferde dieses Fünfmeter-Wasser zu überwinden vermochten, dann kann etwas mit der Anlage nicht stimmen. Fehler sollen gemacht werden, nicht aber die Pferde verleitet werden, einfach hineinspringen oder hindurchzulaufen. In einer Diagonalen stand neben der dreifachen Kombination ein gleichhoher Oxer aus Naturstangen. Ein schwer zu taxierender, unfreundlicher Sprung, wie ihn in dieser Art seit Jahr und Tag die Piazza kennt und bevorzugt. Man konnte ihn gelten lassen. Aber eines dabei nicht: Im zweiten Umlauf, etwa zweite Hälfte, lag dieses Hindernis in einem so irritierenden Licht, daß von einem bestimmten Zeitpunkt ab nahezu jedes Pferd hier hart anschlug oder gar havarierte. Man kann ungleiche Bedingungen nicht hundertprozentig ausschalten. Wer aber einen Sinn dafür hat, immer wiederkehrende Erscheinungen in Springbahnen zu beobachten, wird wissen, daß Naturstangen bei bestimmten Lichtverhältnissen plötzlich

Beim Einzelspringen auf dem Pinienplatz an der Villa Borghese sahen die Zuschauer dramatische Bilder. Konstantin von Griechenland, selbst Wasser-Olympionike, ließ sich die Reiterkämpfe nicht entgehen, begleitet von seiner Mutter, Königin Friderike, die sich hier mit Königin Juliane der Niederlande (weiße Handtasche) unterhält, wobei ihnen Kronprinzessin Beatrix aus der hinteren Reihe (Perlenkette) zuhört. – Wie immer suggerierte Bertalan de Nemethy seinen USA-Reitern außergewöhnliche Konzentration; oben mit dem Top-Coach: William Steinkraus.

auch dann zu regelmäßigen Versehen bei den Pferden führen, wenn sie zuvor keinerlei Schwierigkeiten verursachten. Unsere deutschen Reiter wurden laut Pressemeldungen vernichtend geschlagen. Aber auch auf den Tribünen kam eine gewisse Weltuntergangsstimmung auf. Wir sind sehr verwöhnt. Viel zu verwöhnt, wenn wir einen 5. und 6. Platz nicht zu würdigen wissen. – Alwin Schockemöhle mußte als Letzter reiten. Gut zwei Stunden sah er sich das oft verhängnisvolle Treiben in der Kampfbahn an. Von seinem Konzept dürfte da nicht mehr viel übrig geblieben sein. Er ritt dann auch wirklich nicht sehr unbekümmert, etwas sehr atemberaubend in mancherlei überspannter Verhaltung, und gegen Ende des ersten Umlaufs nach abruptem Zwischenfall schien er nur noch ein resignierender Gast auf Ferdl zu sein. Im zweiten Umlauf ging alles ein wenig besser. 26. von 61 – für einen jungen Olympia-Debütanten auf sehr jungem Pferd ein schlechtes Ergebnis?

Fritz Thiedemann startete in der Mitte. Ihm lag von Anfang an das Herauskommen aus der Dreifachen auf dem Magen. Er ritt dann Meteor überragend, und Meteor machte mit, daß einem die Augen feucht wurden. Es kam zum Sturz in Etappen. Fritz versuchte vergeblich alles, Meteor auf den Beinen zu halten. 12 Fehler in Sekunden? Pech? Was heißt überhaupt Pech. Warum spricht eigentlich niemand in solchem Augenblick von der überwältigenden Faszination eines hinreißenden Einsatzes. Besteht denn der Sinn des Sports wirklich nur aus Resultaten. Und ist Sechster in Rom denn ein Nichts?

H.G. Winkler nahm Maß. Wie immer. Er ritt konzentriert und unbeirrbar. Nur in einem entscheidenden Punkt war er wankend geworden. Er verwarf nach Beobachtung maßgeblicher Ritte seinen Plan, mit Halla auf einen Galoppsprung die Dreifache zu verlassen. Was Halla früher konnte, hier tat sie es nicht – trotz erstklassiger Verfassung. Das Paar kam auf den fünften Platz, es siegte vier Jahre zuvor in Stockholm. Welch' »Rückgang« der Form!

In der schönen Piazza de Siena gab der Große Dressurpreis den Auftakt für die Olympischen Reiterspiele. Die Zahl der Teilnehmer war klein, geringer wohl denn je zuvor, da es keine Mannschaftswertung gab. Doch die Leistungen ergaben ein Bild, das höher stand als in Stockholm, sicherlich auch wohl deshalb, weil die Zahl der unreifen Produktionen in Rom erheblich kleiner war. Josef Neckermann gewann mit Asbach (Han., v. Anilin) die Bronzemedaille.

Die Verschiedenheit der Meinungen auf seiten der vielen Schlachten-Bummler (unter ihnen zahlreiche Dressurexperten in »Zivil«), die von den Tribünen die 17 Dressurvorführungen und die 5 Stichkämpfe verfolgten, war ungeheuerlich. Man sollte das nicht für möglich halten. Diese Erkenntnis gehörte wohl zu den verwirrendsten Erscheinungen in Rom. Nie zuvor trat deutlicher zu Tage, wie sehr doch die Beurteilung der Dressur Auffassungssache ist. Aber es wurde auch dieses sehr klar: Richten nach freiem Ermessen und addierendes Richten sind zweierlei.

Es waren tatsächlich so manche Menschen ein wenig böse aufeinander, weil der eine vom anderen glaubte, daß er von Durch-Gymnastizieren (durch und durch) nichts verstünde oder sonst einen schlechten Geschmack habe.

Bevor die Military im Gelände ihren Anfang nahm, hörte und las man es unterschiedlich: Die Geländeprüfung ist leichter als in Stockholm, sie ist schwerer als in Stockholm. So ist das eben immer. In Stockholm schrie man »Mord«!, und in Rom rief man mit drohender Gebärde: »Das ist ja Schinderei!« Und doch: Pferde kamen in Pratoni del Vivaro fehlerlos über die Gesamtstrecke. Die Hälfte aller Starter erschien zur dritten Teilprüfung, dem Jagdspringen in der Piazza de Siena, fast ausnahmslos frisch, vielfach sogar in erstaunlicher Vitalität, als sei überhaupt noch nichts gewesen.

Man sollte nichts dramatisieren, bevor ein solcher Prüfungskomplex im ganzen abgeschlossen ist und mit Ergebnissen und Zahlen belegt ist.
Allerdings: Es gab auf der Querfeldeinstrecke nicht selten niederziehende, ja gänzlich unmögliche Bilder, Zwischenfälle, die zu Recht auf das härteste und konsequenteste verurteilt werden müssen. Man darf mit einem Lebewesen nicht »über Leichen« gehen. Das Pferd ist in keinem Falle ein Rennwagen, der notfalls in Trümmern auseinanderfliegen darf. In diesem Punkt sollte eine gewisse Reform einsetzen. Zunächst eine Revision irriger Auffassungen: Die verrückte Ansicht, man müsse auch dann noch kämpfen, wenn eine Kampfsubstanz überhaupt schon gar nicht mehr vorhanden ist, gilt es als erstes zu beseitigen. Es ist eigenartigerweise Mode geworden – auch in Springprüfungen – schon ein Verweigern gleichsam zur Schande zu stempeln. Die Masse Mensch will alles oder nichts, das ist ein verderblicher Zug der Zeit. Warum aber soll in einer Querfeldeinstrecke mit einem praktisch erschöpften Pferd die Fortsetzung des Rittes erzwungen werden, wenn schon gar keine Aussicht mehr besteht, das Ziel noch zu erreichen?
Diese Frage ist nun allerdings eine Kardinalfrage: Wer kann, und wer soll in solchen Phasen erkennen und entscheiden, ob ein Ritt abgebrochen werden soll oder nicht. Dem Reiter eine solche Entscheidung allein aufbürden zu wollen, wäre ein unbilliges Unterfangen. Er fühlt zwar und kennt den Kräftehaushalt seines Pferdes. Aber er überbewertet zu leicht seine eigene Energie, seinen eigenen Durchhaltewillen gegenüber den Möglichkeiten des Pferdes. Hier braucht er die Hilfe, notfalls die klare Entscheidung seiner auf der Strecke befindlichen Betreuer.
Daß man sich hier nicht falsch versteht: Wir wollen keine Laumänner und keine »in Watte gepackten« Pferde! Eine Military muß hinreißend hart sein, ein echter Kampf, der praktisch gar nicht abgehen kann ohne Stürze und unangenehme Zwischenfälle. Diese aber werden schon durch die Art eines fairen Aufbaus weitgehend ausgeschaltet. Gegen unreife Olympiakandidaten ist sowieso kein Kraut gewachsen. Darum sollten hoffnungslose Bemühungen, die nicht von sich aus eingestellt werden, notfalls dann einer höheren Order unterstehen, wenn die Pferde ernstlich Schaden nehmen.
Auch in Rom wurde es wieder sehr deutlich, von welch entscheidender Bedeutung der Einsatz von »Bodenpersonal« ist, das sich auf die ganze Strecke verteilt. Hier sah man beispielhaften Einsatz in vielen, vielen Fällen. Einzelne Nationen fielen zwar weniger angenehm auf, weil sie lediglich »Durchhalte-Posten« eingesetzt hatten. Immerhin war es ein Erlebnis, daß die Russen Olympia-Athleten leichtathletischer Disziplinen im Gelände hatten, die überall und nirgends waren, Verbindungen herstellten und in Sekundenschnelle beispielsweise ihre Military-Athleten wieder in den Sattel brachten, kaum daß diese die Erde berührt hatten. Vorbildlich zum Beispiel die Engländer, die an entscheidenden Brennpunkten namhafte und höchsterfahrene Pferdeleute wußten. Das alles gibt den Aktiven größtes Vertrauen und hilft ihnen vernünftig und erfolgreich über die Runden.
Leider zeichneten sich die Deutschen in dieser Hinsicht keineswegs aus. Das ist eine höchst betrübliche Feststellung!
Man fieberte förmlich dem Start des letzten deutschen Paares, Ottokar Pohlmann und Polarfuchs entgegen. Und man verfolgte in kaum zu unterdrückender innerer Erregung den Ritt. Denn jedermann sah und empfand das Außerordentliche dieses Einsatzes. Polarfuchs galoppierte so mühelos, und der Reiter hatte offensichtlich so viel in den Händen, daß man fast die ganze Strecke hindurch keinerlei Befürchtung zu hegen brauchte, der Fuchs liefe schon auf seinen Reserven. Noch nach dem Teich, in den Polarfuchs geschickt und vorsichtig einsprang und dessen Schlußgatter er ebenso vorsichtig übersprang, war in

seiner Galoppade so viel drin, daß Rainer Klimke zu Klaus Wagner konstatierte: »Er hält das Tempo durch. Jetzt kann eigentlich nichts mehr passieren. Komm, wir laufen schon zum Ziel, um ihn da abzufangen«. –
Doch wenige Augenblicke später geschah es: An den Bienenkörben, an denen auch Norman Arthur auf Blue Jeans hart zu Fall kam, rumpelte Polarfuchs durch ein Versehen mit Donnergepolter. Als er dann bei den Brunnenringen auftauchte, sah man voller Entsetzen ein völlig »totes« Pferd erscheinen, ein Pferd, das gerade eben noch frisch unten im Grunde großen Strich gegangen war. Das war unfaßlich. Vollkommen leer trudelte der Fuchs auf die Brunnenringe zu und – stand. Mühsam gewendet, zeigte Polarfuchs im Schritt, daß etwas an ihm nicht stimmte, er machte den Eindruck, als wenn er im Kreuz und in den Beinen kaputt sei. Doch bevor man diese Erscheinungen näher realisieren konnte, schrien auch schon hunderte von anfeuernden Kehlen, die Pohlmann und Polarfuchs zu letzter Anstrengung beflügelten. Schließlich hob sich Polarfuchs mit der Vorderhand auf die Brunnenringe, kantete auf die Schulter und schob sich hinüber, das linke Vorderbein unter seinem eigenen Körper. Drüben kamen beide zu Fall und rollten eine kurze Strecke den Abhang hinunter.
Nur ein kurzes Stück Weges war es bis zum Ziel. Nur noch eine Hindernisgruppe – abgesehen von dem harmlosen Hindernis 35 – blieb zu überwinden. So und nicht anders kann auch Pohlmann nur empfunden haben. Er saß wieder auf, verzweifelt und verbissen, zu retten, was zu retten blieb, sich offensichtlich gar nicht in voller Klarheit bewußt, was mit Polarfuchs war. Hier mußte inzwischen ein Verantwortlicher des deutschen Teams zur Stelle sein, der ganz kalt und objektiv den Niederbruch von Polarfuchs erkannte und sofort die einzig möglichen Konsequenzen zog.
Pohlmann hatte alles auf eine Karte gesetzt. Mit vollem Recht, ja mit absoluter Notwendigkeit. Denn Polarfuchs machte groß mit, und seine Kräfte hätten unbedingt gereicht, in hervorragender Leistung das Ziel zu erreichen. Oder meint man etwa, der Niederbruch hätte durch ein etwas geringeres Tempo vermieden werden können? Was frommt's festzustellen, er sei zu schnell geritten, wo absolut schnellere fehlerlose Ritte über die Strecke gingen! Sollte Polarfuchs denn nur ein bißchen spazierengehen in Rom? Nein: Hier lag alles drin, und hier mußte geritten werden. Gegen ein so hartes Mißgeschick ist leider niemand gefeit. Am Schlußtag brachte der olympische Nationenpreis die Goldmedaille für die deutsche Mannschaft und unterstrich damit ihr eigentliches hohes Niveau in weltüberzeugender Weise.

Neuland

Dänemark, um 1960, kennt noch keine organisierte Hengsthaltung und damit auch keine eigentliche Warmblutzucht in der Art, wie wir sie beispielsweise in den verschiedenen westdeutschen Ländern besitzen. Es ist daher bei der Beschaffung von Reitpferden auf Importe angewiesen. Irland, Schweden und in neuerer Zeit vermehrt auch die Bundesrepublik sind vor allem seine Quellen. So ausschließlich beglückt zeigte man sich allerdings nicht immer über die deutschen Pferde. Es sind da wohl einzelne Händler im Spiel gewesen, die wenig reell und seriös und verhältnismäßig skrupellos den Augenblick nutzten. So etwas – man sprach von grundsätzlich überhöhten Preisen bei häufig mäßiger Qualität – schadet natürlich den deutschen Pferdezuchten nicht wenig. Und man konnte an Ort und Stelle wohl nichts Besseres tun, als auf die Notwendigkeit eines engeren Konnexes mit den Zuchtverbänden hinzuweisen.

Der Reitsport ist verhältnismäßig wenig verbreitet auf den verschiedenen Inseln des Nordlandes. Um so mehr maßen die verantwortlichen Herren der dänischen FN und des großen Sports Rideklubben in Kopenhagen ihrem ersten CHIO zugleich eine für die Reiterei werbende Bedeutung bei. So war in dieser Hinsicht alles getan: Die größte Zeitung des Landes »Berlingske Tidende«, der dänische Rundfunk und das dänische Fernsehen standen ganz im Zeichen des Turniers. Das Fernsehen brachte Tag für Tag zwei Stunden hindurch Direktsendungen aus dem Bernstorff-Park.

Es ist ein Zeichen in der Entwicklung des Turniersports, daß man letztlich mit Zuschauermassen rechnet. Nur wenige Ausnahmen bestätigen diese – sportlich gesehen gewiß nicht gesunde – Regel. So gab es lange Jahre, da man beispielsweise in Köln Zuschauer zwar hereinließ, keineswegs aber mit ihnen rechnete. Im allgemeinen aber ist der »zahlende Zuschauer« sogenannter König. Auf ihn wird der Sport mehr oder weniger zugeschnitten, und die Aktiven betreiben notgedrungen beides: Sport und »Kundendienst«.

In Kopenhagen erschien zunächst nur ein kleiner Kreis von Zuschauern, Menschen wohl größtenteils, die in unmittelbarer Verbindung mit dem Reitsport standen. Von Tag zu Tag wuchs dieser Kreis, und es war offensichtlich, daß er sich auch aus Bevölkerungsgruppen ergänzte, die durch Fernseh- und Presseberichte angelockt worden waren.

Wie wird nun die Entwicklung in der dänischen Hauptstadt sein? Vizepräsident P. F. Hartel meinte, man wolle alles versuchen, um den Zuschauerkreis von Jahr zu Jahr anwachsen zu lassen. Und dann sollte später der jetzige Turnierplatz Abreiteplatz werden, während die weiten Parkwiesen dahinter vor Schloß Bernstorff die neue Turnieranlage auf-

Mit einem dunkelblauen Jaguar kam die Königin von Dänemark, Ingrid, über den Parcours zur Ehrenloge gefahren (vorn, im Hintergrund mit flachem, weißen Häubchen die Kronprinzessin), empfangen und geleitet von Knud Larsen, dem Leiter des Turniers. – Den ersten Nationenpreis in Dänemark gewann die deutsche Equipe mit Magnus von Buchwaldt (Servus), Helga Köhler (Armalva), Anna Clement (Nico) und Peter Wandschneider (Fels); Köhler war als Equipechef eingesetzt.

nehmen sollten. Sicherlich ist dies erst einmal Zukunftsmusik. Aber die Tendenz zum »Mammut« ist da, hier wie fast überall. Und dazu kann man eigentlich nur sagen, daß der Anfang in den meisten Fällen der schönste und oft auch der wertvollste Abschnitt ist in der Entwicklung eines Turnierveranstalters. Sei es, wie es sei. In diesem Jahr gehörte das Turnier in Kopenhagen zu den angenehmsten Oasen, die es heute noch gibt.

*

Für die dänische, in gewisser Weise für die ganze nordische Reiterei war Kopenhagen ein Ereignis. Beim Gala-Diner am Abend des Schlußtages sprach der Präsident der dänischen FN aus, was viele bewegte: Diese Tage im Bernstorff-Park haben gezeigt, was der Turniersport wirklich bedeutet. Sie haben deutlich ein Ziel erkennen lassen, das der dänischen Reiterei aus Mangel an praktischen Vergleichen bislang nicht wirklich sichtbar zu werden vermochte.
So hat dieses CHIO Aufschluß gegeben und Auftrieb im Lande Dänemark, unterstrichen noch ganz besonders durch das hervorragende Abschneiden der dänischen Military-Reiter knapp acht Tage darauf in Luhmühlen.
Mit Kopenhagen gleichzeitig fand in Köln die deutsche Meisterschaft der Springreiter und die letzte Dressurausscheidung für Rom statt. Turin war gerade voraufgegangen. Hieran mag es gelegen haben, daß von offizieller deutscher Seite aus nicht Zeit und Überlegung genug blieben, um sich rechtzeitig und genügend der deutschen Entsendung nach Kopenhagen zu erinnern. So wurde die endgültige Beschickung in Kopenhagen erst angemeldet, als das Turnier bereits zwei Tage lief. Da meinte Präsident Knud Larsen, er habe das Schreiben ja nun nicht mehr zu lesen brauchen, da er bereits das Vergnügen gehabt habe, die deutschen Teilnehmer und ihre Pferde kennenzulernen. Es fehlten auch die offiziellen Satteldecken, die bei CHIO's anzulegen sind. Und so nahm es denn auch nicht wunder, daß von offizieller deutscher Seite auch der Sieg der deutschen Equipe im Preis der Nationen vollkommen unbeachtet blieb.
Diese Feststellungen erfolgen nicht einer Kritik wegen. Man würde so etwas an sich unter Ausschluß der Öffentlichkeit regeln. Nein, diese Feststellungen werden hier getroffen, weil sich immer mehr die Gefahr breit macht, nur noch höchste Spitzenbegegnungen und nur noch das Zeichen der olympischen Ringe wichtig zu nehmen. Diese Entwicklung schleicht sich unbewußt ein und deklassiert ungewollt in bedenklicher Weise alles, was im Augenblick nicht im Flutlicht steht. Auf diese Weise ist schon mancher Sport aufs Krankenbett geworfen worden. Die deutsche reiterliche Spitzen-»Behörde« mit der wohl breitesten züchterischen und reiterlichen Basis, die es auf der ganzen Welt gibt, darf nicht dem Fehler verfallen, einseitig ihr Interesse und ihre Fürsorge nur auf bestimmte Brennpunkte zu lenken. Sie muß alles im Auge behalten, und sie muß auch das wichtig nehmen, was beispielsweise mit Rom nun einmal nicht in unmittelbarer Verbindung steht.
Als die Pferde am Schlußtag in Kopenhagen zum letzten Mal von der an der Ostsee gelegenen Trabrennbahn, auf der sie in wunderbaren Stallungen untergebracht waren (an jeder Box waren vom Veranstalter Namensschilder mit den jeweiligen Nationalfarben angebracht), zum Bernstorff-Park marschierten, begegneten ihnen Autos aus – man möchte beinah sagen – allen Jahrhunderten. Vollgestopft mit Menschen, die ihre Hunde und auch sehr häufig ihre Kanarienvögel in Bauern auf dem Schoß hielten, juckelten oder rollten sie in die sonntägliche Natur. Der Turnierplatz hatte sich an diesem Tage um ein weiteres gefüllt und bot bereits das Bild eines recht guten Besuches.

Es kam noch einmal zu einem deutschen Sieg, dieses Mal für Armalva. Da erklang recht unerwartet die englische Nationalhymne. Die deutschen Teilnehmer grüßten artig, wenn auch schmunzelnd, woraufhin schließlich die Musik abbrach und noch einmal, dieses Mal richtig, begann. Die Art, wie die Deutschen dieses kleine Malheur aufgenommen hatten, sicherte ihnen weitere Sympathien, Sympathien, welche die »Germanen« in Dänemark keineswegs so ohne weiteres genießen. Und so war es eine besondere Freude, als beim Schlußaufmarsch unsere Reiterinnen und Reiter mit einem über die Maßen spontanen und langanhaltenden Beifall bedacht wurden.

*

Mirko Altgayer meinte einmal, die meisten Turniere hätten kein Herz mehr. Er hatte leider nur zu recht. Es gibt vielfach eine respektable Perfektion im technischen Ablauf. Aber gerade diese Perfektion ist bedrückend. Denn Pferdebesitzer und Aktive fühlen sich roboterischer Kälte ausgesetzt und fühlen sich daraufhin beobachtet, ob sie auch »funktionieren«.
Auch in den nächsten Jahren gab es in Kopenhagen wieder viel Herz. Dreimal waren wir dort. »Jochen«, hatte Erich Wandschneider vor einem Nationenpreis zu Köhler gesagt, »ich hab' Fels (unter Peter Wandschneider) verdammt sauber gekriegt. Mußt nu gaud uppassen, dat he womöglich nich stah'n bliwt!« Ja, da hatte der Equipechef den Schwarzen

Irgend etwas bedurfte einmal der Klärung, zu der der deutsche Equipechef (rechts) verpflichtet war. Wie immer gab es eine Lösung, obwohl diese von Knud Larsen (Mitte), FEI-Generalsekretär Menten de Horne und FN-Vertreter Edwin Graf v. Rothkirch und Trach (Brille) nicht auf Anhieb gefunden werden konnte.

Liebling des Publikums war der Pik As-xx-Sohn Pesgö, der durch Schönheit, Eleganz und Springmanier begeisterte. Amazone Helga hatte beim zweiten Kopenhagener Meeting mit ihm herausragende Erfolge.

Peter, aber Fels »parkte« nicht. Zusammen mit Cremona (Helga Köhler) und einer holsteinischen Fuchsstute (v. Halblang) mit Anna Clement und Magnus v. Buchwaldt hatte es wieder geklappt.
Beim dritten Mal wurden H. G. Winkler und Alwin Schockemöhle mitentsandt. Pesgö mit Amazone Helga gewann zwei schwere Springen, während sich Armalva mit den einzigen O-Runden im Nationenpreis vom großen Sport verabschiedete. Stallgefährtin Cremona ging über 2 Meter im Großen Preis, zweite hinter Flanagan (Pat Smythe), nach Stechen bis zur Entscheidung.
Danach hat man leider lange nichts mehr gehört von Turnieren in der dänischen Hauptstadt.

Aachen

Wo trauten wir uns nicht hin? Mehrfach wohnten wir sogar im »Quellenhof«, wenn Helga zur offiziellen Equipe gehörte. Da war einmal der Pudel Punsch beim Friseur. Ein Hotelpage schob ihn durch unsere Zimmertür. Ganz verlegen stand er da. Zurechtgemacht auf alte Art: Fellmuffs an den Füßen, scharf geschoren am ganzen Körper mit einer dicken Quaste am Schwanz. Helga ruhte gerade, richtete sich auf und fiel schluchzend zurück in die Kissen. Punsch verkroch sich unter dem Bett, als sei er schuldig an diesem Debakel.

Zuerst gab es noch Material- und Eignungsprüfungen, auch Jagdpferdeprüfungen in der Soers, später nur noch harten Leistungssport. Je mehr ausländische Equipen zur Stelle waren, um so größer war der Stolz des Veranstalters. Es war aber auch immer viel los in dieser Hinsicht. Die Trauben hingen – wie heute – hoch.

In einem Nationenpreis lagen die Spanier hoffnungslos zurück nach dem ersten Umlauf. Danach konnte man sehen, wie der Equipechef seine Reiter um sich und in sich versammelte. Du Donnerschlag, war das ein Zunder. Kein Wort war zu verstehen, aber man konnte merken, wie die Herren erst in die Knie gingen und dann gleichsam im Stahlkorsett zu ihren Pferden strebten. Sie gewannen den Nationenpreis. Ein anderes Mal blieben die italienische und die deutsche Mannschaft punktgleich. Beide mußten stechen um den Sieg, zum dritten Mal also über den ganzen Parcours. Es entschied bei Fehlergleichheit nunmehr die bessere Zeit. Die Italiener wurden knapper Sieger. Armalva war – wie so oft – dabei, vergangene Zeiten, wo eine deutsche Amazone noch zur Nationalequipe gehörte, eine Amazone, die gerade auch in Aachen oft gefeiert wurde und dort auf Feuerland das damals angeblich beste Pferd der Welt, Foxhunter unter Col. Lt. Llewellyn bezwang. Dieser Sieg ging als Sensation durch die Presse.

Armalva lief in ihrer Freizeit bei den Stallungen frei herum. Graste hier und graste da,

Gegen Abend des Schlußtags verabschieden sich die Equipen von den 50 000 Zuschauern, die mit weißen Taschentüchern winken und eine unvorstellbar bewegte Kulisse geben zu den scheidenden Reitern unten im Stadion. Unten die deutsche Mannschaft, angeführt durch Helga Köhler auf Feuerland.

Ein grandioses Bild: Aachen am letzten Turniertag.

Das waren noch Zeiten, als sogar in Aachen Nachwuchspferde ihre Startmöglichkeiten hatten. Diese jungen Turnierteilnehmer verdienten oft genug so viel, daß die Unkosten gedeckt waren und die älteren Stallgefährten ruhig einmal einen Klotz machen konnten im Parcours. Dieses beruhigende Gefühl kam der Unbekümmertheit mancher Reiter und damit ihren Erfolgen zugute. – Inge Fellgiebel und Jochen Köhler meinten dies offenbar auch, als sie ihre Pferde Kapitän und Altländerin als gemeinsame Sieger einer Eignungsprüfung für Reitpferde in Aachen zur Ehrenrunde ritten. (Inges Pferd ging besser links, es lag also kein Kavaliersdelikt vor.)

Das Zelt des Deutschen Reiter- und Fahrerverbandes (hier in Aachen) förderte den Zusammenhalt der Aktiven und gab ihnen zwischen den Prüfungen eine Bleibe, in der jede Gelegenheit ausgenutzt wurde, sich zu amüsieren. Einmal war es ein verlockender Gartenschlauch für Liselott Linsenhoff (rechts), Anneliese Küppers, Francisco Goyoaga und Paola Elizalde, seine Frau, der dann schließlich nicht nur die Augen nicht trocken ließ.

schließlich einmal sogar auf dem Parkplatz der Ehrengäste, wo sie wie verträumt die Anfahrt dicker Automobile beobachtete, als wir sie holen wollten zu einem Start.
Ein geradezu unwahrscheinliches Erlebnis war es jedesmal, wenn nach dem Großen Preis am Schlußtag 50 000 Zuschauer ihre Taschentücher zogen — wie heute auch —, um den sich verabschiedenden Equipen zuzuwinken, unvergeßlich auch das großartige Eßlokal von Vater Schmitz in Schwarzenbruch, wo das heutige Spring-Ass Peter damals von einem roten Rock höchstens andeutungsweise träumen konnte.

Europameisterschaft in Deauville

Vom CHIO Aachen aus ging die Reise los. Jürgen Ernst und Fritz Vollerthun kamen mit den Pferden einen halben Tag später, als vorgesehen, in Deauville an. Sie hatten umkehren und ihren für einen Tunnel zu hohen Waggon austauschen müssen. Am Atlantik war es regnerisch. Eine starke Brise ließ Hüte hochgehen und den Turnierplatz grau erscheinen. Dafür leitete eine Gruppe korpulenter Claironbläser die Prüfungen ein. Der Fotograf Fritz Peyer gehörte zur Mannschaft, Magnus und Ottilie v. Buchwaldt und Köhler begleiteten die Amazonen Anna und Helga, denen Nico, Flugwind, Cremona und Pesgö zur Verfügung standen. Nationale Springen bildeten das Rahmenprogramm für die Meisterschaftsentscheidungen der großen Streitmacht europäischer Spitzenamazonen. Die französischen Reiter auf französischen Pferden erhalten für jede 0-Runde noch einmal vom Staat dieselbe Summe, wie sie der Veranstalter auswirft. Beneidenswert. Groß angelegt erscheint die Rennbahn als internationaler Turfbegriff. Am Strand haben Pferde-Verleihbetriebe Zirkel aus Strohballen angelegt und lassen jedermann juxen.

Das Hotel der Equipe war exzellent und besser als die mittelprächtigen reiterlichen Erfolge, wenngleich Pesgö im Sb-Springen unter den Siegern rangierte. Um so vornehmer wurde gespeist im Interesse des inneren Gleichgewichts.

An einem Ruhetag rollten wir mit unserem Diesel nach Le Pin, um das berühmte Gestüt zu besichtigen. Anna hatte unterwegs ihre Tour, tiefsinnig Gewagtes aus sich herauszuplätschern, so daß Fritz Peyer, der dies das erste Mal erlebte, zunächst etwas verwirrt in einer Ecke saß.

Ein Außenstehender könnte meinen, daß Pferdeleute mittleren Alters – von den mitfahrenden »Remonte-Jahrgängen« abgesehen – doch schon in gewisser Abgeklärtheit jenen hippologischen Gefilden zustreben, die ihnen bislang noch verborgen geblieben sind.

Dem deutschen Mercedes, der an einem regnerischen Julitag durch die großartigen Alleen der normannischen Landstraßen rollte, fehlte zwar seit der ersten Nacht am Atlantik Stern und Fivegated Horse am Kühler, sonst aber nichts, was ihn daran hätte hindern können, seine erwartungsvollen Insassen über Pont l'Evêque, Lisieux, Livarot, Gace nach Nonant Le Pin zu bringen, von wo aus das berühmte Gestüt nur noch wenige Kilometer in Richtung Argentan entfernt ist.

Angesichts der plötzlich auftauchenden Gestütanlagen, in die man durch eine lange, rechts und links von alten vitalen Waldungen eingefaßte Allee in sanfter Steigung wie gebannt hineinblickt, dürfte es nicht nur unserem modernen, hier völlig unpassenden Reisewagen in dieser unbeschreiblich großartigen Landschaft ganz plötzlich den Atem verschlagen haben. Wirklich: Halten und feierliche Bewunderung war eins.

»Die Zeiten vergehen . . . aber die Tradition in Le Pin bleibt! Die Vergangenheit ist hier immer Gegenwart.«

Dieser französische Ausspruch über Le Pin beschwört die große Zeit der französischen Geschichte herauf. Und sie wird tatsächlich lebendig in dieser herrlichen Landschaft der Normandie, in dieser wahrhaft majestätischen Anlage des königlichen Gestüts.

Am schmiedeeisernen Portal standen wir wie gebannt, unschlüssig, dieses Märchenreich zu betreten, als ein dunkler Fuchshengst englischen Vollbluts – offenbar auf dem Weg zur Schmiede – an uns vorübergeführt wurde, während sich hinter uns der Blick auftat auf die viele Kilometer an alten Eichenbeständen entlang einzusehende Allee de la Forge, auf der von einem Gestütwärter ein kolossaler Percheron-Schimmelhengst herangeführt wurde. Dann kam in flottem Tempo eine Gig mit einem Cob-Hengst herangetrabt. Zwei Stallburschen kehrten augenscheinlich aus dem Städtchen von Besorgungen zurück.

Über dicken, knirschenden Kies traten wir endlich durch das Tor, rechts und links der tiefe, breite wasserlose Burggraben, in dem eine üppige, bis ins letzte gehegte Pflanzenwelt prachtvoll blühte und gedieh. In diesem Augenblick war uns Fritz Peyer schon abhanden gekommen. Wie ein »Jagdhund« hatte er mit seiner Kamera die vielen ungewöhnlichen Fährten aufgenommen.

Ein Gestütwärter wurde unser ansichtig, bat uns mit Grandezza wortlos ihm zu folgen, und wir betraten bald darauf den Stall der Vollblutbeschäler und Traberhengste. Großrahmige, hochedle und unwahrscheinlich ausdrucksvolle Hengste nahmen in ihren palastartigen Boxen gelassen von uns Notiz. Saint Gothard, ein Sohn des großen Brantome, der ungewöhnlich schöne Shikampur und Furioso, ein bekannter Springpferdevererber zogen uns besonders in ihren Bann.

Unter den Traberhengsten fanden sich große Heroen, die sich auf den Rennbahnen Frankreichs die Rekorde streitig gemacht hatten. So vor allem Carioca II, Volontaire und Elope.

Le Pin beherbergt neun englische Vollbluthengste, zwei Angloaraber, siebzehn französische Traberbeschäler, acht Normannenhengste des Reitpferdtyps, fünfzehn normannische Cobbeschäler und sechsundachtzig Percheron-Kaltbluthengste, darunter die großen Champions der letzten Jahre, Elbeuf, Grec, Gaulois, Insoumis-Javelot, Koeningsmark und Mexicain. Zu diesen hundertsiebenunddreißig staatlichen Beschälern gehören etwa vierzig Pferde für bestimmte Arbeiten in der Gestütschule und der Domäne.

Wie bei uns in Deutschland gehen alle Hengste im Frühjahr (Ende Februar) auf die im Gestütbezirk verteilten Deckstationen (50), wo sie unter der Obhut ihrer Gestütwärter bis zum Juli verbleiben. Le Pin beschickt die Departments l'Orne, den größten Teil von Calvados, l'Eure, Seine-et-Oise, Seine und die Gebiete um die Sarthe, l'Eure-et-Loire und Loire-et-Cher.

Der Gestütbezirk umfaßt auch Paris, dessen große Hippodrome angeblich ausschließlich auf Pin-Nachzuchten zurückgreifen.

Den Nachkommen der Hengste aus Le Pin wird in Frankreich Weltgeltung nachgesagt. Die Percherons haben Absatzgebiete in Argentinien, Chile und Japan, wohin regelmäßig Zuchthengste geliefert werden.

Seit einigen Jahren hat die Gestütverwaltung übrigens auch die Kontrolle über die Zucht der Stiere mit übernommen, eine Handhabung, die bei uns undenkbar wäre.

Alle kriegerischen Unruhen hatten die Anlagen des Gestüts unversehrt gelassen. Le Pin umfaßt drei verschiedene Abteilungen unter der gleichen Direktion:

> Das Landgestüt,
> die Gestütschule
> und die Domäne.

Die Gestütschule entstand 1823 als Ausbildungsstätte für Beamte der französischen Gestütverwaltung und für das Personal der staatlichen Gestüte. Während naturgemäß immer nur einzelne Schüler der gehobenen Laufbahn in Le Pin anwesend sind, stehen hier regelmäßig etwa zwanzig junge Leute zwischen 14 und 18 Jahren in Ausbildung.

Interessant ist, daß diejenigen jungen Menschen, die nach ihrer Prüfung etatmäßig nicht in den verschiedenen Staatsgestüten unterzubringen sind, in Privatzuchten oder Reit- und Turnierställe vermittelt werden.

Man sagte uns, daß diese Schule auch im Ausland große Bewunderung findet. Aus England, Deutschland, den USA, der Tschechoslowakei, aus Siam, Schweden, der Schweiz,

Von der Parkseite her hat man diesen Blick auf die Hauptanlage des Staatsgestüts Le Pin. Im Vordergrund das Schloß, in dem der Landstallmeister wohnt, dahinter der Ehrenhof, um den herum sich die Stallungen in weit verzweigten Gebäudekomplexen und Höfen gruppieren. Ein weiterer Teil der Gestütanlagen liegt einige hundert Meter zurück im Eichenwald, wo sich auch der große Wirtschaftshof der Landwirtschafts-Domäne befindet. – Das Gestüt wurde 1665 von Ludwig XIV. begründet.

Persien, Litauen, Belgien, Polen, Argentinien und Indien sind Schüler nach Le Pin entsandt worden.
Die reiterliche Ausbildung erfolgt auf Hengsten des Landgestüts, wobei neben Reitbahn, Reitplätzen und Parcours ein ideales Gelände mit kilometerlangen festen Jagdbahnen zur Verfügung steht.
Wie bei unseren früheren preußischen Hauptgestüten und auch heute noch in Marbach gehört ein landwirtschaftlicher Betrieb zum Harras du Pin. Die Domäne umfaßt 1112 ha Land, davon sind 252 ha Wald und 682 ha Wiesen.
Um 1730 wurde hier und auf sechs Vorwerken eine größere Stutenherde gehalten, die in der Art eines Hauptgestüts bis zum Jahr 1852 in kleinerem Umfang für die Reitpferdezucht wirksam war.
Einige Kilometer entfernt liegt auf einem Waldplateau der Krankenstall mit zahlreichen Boxen von imponierender Größe. Mehrere Paddoks gewähren den Rekonvaleszenten Auslauf. Hier befindet sich auch die zum Gestüt gehörende Rennbahn, die – wie man in Le Pin hörte – mit Dieppe, Verrie und Paut et Craon einer der großen »Parcours« in Frankreich ist.
»In Le Pin muß man springen«, sagte ein Gestütbeamter stolz zu uns, womit er durchaus recht zu haben schien. Und er schloß, als wir schließlich in der unendlich langen rasenbewachsenen Allee Louis XIV. standen, auf der die alten Hengste im Handpferdedienst bewegt werden, und zu den Eichen aufschauten, die Wipfel könnte man nicht erkennen. Auch damit hatte er recht.

Ganz am Ende dieser schönen Avenue, die das ganze Gebiet durchzieht von Osten nach Westen, liegt die Rennbahn mit einer Flachbahn von 2000 Metern und einem Parcours mit schön angelegten ernstzunehmenden Hindernissen. Sie besteht seit 1823. Während einiger Jahre gab es – um 1848 – noch eine andere Rennbahn, die bei Vieux-Pin auf den Wiesen angelegt war. An diese beiden Bahnen knüpfen sich die Namen zweier großer Herren, beide Beamte des Gestüts: Baron Gaston de la Motte, Erringer von 139 Siegen auf 478 Rennen, und Georges du Breil, der in Flach- und Hindernisrennen 306 Siege erfocht. In der großen Geschirrkammer des Gestüts hängt der Sattel von Georges du Breil, der 1942–1944 Direktor war, dicht bei dem Dressursattel eines anderen großen Reiters, des Chevalier d'Abzac, der von 1811 bis 1818 als Landstallmeister in Le Pin residierte.

»Man kann die Rennen von Pin nicht beschreiben, man muß sie miterlebt haben« meint La Varende in seinen Schriften, die von der Liebe zum normannischen Land sprechen.

Wir fuhren nach Deauville zurück in der festen Absicht, die achtzig Kilometer lange Strecke nach Le Pin mindestens noch einmal zurückzulegen, um noch viel genauer alles sehen und bewundern zu können. Aber das Turnier mit seinen vielen Verpflichtungen versperrte uns den Weg zurück. Aber es führen ja viele Straßen zum Harras du Pin, in dem Landstallmeister Raoul de Montaigne, Vicomte de Poncins, als Directeur residiert.

XII. Aufwind in Verden

Zur 10. Auktion war die Rappstute Balletteuse v. Bento vorn, wiederum ersteigert von M. Peeters, der mit diesem Pferd seine wohl besten Erfolge hatte. Auch Otto Lörke hatte Balletteuse auf dem Kaufprogramm, entschied sich nachher aber für Französin v. Futurist I. Der Altmeister kam recht ungnädig nach Verden zurück, nachdem ihn ein Zucht-Händler von der Auktion weg weit in's Land gelockt hatte, offenbar aber nicht annähernd hatte halten können, was seine Flötentöne versprachen. (»Dämlicher Kerl, einen alten Mann zum Narren zu halten«.)

Beim nächsten Mal rouliterte Marschall v. Dolmetsch beim Freispringen in einer Art Todesspirale, kam aber wieder auf die Beine und hoch ins Geld. Hans Freitag, der späteren Amazone Renates Vater, gab das Spitzengebot ab und hatte damit sein erstes großes Turnierpferd im Stall. Dem Dunkelbraunen folgte im Nächstkurs Fugosa v. Fermor I, die sich Heinz Veting sicherte, weil er gerade Fahnenkönig an Franzisco Goyoaga verkauft hatte. Ein weiterer Dolmetsch-Sohn ging um diese Zeit über die Verdener Auktion. Der zog beim Springen unter dem Reiter alles an. Fänge, Banden und Tripplebarres verkehrt. »Jochen«, sagte der legendäre Erich Wandschneider später, »wie kann'st du so'n Pierd verköpen!« – »Wieso?« »Dat will ich di seggen, wenn de bi uns up't Turnier an'n Start güng, dunn legen de Taukiekers (Zuschauer) vull in de Deckung, lang in de Dünen!«

Sehr kontaktfreudig war eine Dame aus der Schweiz, die zehn Tage vor der Auktion anreiste, um schließlich kaum noch zu wissen, was sie wollte. Das zu ersteigernde Pferd sollte bei aller Eleganz topruhig vom Stall über eine belebte Verkehrsstraße zur Reithalle gehen können. Dies war das erste Gebot, und da wurde dann probiert und abgewogen, bis eine engere Wahl feststand. Doch eines Morgens standen neue Favoriten auf der Liste. Allen voran ein lebhafter, zwischen Stall und Reithalle mit ziemlicher Sicherheit nicht von der gewünschten Gelassenheit ausgezeichneter Brauner, der aber in der Kontaktaufnahme die Schweizerin mehr begeistert hatte als alle anderen, die in der Box zum Schmusen aufgefordert wurden. »Seien's mir nicht bös, daß ich alle Pläne schon wieder umwerfe, aber dieser liebe Kerl und ich, wir haben uns sofort gefunden. Zwei Knöpfe von meinem Pelz hat er mir abgedreht, der Lauser«. – Na, ja. Es sei. Und es wurde.

Erst die 14. Auktion brachte den ersehnten Traumpreis von 10 000,– DM. Ihn erzielte Firlefanz v. Friesenkönig, Trostpflaster für Horst Benecke zur Eickhorst, der kurz vorher Freya v. Fermor I (Vollschwester zu Fugosa) an den Verdener Stall Freitag losgeworden war.

Von jetzt ab stieg der Spitzenpreis in erheblich höheren Stufen und erreichte zwei Jahre später eine Verdoppelung auf 20 000,– DM. Der Durchschnittspreis belief sich um diese Zeit für sieben Auktionen um annähernd 5 000,– DM bei einer Zahl um 60 Auktionspferde (Frühjahr 1958 bis Frühjahr 1961).

Aus Australien weilte Mrs. Mc. Duff zur Auktionszeit gelegentlich in Verden. Sie stand im Herbst ihres Lebens, ihr um 20 Jahre älterer Gemahl aus Schottland im Winter. Die temperamentvolle Dame wollte die Pferde immer aus nächster Nähe sehen und war nicht aus der Bahn herauszubekommen. Da begab es sich, daß die schöne Schimmelstute Biene Maja (v. Bento) hintausschlug und Mrs. Mac Duff an der Schläfe streifte, woraufhin die Lady mit den Händen an der Rocknaht lautlos und in gerader Haltung rücklings zu Bo-

Theo Hansen, heute Reitmeister in Marbach/Lauter, war lange Zeit Reitlehrer in der Reit- und Fahrschule Verden und Stallmeister der Verdener Auktionen. Mit eisernen Nerven leitete er den Ablauf.

den sank. Stallmeister Theo Hansen auf einem schweren Hunter stahlschenkelig im Sattel ritt heran und befand:»Jungs, bringt 'ne Schüffel her«. Doch da verlangte die Ruhende mit geschlossenen Augen und leiser Stimme nach ihrem Mann, der sich hochbetagt über die Bande wölterte, um in schnellen Knickschritten die Unfallstelle zu erreichen. Als er sich über sie beugte, hörte man befreit die Worte:»Kiss me, quickly!« Und dann kisste der alte Herr so quickly wie ein Maschinengewehr, was den Erfolg hatte, daß Mrs. Mac Duff transportfähig wurde und dem Krankenhaus zugeführt werden konnte.
Jahrelang kaufte sich ein Herr aus dem Rheinland pompöse Verlaßpferde, die an Dreschmaschinen ruhig stehen mußten. – Einmal paßte es nur abends: Eine schwarzbraune Frustra-Tochter stand groß aufgemacht und blank wie ein Aal in der Verdener Halle, denn der Herr war Ästhet und in eine Wolke erlesenen Parfüms gehüllt. Elegant griff Theo Hansen den gewichtigen Reiter ans Bein, um ihn in den Sattel zu heben. Die Stute stand wie ein Baum bis zu dem Augenblick, da der rechte Sporen sich eine Bahn seitlich über die Kruppe bahnte, was bei dem sonst zuverlässigen Pferd eine Art Kapriole zur Folge hatte. Glücklicherweise fand Hansens rechte Hand gerade noch rechtzeitig Halt in den Ballons der im Fluge entschwindenden maßgeschneiderten Hose, so daß er – mitschwebend – immerhin gut 180 Pfund dagegen hängen konnte. Kurz vor der Landung, die in Richtung Bande zielte, schaffte es Hansen, mit einem gewaltigen Ruck, die Erdbegegnung vor die harten Bandenbohlen zu verlegen, so daß Schaden vermieden wurde. »Mein Gott, Herr Hansen, welch' ein Segen, daß Sie es vermochten, mich vor der Holzwand zu stoppen!« »Tja, süst har'n wi morgen Beerdigung hatt.«

In dieser Ecke pflegten die Ehrengäste und Reiterasse zu sitzen. V. l. obere Reihe: Alwin Schockemöhle, Willi Schultheis, Renate Freitag, Gerlinde Merten, Romy Röhr, Maria Günther, Hans Günter Winkler, Mariechen (spätere Frau von Hauke Schmidt) und Margarete (spätere Frau von Herbert Meyer); mittlere Reihe v. l.: Hans v. d. Decken, Karl Balschukat, Bechtold Graf v. Bernstorff, Landstallmeister Armin Holzrichter, Burchard Müller (untere Gesichtshälfte halb verdeckt), OLR Breitfeld; vordere Reihe v. l.: Wilhelm Hansen-Rosenthal, die Landstallmeister Dr. Georg Steinkopff, Dr. Julius Kiel und Hans Köhler (früher Redefin), Jutta Köhler und Köhler-Mutter Margarete.

Mit der 20. Auktion (Frühjahr 1959) begann die Aera des zunächst umstrittenen, genialen Pik As xx. Das Spitzenpferd Parthenon machte den Anfang. Der River-Kwai-Marsch war der letzte Schrei und bildete zu seinem Auftritt die Begleitmusik, die – damals noch aus der unteren Regieecke – versehentlich viel zu laut einsetzte und den so schon recht aufgeweckten Braunen wie mit Nadeln bestickte, so daß sich schon an der ersten langen Seite Helga Köhler mit einem doppelten Rittberger (oder ähnlich) vorübergehend von ihm verabschieden mußte. Parthenon und Pik Dame vertraten ihren Vater nicht sonderlich gut und ließen die Version aufkommen, daß Pferde dieses Blutes allzu schwierig seien. Pesgö, der danach über die Verdener Auktion ging, leitete dann eine weit bessere Beurteilungswelle ein.

Mit 25 000,– DM Spitzenpreis brillierte bei der 22. Auktion das Springass Garant (v. Granat). Leider wurde der Fuchs während eines Urlaubs seines Besitzers wohlmeinend so stark gefüttert und schwach bewegt, daß er nach vier Wochen beim ersten Run im Auslauf in von Kapriolen zerrissener Superpace von einem Eiweißschock ereilt wurde. Ihm folgte als Spitze Wellington v. Wöhler, der später als Wodka 2 ein großes Dressurpferd wurde. Günther Jucho hatte einen Beauftragten entsandt, der von der Empore aus im Lodenmantel bot, so daß A. Brüns die damals obligaten Blumen mittels einer schnell angestellten Leiter – nahezu schwindelfrei – überreichen mußte.

Die 25. Jubiläumsauktion wurde feierlich begangen. Fast alle früheren Auktionsreiter ließen es sich nicht nehmen, hierbei in den Sattel zu steigen. So beispielsweise H. G. Winkler,

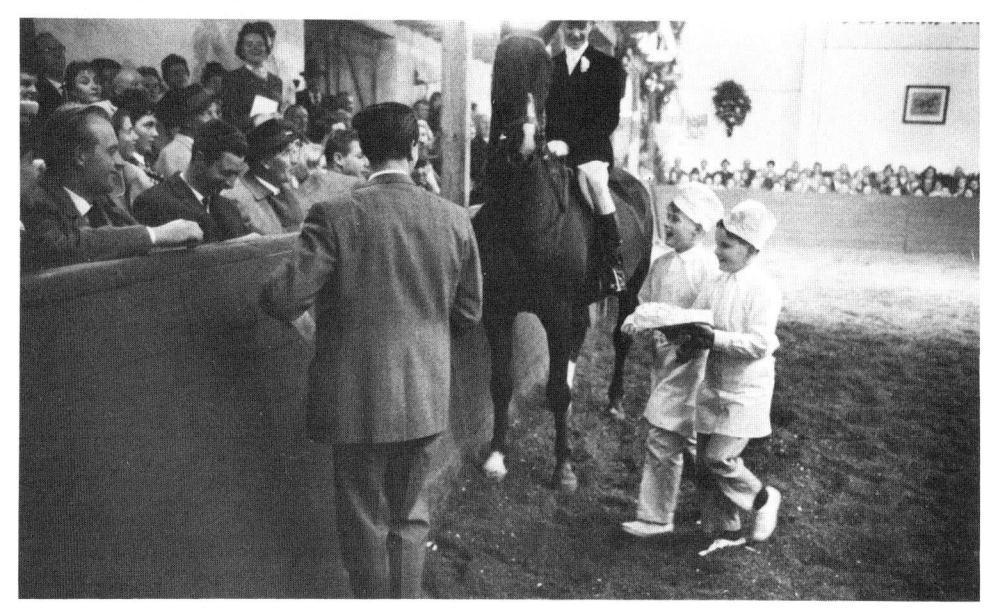

Als zehntes Pferd innerhalb weniger Jahre ersteigerte Heinrich Lampe Wettbergen den Wöhler-Sohn Wildfang (im Bild unter Hermann Schridde). Zu diesem »Jubiläum« wurde Heinrich Lampe (heute in Soeder) – vordere Reihe mit gesenktem Haupt, daneben Klaus Wagner und im Hintergrund stehend Benita (Butze) von Baath – eine Torte überreicht, die Uwe Heckmann (am Pferd) und Burkhard Gerling heranbrachten, vor lauter Aufregung und Eifer nur um ein Haar einem Sturz im tiefen Boden der Halle entgangen.

H. Schridde, Lutz Merkel, Anna Dehning, Udo Nesch, Maria Günther, Gerlinde Merten; Helga Köhler versäumte diese einzige Auktion unter 50 im Krankenhaus mit einer Bekkenfraktur. – Zwei Spitzenpferde gab es in gänzlich konträren Typen; die edle und vornehme Artischocke (v. Abendstern) und der etwas grobe, starke Falkland (v. Falk). Der Durchschnittspreis stieg um 2000,– DM auf 7000,– DM und hielt sich in etwa in dieser Höhe bis zum Herbst 1964, während die Zahl der Pferde die 70 erreichte.
Zwei Vollblutnachkommen bestimmten die Spitzenpreisnotierung für die Jahre 1962 und 1965, Valuta (v. Valentino xx) im Frühjahr 1962 mit 28 000,– DM und Velit (v. Velten xx) im Frühjahr 1965 zu 31 000,– DM. Hier begann auch die leider so kurze Aera des Velten xx, der nur vier Jahre decken durfte. Unvergessen bleibt und unerreicht blieb bislang das Pas de troit seiner drei schwarzbraunen Auktions-Söhne Velit, Vallery und Varazdin, die – vierjährig – in der Art ausgereifter Dressurpferde so tänzerisch-mühelos auch Traversalen und fliegende Wechsel zelebrierten, daß sie auf offener Szene und noch nach ihrem Entschwinden einen Minuten anhaltenden Beifall erhielten. Mit diesem »Schauspiel« fand eine Entwicklung einen vorläufigen Höhepunkt, die sich von Anfang an mit dem Gedanken befaßte, die Repräsentation ausgesuchter Pferde »in Szene« zu setzen, ohne dadurch die Seriosität der Vorstellung in Frage zu stellen, dem Gedanken, jede neue Kollektion in einer Art Uraufführung zu zeigen. Hierzu gehörte die Ausgestaltung der Halle ebenso wie die musikalische Untermalung, das Herausgebrachtsein der Pferde und der Anzug der Reiter. Und dazu gehörte weiterhin, immer weiter nach Möglichkeiten zu suchen, um den Kaufinteressenten einen noch besseren Überblick, ihnen im einzelnen noch

Mehrere Male zum Auktionsteam gehörten auch Hans Günter Winkler und der jetzige Obersattelmeister im Landgestüt Celle, Jürgen Winter (auf Kat.-Nr. 1); hier beim Abreiten auf der Stallgasse.

tiefere Einblicke zu geben. Diese Bemühungen, dieses Ringen nach ständig Besserem, das sich vor allem auch auf die Reit- und Leistungsqualität der Pferde bezog, wurden bis zum heutigen Tage durch eine Hingabe aller meist ehrenamtlich Beteiligten getragen, die von Herzen kommt. Dadurch wohl vor allem lassen sich Atmosphäre und Ausstrahlung der Verdener Auktionen erklären.

Inzwischen waren Etagentribünen in die Halle eingebaut worden, deren Fassungsvermögen an Sitz- und Stehplätzen bis zum Schluß so wenig ausreichte, daß schließlich nur noch ein Zirkel übrig blieb, um die Pferde zu zeigen. Der übrige Hufschlag wurde durch ständig erweiterte Einbauten verringert. Die Stallung faßte 63 Pferde, und so mußte ab 1963 ein Teil der Kollektion im Stall bei Odewald und im Jagdstall der Holzmarktkaserne untergebracht werden, bis ein Zelt am Auktionsstall eine Zusammenlegung aller Auktionspferde ermöglichte.

Hochinteressante Nachkommen des Landbeschälers Der Löwe xx hatten in den Jahren zuvor durch Typ, Modell und Leistungsanlagen Interesse wachgerufen, sich aber vielfach so schwierig unter dem Reiter gezeigt, daß sie auf breiterer Front der Ablehnung verfielen. Doch dann traten immer wieder und in größerer Zahl »Löwen« hervor, die solange zu einer Revision des Negativurteils gemahnten, bis feststand, daß es sich überwiegend um ausgeprägte Individuen handelte, die man verstehen lernen mußte und durchaus einsetzen konnte, vielfach weit über dem Durchschnitt stehende Eliten von nahezu unbegrenzter Leistungsfähigkeit in allen Disziplinen.

Tagespresse, Rundfunk und Fernsehen beschäftigten sich seit geraumer Zeit mit den Verdener Auktionen. Illustrierte brachten Bildreportagen, Presseschlagzeilen wie »Pferde wie

Schon damals repräsentierten in größerer Zahl internationale Hochleistungspferde die Verdener Auktionen. Allein aus Standorten in Verden wurden anläßlich der 25. Auktion stellvertretend für viele andere Ferdl, Winzer, Anakonda, Freiherr und Pesgö in einem Schaubild gezeigt und brachten damit den unverhältnismäßig hohen Anteil von Verdener Auktionspferden an den Erfolgen deutscher Pferde überzeugend zum Ausdruck.

schwarze Diamanten« unterstrichen die Exklusivität, und Fernsehscheinwerfer ließen des öfteren die nicht übermäßig widerstandsfähigen Sicherungen in der alten Halle durchschlagen. Als einmal ein Kameramann von der Empore aus einem Kollegen in Abständen winkende Zeichen gab, vermeinte A. Brüns im Dunst der hereinfallenden Sonne jedesmal ein Gebot zu erkennen und schlug dann auch schließlich zu. Der Ahnungslose, mit dem Käufer-Quittungsblock anschließend konfrontiert, dachte zunächst an einen Scherz. Dann aber machte er Ernst, unterschrieb und meinte, er habe zwar noch nie geritten, aber eigentlich immer schon Sehnsucht nach einem Pferd gehabt. So kam er also unter dem Gaudium seiner Kollegen zu einem Schimmel, dem er sich dienstlich mit seiner Kamera genähert und ihn sich dann scheinbar privatim herangewinkt hatte.

Im Frühjahr 1968 wurde der Auktionskatalog umgestellt. Während bis dahin ein Einladungsprospekt (Vorkatalog), ein Bildprospekt, der Katalog und ein Schlußprotokoll nach und nach einzeln gedruckt wurden, fand jetzt – außer dem Vorkatalog – eine Zusammenfassung aller Drucksachen in dem sogenannten Hauptkatalog statt, in dem jedem Pferd eine ganze Seite eingeräumt wurde. Diese Maßnahme fand den gewünschten Beifall; das Hantieren mit vier verschiedenen Druckunterlagen setzte ja auch eine unwahrscheinliche Fingerfertigkeit voraus. Zumal bei Rauchern oder Keksnaschern. Wenn ein Auktionspferd die Bahn betrat, begannen die Interessenten alle Unterlagen zu studieren, zu lesen und miteinander zu vergleichen. Inzwischen war das Pferd längst wieder entschwunden, und es waren nur wenige, die seiner ansichtig geworden waren.

Seither sind die meisten Kataloge zu Hause mit Hingabe schon vorbearbeitet. Nicht selten in allen Farben. Drei Kreuze wechseln mit Fragezeichen. Hier sind die Schimmel gestrichen, da die Füchse, mitunter alle Nachkommen eines bestimmten Blutes, mit dem man wohl einmal nicht so gute Erfahrungen gemacht hatte. In Verden vor Ort ändert sich dann wieder manches. Manchmal von Tag zu Tag, von Eindruck zu Eindruck.

Bisweilen ist aber auch Taktik im Spiel: Der kleine Bluff in aller noch eben möglichen Fairneß oder das ausgefeimte Täuschungsmanöver, mit dem beispielsweise Erich Wandschneider dereinst in Verden das Springpferd Arbeitspause (später Sünderin) quasi in den Schoß gelegt bekam, nachdem er bei Erscheinen der begehrten schokoladenfarbenen Stute nach rechts und links hinter vorgehaltener Hand den geschockten Mit-Interessenten in Lauffeuerwirkung zuraunte: »Dat Aas springt kee'n Graben!« Die dämlichen Gesichter, als Erich dann strahlend den Zuschlag genoß, waren kaum zu beschreiben.

Die Auktionsreiter hatten bei der Verdener Polizei eigentlich immer einen Stein im Brett. Das war besonders wichtig zu der Zeit, als drei Schimmelsöhne des damals noch unbekannten Gotthard den Springassen die Augen öffneten, und einer von ihnen, Gravensteiner, einem Feierabendgetränk den Namen gab, das sich aus Apfelsaft und klarem Korn zusammensetzte, der in der Naturfärbung des Obstsaftes unsichtbar blieb. Der unverwüstliche Hermann Voß, eines Abends mit einer Dachrinne am falschen Fenster abstürzend und von der Polizei über Gartenzäune verfolgt, entschuldigte sich am nächsten Morgen auf der Wache mit einer Flasche Sekt (»Das Leben is' dscha man kurz«), die zwar nicht in Empfang genommen, aber als Zeichen guten Willens zu bürgerlich-gesitteter Zusammenarbeit gewertet wurde.

Zwei Damen aus Wien, die ein Auktionspferd probierten und für gut befanden, indes zum Ausdruck brachten, daß ihnen das Maul zu trocken sei, versuchte ein anderer Voß, Willi, zu helfen: »Jungs, holt mal eben een Emmer Water her!«

Bereits im Januar 1969 rückte ein Teil der Frühjahrskollektion in Verden ein, um für ein Schaubild beim Bremer Turnier vorbereitet zu werden. Im März wurden dann bei tiefem Schnee in großen Rennpferdetransportern 36 junge Auktionspferde in die Bremer Stadthalle mit ihren Pflegern und 28 Reitern verladen, 24 Pferde für die Quadrille, 4 Pferde fürs Quartett, 4 Pferde für die Doppellongenvorführung und 4 Reservepferde. Für die Auktionsreiter wurde damals der vielbewunderte und später oftmals nachgeahmte dunkelblaue Paraderock mit goldenen Knöpfen entworfen und erstmalig in Bremen getragen. Gleichzeitig hatten hier auch die weißen Verdener Satteldecken Premiere. Das Schaubild fand außerordentlichen Anklang, und die Fachwelt meinte übereinstimmend, daß es eine kaum glaubliche Erscheinung gewesen sei, so viele elegant sitzende und führende Reiter(innen) in einem geschlossenen Team auf 24 meist eben erst 4jährigen Pferden zu sehen und den zwanglos gegebenen Effekt in sich aufzunehmen. Eine in Wochen dazu ausgesuchte Musik begleitete das dreiteilige Schaubild, das in mehreren Hauptveranstaltungen das ausverkaufte Haus zu Beifallsstürmen hinriß. Viele werden sich noch daran erinnern, vor allem auch daran, daß ungeahnte Schneemassen Veranlassung gaben, Autos freizuschaufeln oder sicherheitshalber mit Traktoren nach Bremen zu fahren.

1968

Verdener Auktionen Tummelplatz für Millionäre?

Können Sport-Reiter Rekordpreise zahlen? / Weite Käuferkreise schockiert

Der sensationellste Spitzenpreis, der jemals auf Verdener Auktionen erzielt wurde, war auch gestern noch Tagesgespräch Nummer eins in Stadt und Kreis Verden. 55 000 Mark für ein Pferd, das hat es in der hannoverschen Zucht bislang nicht gegeben. Ueberall diskutierten gestern Fachleute und Laien dieses über Jahrzehnte hinweg für unmöglich gehaltene Ereignis. Aber es war nicht nur eitel Freude, was aus den Stellungnahmen der Pferdefreunde herausklang. Deutlich schwang in ihren Aeußerungen auch die Sorge mit, daß Verdener Pferde für Sportreiter und andere nur mäßig bemittelte Pferdefreunde nun unerschwinglich geworden seien. Der fast unglaubliche Spitzenpreis von über 50 000 Mark und das sensationelle Durchschnittsergebnis von rund 12 000 Mark haben in weiten Teilen der traditionell Verdener Käuferschaft einen empfindlichen Schock ausgelöst. Etliche Stammgäste der Verdener Auktionen werden sich resignierend überlegen müssen, ob sie ihre Pferde künftig auf weniger kostspieligen Auktionen (Vechta, Nienburg) erwerben sollen.

Ueber die Auswirkungen des Preis-Booms und über die künftige Entwicklung der Verdener Auktionen sprachen wir mit dem Borsteler Hippologen H. J. Köhler, der die Auktionspferde aussucht und sie auf das große Ereignis vorbereitet. Hans Joachim Köhler gilt in der Fachwelt als einer der besten Pferdekenner. Seit Jahren zeichnet er für die Verdener Auktionen verantwortlich und mit traumwandlerischer Sicherheit sagte er auch diesmal voraus, daß neue Rekordergebnisse zu erwarten sind. Sein Urteil über die künftige Entwicklung dürfte maßgeblich sein.

Die besten Springpferde der Welt dürften teuer sein

Selbst für den Borsteler Hippologen kam das Rekordergebnis von 55 000 Mark überraschend. Er hatte, wie er uns verriet, mit rund 40 000 Mark gerechnet, einer Summe, die um 6000 Mark über dem alten Rekordpreis gelegen hätte. Aber auch das neue Höchstergebnis bringt den gewieften Pferdekenner nicht aus der Fassung und energisch wendet er sich dagegen, daß hier eine ungesunde Preisentwicklung ihren Anfang nimmt. Auf Vollblutauktionen sind Preise in den Hunderttausenden gang und gäbe und nichts spricht dagegen, daß sich auch bei den weltbesten Springpferden, den Hannoveranern, auf die Dauer ein höherer Preis einpendeln wird.

Unumwunden gibt H. J. Köhler zu, daß die neuen Maßstäbe vom Wochenende in weiten Käuferkreisen als schockierend empfunden werden. „Durchschnittspreise über 10 000 Mark bleiben in der traditionell Verdener Käuferschar nicht ohne Rückwirkungen", meint der Pferdekenner und fügt hinzu, „mit Sicherheit wird man Verden jetzt zunächst als Tummelplatz für Millionäre und als Apotheke verschreien."

Nur in Verden Klassepferde

Dennoch ist der Borsteler Hippologe zuversichtlich. „Wir werden den Preis auf der nächsten Auktion wahrscheinlich nicht wieder erreichen", sagt er voraus, „und auch wenn auf die Dauer gesehen, der Durchschnittspreis trotz allem weiter klettert, so werden die Sport-Reiter und auch die wahren Pferdekenner der Verdener Auktion doch weiter die Treue halten."

Unseren Einwand, daß man Hannoveraner für weit weniger Geld auch in Vechta und Nienburg ersteigern kann, wischt Köhler resolut vom Tisch. „Vechta und Nienburg bieten jene Pferde, die nach der Auswahl für Verden übrigbleiben", meint er, „und das ist in den Fachkreisen auch hinreichend bekannt. Es steht jenseits jeder Diskussion, daß wahre Klassepferde nur in Verden gekauft werden können."

Springreiter auch diesmal unter den Käufern

206

Recht eindrucksvoll unterstreicht H. J. Köhler seine Argumentation mit Beispielen: „Ein Pferd für 55 000 Mark ist eben nur ein Pferd. Die übrigen, die weit billiger waren, sind deshalb nicht viel schlechter. Die Springreiterin Romy Röhr hat für 16 000 Mark einen Schimmel gekauft und der Sieger des Verdener Turniers in diesem Jahr, Manfred Kloeß, trug sich sogar zweimal in die Käuferliste ein. Er zahlte 26 000 für ... us und 12 000 Mark für die ausgezeichnete Springstute Salve. Von diesen Pferden werden wir in Zukunft sicher noch viel hören."

Aber es gibt auch andere Beispiele: der Aachener Springreiter Peter Schmitz, ebenfalls einer der ganz großen auf internationalen Turnierplätzen, konnte die geforderten Preise für seine Favoriten nicht zahlen. Er hörte bei 15 000 Mark auf und ging mit diesem Gebot leer aus.

Ohne Pferd mußten auch all die nach Hause fahren, die für ihr Hobby nicht mehr als 6 bis 7000 Mark ausgeben können und hier sieht auch Hans Joachim Köhler für die Verdener Auktionen eine Gefahr. Selbst wenn 22 Pferde unter 10 000 Mark blieben, so ist doch diese Zahl für gerade diese Käufergruppe zu gering.

Größere Verkaufskollektionen

Man müßte die Kollektion vergrößern, meint der Borsteler Pferdekenner. Doch das wird ohne erhebliche Umorganisationen nicht möglich sein. 85 Pferde im Verkaufsring, das ist in etwa die größte Zahl, die an einem Tag verdaut werden kann. Wenn man das Angebot vergrößern will, so müßte man zunächst einen zweiten Auktionstag veranschlagen. Das wäre durchaus durchführbar. Auf der anderen Seite aber fehlen in Verden Stallungen für noch mehr Pferde und es fehlt an einer geeigneten Halle für noch mehr Zuschauer.

Der Verband hannoverscher Warmblutzüchter trägt sich seit langem mit dem Gedanken, auf der Rennbahn ein neues Auktionsdomizil zu schaffen. Angesichts des sensationellen Aufschwungs, sollte man diesen Plan intensiver als bisher verfolgen.

XIII. Immer weiter Zigeunerleben

Harzreise im Mai: Bad Harzburg

Der üblen Angewohnheit (oder Notwendigkeit), auf kürzestem Wege und in schnellstem Tempo vom Heimathafen aus die Turnierplätze zu erreichen, schlug in unserem Falle einen Tag vor Himmelfahrt die Autobahn Hannover–Kassel dadurch ein Schnippchen, daß sie uns in forcierter Fahrt soweit gen Süden zog, daß wir erst kurz vor Northeim dessen gewiß waren, daß das Ziel unserer Reise bereits weit nordostwärts hinter uns zurückgeblieben war. Es wäre unglaubhaft, zu behaupten, daß wir diese Erkenntnis mit strahlendem Lächeln quittiert hätten. Wer nun eigentlich nicht aufgepaßt hatte, war schwer festzustellen. Da es aber ein für 1963 völlig ungewohnt schöner Tag war, wurde aus der Not eine Tugend gemacht: Welch' Wink des Himmels, auf diese Weise nun beschaulich auf gewundenen Straßen über Osterode, Clausthal-Zellerfeld, Wildermann, die Kurstadt an der Zonengrenze anzulaufen, die uns am späten Nachmittag zu Füßen lag.

Auf dem Hofe des Landgestüts hatte man den Eindruck, hier finde eine Schau von Pkw und Lastzügen für den Menschen- oder Pferdetransport statt. Mit der Bundesbahn war kaum jemand gekommen. Rollende Stallungen sah man in allen Variationen. Die Boxen und Stände in den Gestütbauten – infolge Auflösung des Landgestüts der Hengstaufstallung entzogen – standen für 10,– DM den Turnierpferden zur Verfügung. Mähnen wurden in jeder Menge eingeflochten, Stalleimer kippten, und eine Amazone ging mitsamt ihrem (Einflechtungs-)Schemel zu Boden. In den Ecken des großen Hofes blühte derweil in riesigen Gebüschen der Flieder vor sich hin. Man lief in Hemdsärmeln und hatte den Nonstop-Winter vergessen. Auf dem hochgelegenen kiesigen Reitplatz wurden bunte Richterzelte mit Traktoren angefahren, während Dressur- und Materialpferde ihre Schweife senkrecht trugen und in passageartigen Tritten und posaunösen Tönen Dampf abließen. Im Mittelpunkt dieses Tummelns schwebte wie ein i-punkt auf einem überlebensgroßen Schimmel die Meisterin Romy Röhr, die man schließlich im Sattel entdeckte, nachdem sich der suchende Blick an der nicht enden wollenden, weißen Fassade des Mammutjumpers emporgetastet hatte.

Vor dem Hotel, tief durchatmend, blieb es ohne Zweifel, daß die Harzluft unwahrscheinlich sei, und während man überlegte, daß am nächsten Morgen fast 400 Pferde auf die Richter losgelassen werden sollten, gedachte man der überwältigenden Tatsache, daß gleichzeitig in Höxter, Heide, Balve, Kaiserslautern, Hamburg-Stillhorn, Konstanz und Wuppertal ähnliche Reiterschwadronen in das Manöver gehen sollten.

*

Mit etwas schlechtem Gewissen wachten wir auf. Denn wir waren alle Jahre mit Begeisterung in Heide gewesen. Doch in Bad Harzburg gehörte eine erste Qualifikationsprüfung für das Landeschampionat der Reitpferde zum Programm. Und hierfür hatten wir den Benjamin des Stalles, den dreijährigen Prado v. Pik As xx, der schließlich zum Champion erklärt wurde, zur Teilnahme ausersehen.

Die jungen Pferde hatten die Ehre, sich in einem von hohen Weißdornhecken umwachsenen Weidegarten in vier Abteilungen den Richtern zu präsentieren. Anfangs gab es gewisse Schwierigkeiten, wenn hinter der einen Hecke berittene Aktive vorüberzogen, von denen man nichts hörte und nur die wippende, schwarze Melone auf der grünen Hecke entlang tanzen sah. Diese unerklärliche, gespenstische Erscheinung brachte die vierbeinigen Kandidaten zunächst außer Rand und Band und manchen Sattelsitzer in Wohnungsnot. Hierdurch waren vielleicht auch die Herren Richter etwas irritiert, denn sie huldigten bisweilen der weniger nachahmenswerten Verfahrensweise, zwölf Prüflinge gleichzeitig in der Qualitätsbewertung des Trabes auf der Bahn zu haben, die dann den Eindruck machten, als umkreisten sie in einiger Geschwindigkeit möglichst lange die Erde. Erstaunlich schien auch, daß die Jury über so flinke Augen verfügte, daß sie in einer späteren Eignungsprüfung gleichzeitig bis zu sechs Pferde einer Rittigkeitsprüfung unterzog und hierfür auch noch individuelle Noten zu vergeben mochte(. . . schnell mußt Du blicken, dann siehst Du bis zum Hintersten!)

Im Schatten alter Eichen und dichter Hecken verfolgten Besitzer und Interessenten die Bewährung und Beurteilung der jungen Pferde, glücklich darüber, daß dieser Art Prüfungen ein so großer Raum eingeräumt und so viel Gewicht gegeben wurde. Das Richterkollegium war sichtlich bemüht, nach bestem Wissen und Gewissen die zahlreichen, guten Modelle zu sondieren und gerecht zu placieren. Und so entwickelte sich gleich mit Anbeginn eine allen gut tuende Atmosphäre.

Alldieweil genoß Micky Brinckmann zu wiederholten Malen die bodenwelligen Eigenarten des Turnierplatzes, während er die ersten Parcours dem Gelände anpaßte. So viel Natur waren die meisten Starter gar nicht gewohnt. Man kam aus dem Staunen nicht heraus ob so vieler Refus und grober Fehler. Bergauf und bergab spielten optisch und körperlich eine große Rolle. Befangenheit oder zu große pace erschwerten die Runden überdies, und fehlerlose Ritte gehörten in allen Prüfungen zu den Seltenheiten.

*

Hohe Wellen schlug der einzig richtige Entschluß der Turnierleitung, auf Antrag der Richter die um ein Viereck herum bereitgestellten sechs monotonen Stangenhindernisse für die Reitpferde-Eignung zu anullieren, und dafür auf dem Turnierplatz in Unterbrechung eines Vormittagsspringens eine Folge von Hindernissen freizugeben. Da sei ein Trakehner drin, raunte man. Man stelle sich vor. Wie entsetzlich! Mit der Zeit hörten wohl auch die Pferde davon. Jedenfalls hatten die dann auch einige »Manschetten« vor solch' naturgegebener Delle.

So sah man manch' rollendes Auge bei Roß und Reiter. Mehr oder weniger entwickelte Kreuzmuskulatur versuchte – nicht immer in letzter Konsequenz im entscheidenden Augenblick und häufig zu sehr aus gebogener Linie heraus – die Galoppsprünge an das Objekt heranzubringen, doch verhältnismäßig nur wenige Pferde, darunter aber durchaus Vierjährige, überwanden das Obstacle anstandslos oder flogen gar darüber hinweg.

*

Schon die ganzen Tage hatten uns die Vollblutstuten mit ihren Fohlen gefesselt. Man ritt regelmäßig an den Koppeln vorüber, wenn man sich zum Turnierplatz bewegte. Da bot sich eines frühen Vormittags die Gelegenheit, sich der liebenswürdigen Führung von Landstallmeister Dr. Uppenborn, dem Leiter dieser staatlichen Vollblutzucht, anvertrau-

Die Harzburger Rennbahn gehört zu den schönsten Naturanlagen ihrer Art. Es ist Platz in Hülle und Fülle. Und so sammeln sich jeweils in großzügiger Weise die Sieger und Plazierten der einzelnen Prüfungen auf dem Geläuf.

en zu dürfen. Und so war man angesichts von Turnierplatz und Rennbahn hinter hohen Naturhecken verschwunden, die unzählige Weideparzellen ohne jeglichen Draht voneinander trennten. Zuerst wurde der Boxerhund des Chefs an einem Baum festgemacht, und dann stand Andalusier v. Ticino xx a. d. Asgard xx v. Sturmvogel xx, der ebenso schöne wie bedeutende Beschäler vor uns. Sein erster Jahrgang (Fohlen bei Fuß) verblüffte durch die Durchschlagskraft der väterlichen Vererbung. Ein Fohlen glich in jeglicher Hinsicht dem anderen. Und der Stutmeister meinte, man müsse eigentlich mit verschiedenfarbenen Dekorationen arbeiten, um die Kinder des Andalusier auseinanderhalten zu können.

Auf den Weiden trafen wir gestütseigene und in Pension gastierende Stuten, die aufgrund von Abstammung und Exterieur vielfach außerordentlich bemerkenswert erschienen, alle in üppiger Kondition mit überaus gesunden Fohlen. Regelmäßig werden die Koppeln vom Pferdedung befreit – hierfür wird ein Ponycart eingesetzt – um der Verbreitung von Blutwürmern weitgehend Einhalt zu gebieten.

Hygiene wird überhaupt groß geschrieben in diesem Gestüt, in dem sich alles in peinlichster Ordnung und Sauberkeit befindet. Die Stallungen sind über hundert Jahre alt. Ihre Bauweise schafft ideale Voraussetzungen für die Gesundheit der Pferde. Möchten doch viele moderne Ställe nur annähernd so zweckmäßig gebaut sein!

*

Plötzlich – es war Himmelfahrt – tönte des Hans-Heinrich Isenbart Stimme in den Lautsprechern des Turnierplatzes. Der Weitgereiste und Vielbeschäftigte (sein letztes Fernsehstück: Hafenmelodie) war also von seiner mehrwöchigen, hippologischen Reise durch

Amerika wieder zurück. Er fand es sehr amüsant, daß sich eine lehmfuchsfarbene Dorftöle (eine Art von Hund) in der Hauptprüfung der vier Materialabteilungen (Preis von Schönrade) fröhlich zwischen den Pferden tummelte und mit ihnen in's Spiel zu kommen versuchte. Isenbart: »So ein Wauwau, meine Damen und Herren, paßt großartig in das Bild dieser jungen, schönen Pferde, die vielfach das erste Mal auf einem Turnier sind. Und sie sollen ja die Welt kennenlernen, alles, was da kreucht und fleucht«. Der Wauwau legte sich in Freudensprüngen hinter Hindernissen in's Versteck und schoß dann wieder heraus, so daß nicht immer alle Reiterantlitze ihre Knitterfreiheit bewahrten.

Huntertrials der britischen Rheinarmee 1965 in Verden a. d. Aller

Zwei Tage dauerte das Unternehmen; keine Veranstaltung im üblichen Sinne, sondern ein reitsportliches Treffen in jener zwanglosen Art und Behaglichkeit, wie dies die Engländer besonders lieben. Schon während des Trainings der Auktionspferde im September/Oktober waren Pioniere wochenlang damit beschäftigt, 24 verschiedene Hindernisse in jeweils drei Schwierigkeitsstufen (1,00 m, 1,10 m, 1,20 m) zu bauen. Dies alles, als wenn es für die Ewigkeit halten sollte. Und so bot sich dem hannoverschen Züchterverband später die willkommene Gelegenheit, einen Teil der Hindernisse für das regelmäßige Training und die vielseitige Erprobung der Auktionspferde anzukaufen.

Etwas verführerisch war die Tatsache, daß allerbester Whisky – als dann Ende Oktober die Huntertrials zur Durchführung gelangten – pro Glas nur 0,40 DM kostete. Man bekam ihn in einem der Restaurationszelte, die der Öffentlichkeit zugänglich waren. In einem den Offizieren vorbehaltenen Zelt sah man den üblichen Komfort: Klubsessel, Teppiche und Wanddekorationen. Sandwiches gab es überall, und bei dem sommerlichen Spätherbstwetter trugen viele lustwandelnd ihr Glas mit Ale, Whisky oder Cognac in der Hand. Oder lehnten lässig an den rails, je nach Gesprächsstoff mit einem oder mit beiden Augen das sportliche Geschehen in sich aufzunehmen.

Jedermann konnte sich überall auf dem Gelände der Rennbahn bewegen. Zwanglos. Man setzte voraus, daß niemand dabei war, der nicht wüßte, daß Pferde und Reiter dort Sport betrieben und nicht behindert werden durften. Es gab auch tatsächlich keine Zwischenfälle, obwohl nichts verboten war.

Interessant war die Dreiteilung der Anforderungen. Rot gab die höchste, blau die mittlere und weiß die niedrigste Punktzahl an; ansonsten entschied die Zeit. Es wurde in einigen Prüfungen einzeln, in anderen zu zweit geritten. Über Platzlautsprecher wurden alle Ritte kommentiert, so daß der Stand der Dinge zu jeder Zeit offenbar war. Amazonen, Unteroffiziere, junge Leutnants, ältere Generale und auch deutsche Teilnehmer, zu denen neben Zivilreitern zwei Bundeswehrangehörige zählten, konkurrierten. Es gab etwa sieben schwerere und zahlreiche leichtere Stürze. Nur in einem Fall jedoch mußte das Lazarett aufgesucht werden.

Eine Schau für sich waren die Hunde, überwiegend würdevoll, selten rasserein, in ihrem Gesichtsausdruck oftmals ihren Herrn imitierend. Wie immer verstanden es die englischen Herrn, ihre Hände so in die Hosentaschen zu stecken, daß sie dennoch Eleganz ausstrahlten, ohne auch nur im geringsten burschikos zu wirken.

Die Pferde entstammten, so hatte man den Eindruck, allen Zuchten der Welt. Man sah vom Blut-Schecken-Pony bis zum schwersten, hakigen Hunter alles. Gleich war bei allen, wie die dahingaloppierten und sprangen, überhaupt wie sie herausgebracht und geritten wurden. Da konnte man Holsteiner für Engländer halten.

Als ein englischer Sergeant stürzte, rief der Lautsprecher keineswegs nach einem Sanitäter, sondern zuerst nach einem cup of tea an den Sprung sieben. Tee übrigens, nicht nur Whisky, wie man anfangs meinte, wurde am meisten getrunken. Nahezu unentwegt und mit sichtlichem Genuß.

Ein englischer General scheiterte an Sprung neun. Sein guter Brauner war nicht zu bewegen, in ein finsteres Erdloch hineinzuspringen. Da scherte er bedachtsam aus, klopfte sein

Autogrammjagd wurde zur großen Mode. Dies war im klimaschroffen Heide (in Holstein) nicht anders als im fönbeströmten München.

Springreiterin Helga Köhler ist mit einem ›Gärtner aus Liebe‹ verheiratet

Erstes Fernsehprogramm am Sonntag um 16.45 Uhr

Sie brach sich 19mal das Schlüsselbein. Einmal davon beim Rodeln 18mal beim unerwarteten Sturz vom Pferd. Und doch sagt die blonde Springreiterin Helga Köhler aus Borstel bei Verden lächelnd: »Daran gewöhnt man sich. Es gibt trotzdem nichts Schöneres als die Reiterei!«

Ein Dickkopf oder gar eine Sport-Roboterin östlicher Prägung? Nichts da. Eine hübsche, zarte Frau, glücklich verheiratet und liebende Mutter einer Tochter.

Wenn sie reitet, dann drückt man ihr die Daumen und gönnt der so grazil wirkenden Dame den Sieg über die übermächtige männliche Konkurrenz. Oft genug hat sie mit ihren flinken Pferdchen Pesgö, Cremona und Piroschka dem starken Geschlecht dann auch das Nachsehen gegeben.

Die Reiter loben in solchen Augenblicken: »Donnerwetter, diese Helga! Es ist doch ganz erstaunlich, wieviel Mut in diesen 100 Pfund steckt!«

Wie lange sie reitet? »Solange ich lebe«, sagt sie. »Genauer gesagt: seit meinem dritten Lebensjahr. Mein Vater war Arzt und begann aus gesundheitlichen Gründen mit der Reiterei. Da haben wir vier Kinder nicht eher Ruhe gegeben, bis wir ein Pony hatten. Ja, und seitdem sitze ich im Sattel.«

Das tut sie mit erheblichem Erfolg. Und 1954 gehörte sie zusammen mit Fritz Thiedemann und Hans Günter Winkler sogar zur ersten deutschen Mannschaft, die wieder in Amerika startete.

Für ihren Mann hat die Reiterei noch einen zusätzlichen ›Nutz-Effekt‹. Denn für den Schmuck sorgt Frau Helga selbst. Nicht selten gibt es nämlich für den Erfolg im Amazonenspringen ein bei den Kolleginnen neiderregendes goldenes Armband. Frau Helga hat eine ganze Sammlung davon.

Dafür verwöhnt sie ihr Mann Hans-Joachim, der jährlich die berühmte Verdener Reitpferde-Auktion ausrichtet, mit Rosen. »Er baut immer neue Sträucher an«, schmunzelt die Reiterin. »Und er überschüttet mich mit Blumen. Rosen gibt's wirklich reichlich bei uns. Aber jetzt habe ich ihm gesagt: ›Beim nächsten Beet lass' ich mich scheiden...‹«

Er freut sich über den kleinen Seitenhieb, der nicht ernst gemeint ist. Denn jeder weiß: Die Köhlers sind ein glückliches, harmonisches Paar. Und richtige ›Pferdenarren‹ dazu.

Hobbys? »Was bleibt denn noch an Zeit?« fragt sie zurück. »Ja, ich tanze leidenschaftlich gern.«

Was denn?

»Am liebsten langsamen Walzer. Twist immer erst etwas später. Vorher geniere ich mich...«

SIEH FERN MIT HÖR ZU

Sie ist von entwaffnender Offenheit. Und charmant dazu. Trotz aller reiterlichen Künste ist sie eine echte Frau geblieben. Sie ist das beste Beispiel dafür, daß Sport ein Frauengesicht nicht hart und männlich machen muß – auch der anstrengende Reitsport nicht.

Benutzt sie vor dem Ritt den Lippenstift? »Ach ja«, sagt sie. »Ein bißchen hübsch muß man sich doch machen. Das gehört doch dazu. Ich achte jedenfalls immer sorgfältig darauf.«

Und die bösen Stürze? Hat sie keine Angst davor?

»Das ist doch Pech«, sagt sie, als spräche sie von der selbstverständlichsten Sache der Welt. »Meistens passiert so etwas mit jungen Pferden. Als ich lange Zeit nicht gestürzt war, haben mich alle gefragt: ›Na, Helga, nicht mal wieder irgendwas kaputt?‹ Prompt habe ich mir den Arm gebrochen...«

Sie lacht darüber. Und wird natürlich weiterreiten.

Wie lange noch?

Sie denkt gar nicht erst nach. Dann kontert sie schnippisch: »So schnell werden Sie mich noch nicht los...« *wp*

Pferd und sagte, »sorry« zu den Umstehenden, lächelte und saß ab. Man führte ihm seinen Hund zu, der ihn freudig begrüßte, und dann reichte ihm seine Frau einen Flachmann, mit dem der General fröhlich in die Runde prostete. So einfach war das, so selbstverständlich, so ganz ohne – nicht eben seltene – »Dramatik«.

An diesem Tag reiften in starkem Maße die Pläne und die Vorstellungen, wo und wie man die neuen Auktionsanlagen mit allen nur denkbaren Trainings- und Testmöglichkeiten auf und an der Rennbahn installieren könnte. Denn die alte Niedersachsenhalle in der Stadt wurde zu klein, die Trainingsmöglichkeiten waren zu begrenzt. Aber es sollte noch acht Jahre dauern, bis die heutige Niedersachsenhalle auf dem Rennbahngelände gebaut wurde.

Nahe der Nordseeküste

Heide, die Kreisstadt Norderdithmarschens an Schleswig-Holsteins Nordseeküste übernahm mit dem zweiten Großturnier seiner Geschichte eine große Streitmacht zigeunender Turnierreiter aus vielen Gegenden des Bundesgebiets. Hier in Heide auf dem Turnierplatzgelände, das – von einer Rennbahn umgeben – eine Reithalle mit Stallungen besitzt, hatte Kurt Jarasinski seit vielen Jahren sein Standquartier. Dieser junge Reiter ist nicht nur als Dritter in der Deutschen Meisterschaft 1959 bekannt geworden. Gerade in dieser Saison zeigte er bislang eine kaum abreißende Kette von überzeugenden Ritten, die auch in ihrem Tempo häufig genug voll ausreichten, selbst härteste Konkurrenz auszuschalten. In der Nähe von Heide wurde auch Fritz Thiedemann geboren. Und hierher zog es ihn zurück. Gleich hinter der Reithalle am Turnierplatz führt durch ein Tannenwäldchen ein verschwiegener Weg zu Tal. Dort unten in einer breiten, langgezogenen Wiesenmulde wuchs das neue Anwesen aus dem Boden hervor.

Auf der anderen Seite, ein Feldweg läuft dazwischen, ist eine größere Koppel entstanden. Eine paddockartige Einfriedigung aus Holz zieht sich um diese Anlage herum, Pfahl für Pfahl auf den Millimeter genau in der Flucht! (Wie anders sollte das bei Fritz Thiedemann auch wohl sein).

Oben auf dem Turnierplatz, während am Turnier-Vortag nach und nach die Teilnehmer aus allen Himmelsrichtungen anrollten, um sogleich ihre Pferde zu vorbereitender Arbeit zu besteigen, ertönte eine Gesangstimme aus dem Lautsprecher, die schnell allgemeine Aufmerksamkeit fand. Niemand kannte diese Stimme, weder aus dem Rundfunk, noch von einer Grammophonplatte. Melodie auf Melodie erklang. Und man sah sich an, man fragte sich. Aber keiner wußte . . . bis plötzlich jemand an den Richterturm heranritt und hier oben die Quelle entdeckte: Ein Mädel von 8–10 Jahren, keß und unbefangen, hottete mit allen Schikanen die tollsten songs durch das Mikrophon. Die Verblüffung war auf beiden Seiten: Doch die rhythmische Kleine klemmte sich nun doch etwas geniert in eine Ecke – und – ward leider nicht mehr gehört, nicht mehr gesehen.

Leider wurden zur gleichen Zeit auch die Trainingshindernisse des Vereins fast alle vom Abreiteplatz entfernt und an der Reithalle gelagert. Man hätte sonst einen sehr verwegenen Übungsparcours zur Verfügung gehabt, dessen Glanzstück eine Mauer bildete, deren obere Kästen zwar sehr schwer, aber mit dicken Lederpolstern überzogen waren.

Als dann der Startschuß zum offiziellen Beginn gegeben war, blieb es offenbar, daß eine vorzüglich gestimmte Gemütlichkeit die Tage beherrschte. Selbst eine so schwierige Frage, ob das inzwischen begonnene M-Springen nun eigentlich nach Fehlern und Zeit oder mit einmaligem Stechen entschieden würde (die Richter hielten sich an das Programm – einmaliges Stechen – und die Teilnehmer an die Ausschreibung – Fehler und Zeit), wurde sehr humorvoll zwischen Erich Wandschneider und Richterturm per Zuruf geklärt.

Des Nachts beim Sb – wohl dem, der einen Pelzmantel besaß – griffen beim Zimmern der bis in ihre Grundfeste erschütterten Mauer die Sanitäter des Roten Kreuzes mit ein, um das Tempo der Arbeitsleistung zu beschleunigen. Am nächsten Morgen kündeten dann kleine Häufchen Nägel im Parcours von den Anstrengungen dieser »Amateure«, wobei es jedoch zu keinem Schaden kam, da ein flinkes Suchkommando der nicht ungefährlichen Fährte mit Erfolg zu folgen vermochte. »Kommen Sie gut nach Hause in dieser lauen Sommernacht«, hatte Sprecher H. H. Isenbart den etwas verklamten, aber gutgelaunten Zuschauern um Mitternacht zugerufen und »fahren Sie vorsichtig, damit wir uns am Sonntag alle gesund hier wiedersehen!«

Viele sahen sich und den Turnierplatz wieder, und der letzte Turniertag war wiederum gut besucht, wenn auch die Zuschauer auf der Rennbahntribüne weit über das breite Rennbahngeläuf hinübergucken mußten, um auf dem fernen Turnierplatz näheres auszumachen. So kamen hier ungezählte Feldstecher bestens zur Wirkung.

Auf dem Nachhauseweg rollte unser Wagen durch Elmshorn und zufällig auch vor das Haus der berühmten Zwillinge Thiedemann. Kopfnummern trugen sie schon nicht mehr. Man vermochte sie leicht zu unterscheiden: Der eine war etwas kürzer, der andere etwas länger als der andere. Ganz einfach also, beide in einer »Box«, tip-top gepflegt und sofort das Star-Lächeln zeigend von ihrem internationalen Vater.

Auf dem Rückweg sah man den Schimmelhengst Ramzes majestätisch in die Deckhalle an der Straße entschwinden, womit endgültig bewiesen war, daß der Frühling seinen Einzug gehalten hatte und man also guten Gewissens seine Turnierreise fortsetzen konnte.

Drei Wochen in England

Daß uns auf unserer Fahrt von Dover nach Brighton an der Küste entlang Hunderttausende von Schafen auf den Weiden begegnen würden, hatten wir ebensowenig erwartet wie die Tatsache, daß in England das Pferd auch heute noch eine so große Rolle spielt, wie man sich das nur schwer vorstellen kann. Da es schon Abend war, ließen wir Brighton und unser Hotel zur linken Hand, um noch vor Einbruch der Dunkelheit unsere Pferde in Hickstead zu erreichen, als wir unversehens eine herrliche Rennbahnanlage kreuzten. Zweimal durchschnitt die Straße das Geläuf. Hoch über Stadt und Landschaft erhoben sich Tribünen, von denen man in unendliche Fernen und tief unter sich auf Brighton und den Atlantik blickte.

Auf der Hauptstraße nach London galt es dann aufzupassen, weil unser Ziel recht versteckt hinter hohen Hecken liegen sollte. Aber Hickstead-Place (ein Gutshof, Hickstead selbst ein winziges Dorf) war nicht zu übersehen; Hinweisschilder führten am Herrenhaus vorbei durch Parkanlagen auf ein riesiges Rasengelände zwischen hohen Weißdornhecken. Hier bot sich uns ein unübersehbares »Nachtlager von Granada«. Aus stationären und beweglichen Stallbaracken schauten in langen Reihen Pferdeköpfe heraus, unzählige Transportwagen waren wie zu großen Wagenburgen aufgefahren, und überall standen dazwischen und am Rande Caravans (Wohnwagen), in denen gebraten und Tee gekocht wurde. Hunde aller Rassen und Verbindungen trollten umher, lagen schlafend – oft zu dritt – in Personenwagen oder wurden aus praktischem Hunde-Picknick-Geschirr gefüt-

Horsemen are born and not made. Few people overcome this disaster. Many of them are crib biters and windsuckers. (Englisch aus dem Engl.)

tert. In Pampuschen und Reithosen bewegten sich hemdsärmelige Pferdebesitzer(innen), Reiter(innen) und Grooms (Pfleger(innen)), oft eine Zigarette im Mundwinkel balancierend. Alle urgemütlich, still geschäftig und zufrieden den Abend genießend. Unsere deutschen Pfleger zeigten uns stolz ihren Wohnwagen, den sie mit dem Groom der beiden holländischen Amazonen teilten, – leider mußten wir fort. Ins Hotel Metropole nach Brighton, auf dicken Teppichen unser sehr gutes, aber weit geringer romantisches Zimmer erreichend.

*

Douglas Bunn ist Besitzer des ganzen Geländes. Er schuf hier 1960 den Turnierplatz und baute gleich noch einen zweiten dazu. Hindernisse ließ er mittlerweile so viele und verschiedene herstellen, daß sie gleichzeitig für fünf große Turniere ausreichen würden. Douglas gilt als eine Art Hecht im Karpfenteich im englischen Turniersport. Er dachte sich das Englische Springderby aus und man machte zunächst einen großen Bogen um den »unmöglichen Revolutionär«. Mitten im Winter war er damals nach Hamburg gefahren, hatte auf dem Großen Wall mit den Füßen Schnee beiseite geschoben und dann die genauen Maße genommen. Aber auch von Aachen und anderen Plätzen kamen bestimmte Standardhindernisse nach Hickstead.
Aufgrund der ersten Ausschreibung war zunächst nur ein einziges Pferd genannt. Des Nachts waren sie in Autos an den Platz herangefahren, so erzählte Douglas Bunn, wie die Gangster zwischen den Hindernissen herumgeschlichen, und hatten mit Taschenlampen so »entsetzliche Erscheinungen« wie den Wall oder Pulvermanns Grab abgeleuchtet.
Schließlich war dann für das erste Turnier doch noch eine leidliche Besetzung zusammengekommen. Aber als der Derbykurs aufgebaut war, weigerten sich alle Besitzer und Reiter, über den Großen Wall zu gehen. Da sah Douglas im ersten Augenblick sein Derby »in die Luft zerrissen«. Aber ihm kam noch rechtzeitig ein entscheidender Gedanke. Er ließ neben dem Wall ein steiles Gatter von 1,70 m Höhe aufbauen und gab bekannt, daß es freigestellt sei, entweder den Wall zu überwinden oder das Gatter zu springen. Da waren Wall und Derby gerettet.

*

Am ersten Turniermorgen trafen sich nun nach und nach die zehn Amazonen, die für das Europachampionat nominiert waren: Pat Smythe, Titelverteidigerin mit Flanagan und Scorchin, als zweite Engländerin Anneli Drummond Hay auf Merely A Monarch, mit dem sie zweimal Badminton gewonnen hatte, und O'Malley's Tango als zweitem Pferd. Für Irland erschienen Mrs. Seamus Hayes (Sweet Control) und Diana Conolly Carew (Barrymore, Pepsi). Aus Holland waren Irene Jansen (Ikare F II) und Teneke Zwolsman (Kairouan) gekommen. Für Brasilien startete Arline Givaudan mit Huipil und Caribe. Die kanadischen Farben vertrat Miss Gail Ross, der Thunder Bird und Tiger Town zur Verfügung standen. Und aus Deutschland traten Helga Köhler (Cremona, Piroschka) sowie mit Pesgö als zusätzlichem Pferd und Ute Riter mit Scholli und Spucht an.

Der zu Anbeginn auftauchenden Frage, wieso denn nichteuropäische Damen am Start erschienen, wurde klare Auskunft zuteil: Nicht die Beteiligung, sondern die (europäische) Lage des Platzes bestimme den Namen des (Europa-)Championats. Im Eröffnungsspringen, das noch nicht für das Championat zählte, konnte sich Helga Köhler mit Pesgö und Cremona placieren, mußte aber den Ausfall von Cremona (Siegerin im Finale der Europameisterschaft und Vize-Europameisterin 1962 in Madrid) beklagen, weil sich die Stute beim Fußen auf einem Wall, der zum Überspringen gedacht war, mit der Stange im Landen schwerwiegende Zerrungen zuzog und hinten links das Griffelbein brach.

Am Sonnabend, am Tag vor dem Finale, wurde das Englische Derby auf demselben Platz entschieden. Dieser inzwischen höheres Ansehen genießenden Prüfung ging eine »Conformation-Class« voraus, der sich alle am Derby teilnehmenden Pferde stellen konnten. Und so sah man hier gegen Mittag beispielsweise Espartaco, Mr. Softy, Franco, Barrymore, Goodby oder Pesgö zusammen mit einer Reihe englischer Jumper in einer Materialprüfung (nur an der Hand) für Springpferde konkurrieren. Pesgö kam zwar in die engere Wahl der besten sechs Pferde, unter den vier letztlich Placierten fanden sich aber kompaktere englische und irische Hunter.

Der Derbykurs führte über 16 Hindernisse und 22 Sprünge. Wenn auch die Abmessungen die Hamburger Gegebenheiten nicht erreichen, so hat es der Kurs doch »in sich«. Niemand überwand ihn fehlerlos. Nelson Pessoa wurde Sieger im Stechen der »Vierer«. Von den deutschen Pferden ging nur Pesgö, der als einer der ersten Starter das Geschick mit anderen Pferden zu Beginn teilte, beim Abstieg vom Großen Wall schwer zu havarieren, ja, buchstäblich abzustürzen.

Nach dem Derby nahm das Rätselraten, was anfangs am Wall losgewesen sein könnte, seinen Fortgang. Des Rätsels Lösung schien klar: Am Fußpunkt lagen viele abgebrochene Holzsticken, von denen die Enden noch in der Wallkante steckten. Sie sollten die (aus Lehm bestehende) Rutschbahn befestigen. – Nun konnte man sich das plötzliche »Abstürzen« einiger Pferde erklären. Einer der Vorderhufe war auf die freigerutschte Spitze eines Holzstickens getroffen, es hatte eine unmotivierte Verbremsung gegeben, dann war der Sticken abgebrochen, und das volle Gewicht stürzte wie Blei senkrecht in die Tiefe.

*

Dieweil auf dem »internationalen« Turnierplatz Tag für Tag die Entscheidungen fielen, liefen auf dem »Foxhunter-Platz« vom Morgen bis zum Abend Springen für Kinder, Junioren und junge Pferde. Nie werde ich vergessen, wie am ersten Tag eine Richterin, ihren dicken schwarzen Hund hinter sich herziehend, im Richterhaus verschwand, um dann stundenlang voller Inbrunst Fehler zu registrieren und nebenbei knapp und sparsam die Ansage zu absolvieren. Alles lief wie am Schnürchen. Ehrlich gesagt: Schneller und flotter als bei uns im allgemeinen. Ohne Hast, ohne Nervosität, ohne ein hörbares Wort. Im Trab ging es an den Start, im Trab aus der Bahn. Der eine war kaum durchs Ziel, da ging der nächste schon durch den Start.

In fast jedem Springen ein auf vier Meter zu stellender Wassergraben, Kombinationen (teils aus der Wende anzureiten!) und Hindernisse jeder Art (auch absolute Steilsprünge), gleich ob Kinder, Junioren oder junge Pferde geprüft wurden. Lediglich die Abmessungen nahmen Rücksicht. Aber en miniature war alles gleich von Anfang an so gebaut, wie es in größerem Maßstab später in ernsteren Prüfungen verlangt zu werden pflegt. Ich sah da einmal ausgesprochen kleine Ponys, die unter Kindern im Stechen über 1,20 m jumpten, daß es nur so eine Art hatte.

Alle reiten hands down vorwärts, tadellos angezogen schon am frühen Morgen, ganz gleich, ob klein oder groß. Entsprechend die Pferde. Die ganze Sache hat viel Stil in größter Selbstverständlichkeit.

Von besonderem Interesse schien mir diese Beobachtung zu sein: Kaum jemals ein erkennbarer Ärger beim Reiter nach Verweigerungen, Ausscheidungen oder zahlreichen Fehlern, keine harten Paraden, kein Zusammenstauchen. Nur ein Streichen mit der Hand über den Hals nach dem Motto: Laß man alter Junge, nächstes Mal machen wir es besser!

Es waren nicht gerade Menschenmassen, die in den vier Tagen das Turnier besuchten. Aber die Tribüne war besetzt, und rings um die rails standen tiefgestaffelt Personenwagen, fahrbare Sitzplätze. Gartenstühle und Kinderwagen wurden ihnen entnommen, man machte es sich bequem. Und so war es keine Seltenheit, rosa und hellblaue Töpfchen unter den Limousinen zu sehen, die ein geruhsames Familienleben auch bei den spannendsten Entscheidungen garantierten. Als wir nach Beendigung des Spring-Derbys ein verlorenes Eisen auf dem Platz suchten, standen noch längere Zeit viele Autos in Zuschauerposition. Teekessel summten vor den Kühlern. Man genoß den Abend und ließ die Eindrücke der letzten Stunden abklingen.

In der Diele des Hauses von Douglas Bunn, bei dem wir bis zum Beginn der Royal International Horse Show London Quartier nehmen durften, steht eine große Trophäe. Ein Ehrenpreis für den, der 1962 am meisten tat, um den Turniersport Englands weiter zu entwickeln. Dreimal im Jahr finden in Hickstead Turniere statt. Im Frühjahr, im Sommer und im Herbst. Die Show jetzt nannte sich »W.D. und H.O. Wills International Horse Show«, finanziell getragen von den Inhabern einer großen Zigarettenfabrik in Bristol.

*

Auf unseren Streifzügen zu verschiedenen Gestüten kamen wir in der Nähe der Rennbahn Lingfield nach Crippenden Manor, Cowden, zu einer neu erbauten großen Stall- und Reitanlage in der Grafschaft Kent. Hier hat Peter Provatoroff unter Leitung seiner Tochter eine Trainings- und Auktionsanlage für russische Pferde eingerichtet. Alle acht Wochen finden hier durch die Firma Tattersalls Versteigerungen statt, bei denen jeweils 60 aus der Sowjetunion eingeführte Reitpferde (Budyonovsky, Anglokabardin, Donsky, Ukrainian und Tersky) in den Ring kommen. Ein Rapphengst rein Trakehner Abstammung und ein Anglo-Kabardin-Beschäler stehen für Zuchtversuche zur Verfügung. Alle Pferde leben in geräumigen Boxen. Eine neue Sache in England, und als solche – wie zunächst überall in der Welt – nicht unumstritten. Auf den Turnieren sah man jedoch einzelne dieser Pferde, an denen besonders ihr gutes Temperament und ihr anständiger Charakter gelobt wurden.

*

An einem Sonnabend englische Landschaften durchqueren zu wollen, heißt, sich einem verschärften Geduldspiel widmen. Wir folgten am 20. Juli (und das war so ein Sonnabend) einer Einladung des Direktors der Royal Horse Show, Col. M. P. Ansell, die Rennen in Ascot zu besuchen. Der Weg von Hickstead dorthin hatte mit einem Rennen nichts zu tun. In den Städten – alle ohne Umgehungsstraßen – schob man sich von Zeit zu Zeit meterweise vor, während man sich darüber wunderte, daß auffallend viele Ehemänner mit Einkaufstaschen und Kinderwagen ganze Wochenrationen zusammentrugen. Unbeschreiblich enge Straßen und sehr dunkle, vielfach verzierte Häuser, teils mit buntesten Farbklecksen, ließen alles nur sehr zähflüssig passieren. Auch auf den Landstraßen blieb die Fahrbahn nahezu lückenlos bedeckt.

So brauchten wir für die rund 80 km gut 3 Stunden, allerdings eine gern in Kauf genommene Zeit dafür, daß uns in Ascot Unbeschreibliches erwartete, Unbeschreibliches deshalb, weil man nur andeuten kann, wie es dort ist.

Gleich bei Ankunft machten wir die Feststellung, daß uns der von London mit den Eintrittskarten zugeschickte Parkausweis von hervorragender Qualität war. Denn man dirigierte uns respektvoll in unmittelbare Nähe des Haupteingangs für Hohe Gäste und Pferdebesitzer, und unser vorsorglich auf Hochglanz gebrachter D 190 befand sich unversehens in Gesellschaft riesiger Automobile, unter denen die Rolls-Royce-Wagen den wohl imponierendsten Eindruck machten. Wir konnten zwar weder einen dunkelblau livrierten Chauffeur noch ein lässiges Windspiel oder einen herrlichen Promenadengemischten in echten Lederpolstern zurücklassen, versuchten aber mittels leuchtender Sommerhüte, eines Bowlers und eines dunkelgrauen Regenschirms einigermaßen stilvoll ins Bild zu kommen. Dieses Bild offenbarte sich uns wie ein lebendig gewordener alter Stich, als wir wie gebannt vor einem riesigen schmiedeeisernen Tor standen, bevor wir den Eingang erreichten: Rechts und links zwanzig weiße Sattelboxen davor ein überdimensionaler dunkelgrüner Persertepppich, Rasen, auf dem sich im Schatten von Eichen und leuchtender Nachmittagssonne die Vollblüter für das erste Rennen trafen. Hinter doppelten, weißen rails feste Sitz-Pilze, auf denen Wettenthusiasten mit Rennzeitungen die Papierform mit der Kondition verglichen. Dahinter der große Führring. Dicht umsäumt von Menschen in großen Garderoben, erlesen gekleidet, auf das eleganteste herausgebracht; in leuchtenden Farben die Damen, dunkel die Herren in kostbaren Tuchen. Die Alten wie die Jungen. Graue Zylinder, dunkle und helle Bowler oder leuchtend braune, fesche Modehüte beherrschten das Bild.

Wie wir uns da so hindurch-staunen, erschienen die Pferdebesitzer im Führring und die Jockeys. An riesigen Tafeln am Haupttotalisatorgebäude flimmert es von Wettzahlen für die Pferde des kommenden Rennens. Von 7000 bis 8000 für den Nearula (auf Nearco zurückgehend) – Sohn Romancero, einen großen Schwarzbraunen des Mr. F. C. Thrush, dauert es nur wenige Augenblicke. Diesen Hengst haben wir uns ausgeguckt. Aber zum Wetten kommen wir nicht. Es ist zu viel zu sehen. Einzeln, in großen Abständen, verlassen die Pferde den Führring, Zehntausende eilen zu den Totoschaltern, auf den Tribünen werden die Gläser an die Augen genommen, der Aufgalopp hat begonnen. Da entdecke ich die Königsterrasse, schlendere ganz dicht vorbei, mustere – so, daß es sich noch eben schickt – aus den Augenwinkeln alles, was sich dort angeregt unterhält ... und sehe auf drei Schritt die Königin. In augenblicklicher Kurzkehrtwendung stelze ich aus den Hüften schreitend zurück, um Frau und Tochter dieser »lovely position« zuzuführen. Doch beide strahlen mich nur an, als wenn ich sie gar nicht überraschen könnte. Ich verhoffe und gukke zweimal ... sie stehen direkt neben Prinzeß Margret, die ganz entzückend aussieht und sich im Beisein von Lord Snowdon mit einem Herrn unterhält, der einen Earl oder Duke vermuten läßt.

Das Schreien der Buchmacher hat aufgehört, die Signale sind abgeschlossen, 80 000 bis 100 000 Menschen – und im Innenraum der Rennbahn zeltet und beobachtet eine weitere Menge – geraten in äußerste Erregung, die Pferde sind im Finish. »Unser« Romancero hat gewonnen. Keine hohe Quote, Gott sei Dank. Denn was wäre uns sonst entgangen! Vier Rennen zu sehen, erlaubte unsere Zeit. Darunter die Georg VI. und Elisabeth II.-Stakes mit 28 742 Pfund und 10 Schillingen (das Pfund – etwa 10,80 DM). Wie angesehen in England Lester Piggot ist, entnahm ich mehreren Eintragungen in das Tagesprogramm. Die Zuschauer trugen alle Jockeys mit vollem Namen ein, doch einmal stand überall nur L. P. – Zehn Pferde wurden gesattelt. Die Königin erschien im Führring. The Duke of Norfolk an ihrer Seite. Zwei Pferde kamen aus irischen Ställen, zwei aus Frankreich. Als Favorit war Twilight Alley, ein sehr großer, eminent starker vierjähriger Goldfuchs, getippt; L. P. sein Reiter. Doch als Sieger passierte der Ribot-Sohn Ragusa die Pfosten, den Preis nach Irland entführend, während Piggot Twilight Alley abgeschlagen anhielt, absaß und den berühmten Gewinner des Ascot-Goldcups vom 20. Juni wie ein »totes« Pferd dem entgegeneilenden Stallpersonal zuführte.

»Horse and Hound« schreibt darüber, und das erscheint mir bezeichnend für eine faire Stellungnahme:

> »Für ein Leistungspferd wie für jeden Athleten ist Indisponiertheit ein schwerwiegendes Handicap. Aber diese Indisponiertheit kann das beste Pferd und den besten Reiter überkommen, so, wie jetzt in Ascot Piggot und Twilight Alley ...«

*

Über Windsor und seine ausgedehnten, herrlichen Parks rollten wir dann am Flughafen Croydon vorbei nach London hinein, umkreisten dreimal den Hyde Park, fanden dann aber doch das Hotel gleichen Namens, in dem wir logieren sollten. Am Abend gaben Mr. und Mrs. Colonel M. P. Ansell, Direktor der Royal International Horse Show, ein Essen im Cavalry Club am Piccadilly. Neben mir die junge Frau des spanischen Reiters Cpt. A. Queipo de Llano, saß ich einer charmantvitalen Dame aus Schottland gegenüber, deren husband, wie mir die Lady sagte, Master einer berühmten Meute sei, die auch in White City gezeigt werde. Nachdem sie den bisherigen Sommer in Schottland als terrible abgetan hatte, fragte mich des Masters wife, was ich denn in White City machen wolle. Ich sagte ihr, daß meine Frau dort zu reiten gedenke, wählte aber unter ihrem verwirrenden Blick das ebenso unpassende wie falsche Wort women statt wife. Da musterte mich die Schottin sichtlich beeindruckt und meinte mit großen Augen »they all are riding for you?«

Es fing also gleich gut an in London. Die Franzosen waren übrigens überfällig, weil in Paris ein Verkehrsstreik alles blockierte, weswegen auch das spanische Ehepaar in großer Sorge war, ob seine Pferde Eolo und Infernal noch rechtzeitig eintreffen würden.

Doch am übernächsten Morgen im White City Stadium waren alle zugegen. Sogar die Sonne, deren wohl ungewohnter Anblick allen Engländern unentwegt ein entzücktes »lovely« entlockte. Die Windhunde waren nicht mehr da. Sie hatten zwei Tage zuvor hier harte Rennen bestritten. Davon wußten unsere Pfleger zu erzählen, und Zielfotos von fünf Rennen zeugten im Wandelgang von diesem doch wohl wirklich hinreißenden Sport. Ich mußte an Lutz Merkel denken, dessen Whippet genau so gut aussieht wie die Hunde auf den Zielfotos, sicher aber noch schneller ist als sie!

Doch nicht Hunde, sondern Pferde sollten nun alsbald diese riesige Arena betreten, auf deren Teppichrasen Lt.-Col. I. Talbot-Ponsonby, der frühere englische Equipechef, mit exakten und flinken Soldaten zum ersten Male den Parcoursaufbau »zelebrierte«. Alles von bildschöner Architektur mit betont viel Liebe und großem Aufwand. Die Liebe ging so weit, daß sie sehr häufig zwei Meter von Vorder- zu Hinterkante umfaßte, die Pferde zu großer Kurve herausfordernd und die Reiter zu speed hands down. Doppeloxer gehörten fast zu jeder Springbahn, ausgesprochene Steilsprünge zu den Seltenheiten. Alle Zwischenabmessungen waren fair, aber auf weite, impulsive Galoppsprünge berechnet. Die ersten Sprünge »bauten die Pferde auf« und vermittelten ihnen Rhythmus, Vorwärts und Fliegenlassen. Dann kam meistens irgendein steilerer »Fangschuß«, später eine Kombination, die mit großem Schwung geritten sein wollte, bisweilen der nicht übermäßig breite, aber irgendwie nicht ganz einfache Graben, und irgendwo hing dann noch ein schmales Gatter etwas über Eck. Keine Abmessung ging in dem Normalparcours über 1,40 m, und doch blieben fehlerlose Runden verhältnismäßig selten. Auch die großen, klassischen Springen hatten ihre Schwierigkeiten nicht in den Höhen (eigentlich nie mehr als 1,50 m, Hochweitsprünge 1,40 m), sondern in der Kunst des Aufbaus.

Die meisten Springen hatten wenigstens ein Stechen, verschiedene zwei. Aber erhöht wurde kaum jemals ein Hindernis. Das war geradezu verblüffend. Die Stechen begannen irgendwo im Parcours und führten über längere Teilstrecken des ersten Kurses. Aber fehlerlos blieben nur ganz wenige. Immer gab es großen Sport, immer neue, unvorhergesehene Situationen, immer neue Sieger. Und es mußte geritten werden, was die Riemen hielten. Schön anzusehen, kein Gewürge. Bisweilen rasante (doch keine plumpsenden) Stürze, wenn – besonders in Kombinationen – der letzte Oxer in sich noch etwas breiter gemacht worden war.

Jeder hatte zumindest eine Chance von vornherein. Nicht allein die sogenannten Zweimeterpferde. Und so kam es auch, daß viele gute Reiter(innen) zum Zuge kamen. Beileibe nicht immer dieselben. Und andererseits auch bei weitem nicht alle. Dazu war die startende Qualität zu zahlreich. Höchstens sieben Placierungen gab es in jedem Springen. Da mußten schon Können, Form und »Hosen« schön hübsch beisammen sein.

*

Der Ablauf der Royal Horse Show in der Fülle ihres Programms verblüffte täglich von neuem durch seine lautlose Präzision. Es war offenbar, daß vor Beginn des Turniers alles so genau durchdacht und eingeteilt war, daß mögliche Pannen bereits behoben waren, bevor sie überhaupt in Erscheinung treten konnten. Das ruhige, aber sehr bestimmte Wirken einer Reihe von Gentleman-Ordnern ließ keinem Teilnehmer oder Pferdebesitzer einen Zweifel, was er zu tun oder zu lassen habe. So war es nicht möglich, irgendwo auch nur den Anflug einer Aufregung oder eines Leerlaufs zu beobachten.

Zwei Collecting-Rings sammelten die Konkurrenten, ein äußerer vor dem Stadion, ein innerer innerhalb der Arena vor dem Einlaß auf den Rasen. Wer nicht zur rechten Zeit im inneren Ring zur Stelle war, hatte keine Chance mehr, zum Start zugelassen zu werden. Auf diese Weise war es möglich, daß die stark besetzten Klassen der Hunter, Hacks, Araber, Ponys, Hackneys oder anderer Wagenpferde in großen, gleichmäßigen Abständen, jedes Pferd für sich voll zur Geltung kommend, im Schritt in der Bahn erschien, ein Bild schönster Ordnung und Übersicht in unvorstellbarer Gelassenheit und Eleganz vermittelnd. Zu diesem Eindruck trugen einige Faktoren noch besonders bei: die Aufmachung der Pferde und ihr Herausgebrachtsein, der Anzug und der Chic aller Reiterinnen und Reiter und deren Sitz in wirklich vollendeter Eleganz und Losgelassenheit.

Es ist schon ein Erlebnis, zwanzig Pferde in großen Abständen in gelassenem Schritt den Rasen umrunden zu sehen, alle mit gespitzten Ohren, alle mit langen Hälsen, ganz leicht am Zügel, wobei die Hände der Reiter(innen) tief und vor dem Widerrist stehen ohne jede Aktivität. Wenn dann Mr. Sanders in sein langes Posthorn bläst, sind alle augenblicklich im Trab, auf ein weiteres Signal im Galopp, dann in Karriere, und schließlich wieder im Schritt – als sei nichts gewesen – einen großen Kreis bildend um die Richter, die dann in der Reihenfolge der Placierung die Pferde einzeln zum Siegeraufmarsch abwinken. Der Sieger steht allein vor der Front; er wird genauso beachtet wie der Gewinner einer schweren Springprüfung.

In den Jagdspringen wird im rollenden Einsatz gestartet. Die Ausschreibungen sorgen für begrenzte Felder. Fast täglich gehen vier Spring-Prüfungen über die Bühne. Und sobald der letzte Starter die Bahn verlassen hat, reiten bereits Sieger und Placierte zum Schleifenempfang ein.

Fast jeder Turniertag brachte eine neue Meute als Schaunummer in die Bahn. Huntsmen und Piköre waren auf Klassepferden beritten und saßen hervorragend im Sattel. Viel Spaß gab es, wenn einzelne Hunde in das umgitterte Windhundgeläuf gerieten oder sich auf der silberbronzierten Bogentreppe, die über die Rennbahn der Windhunde zur Königsloge führte, postierten, um gleichsam die Parade abzunehmen. Schneller als die Meute liefen eines heißen Nachmittags elf Fotografen über den Platz, um auf den Großen Graben zu »schießen«, an dem ein Teil der Meute aus vollem Jagen verhoffte, um ein erfrischendes Blitzbad zu nehmen.

Nachmittags und abends konzentrierte die Band der 5th Royal Inniskilling Dragoon Guards an allen Tagen. Wenn nicht gerade zeremonielle Verpflichtungen, die häufig waren, erledigt werden mußten, erfreute dieses Musikkorps, das »to night« mit Scheinwerfern in seinem großen, runden Spitzzelt angestrahlt wurde, mit sehr beschwingter Musik, nicht selten aus »My fair lady« die Besucher. Und in dieser Weise begleitete es auch die Hunterklassen unter Richters Order.

Es war der Hauptabend des Turniers: »The Queen Elizabeth II Cup« und »The King Georg V Gold Cup«. Das rundherum überdachte Stadion war nahezu ausverkauft, und die Damen und Herren auf den Tribünen waren noch festlicher gekleidet als an den Abenden zuvor. Von 17–18.30 Uhr war ein ganzes Kommando damit beschäftigt, einen roten Purpurläufer auf der schon erwähnten Bogenbrücke zu verlegen, ihn mit weißem Leinen zu überdecken, das Leinen wieder zu entfernen, den Läufer erneut zu bürsten und so fort. Dieses Schauspiel amüsierte uns, während wir von unserem Tisch im Restaurant, der uns jederzeit mit Nationalflagge zur Verfügung stand und uns die beste Zuschauertribüne war, die es wohl überhaupt im internationalen Turniersport gibt, alles, was sich in der Abendpause tat, verfolgten.

Neunzehn Amazonen hatten sich mit je einem Pferd für den Preis der Königin qualifiziert. Der Parcours bot ein »architektonisch« schönes Bild. Er war schwer, aber einladend gebaut. Eine der Schwierigkeiten bestand darin, daß von den vier Kombinationen zwei ganz erheblich aus der Richtung lagen, also schräg angeritten werden mußten. Eine von ihnen hieß die Pferde recht steil (1,40 m) und somit nicht gerade herzlich willkommen, die andere – unmittelbar nach dem 4,30-m-Graben um etwa acht Meter nach links herausgezogen, gewährte mit einem gleich hohen Oxer von 1,40 m Höhe und 2 m Tiefe Einlaß.

Kurz bevor Pesgö mit Helga Köhler in seinen eitlen Trabbewegungen als erster Starter in der Springbahn erschien, hatte Queen Elizabeth II. in der Königsloge Platz genommen. Der Schimmel zog mit großer Ruhe seine Bahn. Ein Galoppsprung war wie der andere.

Aus dem Galoppieren heraus überflog er die Hindernisse. Niemand hielt einen Fehler für möglich. Aber er kam doch. Beim Schrägeinsprung in die eine Kombination versah sich der elegante Hannoveraner leicht und berührte die über dem steilen Gatter hängende Stange so unglücklich, daß der Ritt mit vier Punkten belastet wurde. Das zweite deutsche Pferd, Scholli (Ute Richter), übertraf sich an diesem Tage selbst. Ihn ereilte es leider am Wassergraben. Auch die anderen ausländischen Amazonen aus Kanada, Italien und Irland kamen nicht fehlerlos über den Kurs, und von den vielen vorzüglichen Engländerinnen hatte selbst Pat Smythe keine »clear round«. Bezeichnend für die Auswahl an Klassereiterinnen in Großbritannien war es daher, daß von den Favoritinnen niemand siegte. Den Cup gewann Miß J. Nash auf Trigger Hill, einem Dunkelbraunen von geradezu sagenhafter Qualität.

Im King-Georg-V.-Gold-Cup traten 24 Pferde unter 24 verschiedenen Reitern an. Hier war es vor allem die dreifache Kombination (Steilsprung, Oxer, Oxer), die harte Anforderungen stellte. Aber auch das 15 m vor dem 4,50-m-Graben stehende Hindernis (kleine Mauer, höhere Bürste, noch höhere Stange – 1,50 m hoch, 2 m tief) brachte nicht selten dadurch Fehler am Wassergraben, daß die Reiter nach dem Landen anfingen, auf den Graben zu »reiten«. Alle, die ruhig – am Pferde – sitzen blieben, hatten die Freude, daß ihre Pferde wie von selbst in einem verlängerten Galoppsprung über den Graben flogen. (»Don't push«, raunte Mr. Ponsonby einem Teilnehmer zu, der sich erkundigte, wie man da wohl reiten müsse).

Kein Hindernis war höher als 1,50 m, die meisten 1,40 m, im ersten Stechen ebenfalls nicht. Und im zweiten Stechen – wie auch im Queen-Elizabeth-Cup – war vielleicht ein Sprung um zehn Zentimeter erhöht worden. Allerdings bei den Doppeloxern in der Dreifachen, da hatte man die so schon nicht gerade lächerliche Weite noch um weitere 20–30 Zentimeter gedehnt. Und der Anfang für die Stechen war genauso wenig willkührlich gewählt, wie die Hindernisse, die man fortließ, um eine genügend interessante Linienführung zu bekommen.

Es ist erstaunlich, wie unterschiedlich dennoch Klassepferde und Klassereiter schon im ersten Stechen über die verkürzte Bahn gelangten. Es traten grobe Fehler auf, wo vorher nichts los war, und jeder mußte in die Dreifache reiten, was die Riemen hielten – das ist interessanter, großer Sport. Es ist und bleibt alles offen. Bis plötzlich der Sieger feststeht, der hinreißend (aber nicht umwerfend) wie in einer steeple-chase über die obstacles gegangen sein muß, um schließlich allein vor der Front der Placierten stehen zu können. In diesem Jahr war »Dundrum« der Gefeierte (in England ist der Reiter erst in zweiter Linie interessant), jener kleine edle Braune (ca. 157 cm Stockmaß) mit dem Löwenherzen, der mit dem irischen Reiter Tommy Wade im Bunde schon so manches Mal die Zuschauer internationaler Turnierplätze zu wahrem Freudengeheul hingerissen hat.

Als Dundrum, von einem Gardedragoner in Gala gehalten, seinem Reiter nachschaute, der hinter der Queen-Elizabeth-Cup-Siegerin in Rennstiefeln und seidenem grünen Rock wie ein Jockey über den purpurfarbenen Brückenläufer trippelte, dachte ich daran, wie Dundrum am Abend vorher im Sb wie ein ganzes Feuerwerk über die Abmessungen des zweiten Stechens gegangen war, und wie er dann beim nächsten Mal den Absprung an der Mauer nicht fand und stoppte. Da war Tommy Wade gar nicht erst wieder aufgesessen. Er war aufgestanden, hatte Dundrum geklopft und gestreichelt und war mit ihm aus der Bahn gegangen. Dann hatten beide bis zum Ende zugeschaut. Es hatte keine Korrektur gegeben, keine Strafe. Da war nur Vertrauen gewesen zwischen den beiden. Und das hatte offensichtlich zum Siege gereicht. Jetzt im Gold Cup Georg V.

Junge Herren machen eine gute Figur als Richter (links). Allerdings peilen sie gerne durch die Pferdebeine auf die Damen am Ring. (Aus dem Engl.)

Die meisten Menschen denken, daß diese gentlemen Pferdeellenbogen begutachten (rechts). In Wirklichkeit haben sie sich beim Präsidentenessen eine kleine Magenverstimmung geholt.

Man könne, so sagte ein deutscher Reitlehrer, der schon zehn Jahre in England lebt, leichter einem Elefanten das Twisten beibringen als einen Engländer zum Zorn reizen. Er wolle sich so gern hin und wieder mal »Luft machen«, weil es so schwer sei, Reitlehrer zu sein, wenn man nicht nebenbei auch noch zu tapezieren, Klavier zu spielen oder zu zaubern verstehe, aber das sei nahezu ausgeschlossen, weil niemand darauf eingehe.
Aus dieser Mentalität erklärte es sich wohl auch, daß die englischen Reiter(innen) in so unendlicher Geduld mit ihren Pferden umgehen. Fast nie sieht man einen, der ausgeblasen wurde, sein Pferd hart parieren, spornieren oder gar schlagen. Das ist sehr wohltuend zu beobachten, und diese Einstellung scheint auch sehr viel nützlicher zu sein als so manch kriegerische Auseinandersetzung, die einem sonst hier und da begegnet. Und bei der man neben dem Trauerspiel reiterlicher Unbeherrschtheit (und daher lächerlicher Schwäche) so ganz und gar nicht den Eindruck haben kann, daß ein solches Verhalten auch nur den Anflug eines Erfolges nach sich zu ziehen vermöchte.

*

Bei der nächtlichen Rückfahrt auf der Kanal-Fähre herrschte unabgekühlte Juli-Hitze. Man hing herum, ohne schlafen zu können und betrat in der Morgendämmerung bleiausgegossen das Festland. Da es um fünf Uhr nirgendwo in der Welt Kaffee zu geben pflegt, rollte der D 190-Mercedes mit Frau und Kind die Pappelchausseen in ostwärtiger Richtung entlang, während sich der Fahrer von Zeit zu Zeit auf die Lippen biß, um die Augen offen zu halten. Plötzlich geschah's dann. Linksdrallig drei Wochen in England geschult, rasselte die Limousine auf der linken Fahrbahn-Seite an drei bis vier Pappeln entlang, traf einen Grenzstein und wurde dann vehement auf die rechte Straßenseite geschleudert, wo ein Auslaufen des Gefährts möglich gemacht werden konnte.
Bei Licht besehen, waren die drei Insassen heil geblieben. Jutti (12) fand sich allerdings zu Füßen ihrer auf dem Beifahrersitz thronenden Mutter wieder. Sie war von hinten nach vorn geschleudert worden. Das Lenkrad hatte stark verschnörkelte Formen angenommen. Das Vorderdeck mit der Frontscheibe fehlte, und linksseitig wies der Wagen bizarre

Formgebungen auf. Der Kühler zeigte durch starken Wasserverlust an, daß er gelitten hatte. Ein Gasthof allerdings signalisierte aus greifbarer Nähe, daß die coffeetime nahte. Die rund 600 km, die bis nach Hause noch zurückzulegen waren, ließen zunächst wenig Mut aufkommen, die Reise fortzusetzen, was aber dennoch geschah. Ganz langsam arbeitete sich das Vehicle vorwärts, ein ziemlich katastrophales Bild wohl, zumal alle Augenblicke angehalten werden mußte, um Wasser nachzufüllen, das schließlich in Eimern und Wannen an Bord gehalten wurde. Es ging durch Städte und Dörfer. Zu keiner Zeit kam ein Polizist auf den Gedanken, sich für das rollende Wrack zu interessieren. Dies war das zweite Wunder nach dem ersten der körperlichen Unversehrtheit. Und das dritte Wunder bestand darin, daß man tatsächlich die Heimat erreichte. Nach 15 Stunden. Daß der Autohof von Mercedes in Verden dann allerdings nur ein Wort dazu sagte, war kein Wunder mehr: »Schrott«, sagte der Werkmeister. Eiskalt, wenngleich irgendwie verwundert.

Glückwunsch zum Fuffzigsten, HJK!

® Firmenzeichen des Hans Joachim Köhler, erstmals eingetragen am 1. Oktober 1917

Mit diesem Aufhänger leitete die Reiter Revue eine Geburtstagsadresse ein, die den Geehrten unangenehm darauf aufmerksam machte, daß er schon zu 50% hundert Jahre alt geworden war. Er selbst hatte dies ignoriert und kaschiert, indem er zu Hause ausgekniffen war, zum Turnier nach Harzburg, wo's keiner wußte, Gott sei dank. Denn 20 wird man langsam, 30 schon etwas schneller, aber bis 50 hat die Zeit schon einen ganz schönen Zahn drauf. Und dann fängt man – wenn man sich darauf einläßt, an zu rechnen. Das sollte man lieber unterlassen.

Parcours in der Eierzentrale

Die Cloppenburger trugen es mit Fassung: Auf 148 Programmseiten registrierten sie für das Großturnier des Südoldenburgischen Rennvereins vom 22. bis 24. April 634 Pferde. Kurt Schmücker, der Bundesminister für Wirtschaft, grüßte als Schirmherr, und Bürgermeister wie Stadtdirektor der Eierzentrale hießen Teilnehmer und Gäste zum Auftakt der Grünen Saison willkommen.

Während aus dem Norden Schleswig-Holsteins noch Schneestürme gemeldet wurden, brach das fahrende Volk der Reiter nach Südoldenburg auf. Aus allen Himmelsrichtungen und über vielfach große Entfernungen. In banger Erwartung eines grundlosen, sumpfreichen Turnierplatzes, eiskalter Temperaturen und niederdrückender Regengüsse. Statt alledem schien am ersten Turniermorgen eine freundliche Frühlingssonne, die den Besitzer einer größeren am Turnierplatz aufgestallten Schafherde veranlaßte, seine wolligen Grasfresser zu früher Stunde auszutreiben, just über den aufgeschütteten Hang, hinter dem schon einige Springpferde auf ihre Reiter warteten. Die »mäh« machende Kavalkade erschien flott und unvermittelt oberhalb der Pferdeköpfe und verursachte Panik. Zwei Routinierte des Springsports nahmen ruckartig, nach rechts und links auseinanderspringend, ihren jugendlichen Pfleger »auseinander« und vergnügten sich – frei alsbald in schweifhoher Runde auch dort, wo eigentlich nur Ehrengäste gepflegten Fußes ihren Sitzgelegenheiten zustreben sollten.

Doch nach dem Motto »Schafe zur Rechten oder zur Linken – immer tut Freude Dir winken«, hatten die Springasse Pesgö und Piroschka viel Amüsement. Auch Besitzer und Reiter, denn es war nichts passiert, und der Losgelassenheit war soviel Vorschub geleistet, daß beide Schafvertriebenen bald darauf jeder ein Springen gewannen.

Durch Nacht und Nebel war der Springreiter Hermann v. Meißendorf durch Bremen geirrt, um Cloppenburg zu suchen, das er in seiner geographischen Vorstellung wohl als einen Vorort mit der Freien und Hansestadt verband. Glücklich, die Hühnermetropole, der er sich auch beruflich verbunden fühlte, noch rechtzeitig gefunden zu haben, hatte er auch die Freude, seine 16jährige Ilona außergewöhnlich frisch und sportsfreudig zu sehen.

Eine so positive sportliche Überraschung ward Alwin, dem mit Renate Freitag Verlobten, nicht in so hohem Maße zuteil. Es lief ihm nicht alles so exakt. Dafür entschädigten ihn seine jungen Pferde und auch Freiherr, der, wie von Frühlingsahnen getragen, im Mam-

Wie sehr das Huhn züchterisch und vermarktungsmäßig eine Rolle spielt in Südoldenburg, zeigt diese kapitale Henne, die einen Hindernisfang darstellt und gleichzeitig Springfehler dadurch anzeigt, daß sie ein Ei legt, wenn die Stange fällt. Allerdings stand sie nicht in Cloppenburg, sondern in Vechta im Parcours.

mutstechen des Sa-Springens allen weiteren Konkurrenten die Eisen zeigte. Während im Pendelverkehr Nachwuchs- und an Lorbeer gewöhnte Pferde zwischen Mühlen und Cloppenburg unterwegs waren, holte zwischendurch der Meister vieler Klassen seine Braut von der Bahn (daß in Mühlen bereits ein kleiner Flugplatz gebaut worden sei, war also dummes Gerede) und machte den Turnierteilnehmern die Freude, eine liebenswerte, charmante junge Dame in ihrer Mitte zu sehen.

In beneidenswerter Ruhe managte Textilkaufmann Bernd Laurenz einen überlebensgroßen Schimmel von Zeit zu Zeit. Fachleute mit guten Augen wollen auf dem Gipfel dieses Schneebergs eine zierliche weibliche Gestalt mit großen dunklen Augen kauern gesehen haben. Einige meinten, es sei die Romi gewesen. Irgend jemand muß da ja auch draufgesessen haben. Sonst hätte der Überdimensionale zweifellos nicht hin und wieder im Parcours einige Hindernisse überwunden.

Es war Nacht, als sich inmitten des Platzes eine hohe Mauer erhob. Ihre harte, blanke Fassade in grellem 1000 Watt-Schein wurde gemildert durch ein üppiges Tannengehege rechts und links.

So richtig voller Natur. Aber, wie es im Leben bisweilen ist, die Pferde verloren nicht selten die Übersicht. Angezogen von dem schroffen, glitzernden Gemäuer, fieberten sie schon von weitem dem Rekord verheißenden Sb-Sprung entgegen . . ., bis sie der dunklen Tannenverbrämung ansichtig wurden. Kriminell verdächtig erschien ihnen dieser ruhige Nadelwald neben dem nervenaufpeitschenden Gebäude . . ., und hohen Argwohns voll, mieden sie den Absprung an dieser siegentscheidenden Stätte.

Unter den Bezwingern des Bauwerks befand sich das deutsch-polnisch-schweizerische Springpferd Preslav, dem Gerd Wiltfang als Gesellschafter zugeteilt war. Noch am Nachmittag fühlten sich beide keineswegs in Harmonie verbunden. Der elfjährige Fuchs hatte sich auf den Eingang des Platzes, der Reiter auf den Parcours konzentriert, und so waren beider Bestrebungen unterschiedlich und nur mit Mühe auf einen Nenner zu bringen. Schließlich war der Sb-Start auch wohl mehr als eine Gehorsamsübung gedacht. Doch der Gehorsam blieb ohn Unterlaß. Die Nacht war kühl, und Preslav marschierte und marschierte. Von Stechen zu Stechen. Wer nicht wußte, daß es so etwas nicht gibt, konnte meinen, der in-ausländische Fuchs flöge in einem Kanonen-Zeitspringen dahin. Übrig blieb dann er allein offensichtlich bereit, auch noch weitere Stechen im gleichen Tempo zu bestreiten, wenn sich noch Gegner gefunden hätten.

Pudeljagd am Hodenberg

Am Wochenende darauf, kurz vor Wiesbaden, rief dann Bremen-Oberneuland das reitende »Zigeunervolk« in den Gutspark auf den Hodenberg.

Wo der Berg war, ließ sich schwer erkennen. Er war wohl verdeckt von den alten Blutbuchen und Eichen, deren Zweige vielfach über den Hindernissen des Turnierplatzes leicht im Winde fächelten. Nicht immer stimmte ihr wedelnder Rhythmus mit den Schwungbewegungen der Springpferde überein. Es war ein schöner, aber nicht leichter Platz. Und niemand konnte sich ohne weiteres erklären, warum schon im L-Springen Zwischenfälle und Finish-Glocken häufiger waren als Ankommer im Ziel. Allerdings, auf den zwei kurzen Seiten tat sich was. Da gähnten zwei trockene Gräben mit Vorderwulst als stationärer Doppelsprung mit kleinen, weiten Oxern überbaut. Hier war einige Tummelei, viel hoffnungsloses Bemühen. Später im M ging es dann besser. Auf der anderen Seite ragte ein vierkantiges Billard mit recht hoher Aufsprungseite (Stange darauf) besonders jungen

Pferden hart entgegen, mehr aber vielleicht noch einer Reihe von Reitern, die im Sprung von Erdboden zu Erdboden sicherer sind. Daneben erwartete ein Pulvermanns-Grab in tiefer V-Form mit Naturstangen in freier Schwebe optisch-lüstern die aus kurzer Wende heraneilenden Konkurrenten. Fehlerfreie Ritte blieben selten, die Leistungen wurden allerdings von Tag zu Tag besser. Jeder Platz hat nun einmal seine Eigenheiten. Das wird Tage darauf auch so mancher in Wiesbaden gedacht haben.

Die Dame trug einen sommerlichen Strohhut mit einem Blumenbukett darauf und saß als Dressurrichterin protokolldiktierend hinter einem Tisch. Ihre Augen verweilten pausenlos auf jedem Viereckinhaber, der in vielen Minuten keine Sekunde allein war.

Soviel Konzentration sieht man selten. Und über das Für und Wider gab es dann nach dem Ritt mit dem männlichen Kollegen eine gründliche und, wie es schien, genüßliche Aussprache.

In der A-Dressur ritten immer zwei. Nach der Aufgabe erschienen regelmäßig beide auf einen Wink hin hoch zu Roß am Richtertisch, um das Urteil der Jury zu vernehmen.

Nachher in dem Restaurationszelt am Turnierplatz, wo Bundeswehr Erbsen und Speck in einem großen Kessel stark gefeuert vermischte, schritt die Dame der vormittäglichen Dressur über die sich leicht wiegenden Bohlen. Sie strahlte Würde aus und war sich des Respektes sicher, den die Dressur-Bewerber ihr zollten. Sie war nämlich noch aus der alten klassischen Schule. Eine Schülerin von Otto Lörke. Das hatte sich herumgesprochen. Und so manchem schien es ein wenig peinlich zu sein, sich und sein Pferd einem so routinierten, wachsamen und genauen Auge gezeigt zu haben.

Das war also Frau Christel Graup aus Bremen. Frau Sibylle Bülau betreute die Richter, Fräulein Lu Zimmermann die Teilnehmer. Nur ein Blick von ihr, nur ihr Anblick war Betreuung genug. Glücklicherweise pendelte diese Königin des Gutsparks viel hin und her. Und so begegnete man ihr, so man Glück hatte, mehrmals am Tage. So hatte man an diesen Tagen Sonne von allen Seiten. Vielleicht war es gut, daß Fräulein Lu nicht vom Roten Kreuz war. Sonst hätte es zu den unfreiwilligen vermutlich auch noch absichtliche Stürze gegeben.

Es war zwar ärgerlich, daß mir der Pudel entlaufen war – er folgte eines Tieres Spuren –, aber dadurch (weil nun wiederum ich des Hundes Spuren folgte) lernte ich Oberneuland und Umgebung kennen.

Zunächst den Park und die Koppeln von Rita Marwede, die früher zu den besten deutschen Amazonen zählte und nun den Familiennamen Gruner führt. Da war der Pudel übrigens noch bei mir. Leider konnte ich die Stuten Vielliebchen und Georgia nur noch von weitem sehen, weil in diesem Augenblick der Hund sich auf die Socken machte. Ohne mich noch von meiner liebenswürdigen Bekannten verabschieden zu können, fand ich das fuchshohe Loch in der Parkumzäunung, durch das der Pudel-Satan entwichen war, ging mit einem ebenso neuen wie hellen Sommeranzug in den Liegestütz und zwängte mich unter dem Maschendraht hindurch, wobei ich mit flinken Händen das Erdreich unter mir etwas vertiefte.

Hundert Meter in Front flogen in gleichmäßigen Abständen zwei Pudelohren aus dem Roggen und wurden immer kleiner, so sehr ich auch hastete in meinen feingebügelten Beinkleidern. Das Korn war feucht, und die Landschaft erstreckte sich erheblich. Der Hund war schließlich aus meinem Blickfeld entschwunden. Dumpfe Gedanken stiegen in mir auf. Ich sah in meinem Geiste einen Oberförster aus dem Dickicht treten, den Pudel sehen . . ., na ja, er hätte bestimmt nicht mit Sand nach ihm geworfen. Doch rechts am Horizonte stellten plötzlich sieben Jungbullen den Zagel hoch und birsten bockend durch die Gegend. Da wußte ich, daß der Hund just ihr Revier passierte.

Dann kamen der Deich und ein netter ortskundiger junger Mann. Ich erklärte ihm, warum ich mich da so als Military-Infanterist ziemlich atemlos im Gelände bewegte, und da wurde ich Beifahrer in seinem Wagen. Oben durch das Schiebedach sah man nun weit mehr von der Landschaft. Durch Wiesen ging's und Waldschneisen. Heuduft um die Nase wechselte mit Birkenzweigen um die Ohren. Schließlich saß der Ausreißer da irgendwo am Wegesrand, pudelnaß, aber keineswegs hundemüde.

So waren wir nun zu dritt, der freundliche Herr, der vierbeinige Jäger und ich. Der eine zufrieden, der zweite naß und ich sehr glücklich.

Jeder sah für sich aus dem Fenster, als wir Richtung Turnierplatz durch Oberneuland rollten, jenen großartigen Vorort der Hansestadt, in dem alte Bauernhöfe neben alten bürgerlichen Herrensitzen und millionenschweren Bungalows liegen. Unter uralten Bäumen, hinter Rotdornhecken und Jasmin.

Der Wolfsburger Stier

Reit- und Springturnier auf nationaler Ebene mit Reiterinnen und Reitern der deutschen Spitzenklasse: Dies war die plakative Herausstellung des Turniers in der VW-Stadt. Sie war seriös, entsprach den Tatsachen und nannte höflicherweise das weibliche Geschlecht an erster Stelle. So etwas findet man im Zeitalter unbedingter Superlative längst nicht mehr überall.

Die nationale Ebene, so schimmerte es durch, soll nicht für alle Zeiten Wolfsburgs Bestreben sein. Man liebäugelt in dieser auf allen Gebieten zu Taten drängenden Stadt mit einer turniermäßigen Entwicklung zum CHI.

Dieses Ziel erschien dem wolfsburgkundigen Beobachter zunächst paradox. Denn als er sich der Reithalle am Turnierplatz näherte, wähnte er, einem Irrgang verfallen zu sein. Er fühlte sich durch ein unübersehbares Verkehrsschild zum Halten gebracht und sondierte vorsichtig die vor ihm liegenden Bauten und das nicht überall ganz übersichtliche Gelände. Es blieb aber überall ruhig. Verschiedene herumstehende Reiterinnen und Reiter, auch Zivilisten, zeigten keine Spuren irgendwelcher Erregung. Und doch mußte das große Holzgebäude eine Stierkampfarena oder eine riesige Bullenhalle sein.

Als sich schließlich dennoch kein wildgewordenes Rind in die Halle stürzte oder gar herdenweise aus derselben herausgequollen kam, dämmerte es dem Besucher, daß der Wolfsburger Pferdebestand stark pulle und man darob zur Vorsicht das entsprechende Verkehrszeichen gewählt habe. Vielleicht, so dachte der Verweilende, liege hier eine gewisse Bulligkeit ganz und gar in der Luft.

Aber auch hierfür ergaben sich Zweifel, als Lenard unter Rosemarie Springer ganz vernünftig aus der Halle herauskam. Ganz ohne stürmendes Tempo, ohne Schweif hoch und ohne ruckweises Dampfablassen. Gottseidank kam da ein Herr mit goldener Rosette, jugendfrischer Unternehmertyp, offensichtlich mehr im Zeichen Sleipnirs oder eines VW als im Bilde des Stieres geboren. Der wies entschuldigend auf den schwarzen Bimbambullah im Dreiecksrahmen und sagte bedauernd, daß man in ganz Wolfsburg kein passendes Verkehrszeichen habe auftreiben können. Shocking, dachte der eine, peinlich, der andere. Aber nur gut, befand der Zugereiste später, daß nicht bei den Ehrengästen etwa ein Schafbock und vor den Toiletten eine Dogge zur Vorsicht gemahnte. Dieses war nämlich ganz

Von eigenartiger Wirkung war der holländische Vortrupp der holländischen Kapelle in so ernst-feierlicher Aufmachung, gänzlich ungewohnt. – Und so dachten manche, daß da der ganze Vorstand des Volkswagenwerks unterwegs war, um der Bedeutung des Turniers in Wolfsburg hochkarätige Geltung zu verleihen.

und gar nicht der Fall, und damit stand das Wolfsburger Turnier also doch auf dem richtigen Weg zu seinem ferneren Ziel.

Eigens aus Holland war ein schaunummerndes Musikkorps in der Käferstadt eingetroffen. Den blasenden und trillernden Uniformierten schritt auf dem Turnierplatz eine feierliche Abordnung voraus. Engtaillierte schwarze Gehröcke präsentierten würdige Herren, teils mit studierten Gesichtern, teils in üppiger Kondition. Alle sechs schwenkten ernst ihre Zylinder und setzten ihre Füße, als habe eine Kuhherde »Blumen gestreut« auf ihrem Wege. Einige Zuschauer dachten, daß Trauer herrsche an diesem Tage. Oder daß die Kapelle vielleicht aufgelöst werden sollte. Andere meinten, VW-General-Direktor Nordhoff unter den Herren erkannt zu haben und waren begeistert, welch große Bedeutung man diesem Turnier von hoher Warte zuerkannte. Nun: Es war auch ein wirklich großes und gutes Turnier. Vier Plätze standen für die Prüfungen zur Verfügung: Der Hauptring, ein großer Nebenplatz mit vollständigem Parcours, die Reithalle und der Schloßpark (für die S-Dressur). Große Pferdezelte standen inmitten. Neben- und Abreiteplätze sorgten für eine zweckmäßige Verteilung.

Bei den Dressurprüfungen in der Reithalle herrschte weder Traurigkeit noch Mangel an Aufklärung. Oben im Casino konnte man gleichzeitig einen Doppelkorn und ein Auge voll Parkett-Darbietung zu sich nehmen. Doch damit nicht genug: Lautsprecher unten und oben sprachen das Protokoll unmittelbar nach jeder Vorführung mit Wertnote, während die (der) Geprüfte zügeleinerhand vor der Richterloge mit zunächst undurchdringlichem Mienenspiel verharrte. Dankbares Lächeln oder verschämte Zurückhaltung, niemals aber sichtlicher Groll (innerhalb der Bahn) lösten schließlich die Spannung. Das war für alle Beteiligten und Zuschauer eine großartige Sache, die allgemein Beifall fand.

Es war zeitlich wenig Gelegenheit gegeben, auch die Umgebung Wolfsburgs zu besichtigen. Aus dem Umfang und der Länge der schweren Hindernisstangen war jedoch eindeutig zu ersehen, daß es da in der Nähe sehr beachtliche Wälder geben muß. Nur ausgerechnet der »Wolfsburger Sprung«, ein doppelschornsteiniges Mauerwerk an jeder Seite, hielt in reichlich flacher Auflage zarte weiße Hölzer für häufige Fehlerpunkte bereit. Anson-

sten aber lagen Auflagen und Stangen in wuchtiger Gelassenheit steil oder kastenförmig abwechslungsreich vor sich hin, gediehen besonders in höheren Lagen und zeigten sich selbst oft noch dann unberührt, wenn jenseits Pferd und Reiter zu Boden gingen. (Schon Kaczmarek wußte: Besser weich im Grase liegen, als sich hart auf Fresse fliegen!)
Es muß hie und da eine panische Angst davor bestehen, daß der Springsport auf seinem Wege zu immer größeren Leistungen nicht auch gleichzeitig immer noch hart genug wird. Nach dem Motto: Je mehr gestürzt wird, um so größer ist das Turnier.
Parcourschef Fritz Thiedemann weilte ebenfalls unter den Gästen: »So mancher Reiter hat sich vielleicht hier in Wolfsburg gewundert über die nicht ganz leichten Anforderungen«, erklärte dieser so erfahrene Reitersmann, damals Olympia-Inspektor, »aber wir wollen aus diesem Wolfsburger Reitertag keine Spazierritt-Veranstaltung werden lassen. Die Stürze lagen zum Teil nicht am mangelnden Können oder an der gewissen Unebenheit des Parcours, sondern sie sind bei einem größeren Turnier von vornherein mit einzukalkulieren. Selbst gute Reiter fallen eben mal aus dem Sattel«.
Eine große Show bot am Schluß des Turniers Willi Schultheis mit Lenard. Moderne Tanzmusik brachten ihn, den Schimmel und die Zuschauer in faszinierende Rhythmen. Ungeahnte Ausdruckskraft und hohe Musikalität führten Reiter und Pferd an den Rand hinreißender Ekstase, die Zuschauer zu Beifallswirbel und Körpertaumel.
Auch die Schornsteine des VW-Werkes wippten leicht.

Residenz Rastede

Wer da glaubt, es sei dort nur ein kleines »meeting«, der irrt sich. 422 Pferde erschienen in Rastede, zunächst auf Nennungsformularen, dann in etwas geminderter Zahl schließlich am Start. Die große Turnierwelle wälzte sich auch hierher an die Stätte beschaulichen Turniersports, aber sie überspülte sie nicht. Und das war entscheidend für die Eigenart und den Ruf dieses individuellen Platzes.
Auf der Strecke von Oldenburg nach Wilhelmshaven sind es etwa 14 Kilometer. Dann ist Rastede erreicht. Auf dem Turm des Schlosses weht die Hausfahne des Erbgroßherzogs, und der ganze Ort atmet Turnierluft. Das kann man beinahe schon von weitem merken. In diesem Jahr gingen alle Hunde kurz an der Leine. Das fiel irgendwie auf, zumal die Besitzer von Zeit zu Zeit ängstliche Blicke warfen. Das kam daher, weil die Presse der Umgebung bei der Ankündigung der Meute für die Jagdpferdeprüfung alle Einwohner des gemütlichen Fleckens darauf aufmerksam gemacht hatte, daß die Meutehunde sehr gefährlich seien, wenn ihnen unvermittelt frei herumlaufende Hunde, insbesondere Pudel oder andere zierliche Tiere, vor die Nase kämen. Es sei dann durchaus nichts Ungewöhnliches, daß man anstelle seines Lieblings nur noch ein Stück Leine in der Hand halte.
Diese Nachricht hatte verständlicherweise großen Schrecken verbreitet, aber auch eine gute Werbung gemacht. Denn so urige Meutehunde wollte man doch in natura einmal gesehen haben. Und da sich die Gefleckten in den Straßen nicht zeigten, mußte man den Turnierplatz aufsuchen, um ihrer ansichtig zu werden.
Die Parcours in Rastede haben es in sich. Da gibt es allerlei stationäre Hindernisse mit mancherlei Stangen davor, darauf oder dahinter. Ein kleines Springderby also. So sind fehlerlose Ritte seit eh und je ziemlich selten im Sa-Springen, und es ist schwer zu gewinnen.
Da geht die Sage, daß früher, lange – lange bevor er als Bundestrainer auf die Waagschale geworfen wurde, HGW erst mit dem vierten Pferd, das man ihm wegen seiner damaligen

Olympia-Plakativität konzediert hätte, diesen Großen Preis habe gewinnen können. Doch, wer so etwas glaubt, weiß natürlich nicht, daß es immerhin eine LPO gibt, bei der aller guten Dinge höchstens drei sind. Na ja, ist aber eben doch irgendwie eine ganz nette Story.
In diesem Jahr ging etwas Besonderes um. Jedenfalls waren längere Gerten im Parcours nicht gefragt. Ein Rotrockreiter aus der Landeshauptstadt Hannover war ausgesprochen böse. Er war seinen beiden Braunen so schön an die noch etwas unroutinierten Hinterhaxen gekommen, und da wurde er zum Richterturm gerufen. Es erschien ein Respektabler, holte ein Zentimetermaß aus der linken, eine LPO aus der rechten Tasche, runzelte die Stirn, gab dem Herrn die Gerte zurück und sagte: Ausgeschieden. Das war eine sehr strenge Sitte, zugegeben. Und paßte eigentlich gar nicht in das sonstige Klima von wohltuender, warmer Meeresluft. Doch, wer Humor hatte, nahm diesen Vorgang als Brise.
Am Sonnabendnachmittag plötzlich wurde das Programm unterbrochen. Stillschweigend. Ohne einen Kommentar, für eineinhalb Stunden. Es spielten zu dieser Zeit in weiter Ferne Chile mit einem anderen Favoriten in der Weltmeisterschaft. Alle Zuschauer hockten sich nieder, ließen Transistoren ertönen, im Restaurantionszelt leuchtete eine Mattscheibe vor andachtsvollen Fans, denen vor Erregung bisweilen leise die Sporen klirrten, und vierbeinige Starter kauten dicke Anbindungsstangen dünn.
Den Abschluß dieser besinnlichen Tage brachte traditionsgemäß die Gurkenbowle im Schloß der Herzöge von Oldenburg.
Wie die schmeckt? Fahren Sie hin, lieber Freund, Sie werden sich wundern und sicherlich Gurken anbauen danach. Wenn nicht anders, im Balkonkasten Ihrer möglicherweise gartenarmen Behausung.

Polonaise chevaleresque

Auf eigene Kosten, wenn auch mit technischer Hilfe des DOKR, setzte sich am 30. Mai eine kleine Equipe zum CHIO Olsztyn in Marsch: Ein Pferdetransporter des Stalles Lehmann in Braunschweig mit den Pferden Angelo, Adlerjäger und Feisal, der Pferdetransporter des Stalles H.J. und H. Köhler mit Lepanto und Waldspecht und die Pkws mit der Reiterin und dem Reiter dieses Aufgebots, Wolfgang Feld.
Die vier Fahrzeuge fuhren ab Braunschweig im Konvoi, konnten aber die kühlen Morgenstunden nicht ausnutzen, da der DDR-Veterinär an der Grenze in Marienborn nicht vor 10.30 Uhr seines Amtes zu walten pflegt. Nach ziemlich genauer Kontrolle aller Fahrzeuge ging dann die Fahrt auf der Autobahn südlich Berlin vorbei, um in Frankfurt/Oder mit Hilfe eines von der polnischen FN entsandten Helfers schnell und ohne Umstände für die Einreise nach Polen abgefertigt zu werden. Zwei Autostunden später wurde Sieraków erreicht, wo die Pferde in den Boxen des dortigen Landgestüts, die Reiter, Fahrer und Pfleger im Hause des Direktors in großer Gastfreundschaft aufgenommen wurden.
Als dann am nächsten Tag, dem 31. Mai, abends der Konvoi in Allenstein ankam, war es bereits 20 Uhr, einige Stunden später als vorausgesehen. Die letzte Wegstrecke, besonders vor und nach Osterode, hatte mit ihren starken Hügeligkeiten und ungezählten Kurven die Pferdetransporter immer wieder auf ein Geschwindigkeits-Minimum heruntergebracht und sie gezwungen, mit oft nicht mehr als 20 km Stundengeschwindigkeit die Steigungen mühsam zu erzwingen.
Gleichzeitig traf vom Flughafen Warschau der sogenannte Equipe-Chef, zugleich Schreiber dieser Zeilen, in Allenstein ein. Er war in Bremen mit einer Viscount der Lufthansa in

Erstaunliche Zuschauermengen, die an den folgenden Tagen sogar von den Fensterbrettern und vom Dach der Landwirtschaftsschule aus das Geschehen verfolgten, nahmen Anteil am CHIO in Allenstein. Unter ihnen noch eine gewisse Zahl Deutscher, die hier geblieben waren. Gleich im ersten Springen hatten die Reiter aus der BRD (Bundesrepublik Deutschland) großen Beifall, als Helga Köhler und Lepanto (v. Der Löwe xx – Amateur), die am letzten Tag noch auf Waldspecht (v. Worms) das renommierteste Springen gewann, hinter dem polnischen Star Jan Kowalczyk, auf der zeitlich auch in Aachen dominierenden Drobnica, nur um $^3/_{10}$ Sekunden Rückstand, die Silberschleife erobert hatte. Der polnische FN-Generalsekretär Eryk Brabec beruhigte Lepanto, den das Schleifenpony erregte.

40 Minuten nach Frankfurt/Main geflogen, dort nach einstündigem Aufenthalt in eine Iljuschin der polnischen Fluggesellschaft LOT gestiegen und hatte nach nur eineinhalbstündiger Flugzeit Warschau erreicht. Von hier bis Allenstein waren es dann noch 240 Straßenkilometer. Auf den Tachos des Lkw-Pkw-Konvois wurden 1012 km (für die Verdener Gruppe) abgelesen.

Ein langes Suchen, wo sich Turnierplatz und Pferdestallungen befanden, war nicht nötig, denn gleich am Südeingang der Stadt, in Kortowo (Kortau), wehten linker Hand die Fahnen der sieben erwarteten Nationen an einem Stadion zwischen hohen und langen Gebäuden der Landwirtschaftlichen Hochschule. Wenige hundert Meter dahinter, zur rechten Hand ein ausgedehnter Waldsee, lag auf einer Hügelkuppe das mit Maschendraht eingezäunte Camp für die Pferde. Eine Anzahl langer, leicht und einfach gebauter grüner Baracken nahm alle Pferde in Boxen auf, während in Zelten Vorsorge für die Unterbringung der Pfleger, des Gepäcks und der Fourage getroffen war.

Zum Ausladen der Pferde war es schon dunkel geworden, und Taschenlampen taten ihren guten Dienst. Eine elektrische Beleuchtung auf hohen Masten wurde dann am nächsten Tag angebracht. Die Sorge, daß die winzigen Haken an den Boxentüren auch nur eine Stunde halten würden, bestätigte sich nicht, auch später nicht, denn alle Pferde domizilierten in ungewöhnlicher, gleichbleibender Ruhe.

Die Ruhe ringsum und auch bei den Menschen, die in diesem Lande wohnen, war zunächst verblüffend, schließlich aber wohltuend. Man paßte sich ganz automatisch an, erledigte eines nach dem anderen und ließ sich durch nichts in Rage bringen.

So stand dann auch plötzlich wie aus der Erde gestampft ein freundliches Empfangskommando unter den Ankömmlingen und führte, von einem Mini-Bus aus, die beiden westdeutschen Pkws mit Reitern und Bodenpersonal in gemächlicher Fahrt durch das erleuchtete Allenstein an dem riesigen und wuchtigen Rathaus vorüber zum Hotel Warminski (in deutsch etwa Ermland-Hotel), das nach einem dreigängigen Nachtmahl mit Bier und Wodka die Fahrer und Pfleger dann wieder verließen, um sich im Camp oder in einem Wohnblock der Landwirtschaftlichen Schule (4000 Studenten auf Internatsbasis) zur Ruhe zu begeben.

*

Am nächsten Morgen um 7 Uhr erschien verabredungsgemäß Edward Truczynski, sechsfacher polnischer Meister und mehrfacher internationaler Sieger im Motorrad-Rennsport, der den Westdeutschen als Betreuer beigegeben war, um zwei Frühaufstehern in einer Stadtrundfahrt Allenstein und Umgebung zu zeigen. Das Gesicht der Stadt, geprägt durch große historische Bauwerke der Jahrhunderte, zeigte sich unverändert. Wo gewisse Kriegsschäden vorgelegen hatten, war alles naturgetreu restauriert worden. Das Schloß an der Alle (jetzt Lyna), 1348 begonnen, in der zweiten Hälfte des 14. Jahrhunderts fertiggestellt, gehört zu den bedeutenden gotischen Kulturdenkmälern des Verteidigungsbauwesens. Die großen Feldsteine, die das Fundament bilden, und ihre Verfugung sind gänzlich unangetastet von irgendwelchen Verfallserscheinungen. Der Mörtel, der alles miteinander verbindet, soll in seiner Grundsubstanz aus Eigelb bestehen, dessen Verbindungskraft eine gänzliche Unzerstörbarkeit zugeschrieben wird. Auch die Holzteile dieses Schlosses wirken unverbraucht und kerngesund und machen es rätselhaft, wie ein so verfallsbedrohtes Element die Jahrhunderte zu überstehen vermochte. Fortlaufende wissenschaftliche Untersuchungen haben bis heute nicht herausgebracht, womit dieses Holz früher imprägniert wurde. Alle Kirchen wirken unversehrt; das Alte Rathaus, um die Mitte des 17. Jahrhunderts erbaut, wurde in allen Einzelheiten sorgfältig restauriert. Vier Sonnenuhren, eine auf jeder Ecke, geben die Zeit an wie einst. Das Hohe Tor aus dem 14. Jahrhundert, ein Überbleibsel der alten Stadtmauern, läßt wie früher den Stadtverkehr unter sich hindurchfließen, und das Neue Rathaus, erbaut von 1913 bis 1915 im holländischen Renaissance-Stil, beherrscht in hoher Lage und riesigen Ausmaßen einen großen Teil der Innenstadt.

Einen Hauptteil der landwirtschaftlichen Arbeiten bestreiten die güsten Mutterstuten. Hier Lektyna, geb. 1963 v. Belizar u. Dechowa v. Pyrrhus (l.) und Getyna, geb. 1963 v. Belizar u. Gawan v. Guido.

Die Einwohnerzahl, früher wohl 45 000, ist auf 80 000 gestiegen. Sechzig Prozent der Wohnhäuser und siebzig Prozent der öffentlichen Gebäude stammen aus der Zeit vor 1945, während der Rest in den Kriegswehen in Schutt und Asche gelegt war. Sie sind in den letzten zwanzig Jahren in modernerer Bauweise wiedererstanden. In den Außenbezirken wurden Wohnkolonien errichtet, teils in primitiverer, teils aber in supermoderner Bauart. Durch westdeutsche Firmen wird seit Monaten eine große Reifenfabrik eingerichtet. Zu diesem Zweck befinden sich deutsche Spezialisten in der Stadt, die es wohl nicht ganz einfach haben, nach dem Einbau der Maschinen nun auch die Arbeiter, die vielfach völlig unbeschwert aus der Landwirtschaft kommen, anzulernen und in kurzer Zeit für ihre Aufgaben tauglich zu machen.

Der Empfang der Equipechefs durch den Bürgermeister der Stadt verzögerte sich von 18 auf 20 Uhr, da die tschechoslowakische Mannschaft mit ihren Pferden überfällig war. Wie sich nachher herausstellte, hatte es Schwierigkeiten beim Grenzübergang gegeben. Nach dem Bürgermeister, der den Empfang eröffnete, sprach dann als Vertreter der FEI und Mitglied der Jury der italienische General Conforti, der sich so liebenswürdig zeigte, daß er auch bei den Ansprachen in polnisch oder russisch in größter Aufmerksamkeit zuhörte, charmant mit Augen und Zähnen blitzend, obwohl er kein Wort der Sprache vor deren Übersetzung verstand. Seine Worte fanden dann großen Beifall, besonders diese Feststellung: »Menschen, die im Sport mit dem Pferde leben, machen auf ganz gleiche Weise ihre Erfahrungen mit jeglicher Art von Freude, Enttäuschungen oder Schwierigkeiten. Und sie sind alle gleichermaßen gezwungen, Mißverständnisse, die zwischen Pferd und Reiter auftauchen, aufzuklären und zu beheben. Infolgedessen kann es gar nicht ausbleiben, daß sich alle Pferdemenschen, gleich welcher Nation sie auch immer angehören mögen, gut verstehen«.

Inzwischen waren die Quartiere aus dem Hotel Warminski nach Stare Jablonki (Alt Jablonken), 30 km südlich an der Straße nach Osterode, im Wald und an einem großen See gelegen, verlegt worden. Hier traf auch am Abend die vierköpfige Familie Lehmann aus Braunschweig ein, um das Land zu bereisen und ihre Pferde in den Springprüfungen zu sehen.

*

Am Pfingstsonntagmorgen, dem Tage darauf, als aus allen oben geöffneten Boxen die Pferde der Polen, der Russen, der Ungarn, der Tschechen, der Österreicher, der DDR und die der Westdeutschen in die Morgensonne hineinblinzelten und man weit in das sommerliche ostpreußische Land hinausschauen konnte, drängte sich der Gedanke auf, daß zu gleicher Zeit in Wiesbaden die westeuropäischen Reiter mit ihren Prüfungen begannen. Wie ein Kontrast klang dann später aus einem Kofferradio die besonders schöne Melodie eines Trompeters, die unvermittelt abbrach. Es sei zwölf Uhr, meinte Betreuer Truczynski: »Täglich zu dieser Stunde ist diese Melodie des Trompeters vom Krakauer Dom über alle polnischen Sender zu hören. Der jähe Abbruch des Spiels ist dadurch zu erklären, daß seinerzeit der Trompeter in diesem Augenblick meuchlings von den Tataren erstochen wurde«.

Nach einem Bad mit den Pferden im See wurde der nahezu unerschöpfliche Hindernispark, der teilweise noch außerhalb des Stadions stand, teilweise einen langen Parcours in der Piste bildete, in Augenschein genommen. Niemand hatte eine solche Qualität und eine solche Vielfalt der Hindernisse erwartet, auch hatte man dem Parcours-Bau etwas skeptisch entgegengesehen. Was sich da aber dem Auge bot, war beste internationale Gestaltung in ebenso schöner wie anspruchsvoller, aber fairer Weise. Die Linienführung trug

überdies dazu bei, in dem Parcours-Chef nicht nur einen in langen Jahren routinierten Aktiven zu vermuten, sondern ließ auch geschickt praktizierte Ideen erkennen.
Hinter allem stand Jerzy Graboswki, bekannt als internationaler Military- und Springreiter, zunächst Direktor des Landgestüts Gnesen, jetzt Direktor des Landgestüts und der Hengstprüfungsanstalt Marienwerder.

*

Schon zum Einmarsch der Nationen hatten sich etwa 5000 Zuschauer eingefunden, deren Zahl im Laufe des Nachmittags auf etwa 8000 anwuchs. Die einzelnen Equipen wurden Reiter für Reiter vorgestellt, ohne daß hierzu die Hymnen gespielt oder die Flaggen gehißt wurden. Es ging abschließend nur die Olympia-Flagge am Mast hoch, und dazu erklang die Hymne des gastgebenden Landes. Man hatte sich auf diese Zeremonie geeinigt, um die im Vorjahr aufgetretenen Schwierigkeiten, die durch die Anwesenheit zweier deutscher Equipen entstanden waren, zu vermeiden. Für die Reihenfolge des Einreitens und Aufmarschierens war diesmal das polnische Alphabet maßgebend. Die westdeutsche Vertretung firmierte unter N.R.F. Die Begrüßung unserer Reiter durch die Zuschauer versprach von vornherein ein Gutes, zumal der Enthusiasmus keineswegs gleichmäßig auf alle Equipen verteilt wurde.
Die beiden Pfingsttage brachten vier Springen des Chasse-Charakters über Abmessungen von 1,30 bis 1,50 m, davon zwei mit einmaligem Stechen. Jedes Pferd durfte nur einmal am Tag starten, so daß alle Prüfungen mit durchschnittlich 50 Pferden beschickt waren. Zwei der Springen fielen an den international erfolgreichen Jan Kowalczyk, der insgesamt fünf Konkurrenzen dieses Turniers gewann, auf Drobnica und Ronceval, dem es erst im letzten Augenblick gelang, den bis dahin führenden Lepanto unter Helga Köhler um $^{3}/_{10}$ Sekunden zu schlagen. Der zweite Platz der deutschen Amazone wurde mit ebenso großem Beifall aufgenommen wie der zweite Platz der Österreicherin Liesl Koreska auf Mago, der in einer anderen Prüfung Wjatcheslaw Kartawski (UdSSR) auf dem Fuchshengst Waterpas unterlag.
Das erste der vier Springen holte sich der Pole Marian Kozicki auf Braz. Der folgende Dienstag war Ruhetag und wurde zu einer gemeinsamen Gestütsbesichtigung in einem nagelneuen, komfortablen ORBIS-Omnibus ausgenutzt. Die Fahrt führte über Osterode, wo auf die älteste und wohl auch einzige Rutschschleuse hingewiesen wurde, über Preußisch-Holland in das Hauptgestüt Rczeczna. Die großzügigen und gepflegten Anlagen machten den Eindruck eines früheren Remonte-Depots. Nach dem Kriege wurden hier Trakehner-Stuten ostpreußischer Abstammung gesammelt, die keine Papiere hatten, aber durch Brandzeichen als Reinzucht ausgewiesen waren. Zu diesen rund fünfzig Stuten kamen dann später dreißig Vollblut-Stuten hinzu. Ein Rundgang durch die Stallungen führte zunächst zu den Sportpferden des Gestüts, unter denen der Sieger in der polnischen Military-Meisterschaft 1967 besonders hervorgehoben wurde. Die Mutterstuten standen angebunden in riesigen Laufställen, während sich die Fohlen frei bewegten. Diese Aufstallung war zweifellos vorgenommen worden, um den Besuchern eine gute Besichtigungsmöglichkeit zu geben. Ein Teil der Fohlen war bereits abgesetzt und schon in den Monaten November/Dezember des vergangenen Jahres oder im Januar geboren. Auffallend waren die vielen schönen Gesichter, die gut angesetzten Hälse und die guten Sprunggelenke.
Anschließend an die Begehung erfolgte die Vorstellung von drei Hauptbeschälern an der Hand. Zunächst wurde gezeigt der neunjährige Rapphengst Elew, geboren in Liski, väter-

licherseits auf den Trakehner Ararad, mütterlicherseits auf den Trakehner Hirtensang zurückgehend. Danach der siebenjährige Braune Eliop aus der Trakehner Pilger-Linie, mütterlicherseits auf den Ostpreußen Centaur gezogen. Schließlich der allgemein begeisternde Dyskobol, erst vierjährig und mit einem hervorragenden Examen der Hengstprüfungsanstalt Marienwerder erstmalig eingesetzt, ein strahlender, großrahmiger und in allen Teilen hochbedeutender Bronzefuchs-Hengst von einem Vollblut-Vater und einer Tochter des Ostpreußen Nygas, der wie der berühmte Celler Landbeschäler Abglanz ein Sohn des Trakehners Termit ist. In der Einzelvorstellung schlossen sich an mehrere Sportpferde, Mutterstuten und Fohlen.

Zu einem Höhepunkt kam es dann, als die Stallungen geöffnet wurden und die Pferde herdenweise zunächst in den Laufhocks an die Tränke gingen, um dann in einem kilometerlangen Laufweg zwischen den Weiden davonzustürmen, wobei dann jede Herde nach links in die ihr zugewiesene Koppel einbog, um im gestreckten Galopp lang auseinandergezogen die weiten Gefilde zu durchmessen. Im Hintergrund dieses Schauspiels ragten aus dem Grün Kirchturm und Burg von Preußisch-Holland aus fünf Kilometer Entfernung. Bis dahin sah man unbegrenzt nach rechts und links nur Weiden und Pferdeherden.
Die Reisegesellschaft zog sich dann zurück in das Gemeinschaftshaus des Hauptgestüts zu einem neueren Film über die polnische Pferdezucht und zu einem ausgiebigen Frühstück.
– Die Fahrt führte weiter nach Frauenburg, in die Stadt von Kopernikus und an dessen Wirkungsstätte in der Burg am Dom. Dazwischen steht ein altes Patrizierhaus mit riesigen Räumen und Holztäfelungen, die mehrere hundert Jahre alt sind, eingerichtet als Museum für den Gelehrten, der die Welt um eine entscheidende Entdeckung reicher gemacht hat. Durch eines der Fenster oben im Hause hatte man einen unwahrscheinlichen Blick über einen Teil der Stadt hinweg auf die Kurische Nehrung. Das anschließende Orgelkonzert im Dom mit Werken von Bach war der erlebnisreiche Abschluß des Aufenthaltes in der Kopernikus-Stadt.

Zum Mittagessen war die Reisegesellschaft in Braunsberg. Leider ließ es sich nicht ermöglichen, dem Landgestüt, dessen Hengste sich auf den Deckstationen befanden, einen Besuch abzustatten, dafür bestand das Essen aus vier Gängen und wurde so prompt aufgetischt, wie man solches anderswo kaum gewohnt ist. Dann ging es zurück nach Mehlsack und Mohrungen. Auch jetzt waren die Eindrücke der Landschaft wieder so stark, daß niemand einnickte, obwohl es sehr heiß war.

Mit dieser Fahrt noch nicht genug, entführte Betreuer Truczynski dann abends noch einen Teil des westdeutschen Aufgebots von Stare Jablonki nach Ortelsburg. Die Waldungen beiderseits der Straße bestehen aus Baumriesen von mehreren Hunderten von Jahren und sind so ausgedehnt, daß sie irgendwo in Rußland enden sollen. Die ganze Flora hier ist von großer Üppigkeit. Man sieht kein trockenes Holz, sondern nur frisches, bis tief an die Erde herabreichendes Tannengrün, das in sonst nicht gekannter Färbung das Auge begeistert. Ähnlich ist es mit den Kiefern, Eichen, Buchen und Birken, die in den Himmel zu ragen scheinen. Ganz selten fährt ein Auto vorüber, und als die Gruppe am Ufer eines riesigen Waldsees stand, hörte man in der Abenddämmerung nur die Wasservögel, sah sonst auch kein lebendes Wesen außer zahlreichen großen weißen Wildschwänen, die über das schwarze Wasser glitten.
Der Vormittag des vierten Turniertages war damit ausgefüllt, die Geburtsstätte des einen westdeutschen Pferdetransportwagenfahrers zu besuchen. Im Alleingang zu zwei Personen. Auf der Anfahrt nach Heilsberg fiel links von der Straße ein großer Gutshof ins Auge,

in dem eine Pferdezuchtstätte vermutet wurde. Leider war die Brücke nicht passierbar, und das Wenden mit dem Pkw auf der schmalen Zufahrt nahezu unmöglich. Der Versuch, es doch zu schaffen, endete damit, daß die Vorderräder des Mercedes in einen verwachsenen Graben rollten und das Fahrzeug regungslos auflag. Die drei polnischen Arbeiter, die zu Hilfe eilten, leiteten ihr erfolgreiches Hebemanöver damit ein, daß sie freundlich mit dem Zeigefinger drohten und sagten: »Pan, pan, nicht so viele Wodka trinken am frühen Morgen!« Das war bei Schmolainen. Hinter Heilsberg wurde der Hof gefunden, den Reinhard Baumgart im Alter von 1 ½ Jahren 1945 mit seinen Eltern verlassen hatte. Niemand der vier Familien, die sich den Hof jetzt teilen, verhielt sich ablehnend oder unfreundlich. Schließlich erwies sich die eine Bauersfrau als gebürtige Ostfriesländerin, die ihren polnischen Mann während des Krieges in Ostfriesland kennengelernt hatte. Im Pferdestall waren nach 23 Jahren noch die mit Kreide geschriebenen Namen der Kaltbluthengste und -stuten deutlich zu lesen.

Der Nachmittag brachte ein Stafetten-Springen mit 28 Paaren, das wiederum eine Beute der polnischen Reiter wurde. Es waren zugleich die beiden Pferde einer Stafette im Parcours, und jedes hatte die Hälfte der Sprünge zu absolvieren. Zum Sprung angesetzt werden durfte nur, wenn der Mitreiter nach Überwindung des nummerngleichen Hindernisses gelandet war. Bei diesem etwas ungewohnten Sport zeigten unsere Pferde Adlerjäger v. Adlerhorst und Lepanto v. der Löwe zwar sehr schöne Parcours, ließen es jedoch an der Schnelligkeitsroutine in dieser besonderen Aufgabe, die die meisten anderen Teilnehmer schon seit Jahren kannten, vermissen und kamen nicht mehr in die Plazierung. In dem nachfolgenden Sb-Springen wurde im dritten Stechen eine Höhe von 2 Metern erreicht, die allein der alte Schimmel Tyras unter Marian Kozicki (Polen) fehlerlos überwand. Der Lehmannsche Schimmel Angelo unter Wolfgang Feld zeigte sich in großer Form und schob nur ganz leicht einen Kasten der Mauer über die Kante. Er kam zusammen mit dem russischen Pferd Waterpas und den polnischen Pferden Ronceval und Biszka auf einen ehrenvollen 2. Platz. 23 Pferde waren gestartet. An diesem oder an einem der Abende zuvor wurden die westdeutschen Teilnehmer durch die österreichische Equipe im Pferde-Camp auf das großzügigste mit Schampus und Schinkenbrot bis zum Einbruch der Nacht bewirtet.

Auch der fünfte Turniertag war nicht geeignet auszuschlafen, was niemand bereut hat. Jacek Pacynski, der Direktor des Hauptgestüts Liski, hatte General Girardo Conforti und den Generalsekretär der polnischen FN, Eryk Brabec, zusammen mit einigen interessierten Angehörigen der Equipen zur Gestütsbesichtigung eingeladen. Die Fahrt, morgens um 6.30 Uhr beginnend, ging über Guttstadt, Heilsberg und Bartenstein über eine Strecke von 80 Kilometern. Frau Pacynski bat zunächst zum Frühstück, und danach standen fünf Jagdwagen bereit zu einer Fahrt zu den Vorwerken des aus dem früheren Remonteamt Lisken und dem Gutsareal von Juditten bestehenden Hauptgestüts, das eine Gesamtfläche von rund 9000 Morgen, darunter rund 5500 Morgen Ackerland und rund 2800 Morgen Wiesen und Weiden umfaßt. In Liski wird in Reinzucht der Trakehner gezogen. Nur wenige Stuten gehen auf Stämme der ostpreußischen Landespferdezucht zurück. Alle besitzen vollständige Papiere. Insgesamt werden 120 bis 130 Mutterstuten gehalten.

Die Fuchsherde in Dompendehl vermittelte einen vorzüglichen Eindruck. Der hier zugeteilte Hauptbeschäler Kosmos, geboren 1961 v. Belizar (zurückgehend auf »Eiserner Fleiß«) a.d. Kominica v. Celsius (v. Hirtensang) ragte aus seinen Stallgefährten heraus und gefiel durch Großrahmigkeit, Kaliber und Bewegungsablauf. Auf der Weiterfahrt nach Juditten sah man eine Gruppe gestaffelt eingesetzter Mutterstuten vor dem Grasmäher,

gefolgt von Störchen, die sich bei der Einladung der Heuernte auf ihre Art betätigten. Störche sieht man in diesem Lande ungezählt. Kein Lärm stört sie, und eine weite, nahezu unberührte Natur liegt ihnen zu Füßen.
Die riesigen Gebäude des alten Juditten bleiben zur rechten Hand, und es geht eine lange Eichenallee hinauf zu den zweijährigen Stuten.
Nach der Renovierung der Gebäude in Liski selbst werden zur Zeit die Dächer in Juditten mit neu gebrannten altpreußischen Ziegeln in Ordnung gebracht, Mauerschäden beseitigt. Das Vorwerk, auf dem die Rappherde untergebracht ist, wird in seinen Weide- und Ackerflächen umfassenden Drainagearbeiten unterzogen, so daß dieses Gelände im Augenblick nicht zugänglich ist. Die schwarzen Mutterstuten mit ihren Fohlen stehen auf den anderen Vorwerken verteilt.
Bei den Zweijährigen fanden sich einige übergroße Modelle, die bereits gedeckt sind, um einem weiteren Wachstum möglichst Einhalt zu Gebieten. Auf dem Vorwerk nebenan ist die gemischte Herde, zu der wie auch in Trakehnen Stuten englischen oder arabischen Vollbluts gehören, untergebracht. So wird hier der Paarung englischer Vollblutstuten mit Hengsten Trakehner Abstammung ein bestimmter Wert beigemessen.
Alle Wege, die wir mit dem Jagdwagen entlangfuhren, sind nicht befestigt, aber in einem so hervorragenden Zustand, daß jeder Besucher sich hierüber verwundert. Das Geheimnis liegt in der Benutzung einer Straßenausgleichsmaschine, die zweimal im Jahre Verwendung findet, sich bereits amortisiert hat und darüber hinaus auch in der Nachbarschaft als Leihmaschine eingesetzt wird.
Ein kurzer Einblick bei den zweijährigen Hengsten ließ erkennen, daß der schwerere Erhalter-Typ neben dem hochedlen Blut-Typ hier genauso vorhanden ist wie in den Zuchten der Bundesrepublik. Und so war es interessant, daß Direktor Pacynski aus dem Hengstjahrgang 1966 als künftigen Hauptbeschäler für seine Rappherde einen großen, starkkalibrigen Zweijährigen ausgesucht hatte, dessen Einstellung natürlich erst erfolgen kann, wenn dieser Beschäler-Anwärter nach elfmonatigem Training und entsprechender Leistungsprüfung im Alter von vier Jahren steht. Die Entwicklung des ganzen Jahrganges war schon weit fortgeschritten, wobei man allerdings bedenken muß, daß ein größerer Teil dieser Fohlen früher geboren wird als bei uns.
In Liski wurden unsere Wagenpferde wieder ausgespannt und gingen gerade zur Tränke, als in einem ebenso praktisch wie schön hergerichteten Vorführgarten mit weißem Mauerhintergrund der englische Vollbluthengst Hermes zur Vorstellung gelangte. Dieser schwarzbraune englische Vollblüter ist ein Nearco xx-Enkel. Er sprüht vor Adel und strahlt vor Schönheit. Sein Einsatz gilt vor allem einer Übertragung dieser beiden Merkmale. Man nimmt dabei in Kauf, daß der Hengst im Sprunggelenk nicht alle Wünsche erfüllt. Ihm folgte der großrahmige und starke Schimmelhengst Tschetscheruk (auf deutsch »Auerhahn«), vierjährig und v. Blyszcz (arabische Abstammung) a.d. Cma v. Termit gezogen (Termit ist auch Vater des in Hannover so wirksamen Celler Landbeschälers Abglanz aus Trakehnen). Abschließend präsentierte sich der achtjährige Hauptbeschäler Colombo v. Aquino xx a.d. Columba v. Hunnenkönig (Trak., v. Hutten, v. Ararad). Der großrahmige Braune verbindet Adel und Kaliber, zeigt viel Ausdruck und bewegt sich so hervorragend, wie dies hier im allgemeinen noch keine überwiegende Erscheinung ist.
Zum Turnier-Nachmittag war alles wieder in Allenstein versammelt. Es wurde zunächst ein Zweipferde-Springen ausgetragen in der Art, wie wir dieses aus Aachen kennen, mit einem Sa- und einem Sb-Teil. Wolfgang Feld brachte Adlerjäger und Angelo mit je einem Abwurf gut über die Runden und konnte sich an zehnter Stelle unter 27 Paaren plazieren.

Helga Köhler ließ Waldspecht schnell gehen und kam zu einem Abwurf an der Kopfseite, verlor nach geglücktem Umsitzen etwas die Richtung, mußte ihren Weg korrigieren und patschte mit Lepanto leicht am Wassergraben, wo ein Sonnenschirm am seitlichen des Rappen Aufmerksamkeit wohl etwas über Gebühr in Anspruch genommen hatte. Beide Pferde gingen wieder in überzeugender Form und fanden sich mit den ihnen bislang nicht gewohnten Abmessungen mühelos ab. In diesem Springen kam die Equipe der DDR durch Reinhold Schierle mit Agricola und Kasbek zu einem verdienten Sieg.

Das nachfolgende Wahl-Punkte-Springen setzte in seinem Aufbau für einen Erfolg die gewagtesten Unternehmungen voraus. Demzufolge entschloß man sich westdeutscherseits nur zu dem Start des schon etwas routinierteren Adlerjäger, der dann auch unter Wolfgang Feld die Erwartungen erfüllte und hinter vier polnischen Pferden einen bemerkenswerten 5. Rang unter 39 Startern belegte. Sieger wurde Jan Kowalczyk auf Drobnica.

Freitag war wieder Ruhetag. Vormittags baute Jerzy Grabowski noch den Parcours für den Preis der Nationen am nächsten Tag, dann entführte er die westdeutschen Teilnehmer in das seiner Leitung unterstehende Landgestüt Marienwerder, gleichzeitig Hengstprüfungsanstalt für die masurischen Gebiete. Die Fahrstrecke umfaßte 130 km.

Auch in diesem Gestüt peinliche Ordnung und Sauberkeit, alle Wege geharkt, alle größeren Sandflächen geeggt. Von den rund sechzig dreijährigen Hengsten, die hier elf Monate im Training stehen und Ende November ihre Leistungsprüfung absolvieren – im Dezember nimmt dann die gesamte Anstalts-Belegschaft vier Wochen Urlaub –, standen fünfundzwanzig zur Vorführung bereit.

Nahe der Zementplatte, die in allen polnischen Gestüten für die Aufstellung zur Modellbesichtigung dient, stand eine Art überdachter Pavillon mit Tisch und Stühlen. Jeder Gast erhielt einen Katalog, auf dem sein Name verzeichnet war, und aus dem er Einzelheiten über Herkunft, Abstammung, Geburtsdatum, Maße und Beurteilung der Hengste entnehmen konnte. Zu tieferen Einblicken in die Abstammung legte der Gestütsassistent den Original-Fohlenschein vor, der doppelt so groß ist wie wir ihn kennen und auf dem rückseitig auch die Maße als Absatzfohlen, Jährling und Zweijähriger eingetragen sind.

Zuerst wurden aus dem Hauptgestüt Janów Podlaski Hengste der Reitpferdezuchtung, also Produkte einer neuen Zuchtabteilung in diesem sonst nur der arabischen Reinzucht vorbehaltenen Gestüt gezeigt. Unter ihnen glänzte der dunkelbraune Cortez, dessen Vater Saumur xx auf den großen Sieger Tourbillon xx (auch in dem Celler Valentino xx enthalten) mit arabischer Abstammung auf der Mutterseite v. Maur zurückgeht. Ein großliniger, bedeutender Anglo-Araber, der auch am nächsten Morgen in der Leistung im Gelände sehr überzeugte. Es folgten dann Hengste aus Walewice, Kroplewo und Plenkity. Die Hengste aus dem Hauptgestüt Kadynen (früher kaiserlicher Besitz) zeichneten sich durch viel Kaliber aus. Dieses Gestüt führt neben Trakehner Blut auch das Blut der hannoverschen Landespferdezucht, aus der nach Kriegsende eine Anzahl von Stuten angekauft worden war. Man sah Söhne des Vollblüters Viareggio und des Trakehners Tranzyt. Und man entdeckte auf der Mutterseite Celler Hengste wie Falkner II, Fleetenkieker, Grunelius, Feisal, Sportsmann, Dollart oder Alpenflug II neben Trakehnern wie Kupferhammer, Tyrann oder Ararad. Der typ- und exterieurmäßig wohl interessanteste Dreijährige kam aus dem Hauptgestüt Rczeczna, das schon zuvor im Rahmen einer Besichtigung beschrieben wurde, und in dem auch das z.Z. beste polnische Springpferd Drobnica gezogen ist. Dieser Dunkelbraune, »Wenden«, stammt vom Akcjonariusz (Trak., v. Sandor, v. Tempelhüter) a.d. Wenezuela v. Dreibund (Trak., v. Drusus, v. Pirat, a.d. Zuversicht v. Master

Magpie xx). Seine Maße zum Vergleich mit unseren Vorstellungen: 166 Stock, 198 cm Brustumfang, 21,25 Röhrbein.

Von den in Liski gezogenen Hengsten wurde ein größerer Teil vorgeführt, und schließlich im Stall konnte man die Pferde der jedem Gestüt angeschlossenen Sportabteilung besichtigen. Unter ihnen das beste Military-Nachwuchspferd Polens, ein großrahmiges, starkes Modell im Bluttyp. Dazu gehörte auch das Springpferd Cirrus, ein Rapphengst aus Kadynen.

Am Sonnabendmorgen, sechs Uhr, hielt ein Jagdwagen vor dem Direktorhaus mit zwei Araber-Schimmelhengsten, der die westdeutschen Gäste durch ideales, weiträumiges Reitgelände an eine Waldlichtung brachte, in der etwa 20 Hengste unter dem Reiter zum morgendlichen Training versammelt waren. Rechter Hand hinter dem Landgestüt hatte sich ein weites Galoppiergelände aufgetan, das mit zahlreichen festen Hindernissen bestückt war, und einige hundert Meter weiter linker Hand mitten im Walde ein großer Springplatz mit wohl etwa 30 Hindernissen internationaler Bauweise, die in Miniaturausgabe gleichhohe Oxer, doppelte und dreifache Kombinationen und vieles mehr einen Parcours bildeten. (Welch eine Ideallösung, wenn man bedenkt, daß im allgemeinen junge Pferde zunächst über mehr oder weniger lieblose und phantasielose Hindernisse auch auf Turnieren gehen und meist erst bei größeren nationalen oder internationalen Anforderungen die Eigenarten anspruchsvoller Parcours kennenlernen).

Auf der Waldwiese wurden die Hengste in lösenden Lektionen gearbeitet. Sie standen leicht am verhältnismäßig langen Zügel und wurden wenig gefordert. Alle Paraden hatten guten Erfolg, man sah wenig Einwirkung und nur sehr selten einen geringen Widerstand. Nach etwa einer halben Stunde rollte der Jagdwagen etwa 1000 m weiter in eine breite Waldschneise hinein zu einem dreieinhalb Meter Trockengraben. Von hier aus konnte man drei Hindernisse einsehen, die paarweise von den Hengsten im steeple in großen Abständen überwunden wurden. Zu bewundern war hierbei die außerordentliche pace wie auch der Elan, mit dem die Hengste über die Hindernisse gingen. Nicht minder erstaunlich blieb, daß die beiden Araber-Hengste unmittelbar neben dem Graben nicht einmal mit der Wimper zuckten, wenn ihre jungen Stallgefährten im Renntempo an ihnen vorüberflogen.

Man sah an diesem Morgen alle sechzig Hengste in dieser Art des Trainings und erfuhr, daß die im Blut höher stehenden Beschäler-Anwärter im Verlauf des Sommers zwei- oder dreimal in Zoppot an einem Hengst-Rennen teilnehmen müssen, während die übrigen Hengste dreimal hintereinander einen 12 km langen Geländeritt zu überwinden haben. Der ganze Jahrgang wird Ende November abschließend in bestimmten Fächern geprüft. Danach erfolgt die Verteilung auf die Gestüte. Anfang Januar findet dann die Körung des darauffolgenden Hengst-Jahrgangs in Marienwerder statt, beschickt ausnahmslos von den masurischen Hauptgestüten. Die gekörten Hengste verbleiben sogleich in der Hengstprüfungsanstalt. Die übrigen gehen zu anderer Verwendung in die Gestüte zurück, wo sie teils in den Gespannen, teils in den Sportabteilungen Aufnahme finden.

Am nächsten Abend – nach dem Nationenpreis – entführte der schon bekannte ORBIS-Omnibus die Turnierleitung und Abgeordnete der Equipen über Hohenstein in ein so dunkles und tiefes Waldgelände, daß die oberen Luftklappen des Omnibusses geschlossen werden mußten, um das Festhakeln der großen Zweige zu verhindern. Im Speisesaal eines Pfadfinderhauses war in großer Hufeisenform gedeckt, und die schmalen Tische waren kaum in der Lage, die Platten und Getränke aufzunehmen. Die Gäste hatten kaum Platz genommen, als schon damit begonnen wurde, in bester Stimmung Rede auf Rede zu halten. Der Wodka-Konsum hierbei stand zunächst in keinem Verhältnis zum Anteil der Mahlzeit, und so war man eine halbe Stunde später eifrig bemüht, das Essen nachzuholen. Nach geraumer Zeit wurde über viele, ungezählte Stufen hinab an den tief unten ruhenden See gebeten, man atmete begierig die kühlere und erfrischende Abendluft und betrat einen langen Bootssteg in dem beruhigenden Gefühl, eine gewisse Zeit nur von der schönen Luft leben zu können, als junge Mädchen in Tracht aus der Dämmerung hervorschossen mit wohlgefüllten Tabletts, auf denen unerwartet Wodka dem Naturschwärmer fröhlich entgegenfunkelte. Auf diesem Steg ging es dann längere Zeit sehr aufgeschlossen zu, und die sportlichen wie auch menschlichen Gefühle ließen eine große Portion Politik auf der feuchteren Seite des Landungsstegs.

So war denn auch schon der letzte Turniertag herangekommen. Der gute und sehr gute Besuch in der Woche steigerte sich nochmals und brach alle bestehenden Rekorde. Wie schon im Vorjahr war für den Großen Preis ein ungemein harter Parcours aufgebaut worden, angesichts dessen auch dieses Mal wieder ein größerer Teil der qualifizierten Pferde gestrichen wurde, darunter auch Adlerjäger und Lepanto, für die solche Anforderungen im Hinblick auf ihre Jugend, auf ihre geringen internationalen Erfahrungen, eindeutig zu schwer waren. Lediglich Angelo wurde gesattelt, stürzte aber am vierten Sprung, der Doppel-Triple-Barre so schwer, daß er mit Prellungen und Zerrungen lahm vom Platz geführt werden mußte. Keinem Pferd gelang ein fehlerloser Umlauf, so daß auch das ausgeschriebene einmalige Stechen nicht zum Tragen kam. Es gewann mit 4 Fehlerpunkten der dunkelbraune Hengst Poprad (Trakehner-Abstammung) unter Piotr Wawriniuk (Polen) vor dem Russen Wiatcheslav Kartawski auf Waterpas (Trakehner-Abstammung) mit $4^3/_4$ Punkten, der Vollblutstute Bizca (Polen) mit 8 Punkten und Cirrus (Trakehner und hannover. Abstammung, Polen) mit $8^1/_4$ Punkten. Von der DDR-Mannschaft kam Rubin mit P. Meinhardt auf den 5. Rang ($12^3/_4$ Punkte) von Diana de Villamar mit Peter Lichtner-Hoyer, Österreich (13 Punkte), Renceval (Polen) 16 und Berry (Polen) 22 Punkte.

Im Preis der polnischen FN starteten danach 18 Pferde in einem Zeitspringen, das wiederum an Polen fiel und das westdeutsche Pferd Lepanto und Helga Köhler auf dem 6. Platz sah.

Ein weiteres Zeitspringen um den Preis der Allensteiner Presse ließ 37 Pferde an den Start gehen. In dieser letzten Prüfung des Allensteiner CHIO wurde in außergewöhnlicher Rasanz geritten. Der Russe E. Kuczyn auf dem hoch im Blut stehenden Fuchshengst Bagnet absolvierte die 700 m gleichsam im Renntempo zwischen Start und Ziel in 71,1 sec. und stand schon gegen Mitte des Springens als unschlagbarer Sieger fest. Alle Versuche, an diese Zeit heranzukommen, schlugen fehl, und auch der bei seinem Einritt stürmisch gefeierte Jan Kowalczyk, der in großer Fahrt zwei Abwürfe riskierte, vermochte keine Änderung des Resultats herbeizuführen. Als dann gegen Schluß Waldspecht mit Helga Köhler in großer Ruhe in die Bahn galoppiert kam, galt auch ihr ein großer Beifall, aber wohl mehr in der Erwartung einer ihrer schönen und eleganten Ritte, die in Allenstein immer wieder besonders hervorgehoben wurden. Der Rappe wurde dann, gleich nach dem Gruß durch die Reiterin unter hohe pace genommen und durchmaß die Startlinie bereits in einem Tempo, das Außergewöhnliches ahnen ließ. Alle Hindernisse paßten auf groß, und der Wallach berührte nicht eines. Alle Wenden wurden atemberaubend kurz geschnitten, und schließlich passierte der Rappe in 69,4 sec die Ziellinie, als sei gar nichts Besonderes los gewesen. Da kam es in den Tribünen und aus den Wohnblocks der Studenten ringsum, schließlich oben von den Dächern, auf denen die Studenten in großen Trauben saßen, zu einem selten erlebten Beifall, der kein Ende nehmen wollte und schließlich in Sprechchören (Amanzonka Helgi Köhler) und Gesängen (»Hundert Jahre sollst Du leben«) unter Schwenken von Bademänteln, Kopftüchern und Fahnen sein Ende fand. Dieser Sieg wurde dann auch in der Presse als die große Sensation, als d a s Ereignis des letzten Tages herausgestellt.

Schon am nächsten Morgen in aller Frühe rollten die beiden westdeutschen Transporter gen Westen und nahmen gegen Abend wiederum Quartier im Landgestüt Sierakow. Dort wurden auf Veranlassung der polnischen FN zum Abschied die Tanks der Lkw und Pkw bis zum Rand mit Treibstoff gefüllt, der wegen Ausfalls der Elektrizität in Eimern herangetragen wurde.

Der Schreiber dieser Zeilen fuhr am Morgen darauf im Mercedes 190 D des geradezu unwahrscheinlichen Equipen-Betreuers Truczynski von Allenstein zum Warschauer Flugplatz. Es goß in Strömen auf dieser Strecke von 240 km, als sie gegen 6 Uhr Neidenburg passierten und die frühere Grenze, die durch Bunkerruinen und das plötzliche Aufhören der Alleebäume an der Straße zu erkennen war, hinter sich ließen. In den Dörfern trieben alte Leute umfangreiche Gänseherden ins Grüne, Bauern ihre Kühe plötzlich quer über die Hauptstraße, so daß der Mercedes zweimal nur im letzten Augenblick pariert zu werden vermochte. Und dann ging es durch die alte Stadt Plónsk mit ihren uralten niedrigen Holzhäusern, an denen die Zeit genagt hat, an der Festung Modlin vorbei, erst über die Bug-Brücke, dann gleich danach über die Weichsel-Brücke nach Warschau hinein, in dem gegen 8 Uhr ein starker Verkehr das rechtzeitige Erreichen des Flugplatzes (Abflug 8.20 Uhr) sehr erschwerte. Zwischen Autos, Omnibussen und Lkws, auch zwischen Straßenbahnen rollten ungezählte Panje-Fahrzeuge mit Schweinen, Gemüse und Federvieh zum Markt, so daß der Mercedes buchstäblich in allerletzter Minute den Flughafen erreichte. »Too late«, sagte bedauernd der Mann am Schalter, brachte aber dennoch den Fluggast durch einen Sondergang rechtzeitig an die Maschine. Die Paßkontrolle mußte bei der Zwischenlandung in Posen nachgeholt werden. Dabei versäumt wurde die Wiederaufnahme des Koffers, der, wie später im Flugzeug kurz vor Frankfurt am Main auf dem Gepäckbegleitschein nachgelesen werden konnte, verständlicherweise nur bis Posen dirigiert war, um dort zusammen mit der Paßkontrolle auch einer Zollinspektion unterzogen zu werden.

Der Koffer ist noch in Posen. Und schlimmstenfalls verbleibt er da bis zum nächsten Mal, denn der CHIO in Allenstein, das Land im Osten und seine Menschen haben alles getan, um die Sehnsucht wachzuhalten, dorthin zurückzukehren.

Pfingsten in Fischerhude

Wenn auch im Wiesbaden-Biebricher Schloßpark ein ungleich bedeutenderes Pfingstturnier vor der Öffentlichkeit abläuft, so ist es doch nicht ohne Reiz, an dieser Stelle einmal auf ein sehr viel kleineres, aber seit eh und je ebenfalls zu Pfingsten durchgeführtes ländliches Turnier einzugehen, das unweit Bremen inmitten weiter Weidelandschaft in dem Dorf Fischerhude stattfindet.

Auf der Anfahrt durch die Niederungen der Wümme formieren sich kurz vor Sottrum unvermittelt gepflegte Koppelzäune, die sich hinziehen, soweit das Auge reicht. Hier liegen beiderseits der Straße die Gemarkungen des Jacobsschen Vollblutgestüts Fährhof, auf denen auch Caracol heranwuchs, der Sieger des Henckel-Rennens und Favorit für das Deutsche Derby neben Shiwago.

In Fischerhude, wenig später, zwingt ein auffallend schönes und schnabeliges Fuchsfohlen bei seiner dunkelbraunen Mutter, mitten im Dorfe auf Gras, zum Halten und Begukken. Erkundigungen klopfenden Herzens ergeben – wie so oft – Unverkäuflichkeit, als Abstammung Lukas (ein Der Löwe xx-Enkel über Lugano I), als Vater der Mutter Julius Caesar xx. Die Trauben hängen hoch.

Der Turnierplatz grünt und grünt. Wie jedes Mal zu Pfingsten. Alles ist hier gemütlich, so wunderbar ruhig. Wie die Menschen dieser Landschaft.

Ein schwarzer Hengst bewegt sich auf die Eignungsrichter zu. Er soll aus Holland sein. Nicht gekört, nicht in Trainers Hand. Dafür ganz und gar ungestümer Frühling, für den die Jury verständlicherweise keinen Sinn hat. Der Tummelplatz wird ihm verwiesen.

»Paddelt die Stute ein bißchen?« fragen sich die Richter später im eifrigen Bemüh'n, doch offensichtlich war das Souvenir einer Schwarzbunten der Grund zu optischer Täuschung.

Beim Sieger-Aufmarsch im A-Springen, bei dem es unruhig zugeht, ermahnt der Sprecher: »Schonen Sie bitte die Richter. Herr Wahlers leidet an Senkfuß, sonst wird das noch schlimmer.«

Gegen Mittag wird zu Erbsensuppe im Zelt aufgerufen. Für 1,50 DM. Unser Auto parkt an den rails. Nicht weit davon stehen Toiletten mit Bastumzäunung. Darüber hinweg sieht man in sich versunkene Gesichter. Mit und ohne Hut. Aber der Wind stehe günstig. Die Türen haben keinen Hebel. »Halt, hier sitze ich«, hört man von Zeit zu Zeit.

Indes geht ein neues Springen an. Der Starter ißt der Erbsensuppe zweiten Schlag. Deshalb steht am Start einer mit Taschentuch, das drei Pferde auf die Reise schickt, bis der Flaggenträger wieder da ist. Alle halbe Stunde trottet der Scotchterrier Moritz zur Würstchenbude und hält Nachlese. Sein Trott wird immer ruhiger.

Alles döst in der Mittagssonne vor sich hin. Da wird plötzlich der Sprecher wach und energisch: »Es war hier immer Sitte, bei 0-Fehler-Ritten zu klatschen, meine Damen und Herren. Was ist denn eigentlich los? Ich bitte Sie, mehr in sich zu gehen – und aus sich heraus!« Ohne Applaus blieb beispielsweise einer, der sich auf dem Abreiteplatz rechtfertigte: »Ich hatte doch die Bügel verloren, da kriegte ich ihn gar nicht mehr zwischen die Beine. Das war ja der Käse!« Ich sollte doch mal kommen. Auf den Abreiteplatz, so laute die Order. Da leckte viel Schweiß an einem Rappen mit Püschelmähne herunter. Im Sattel hantierte hemdsärmelig ein starker Korpus wie im Veitstanz. Die Zügelhände fuchtelten ellenbogengespreizt wild umeinander, Muskelstränge am Halse des Pferdes verbiegend, saugend und schraubend. »Der Vertreter eines berühmten Stalles«, raunte man sich zu unter den Umstehenden. Dann sprang das unharmonisch vereinte Paar. Der Rappe wartete auf jede Regung seines Herrn und zeigte pudelartigen Gehorsam. Doch nicht lebendig und erwartungsvoll: Ergeben und mit Duldermiene. Im Landen schroff, den Reiterkörper sah man rücklings kippen, in harter Zurrung der geschlauften Zügelbremse. Und rückwärts lief das schwarze Pferd in einem Höllentempo. Der Reiter beugte sich alsbald vornüber und kontrollierte, durch die Vorderbeine blickend, den schnellen Run der hinteren Extremitäten. Der Mann, der also voller Fleiß trainierte, war im Programm als Hulz Henkebos angegeben. Er war beim Pfingstfest hier der größte Ochse, um es gelind zu sagen. Und nicht wert, in Fischerhude wieder zu erscheinen. Es sei denn, daß er seinen Meister falsch verstand und gute Besserung sich seiner annimmt und seines Herrn, der nicht gesichtet wurde dieser Tage.

In der Tat, es war fast die einzige unrühmliche Ausnahme unter den Jumpern. Zwei weitere Künstler allerdings sorgten unhonoriert für Schaunummern. Ihre Pferde machten, was sie wollten. Doch blieb in diesem Spiel die Härte aus. Erfreulich gut die Amazonen, von denen eine einen liebenswerten Dunkelfuchs dreimal zum Siege brachte, gelbe Schleife im Haar, gelbe Mähnenzöpfe, gelbe Bandagen, goldene Schleife.

Drei Zelte standen am Rande. Da konnte man sich Stühle holen. Und so saßen da Vaddings und Muddings am Rande des Geschehens, Bauern, Städter und junges Gemüse. Dazu Hunde jede Menge. Der größte unter ihnen war ein Bernhardiner. Er war der leiseste, während ein kleiner Dackel manchmal die Schnauze nicht halten konnte.

Flottbek-Derby-Reportage 1971

»Also, das machen wir nicht wieder«, meinte Frau Helga. Und sie hatte recht. Nächstes Jahr nahmen wir in Hamburg Quartier. Sonst hatten unsere Pferde zwar jeden Abend ihre Box zu Hause, wir unser gewohntes Bett . . ., aber, na ja, man hat manchmal so seine Ideen.

Am Springderby-Sonntagmorgen hätte es uns in die Flottbeker Reithalle ziehen sollen. Zum Changement der Damen und Herren im Dressurfinale. Weil aber endlich die Sonne schien und unser Championatspferd in der (seit Mittwoch) vorletzten Überprüfung dem untrüglichen Auge der Jury gefallen sollte, teilten wir uns das in unbemenschter Natur daliegende Eichengelände. Ich wählte den großen Wall.

Die beiden Jungmannen in grünen Trainingsanzügen, die sich mit Schaufeln da oben die Zeit vertrieben, arbeiteten platonisch. Denn die beiden Furchen, in denen sperrige Wurzelenden das Erdreich kubikmeterweise in den Vortagen in die Tiefe hatten rutschen lassen, waren irreparabel. Mein Blick hinunter, der über eine zähe Erdmasse am Fußende stolperte, refüsierte dann sogleich an den 1,60 m hohen weißen Planken und jagte mir eine Gänsehaut über den Rücken.

Erst der süße Duft gefüllten Jasmins, der am oberen Wallrand unbekümmert vor sich hinblühte, brachte mich wieder ins Gleichgewicht. Und ich freute mich an der Botanik auf der höchsten Erhebung dieser traditionsumwitterten Landschaft, über die seit fünfzig Jahren der Springsport alles gelockt hat, was einen Namen hatte oder suchte.

Doch, so sicher, wie der blühende Jasmin den Sommer verheißt, so vage – das kam mir da oben in den Sinn – bleibt für viele die Verlockung, die Startpfosten dieser Hindernisbahn zu passieren.

Auch die Brombeeren, die in üppigen Ruten gänzlich unbeteiligt ihre Blütenknospen da oben trieben, erinnerten mich daran, wie unbedingt zur rechten Zeit ihre Früchte reifen und genießbar werden – und wie bedingt andererseits Früchte eines Erfolges hier in diesen Gefilden sichtbar werden trotz bester Pferdezucht, sauberstem Trainings und äußerster reiterlicher Hingabe, trotz pfleglichster Saat.

Während des Springderbys in Hamburg – Kl. Flottbek folgt eine massierte Kulisse den Ritten der Stars voller Spannung. Auf dem Platz unter den Eichen und im Sessel vor den Fernsehschirmen.

Die meisten Siege im Fahrderby verbuchte Franz Lage aus Wetterade, oftmals mit Nachkommen des Trakehners Totilas aus Holsteiner Müttern. Seine Frau auf dem Beifahrersitz konnte die Eleganz der Gesamterscheinung des Gespannes jedesmal noch steigern. – Vor den Pferden mit dem Blumengebinde Imme Neckelmann, die Organisationsexpertin der Fahrderby-Prüfungen.

An keinem anderen Platz dieser Erde könnten solche Gedanken gedacht werden. Denn keiner erfüllt, wie dieser, ähnliche Voraussetzungen für einen fünfzigjährigen Vergleich. Müßig, so meine ich, darüber zu streiten, ob »Pulvermann« mal ein Loch höher war oder der Wegesprung mal ein Loch niedriger. Die ausgeklügelte Häufung von Schwierigkeiten auf 1350 m über 24 Sprünge in Verbindung mit Niveauunterschieden vor den Hindernisfronten reicht seit 50 Jahren aus, fehlerfreie Ritte zur Seltenheit werden zu lassen.

Man spricht in der Reiterei viel über Klassisches. Manchmal am falschen Platz. Dieser Derby-Parcours verdient die Bezeichnung. Er ist von einsamer, stilsauberer Klasse. Und wer ihn abtun wollte, weil er ihm nicht liegt, vielleicht als lotteristische Versuchung, sollte darüber nachdenken, wie weit vom Natürlichen der Springsport in so vielen Parcours generell leider schon entfernt ist.

Mein letzter Gedanke auf dem großen Wall ging kurz zurück zum Wahl-Springen des gestrigen Sonnabend. Es war nicht ganz so niederziehend wie befürchtet, und doch schlimm genug. Man kann Klassiker auf hot trimmen. Als einen Ausweg. Für Anspruchslose mangels eigener Einfälle. Auf dem Derbyplatz eine Art ›catch as catch can‹ reiten zu lassen, heißt den Grundgedanken dieses Turniers unterminieren, seine stilechte Eigenart und unverfälschte Bedeutung in Frage stellen.

Die Parade der Springderbyteilnehmer, recht eindrucksvoll wie immer, war nicht immer ganz identisch mit der vom Lautsprecher verkündeten Reihenfolge der Bewerber. Entweder ignorierten einige ihren Jahrgang beim Einfädeln in die traditionelle Altersordnung, oder die Tücken lagen in der Liste des Protokolls. Alles nicht so schlimm; allerdings wird solcherart dann mehr belustigend als feierlich empfunden.

Vom Hindernisgrab Pulvermanns jeden Derbyritt verfolgen zu können, neben Benita

Vielfach in der Spitzenplazierung des Springderbys auf Armalva und Cremona, versuchte sich Helga Köhler auch auf Pesgö. Leider wurden ihm die Planken nach dem großen Wall – wie so vielen – trotz seiner Elastizität und sauberen Springmanier zur Klippe.

(Butze) von Baath, die hier den Stilrichtern assistierte, war ein besonderes Erlebnis. Hier, in angenehmer Gesellschaft von Kellen schwingenden Richtern und Rundfunk- wie Fernsehteams, liegt etwa der Puls des ganzen Parcours. Hier kann man den Reitern und Pferden in die Augen sehen: Beim Abstieg vom Großen Wall in Witterung der weißen Planken dahinter, am Birkenoxer und vor Pulvermann. Von hier aus – nahezu in Tuchfühlung – empfindet man erst richtig die ganze Wucht der Hindernisse, die unerhörten Anstrengungen für Pferd und Reiter, die vielfach faszinierende kämpferische Leistung in unerbittlicher Konsequenz. Von weitem sieht das alles leichter, weniger hinreißend aus.

Pulvermann erschien dieses Mal besonders hoch, und so blieben am Einsprung nur ganz wenige Pferde fehlerlos. Fantastisch, mit welcher Konzentration die rötlichen Hölzer angeritten wurden. Fast alle Pferde waren voll bei der Sache, fast alle Reiter machten riesige Pupillen und ließen die Kiefermuskeln heraustreten, nicht selten im Rhythmus der Galoppsprünge nach Luft schnappend wie sauerstoffhungrige Karpfen. Eigentlich nie glückte es denen, die, nach dem Koppeltor durchkommend, in Versammlung weiteren Boden deckten, um dann vehement Pace zu machen bis zum Absprung. Diese Pferde »schossen« meist ab, blieben im Rücken nicht federnd genug und gewannen vorne die notwendige Höhe nicht. Sie sprangen nicht rund genug, zumal ja auch der tiefer liegende Wasserspiegel inmitten vermittels Pferdeauge eine gewisse Versteifung in Halsung und Rücken zusätzlich hervorzurufen pflegte.

Die clear Einspringenden veränderten die Tourenzahl der Galoppsprünge vorher überhaupt nicht. Aber sie ließen die Galoppade erhabener werden, runder. Der Rhythmus blieb unverändert erhalten. (Nicht allein hier, sondern im ganzen Verlauf der Springbahn.) Am Großen Wall fiel neben dem Rhythmusproblem Taktisches in die Waage. Eine Sache

für sich blieb die vom Tage vorher zum Fußpunkt abgerutschte Erdmasse, die stellenweise zähflüssig die Vorderbeine umfaßte und den wellengleichen Fluß in seiner Voraussetzung für ein gutes Abkommen an den weißen Planken zerhackte. So kam es zu zahlreichen Stops vor den Planken, die dann fast immer aus gesondertem, schrägem Anreiten erstaunlicherweise fehlerlos gesprungen wurden, was früher sehr viel seltener glückte. Eine taktische Lösung bestand vereinzelt darin, daß der Abstieg links, der Plankensprung rechts erfolgte. Sie glückte nicht immer. Die Schrägachse durfte nicht zu lang sein (Distanz), Gleichgewicht und Rhythmus nicht in Frage gestellt werden (Schräglage).
Offensichtlich hätte der eine oder andere Hinterhandsfehler an den weißen Planken vermieden werden können, wenn die Reiter es geschafft hätten, der Bewegung in vehementer Anstrengung noch im letzten Augenblick zu folgen. Aber das sagt sich leicht. Man komme einmal zu Pferde oben an der Steilküste an, schaue in den Abgrund, rumpele irgendwo da unten, sitze dann elegant italienisch über den Planken, die das Pferd aus schwieriger Lage heraus urplötzlich in katapultierender Kurve angesprungen hat.
Diese beiden, hier näher kommentierten Hindernisse, gehörten zu den Kriterien des Parcours, aber sie waren nicht die einzigen. Dies sei hier nur gesagt, um nicht den Eindruck aufkommen zu lassen, alles andere sei recht einfach zu überwinden gewesen auf den 1350 Metern unter den Eichen.
Müßig zu sagen, daß überall ein mehr oder weniger gefährlicher Deubel in Deckung lag, und daß die Länge der Strecke mit der Vielzahl ihrer Hindernisse wie immer eine besondere Last war.
Wie ausschlaggebend für einen Erfolg oft auch die unterschiedlichen Profilhöhen der Absprungstellen vor den verschiedenen Hindernissen sind, braucht hier an sich nicht besonders erwähnt zu werden. Denn jeder Reiter kann ja zuvor den Kurs abgehen und nachher die Augen aufmachen. Schwierig wird es aber bei den Pferden, die aus irgendwelchen Gründen zum Absprung nach rechts oder links zu ziehen pflegen und hiervon nicht abgebracht werden können.
Dadurch verscherzte sich beispielsweise einmal die alte derbybewährte Armalva einen fehlerfreien Derbyumlauf, als sie am vorletzten Hindernis, dem Wegesprung, ganz links absprang, wo noch heute eine Niederung ist, die um einiges tiefer liegt als das übrige Absprungprofil, und dabei einen Springfehler machte.
Dies nur als weitere Erwähnung dafür, daß der Derbykurs es wahrhaft in sich hat. Ihn als ein Spezialspringen abtuen zu wollen, das zu gewinnen mehr eine Glücksache sei, ist absurd.
Das Championat der Reitpferde zeigte in seiner Durchführung viel guten Willen des Veranstalters. Man hatte außerhalb, in Rissen, eine Strecke für Mindestleistungen abgesteckt. Der gute Wille wurde anerkannt, wenngleich die Galoppmessung des ersten Pferdes nicht zustande kam, da ein noch verschlossenes Koppeltor die letzten paar hundert Meter versperrte. Darüber wurde hinweggegangen, das Pferd sogar hochplaziert im Championat. Schwamm darüber, denn 1972 soll alles auf dem Derbyplatz zur Durchführung gelangen, worauf sich schon heute Teilnehmer und Interessenten freuen.
Die Zeiteinteilung für Material, Eignung und Championat erfaßte verschiedene Pferde vom Mittwoch bis zum Sonntag. Die Championats-Kandidaten mußten sogar dreimal antreten für diese eine Prüfung: Mindestleistung in Rissen (Sonnabend morgen), Vormusterung (Sonntag morgen), Plazierung (Sonntag nachmittag). Hier läßt sich doch vielleicht noch etwas mehr zeitliche Komprimierung ersinnen. Auch kann nicht unbesprochen bleiben, daß die Herren Richter in Material und Eignung in riesigen Gruppen – und somit un-

entwegt – traben und galoppieren ließen. Solche Erscheinungen gibt es doch sonst schon gar nicht mehr. Inwieweit der Hamburger Derby-Turnierveranstalter am Pferdewechsel im Dressurderby festhalten will, ist natürlich seine Sache. Doch sollte man meinen, daß es eh schon schwierig genug ist, sein eigenes Pferd durch mehrere Prüfungen auf einen hohen Punktestand zu bringen. Und das sollte genügen. Mit Sicherheit würde dann die Beteiligung auch noch brillanter sein.

Ganz hervorragend haben sich die Gespannprüfungen mit dem Fahrderby als Krone entwickelt. Daran würde Dr. Carl Kober seine helle Freude haben. Die Beteiligung in diesem Jahr schlug alles bisher Dagewesene. Dazu trugen zusätzlich vor allem die Hengst-Viererzüge der polnischen Landgestüte Zirke, Gnesen und Preußisch-Stargard bei, die stets von Schlachtenbummlern umringt waren. Echte Spannung brachte und großen Beifall fand das Zeit-Hindernisfahren als publikumswirksamer Sport.

Hamburgs Pluspunkte stehen fest. Einige Minusvarianten wird es sich vermutlich auf die Hörner nehmen. Wie jeder, der wachsam ist.

*

Als Amazone Helga mit Flak auf einem Verdener Turnier so unglücklich gestürzt war, daß sie mit einer Beckenfraktur im Krankenhaus liegen mußte, arbeitete ihr Köhler die Pferde Feuerland und Försterin, um diese in Hamburg vertretungsweise zu starten. Försterin gewann das Championat der Reitpferde; ...allerdings hatte es zu Hause manchen Schweißtropfen gekostet. Als Tochter des nicht ganz charakterfesten Celler Landbeschälers Förster, hing sie bisweilen eigenen Gedanken nach, und so war die Schwarze kurz vor ihrem Hamburger Auftritt urplötzlich unter eine Reihe tiefzweigiger, altknorriger Apfelbäume geraten, um ihren Reiter, der sich blitzartig rücklings lang auf die Kruppe legte, ganz infam abzustreifen. So erschien er in der Hansestadt mit einigen Gesichtsblessuren und war auch froh, daß es ihm bei der Ehrenrunde des Championats noch im letzten Augenblick gelang, die höchst angeregte Stute am außerplanmäßigen Überwinden des Derbywalles zu hindern. Feuerland absolvierte die erste Derby-Vorentscheidung mit 16 Punkten, die zweite mit 12. Da meinte Fritz Thiedemann, wenn du so weiter machst, hast Du im Derby 8. Damit kannst Du noch gut placiert sein. Der Formanstieg aber hielt nicht, was er versprach. Das linke Bein am Bügel festgebunden, was Helga nicht hätte sehen dürfen –, alldieweil dieses Bein bei Bügelverlust diesen nicht wieder positivieren konnte, ging erwartungsvoll die Reise auf der erst wenig auf ihren Reiter eingespielten Stute los. Zuerst ging alles gut, auch die Irischen Wälle blieben in passendem Rhythmus einschließlich der hohen Absprungstange ungeschoren zurück, der Wassergraben wurde weit übersprungen, auch die steile graue Palisade blieb weit unter dem zügig Boden gewinnenden Paar. Die Stufen den Wall hinauf gelangen etwas heftig, oben das kleine Hindernis auf dem Plateau verleitete ob des nahen Abgrunds zu übermäßiger Vorsicht und brachte 4 Punkte. Dann der Abstieg, ein schauriges Gefühl da oben, gelang, und eins, zwei, jupp, nein, es paßte nicht zu den weißen Planken, Feuerland sprang nicht ab. Oh, lieber Gott, das kann nicht sein, schräg herausgenommen und im spitzen Winkel angeritten. Feuerland dankte. Noch einmal: Es mußte gelingen. Stop abermals. Jetzt dankten die Richter. Und eine Glocke mit widerlichem Klang jiffelte über den Derbyplatz, als wenn der Eliminierte nicht auch ohne dieses blöde Gebimmel gewußt hätte, daß er seinen Ritt abzubrechen hatte. (Übrigens ist Feuerland im Gegensatz zu Armalva und Cremona auch später kein sicheres Derbypferd geworden.)

Auch Page v. Per Saldo (Trak.) war Champion in Hamburg gewesen. Nun sollte Ambassador v. Abendruf xx diese begehrte Prüfung gewinnen. Eigentlich nur der Lauenburger Vollblüter Sankt Georg unter Käthe Franke war eine Gefahr für ihn, seine Reiterin eine Vorstellungskünstlerin von ausgekochter Routine und mit allen Wassern gewaschen. Bei aller reitlichen Kunst, die sie besaß, und ihren meist sehr guten Pferden, verstand sie es fast immer, geschickt Vorteile zu nutzen. Dies hatte Köhler schon des öfteren gewurmt, wenngleich ihr Sankt Georg Anfang des Jahres in Berlin dank zu intensiver Mauleinseifung gegen das Knirschen blasengeschmückt und dadurch startgehindert Ambassador das Championat hatte überlassen müssen. In Hamburg nun ging es um die Bodenverhältnisse des Prüfungsplatzes. Sankt Georg liebte festen, Ambassador tiefen Boden. Ein fester Platz wurde für die Prüfung bestimmt. Da ritt den Köhler der Schalk oder der Deubel, wie man will, er stellte sich hinter eine dicke Eiche und dirigierte mit verstellter, aber kommandostarker Stimme alle Teilnehmer auf das große tiefe Sandviereck zwischen Abreite- und Derbyplatz am Restaurationszelt. Der Trick gelang. Sie kamen alle herbei und wühlten in der Wüste. Auch die Richter, bis dato noch nicht zur Stelle, mulmten sich schrittweise mit zunehmender Sandfüllung in ihren gepflegten Schuhen bis zur Mitte des tiefgründigen Platzes. Sankt Georg machte viele schnelle Tritte, Ambassador federte großartig vor sich hin. Vielsagende, fröhliche Blicke wechselte das ambassadorische Besitzerpaar. Doch – plötzlich – Käthe Franke parierte ihren Hengst hochroten »Indianer«-faces und ritt mit Häuptlingsmiene auf die Richtergruppe zu: »Ist dies Ihr Ernst, meine Herren, uns hier in dieser Sahara herumzujagen?« – Aus der Traum: Tiefes Verbeugen der wohlgedressten Jury, oh nein, Gnädigste, aber wo meinen Sie denn, könnten wir etwas Besseres finden?« Und dann ritten sie alle wieder auf dem festgetrampelten Restrasen des Abreiteplatzes, wo Sankt Georg zwar häufig paßartig wurde im Schritt, vor den Richtern aber im entscheidenden Moment eine saubere Fußfolge offenbarte und auch sonst brillierte. Es lief, wie Frau Käthe es wollte – und konnte. Respekt dieser ausgezeichneten und routinierten, in vielen Sätteln so sieggewohnten Amazone. Sie ließ sich auch in Hamburg nicht die Butter vom Brot nehmen. Hummel-Hummel, Mors-Mors. Käthe ahoi!

Kein vollwertiger Ersatz im Sattel seiner angetrauten Meisteramazone war Köhler auf Feuerland, wenngleich ihm manche Passagen auf dem Derbyplatz recht gut gelangen.

30° in Hüttenbusch

Am Sonnabend war Brise, tags darauf keine. Das ganze Wochenende bestens geeignet für Nivea oder andere Penatencreme. Clement Anna's, der erneut Guten und Schnellen, Nasenrücken hielt's gerade durch.

Auf dem Atlas haben wir's gesucht: Hüttenbusch. Die Nennungen waren rechtzeitig hingeschickt, aber in der Geographie hatten alle gefehlt. In Westfalen, vermutlich? Mitnichten. Im Moor. Im Teu-fels-moor. Nahe Bremen.

Wie konnte man nur zu so was nennen! Zum Buschturnier in Hüttenhausen. Jedoch: Durch Worpswede ging die Fahrt. Künstler an Künstler. Schön da alles, gediegen, verträumt. Dann rechts und links Lilienthal, später weite Urlandschaft mit Korn- und Grasgeruch. Waldwiesen, Kusseln. Fasanen, Rebhühner. Schiebedach auf, Seitenfenster auf. Klimaanlage auf volle Touren.

Hüttenbusch, Ortsschild. Rechter Hand, jenseits von Haferfeldern und Rinderweiden eine Waldgruppe mit Fahnen, Transportern, reiterlichem Getümmel.

Donnerwetter, wer hätte das gedacht. Reingefahren über die Abreitekoppel, ran an die rails des Parcours. Gartenstühle raus, Kaffee getrunken, 7.00 Uhr morgens. – Nichts verboten hier, alles biwakiert direkt am Hauptplatz. Kinder schießen Kobolz. Hunde rollen im Gras, Pferde grasen am Halfter oder reißen sich von den Transportern los. Aufruf zur Eignungsprüfung. Himmlisches Teufelsmoor.

Der Parcoursplatz soll früher schwarzsandig gewesen sein. Heute liegt er da wie der Hamburger Derbyplatz. Federndes grünes Geläuf, das zwei Tage lang jungfräuliches Aussehen behält. Breite Hindernisse, bunt, handfest, reelle Auflagen.

Gekommen sind glücklicherweise nur 250 Pferde, nicht wenige aus Westfalen. Wie kommen die nach Hüttenbusch? Eine Amazone darunter mit fünf Springpferden – olala –, wenn auch nur teilweise der aufwärtsstrebenden Zucht der hippologisch erwachten westfälischen Scholle entstammen. Die kleine Blonde, Respekt, kann reiten. Und sie hält sich daran, daß es vorne Geld gibt oder gar Ehrenpreise. Erstaunlich: Probesprünge vorschriftsmäßig vorhanden. Ein Hochweit-, ein Steilsprung. Mit guten Auflagen, mit stabilen Füßen, heilen Stangen. Ungeklemmten Fingers kamen also Trainer und anderes Bodenpersonal davon. So etwas vergißt sich nicht. Und, noch erstaunlicher: Die Ständer hatten in einem Fall 1,10 m, im anderen 1,30 m lichte Höhe. Es krachte demnach höchst selten, und auch die zarteste Marzipan-Tierschutzdame hätte – wäre sie da gewesen – unentwegt und guten Gewissens das Menuett von Boccherini oder ähnliches vor sich hinsummen können.

Auch im Parcours, wie kommt's – wie kam's, strahlende Bilder durchweg. Nur selten fast höfliches »Nicken« einzelner Pferde, die nach überwiegend gertenloser Aufmunterung so frei waren, dem Reiter weiterhin Freude zu machen und das Ziel zu durchchasen.

Fehlerlose Ritte waren zwar selten, harte Rumpeleien jedoch nicht an der Tagesordnung. Es war da also wohl ein geheimer Moor-Meister am guten Werk, der sich andererseits nicht genierte, zuzugeben, möglicherweise ans Fußballspielen gedacht zu haben, als er über die Distanz eines Doppelsprungs einen Elfmeter verhängte, der jedoch vor Wirksamwerden zurückgepfiffen wurde.

Interessant auf einem Turnier dieser Kragenweite bis L/M: Der Veranstalter freute sich über die Anwesenheit einzelner »Asse«. Die besseren Ländlichen und Städtischen fühlten sich geehrt und in Plazierung oder Sieg vergleichsweise gehoben, Väter und Mütter örtlicher Talentknospen oder Kirchturmpolitiker aber fühlten sich bedrängt, nicht minder jene Kameraden, die mit langen Wäscheleinen, auf denen sie ihre Hosen hätten trocknen können, edle oder minder durchblutete Pferde auch turniermäßig zu dirigieren trachteten. Bildlich gesprochen, versteht sich.

Der Sekretär vom alten Coubertin, in diesen vorolympischen Wochen aus den Wolken die Gefilde des Sports überwachend, sah guten Sport im Teufelsmoor. Und viele, die um des Sportes willen ritten. Er sah auch, daß Trainer fehlen in der Reiterei. Gar viele. Als Blumenfreund, so meinte er, würde ich da unten eine verbreitete Art der gemeinen Hängegeranie (schwarze Blüte auf weißem oder schmuddeligen Grund) ausmachen, die um vierbeiniges Getier herumrankt. Auf Vierecken oder Plätzen, auf denen Luftsprünge über buntes Gehölz zur Durchführung gelangen.

Entsetzten Auges sah er auch einzelne Berufsreiter, die sich da (laut Ausschreibung) gar nicht tummeln durften. Augenblicklich verständigte er seinen olympischen Herrn und zeigte mitten hinein und hinunter. Milde lächelte der »Chef«. Schau'n Sie doch mal genau hin, meinte er, wie diese Berufsreiter sich plagen müssen. Auf den sauren Tieren der Besitzer, flottmachenderweise. Und wie sie rennen und reden müssen, ihre turnierbegeisterten Schützlinge in die Prüfungen zu dirigieren, sie vorzubereiten, sie zu trösten und ihren Anhang.

Ich meine, wenn ich das an den Wochenenden so sehe, wenn ich auch Mirko's irrende Ansichten dazu lese, so leben doch diese kleineren Turniere davon, daß dort nicht nur Eingeborene ihre mehr oder weniger primitiven Künste auf den Rasen legen, sondern auch maßstabhebende Auswärtige gesichtet werden, die für besseren Sport sorgen und – indirekt – für bessere Ausbildung am Ort. Außerdem, wo anders sollen profiliertere Reiter(innen) ihre jungen Pferde turniermäßig entwickeln? Und mit den Berufsreitern, ich stellte ja schon fest, wie es in der Praxis wirklich aussieht.

Ansonsten wollen die Einheimischen unter sich bleiben, so sollen sie doch interne Reiterfeste veranstalten, wo nur die Vereinsangehörigen unter sich sind. Dabei allerdings werden auch immer nur die Besseren vorne sein, Reiter, die regelmäßig arbeiten und trainieren, auch mal nach auswärts gehen, um zu sehen, wie's andere machen und können. Diejenigen, die wenig oder gar nichts tun, um zu lernen und sich zu verbessern, jeder Konkurrenz aus dem Wege gehen oder ihr Erscheinen übelnehmen, werden eh' niemals und nir-

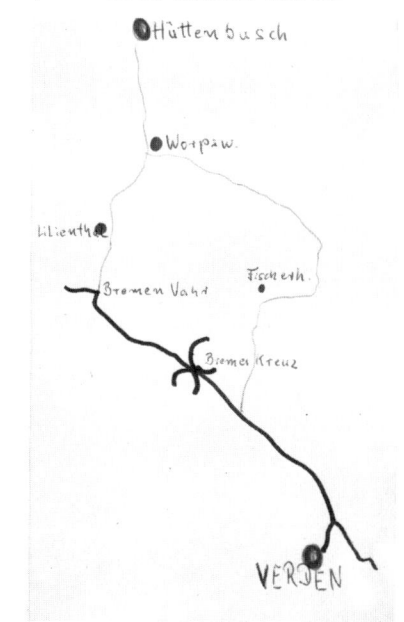

Mit dieser Skizze wurde der Pferdetransporter nach Hüttenbusch in Marsch gesetzt.

gendwo einen Blumenpott gewinnen. Der gute Sportler ist eben ein fleißiger Sportler. Fleiß und regelmäßige vorbereitende Arbeit sind nicht das Privileg des Berufsreiters, sondern Selbstverständlichkeiten auch für jeden, der sein sportliches Hobby ernst nimmt.
In Hüttenbusch war's manchmal direkt klein-olympisch. So kampfgeistig wurde geritten. Immer weit vorn von der Partie die Amazonen Anna und Helga, die westfälische Reiterin und eine Reihe sehr guter männlicher Konkurrenten. Was die Riemen hielten mit gekonnten Wenden maximalen Risikos.
Für »12,50« DM Geldpreis, mal etwas mehr, mal weniger.
Auch in der Dressur mochte man zuseh'n. Das ist ja nicht immer so. Lustig allerdings in einer Hauptprüfung jenes kleine und zierliche weibliche, elegante Persönchen, das sonnenbebrillt auf einem riesigen und mächtigen Schimmel mit vier roten Bandagen zu sehen war, wobei hinsichtlich Sitz und Rittigkeit keine Wünsche offenblieben. Als Schaunummer ziemlich zum Schluß erschien in der Bahn »Voltigieren vor 52 Jahren«, wobei in langen Rüschenkleidern und unter Kompotthüten ältere Damen und Herren im Walzertakt die alte Voltigierstute besprangen und auf selbiger gewagte Übungen vollführten. Wenn sie gerade nicht dran waren, tanzten sie am Rande, tranken Kaffee und nahmen verstohlen Gebäck zum Munde.
Auf ging's nach Hause. Man weiß nun, wo der besagte Busch zu finden ist. Und wird ihn hüttenmäßig einplanen für das nacholympische Jahr.

XIV. Reiterstadt – Pferdestadt

Köhler museumsreif?

Erich Clausen, Wahnebergen, der in den 20er Jahren im Verdener Heimatmuseum eine Hippologische Abteilung entwickelt und Grundsteine gelegt hatte für das jetzige Deutsche Pferdemuseum, war 1969 gestorben. Die Mitgliederversammlung unter Wilhelm Hansen-Rosenthal überraschte Köhler, der noch nicht einmal Mitglied dieses Vereins war, mit der Wahl zum Leiter dieser Institution. Dieser, mit Ehrenämtern vorsichtig gewordene Hippologe, willigte ein mit der Bedingung, daß er sich einen Assistenten zur Hand gehen lassen dürfe, was mit größter Selbstverständlichkeit akzeptiert wurde.
Nur, zunächst war keiner da. Aber es würde sich schon einer finden. Er fand sich in Uwe Heckmann, der in Schlenderhan seine Gestütprüfung bestanden hatte und schon als kleiner Bengel bei den Verdener Auktionen zugange gewesen war. Bei seinem Amtsantritt wurde er vom Hausmeisterhund gleich hart in den Fuß gebissen, aber dann nahm er seine Arbeit auf. Hochtalentiert. Ein Nachtmensch eher. Weniger ein Anbeter der frühen Morgensonne.
Das Hauptgebäude, oben noch von mehreren Familien bewohnt, wobei Bretterverschläge die Wohneinheiten trennten, wurden freigemacht und für Ausstellungsräume umgebaut. Das lief großartig, weil der Landkreis Verden als Eigentümer des Hauses finanziell in die Speichen griff. Ansonsten war – bei nur 100 Mitgliedern damals – kein Geld da, um sich museal irgendwie bewegen zu können. Bis eines Morgens die Schreckensnachricht eintraf, Einbrecher hätten des Nachts einige Sachen gestohlen, darunter eine rote Schabrakke, die vom Zarenhof (?) stammen sollte. Oberkreisdirektor Fritz Berner rief den neuen Leiter sofort an und bedauerte ihn, daß gleich eingangs ein solcher Verlust eingetreten sei. Aber bei Licht besehen waren die von der Versicherung ausgezahlten 10 000 DM ein wahrer Segen für die weitere Entwicklung. Jetzt konnte man sich rühren. Und so ging es rund nach dem Motto »wo was ist, kommt was dazu«. Mitgliederzuwachs, Besucherzahlen und Spenden kamen ins Rollen, wertvolle Dokumentationen gingen ein, Originale und Reproduktionen machten ganze Themen reif für die Fachwelt und für die Öffentlichkeit. Bilder konnten gerahmt, Modelle rekonstruiert werden. Es ging alles in sehr rasantem Tempo. Immer wenn wieder etwas entdeckt war, das eine Vorstellung von Pferden, Personen oder Sachverhalten gab, von denen man bisher nur gehört hatte, schien es wie Weihnachten zu sein. Wie ein Jagdhund ging man mit tiefer Nase auf die Fährte, vergaß fast alles um sich herum und stand bis in die Nacht auf Trittleitern, um Bilder zu drapieren und aufzuhängen und Beschriftungen anzubringen.
So entstand zu allererst das Zimmer Hauptgestüt Trakehnen mit 360 Dokumentationen dicht bei dicht, aber übersichtlich geordnet nach den bedeutendsten Hauptbeschälern, die oben unter der Decke einen rundumlaufenden Fries bildeten, mit den Mutterstutenherden nach Farben, darunter, auch den Örtlichkeiten, den Trakehner Jagden und den Landstallmeistern der 250jährigen Geschichte. Eichenborde mit Literatur bildeten eine umlaufende Konsole. Ein antiquar gekaufter Schreibtisch quereck und eine alte Sitzgarnitur schräg gegenüber. Draußen an der Tür das schmiedeeiserne Brandzeichen der halben Elchschaufel. Auf Millimeterpapier war alles vorgeplant; danach hatten sich auch die

Von Moskau über Brest-Litowsk, Warschau und Berlin waren die beiden russischen LKW-Fahrer vier Tage unterwegs gewesen, als sie am 15. Januar 1974 wie aus heiterem Himmel mit Tempelhüter vor dem Deutschen Pferdemuseum (DPM) hielten. Ein langjährig aktivierter Wunsch war in Erfüllung gegangen.

Maße der zu erstellenden Dokumentationen und ihre Anordnung zueinander gerichtet. Da saß Köhler nun an seinem Schreibtisch mitten drin in den 24 000 Morgen des Trakehner Areals mit allen namhaften Beschälern, Mutterstuten und Leistungspferden, zwischen den historischen Gebäuden, inmitten vieler Menschenalter, die dies alles geschaffen hatten. Und wenn er da so saß in seinem – zugleich – Arbeitszimmer sinnierte er darüber, wie er es vorher so gar nicht für möglich gehalten hatte, was ein Museum an Möglichkeiten bot, welche Leidenschaften es entfachen könnte.

Er hatte also Blut geleckt, und das wurde immer schlimmer. In gut einem Jahr hatte er mit Hilfe einiger passionierter junger Helfer das ganze Haus mit 29 Räumen nach verschiedensten Themen soweit bestückt, daß viele Besucher sich andachtsvoll in Besichtigungen ergingen. Der hannoversche Verband mußte den Leidenschaftlichen fragen, ob denn das Gleichgewicht der Kräfte in seiner Aufgabenerfüllung wohl noch gesichert sei.

Das war ein Signal. Dennoch währte es nur wenige Jahre, die Zahl der Mitglieder von 100 auf 1 200 zu steigern, die Zahl der Dokumentationen zu verhundertfachen und die Bände der Bibliothek von 80 auf 12 000 zu vermehren.

»Undenkbar die Menschheit ohne das Pferd«; diese Feststellung empfängt den zustimmenden Besucher seit Jahren in der Eingangshalle des Hauptgebäudes, das die Ausstellungsräume beherbergt.

Als es 1973 mit Hilfe von Waldemar Zeitelhack, der geschäftliche Beziehungen in Rußland unterhielt, gelungen war, einen Originalabguß des Tempelhüter-Denkmals, das 1945 von Trakehnen nach Moskau verbracht worden war, herstellen zu lassen, war ein Bemühen zum Erfolg gebracht, das schon Jahre zuvor über die verschiedensten Kanäle angegangen wurde, aber kein »Land in Sicht« gebracht hatte.

Am 15. Januar 1974 brachte die Verdener Allerzeitung eine Meldung. »Russen in Verden« und dazu das Bild eines sowjetischen Tiefladers aus Moskau, von dem ein Verdener Kranwagen einen riesigen Holzverschlag herunterhob. Das war die Ankunft von Tempelhüter. Als er anrollte, standen wir fast ungläubig da herum, daß es nun wirklich soweit war. Chefredakteur Joachim Hellborg, wie angestochen, ging auf Köhler zu und meinte: »Warum springen Sie nicht in die Luft wie ein Kind, bei einem solchen Ereignis?«

Doch das eigentliche Ereignis stand noch bevor: Die Enthüllung dieses »Schatzes« im Mai zunächst im Reiterstadion am Sonnabend-Abend vor 10 000 Menschen, die dem Weltmeisterschafts-Vorlauf-Turnier in Verden beiwohnten. Tempelhüter war nachmittags unbemerkt in einem dichten Tannengehege in das Stadion gebracht worden und stand am Wassergraben, der mit leuchtenden Blumenrabatten flankiert war. Tiefe Dunkelheit war

Tempelhüter-Enkel Keith, dessen Vater Pythagoras aus der Tempelhütertochter Pechmarie gezogen wurde, umrundete trotz seiner 33 Lebensjahre vital und hengstig den bronzenen Ahnen, mit dem er Ähnlichkeiten in Typ und Zuschnitt offenbarte.

eingetreten im Laufe des Abendprogramms. Vielfache Beleuchtung schaltete sich ein und spiegelte sich besonders im und am Wassergraben wieder, wo Tempelhüter stand, unsichtbar. Als das Heeresmusikkorps 3 und Fackelträger der Bundeswehr auf der anderen Grabenseite Aufstellung genommen hatten, erschien im Goldglanz seiner Fuchsjacke der 33jährige Hengst »Keith« v. Pythagoras (a. d. Pechmarie v. Tempelhüter) a. d. Ketzerin v. Ararad und Kette v. Thronhüter u. Kätzchen v. Jagdheld u. Kampffreude v. Parsee II xx u. Kornähre v. Amtsvorsteher, am 20. 12. 1941 im Hauptgestüt Trakehnen geboren und letzter noch lebender Originaltrakehner überhaupt, auf der Bildfläche, hengstig und ausdrucksvoll wie in jungen Jahren, an der Hand des alten Ostpreußenzüchters Hans Steinbrück, der früher im Bezirk des Landgestüts Rastenburg zu Hause war. Unter den Klängen preußischer Märsche folgten ihm der Celler Landbeschäler Absatz, dessen Vater Abglanz noch in Trakehnen geboren war und der Tempelhüter-Linie entstammte, danach drei Mutterstuten aus Rantzau, in denen das Blut des Tempelhüter mehrfach zu den Ahnen gehörte. Sie alle nahmen Aufstellung in weiter Staffelung auf dem beleuchteten Rasen. Trakehnen war nah, wenngleich vor 30 Jahren versunken und 1300 km von hier entfernt.

Dies wurde den Tausenden im Stadion in dieser Nacht des 18. Mai schon jetzt ergreifend offenbar.

Hans-Heinrich Isenbart leitete das Zeremoniell und ging zur Enthüllung der lebensgroßen Tempelhüter-Bronze über:

»Vor uns die Stuten Donauinsel, Donautraum und Palma.
die Hengste Keith und Absatz. Sie alle führen das
Blut des Tempelhüter.«

Das Tannengehege teilte sich in diesem Augenblick, und im Licht der Tiefstrahler wurde gegen die dichten Zuschauerreihen auf den sich terrassenförmig erhebenden Rängen und

Die Rollen des rückwärtigen Tannengeheges klemmten, als sich die feierliche Enthüllung vor dem DPM-Hauptgebäude vollzog. Da diese technische Panne schnell behoben werden konnte, kam es zu einem eindrucksvollen Akt, der den Beifall der Gäste entfachte.

400 Jahre steht dieses Fachwerkhaus, das Bibliothek-Gebäude des DPM, frühere Posthalterei und heutige Sehenswürdigkeit unter Denkmalschutz. Es beherbergt wahre hippologische Schätze und wird zu Studien- und Forschungszwecken genutzt. – Im Arbeitszimmer des Museumsleiters sind die Vollblutzucht, die Araberzucht und das Hauptgestüt Trakehnen bibliothekarisch und dokumentarisch untergebracht.

Eine Insel des Friedens: Arbeitszimmer des Museumsleiters.

gegen den dunklen Nachthimmel die lebensgroße und lebensnahe Bronzeskulptur des weltberühmten Hauptbeschälers neben dem blumengeschmückten großen Wassergraben Stück um Stück sichtbar.

»Tempelhüter ist tot, aber er lebt in vielen tausend Nachkommen, in Hengsten, Stuten und Leistungspferden unserer Zeit – und in dem Kunstwerk vor uns – gemahnend an hohen züchterischen Einsatz für das deutsche Pferd, die Erinnerung wachrufend an seine Heimat
Trakehnen,
-Memel, Königsberg, Tilsit, Insterburg, Gumbinnen, Goldap, Neidenburg, Allenstein, Braunsberg, Bartenstein ...
Ostpreußen!

Überwältigende Stille, tiefe Andacht in Wehmut und Sehnsucht, aber auch im Gefühl des Stolzes, in der Dankbarkeit für diese Stunde und der Gewißheit des Weiterlebens, als das Musikkorps im Fackelschein »Land der dunklen Wälder« intonierte. Auf der großen Tribüne und überall standen die Menschen auf, einer nach dem andren. Und wenige wohl nur blieben unberührt von der Verinnerlichung dieses Augenblicks, dem viele Westgeborene an Härte ebenso wenig gewachsen waren, wie alle, die als Ostpreußen unter den Menschenmengen waren und ihrer Heimat gedachten.

»Das Leben geht weiter, –
der Herr lenkt und heißt uns glauben;
er mahnt uns, Edlem zuzustreben
in Werte schaffender Tätigkeit,
in anständiger Gesinnung zu leben
und leben zu lassen, –
manchem von uns gab er das Geschenk
der Liebe zum Pferd.«

In derselben Nacht, als die Menschen nach Hause gefahren waren, wurde Tempelhüter zum Deutschen Pferdemuseum überführt. Dort warteten schon seit Mitternacht die Handwerker, um den Gewichtigen auf dem Sockel zu verankern, als der Transport endlich gegen 3 Uhr morgens dort eintraf. Das Verlademanöver war nicht ganz einfach gewesen, weil die Fahrt durch den steilen Tunnel unter der Stadiontribüne mangels ausreichender Zugkraft aufgegeben werden mußte. Endlich schaffte es aber ein starker Kran, den Gefeierten von oben aus dem Stadion heraus über die Terrassen zu hieven.

Am Sonntagmorgen sammelten sich zahlreiche Ehrengäste im Bibliotheksgebäude, das 400 Jahre alt, dem Deutschen Pferdemuseum inzwischen zusätzlich übergeben worden war.

Um 11 Uhr begann dann die offizielle Feierlichkeit der Enthüllung an seinem endgültigen Standort. Jagdhörner eröffneten den Akt, während die Maisonne ihr volles Licht warf auf das Geschehen. Keith und die Trakehner Stuten umkreisten die Rasenfläche, auf der Tempelhüter abermals in Tannen verborgen war, auf dem Kiesrondell, als sich unter enthusiastischem Beifall der Geladenen der Tannenwald teilte. Tempelhüter grüßte den sonnigen Morgen und das alte, dem Trakehner Schloß in manchem ähnelnde Gebäude, vor dem er nun für eine Ewigkeit Hüter des Tempels sein sollte.

Sein Blick richtete sich gen Osten, und man vermeinte, in der Lebendigkeit seiner ausdrucksvollen Skulptur erkennen zu können, daß er im nächsten Augenblick einen Schritt täte, sich in dieser Richtung in Bewegung zu setzen.

Das Museumsleben ging weiter, wobei Inge Huchting, Heinrich Norden und Christa Peikert unablässig in die Speichen griffen. Viel Neues kam hinzu. Jetzt ist alles so übervoll, daß gebaut werden muß und soll. Ein riesiges Krüger-Gemälde – Ernst-August, König von Hannover zu Pferde – aus dem Besitz des Welfenhauses machte etwas Kopfzerbrechen zwischendurch. Herzog Ernst-August konnte es in hannoverschen Museen nicht unterbringen. Er nannte Köhler die Maße: 4,20 × 4,80 Meter. Der meinte »wir haben hohe Räume und breite Wände«. Wir sind bereit. Als es dann kam, gründlich restauriert, in einer gewaltigen Rolle, ging es in deren übermäßiger Länge nicht durch das Treppenhaus. So mußte mal wieder ein Kran her, der die Rolle in ein Fenster des gedachten Raumes waagerecht hineinbugsierte. Inzwischen war klar geworden, daß die Höhe der Wand doch nicht ausreiche. Ein Durchbruch durch die Decke brachte Luft, und ein Kasten auf dem Boden den fehlenden Meter. Etwas Himmel ging auf dem Gemälde zwar verloren, auch ein wenig Helmbusch des Königs, aber die Wirkung war grandios. Und das ist sie noch heute.

Ein altes Fachwerkhaus und ein „Pferdebuch-Ereignis"

„Die großen Gestüte der Welt" — Prinz Philip: Ein herrliches Buch

Verden. Alle Jahre wieder gibt es ein bedeutsames „Pferdebuch", und alle Jahre wieder zeichnet Hans Joachim Köhler als Autor. Das neue Werk — angekündigt als „das Pferdebuchereignis des Jahres" — heißt: „Die großen Gestüte der Welt"; es ist gestaltet von Monique und Hans D. Dossenbach sowie von Hans Joachim Köhler und vom Hallwag-Verlag (Bern und Stuttgart) herausgegeben. Den passenden Rahmen für die Buchpremiere gab die „Alte Posthalterei" ab, jenes kulturhistorisch wertvolle Gebäude in der Strukturstraße, das vom Deutschen Pferdemuseum als Bibliothek genutzt wird.

Buchvorstellung und der 400. Geburtstag dieses beeindruckenden Fachwerkhauses waren wohlfeiler Anlaß für einen Empfang am frühen Freitagabend, zu dem sich neben Repräsentanten aus Stadt und Kreis Verden auch namhafte Vertreter reitsportlicher Vereinigungen und der Züchter eingefunden hatten. Das erste Buchexemplar überreichte Hans-Joachim Köhler dem niedersächsischen Justizminister und Landrat des Landkreises Verden, Dr. Hans Puvogel (CDU), und er fügte an den Dank des Deutschen Pferdemuseums an den Landkreis Verden für tatkräftige Unterstützung.

Zuvor hatte Dr. Puvogel die Gäste willkommen geheißen. Er verwies auf die enge Verbindung zwischen den Einrichtungen des Deutschen Pferdemuseums mit Museum, Bibliothek und Hippologischem Institut einerseits und der Geschäftsführung durch die Kreisverwaltung andererseits.

Mit „kleinem Gefolge"

Zum Geburtstag des Hauses Strukturstraße 7 sagte Dr. Puvogel, es sei mit „hinreichender Sicherheit" belegt, daß dieses Haus vor 400 Jahren gebaut worden ist; freilich, eine Posthalterei sei es offenbar niemals gewesen. Der Redner erwähnte die Herzogin Sophia-Charlotte von Kurland, Fürstäbtissin zu Herford, die mit „kleinem Gefolge" in diesem Hause von 1711 bis 1721 residiert hatte.

Für 270 Taler

Die Stadt Verden, damals Besitzer des Gebäudes, verkaufte es 1722 für 270 Taler an einen Privatmann. Rund 250 Jahre später, 1970, erwarb die Stadt das Haus erneut; diesmal, so wußte Dr. Puvogel zu berichten, für 27 000 Taler. Um es für heutige Zwecke nutzbar zu machen, mußten weitere 40 000 Taler (120 000 DM) aufgewendet werden; 50 Prozent der Kauf- und Ausbaukosten übernahm übrigens der Landkreis.

Hat sich gelohnt . . .

Der finanzielle Einsatz habe sich gelohnt; er sage dies, betonte Landrat Dr. Puvogel, im Hinblick auf die erfreuliche Entwicklung, die das Deutsche Pferdemuseum und insbesondere die in diesem Hause untergebrachte Bibliothek des Pferdemuseums in den letzten Jahren genommen haben. Diese Arbeit werde wesentlich getragen vom Institutsleiter Hans Joachim Köhler. Wörtlich sagte Dr. Puvogel an Hans-Joachim Köhler gewandt: „Wir wissen es sehr zu schätzen, daß Sie neben Ihrem Engagement für das aktuelle pferdezüchterische und reitsportliche Geschehen sich in so hervorragender Weise der Geschichte und der Wissenschaft des Pferdes verbunden fühlen. Verden hat mit dieser Einrichtung eine weitere zentrale Funktion auf dem Gebiet der Hippologie gewonnen".

Er betrachte, versicherte Dr. Puvogel, das Nebeneinander des Pferdemuseums und des Absatzzentrums in der Stadt Verden als eine „ganz besonders glückliche Verbindung".

Rund um den Erdball

Hans-Heinrich Isenbart kam rechtzeitig vom Bremer Flughafen, um mit beredten Worten auf das neue Buch hinzuweisen, für das übrigens Prinz Philip, Herzog von Edingburgh, ein Vorwort geschrieben hat. Der Prinz, Präsident der „Fédération Internationale Equestre" (FIE), spricht von einem „herrlichen Buch", das von führenden Fachleuten erarbeitet, geschrieben und illustriert worden sei. Das Werk gewähre Einblick in das Leben und die Arbeit auf den großen Gestüten „rund um den Erdball", und es sei für jeden, dem Pferde etwas bedeuten, „eine stetige Quelle genußreicher Unterhaltung und zuverlässiger Information".

Näheres über dieses Buch wird auszusagen sein, wenn das beim Hallwag-Verlag angeforderte Rezensionsexemplar vorliegt.

H-g.

Verdener Großturniere

Zu Zeiten, als das Verdener Artillerie-Regiment 22 unter Oberst von Seidlitz und Hauptmann Hamann zusammen mit dem Verdener Rennverein die 10-Tage-Turniere im Reiterstadion veranstaltete, wurde vieles kommandiert und kostenlos abgestellt, was nach dem Kriege in harter DM bezahlt werden mußte. 1949 und 1950 gab es einen unvorstellbaren Nachholbedarf in Zuschauerkreisen. Das Stadion war überfüllt. Selbst die Stehplätze oben hinter den rails waren in 20er Reihen besetzt. Das ließ dann mehr und mehr etwas nach, wenn auch ein volles Haus noch etliche Jahre verbucht werden konnte.
Als Käthe Franke, die legendäre Erfolgsamazone in allen Sätteln, damals Leiterin des Stalles Lauenburg, am Vornachmittag eines Turnierbeginns auf dem Richterturm erschien, zeigte sie sich wieder begeistert über Platz und Anlagen. Sie lobte auch den Blumenschmuck, aber ein hektisches Wedeln mit der Zeiteinteilung ließ eine Wendung des Gesprächs erahnen. »Aber«, begann sie, »lieber Herr Köhler, die Zeiteinteilung ist Ihnen dieses Mal nicht gelungen. Wie soll unser Karl Balschukat teilweise gleichzeitig Material, L-Dressur, Eignung, Einspännerfahren, M-Dressur, Vierspännerfahren und S-Dressur reiten oder fahren!« »Ja«, meinte der Turnierleiter nachdenklich, »einem derart vielseitigen Einsatz ist ja wohl die ausgeklügeltste Zeiteinteilung nicht gewachsen.« »Und – was sehe ich da? Sind das nicht ausgeflaggte Eignungshindernisse, wo da jetzt gerade einige rüberspringen?« »In der Tat, aber wer springt denn jetzt gerade vor unseren Augen?« Das war nämlich Karl Balschukat. Köhler drehte sich um, Frau Käthes dummes Gesicht zu genießen. Dort wo sie stand, der Platz war leer.
In den 50er, teils auch noch in den 60er Jahren fehlte in Verden keiner der Großen im Springsport, in der Dressur und im Fahren. Otto Lörke und Felix Bürkner waren die ernsthaftesten Dressurrivalen. Eine ausgeloste Startfolge gab es noch nicht, und so war es immer eine große Mühe, die ersten Starter zu beschaffen. Lörke und Bürkner tummelten sich weit hinten auf der Rennbahn. Keiner wollte vor dem anderen aufs Viereck. Meldereiter wurden eingesetzt und Motorradfahrer. Doch im letzten Augenblick war erst der eine, dann der andere im Busch verschwunden. Starke Lautsprecher flehten das Gelände ab. Die Meister spielten Indianer.
Die Vormittagsspringen standen meist im Zeichen ausgeprägter Duldsamkeit. Unten am Tunnel stand einmal ein Amazonen-Vater aus der Gifhorner Gegend mit einer langen Bahnpeitsche, als die Tochter am Wassergraben festsaß. Vatern eilte zögernd mit hocherhobener Peitsche in den Parcours, verhoffte dann aber in seiner Verzweiflung und blickte traurig auf den Richterturm. Da stellte die Jury die Zeitmessung ab, annullierte eine Wertung und spornte den Vater an, seiner Tochter auf die Sprünge zu helfen. Das war wie eine Erlösung, der ältere Herr nahm die Beine in die Hand, ließ die Peitsche über seinem Haupte kreisen und machte Dampf am Gewässer. Die Stute flog hinüber und wurde flott. Im Stadion herrschte Begeisterung schon zu früher Morgenstunde. Auch Erich Wandschneider wußte sich zu helfen. Als Schwiegersohn Fritz König auf Othello am Tunnelausgang blinken wollte, verdrehten Auges und rückgestellten Ohres, sprang Erich mit einem aufgeklappten Gartenstuhl an ihn heran, ließ das Sitzgerät zusammenscheppern und brachte den jäh Verschreckten wieder auf die Parcoursfährte. Als sei nichts gewesen, machte er das Gerät wieder sitzbereit und thronte pokerhaften Gesichts vor der Tribüne, Othellos gewaltige Sätze über die obstacles laut und stolz kommentierend. Viel Spaß gab's damals und doch großen Sport.
Alwin Schockemöhle war nach Verden gezogen und ritt die Pferde des Stalles Freitag.

LOKALES

Sönke Sönksen ging mit „Kwept" zweimal ohne Springfehler über den Parcours

Er gewann den „Großen Preis der Reiterstadt Verden" — Olympia-Mannschaft noch nicht nominiert

Verden. Den „Großen Preis der Reiterstadt Verden", das zweite Olympia-Sichtungsspringen nach Art des Nationenpreises mit zwei Umläufen beim 33. Verdener Reit- und Springturnier gewann am Sonntagnachmittag im Verdener Stadion Sönke Sönksen aus Versmold auf dem elfjährigen Schimmelwallach „Kwept" mit ¾ Strafpunkt wegen Zeitüberschreitung im ersten Umlauf vor dem gleichauf liegenden Paul Schockemöhle auf „Talisman" und Gert Wiltfang auf „Davos", beide vier Punkte. Alwin Schockemöhle auf „Warwick Rex" und Hans-Günther Winkler auf „Torphy" wurden gemeinsam Vierte mit acht Fehlerpunkten. Fazit der Sichtungsspringen: Die deutsche Mannschaft für die Olympischen Spiele in Montreal konnte noch nicht nominiert werden. Der Springausschuß war nach den unterschiedlichen Leistungen in allen Sichtungsspringen einschließlich Aachen noch nicht in der Lage, eine Entscheidung zu treffen. Vor Ende dieser Woche ist mit der Benennung der Mannschaft nicht zu rechnen.

Feststehen dürfte jedoch bereits heute, daß Altmeister Hans-Günther Winkler zum sechsten Male an Olympischen Spielen teilnehmen wird. Er brachte seinen „Torphy" in beiden Springen in Verden gut heraus und wurde Zweiter und Vierter. Auch Alwin Schockemöhle dürfte mit „Warwick Rex" sicherer Kandidat für Montreal sein. Seine Chancen konnte Weltmeister Steenken mit seinen jungen Pferden „Gladstone" und „Goya" nicht nutzen. Sein Olympiapferd „Kosmos" ist verletzt, so daß der Weltmeister nach dem Springen am Freitag bereits wieder nach Hause gefahren ist. Verständlich, denn für ihn steht als Weltmeister zu viel auf dem Spiel.

Hinter Alwin Schockemöhle und Hans-Günther Winkler müssen Paul Schockemöhle, Sönke Sönksen und Gerd Wiltfang die besten Aussichten für eine Nominierung eingeräumt werden. Die Deutsche Reiterliche Vereinigung hat bis zum 15. Juni Zeit, ihre Mannschaft zu benennen. Weitere Sichtungsspringen gibt es jedenfalls nicht mehr, obwohl das Turnier in Köln unmittelbar vor dem letzten Nennungstermin stattfindet.

Der Parcours für den „Großen Preis der Reiterstadt Verden" wurde von Hans-Heinrich Brinkmann nach den Anforderungen des Nationenpreises bei den Olympischen Spielen aufgebaut. Die Höchstabmessungen wurden ausgenutzt (bis auf den Wassergraben, der mit 4,80 Meter unter der erlaubten Weite blieb), so daß von Pferden und Reitern alles abverlangt wurde. 14 Hindernisse mit 17 Sprüngen waren in 105 Sekunden zu überwinden. Es gab wieder einige Zeitfehler. Auch der Sieger Sönke Sönksen gehörte dazu — er machte zwar keinen Springfehler, überschritt im ersten Umlauf um 2,1 Sekunden.

Von elf Pferden blieb im ersten Umlauf nur „Davos" mit Gerd Wiltfang fehlerfrei. Im zweiten Umlauf machte Wiltfang vier Punkte, so daß es nur zum zweiten Platz langte. Im zweiten Umlauf, der Parcours wurde hierfür nicht geändert, blieben Paul Schockemöhle mit „Talisman", Sönke Sönksen mit „Kwept" und wiederum Paul Schockemöhle mit „Agent" fehlerfrei. Der Sieger des ersten Sichtungsspringens, „Gaylord" mit Hendrik Snoek, wurde nur Siebenter, weil er im zweiten Umlauf zwölf Fehlerpunkte machte. Nach dem ersten Umlauf lag er mit einem halben Punkt noch an zweiter Stelle.

Die Zuschauer verfolgten das Sichtungsspringen in beiden Umläufen mit großer Spannung, im weiten Rund des Stadions herrschte Stille, wenn die Meister im Springsattel über den Parcours gingen. Glücklicherweise blieb es nachmittags trocken, so daß die Reiter und Pferde die besten Voraussetzungen für ihre schwere Aufgabe vorfanden.

Den Ehrenpreis der Reiterstadt Verden überreichte Bürgermeister Dr. Hartmut Friedrichs, d... Ehrenpreis des Kreisreiterverbandes Friedrich Ernst (Hof Wassermühle) und den Ehrenpreis der Landwirtschaftskammer, Kreislandwirt Hermann Müller (Intschede). Als erfolgreichste Amazone wurde Jutta Köhler mit einem Sonderehrenpreis ausgezeichnet, desgleichen Fritz Ligges als erfolgreichster Teilnehmer in den Springprüfungen.

Das diesjährige Championat der Reitpferde für den Niedersächsischen Reiterverband gewann Helga Köhler auf „Pfalzgraf" vor Reinhard Baumgart auf „Maurice" und Magdalena Plate (Hemmoor) auf „Domingo".

Micky Brinckmann, oben beim Parcoursaufbau für ein Weltmeisterschafts-Sichtungsspringen war es zu verdanken, daß das Verdener Stadion in den 70er Jahren auch wieder Schauplatz bundesbedeutender Entscheidungen wurde.

Man vermißte ihn zu einem Qualifikationsspringen für den Großen Preis. Er schlief fest und war nicht zu bewegen. Das Beruhigungspillen-Maß war reichlich überschritten. Auch die Großen haben eben nicht immer Nerven wie Drahtseile.

Einmal waren die Plazierten des Mächtigkeitsspringens kaum aus dem Stadion heraus, als das Feuerwerk in fürchterlichen Detonationen und zischender Blitzentfaltung einsetzte. Da gab es einen zusätzlichen Renntag auf der Verdener Bahn. Hindurch durch noch herankommende Zuschauer: Sb-Cracks unter Pferdepflegern und freilaufend mit leerem Sattel. Das wurde dann im nächsten Jahr besser bedacht.

Tradition am Sonnabendabend war vor dem Mächtigkeitsspringen, dem Feuerwerk und dem Großen Zapfenstreich ein M-Springen mit einmaligem Stechen. Das Flutlicht flutete nur über den Hindernissen mit Lampen an querrübergespannten Drähten. Zwischen den Hindernissen war es meist ziemlich dunkel. Es war wohl das rasanteste Springen, das es überhaupt gab. Das Finish ging über den großen Wassergraben, über die Verdener Bank (14 m dahinter) und – nach 21 Metern über eine dreifache Kombination. Auf dieser »Rennstrecke« wurde geradezu halsbrecherisch geritten. Schnellste Zeiten wurden immer noch wieder überboten, und das Volk raste. Sabinchen unter Alwin Schockemöhle dürfte hierbei einmal den absoluten Platzrekord aufgestellt haben. Beim Sb-Springen hernach kam selten eine ähnliche Hexenkessel-Stimmung auf.

Die neue Traumanlage

1972 im Herbst war die lang herbeiersehnte Absatz- und Ausbildungszentrale erstellt, zehn Tage vor Termin und einige zigtausend Mark billiger als veranschlagt. So etwas gibt es also.

Zunächst war alles sehr groß, sehr fremd und ungewohnt. Man vermißte die Geschlossenheit der alten Anlage am Lönsweg und genoß andererseits die Großräumigkeit des neuen Quartiers, dem sich das Rennbahngelände unmittelbar anschließt. Aber man gewöhnte sich und lebte sich allmählich ein. Den Besuchern und Auktionsgästen erging es nicht viel anders. Es war ein großer Augenblick, als eines Abends die ersten Auktionspferde die Reithalle berührten und ihre Kreise trabten und galoppierten. Doch schon nach wenigen Minuten stiegen allen die Haare zu Berge. Der gewalzte Lehmuntergrund, der vor dem Einbringen des Hufschlags so fest und vertrauenswürdig ausgesehen hatte, kam klumpenweise in den Sägespänen hoch, erst wenig, dann plötzlich unaufhörlich. Das Malheur war groß. Ketten von Lastfahrzeugen rollten am nächsten Morgen in die Halle und fuhren den ganzen Belag wieder heraus. Anschließend wurde der ganze Untergrund (60 × 24 m) geräuht, asphaltiert und erneut mit Sägespänen und bindendem Sand beschichtet. Da war der Bann gebrochen, und in wenigen Tagen schon wurde offenkundig, daß ein ideal elastischer und rutschfester Boden gefunden war, dessen Zusammensetzungsformel allseitiges Interesse fand.

Am Morgen des Auktionsfreitags, 5.30 Uhr, nahm auf der kurzen Seite gegenüber dem Leitungsturm eine Minikapelle Platz, um einen Musik-Gewöhnungs-Test zu absolvieren, der Domorganist v. Schwartz, Hans-Heinrich Isenbart und die Gebrüder Hempel mit Instrumenten vom Jagdhorn bis zum »Kamm«. Die Bedenken der Reiter zerstreuten sich schnell, und so konnte eingerückt und der Eröffnungszeremonie beruhigt entgegen gesehen werden. Als es dann losging, und das Musikkorps der Bundeswehr etagenweise die Instrumente blitzen und tönen ließ, während hohe Lorbeerbäume ihre Zweige schützend vor den glanzvollen Klangkörper zu halten versuchten, wurde es ungemein feierlich in der

Halle. Da rauschte im starken Trab die erste Gruppe in Kiellinie herein: Applaus, Posaunenstöße, Tumult. Nur eines der Pferde gelangte bis zur gegenüberliegenden kurzen Seite. In guter Haltung mit gespitzten Ohren, dennoch weder taub noch blind. Alles andere übte sich in rasanten Kehrtwendungen, Speedmakings, Kapriolen, Lanzaden und Breitseiten in den gequälten Sägespänen. Hochrote Gesichter sah man in großer Verzweiflung und in gezielten Bemühungen ohn' Unterlaß, aus dem Hexenkessel der Bahnmitte herauszukommen, während sich die Explosionen der gut gefütterten Vierbeiner fortsetzten. Wie es Soldaten geziemt, hauten sie um so mehr auf die Pauke, je größer der Schlachtenlärm tobte. Die buntgekleideten Tribünenränge saßen unbewegt, staunend und fassungslos ob dieses Schauspiels, das offenbar irgendwie als grandios empfunden wurde, denn als es dem Tunnel schließlich gelang, die Eröffnungsakteure stallwärts wieder aufzunehmen, machten sich Ehrengäste, Kaufinteressenten und Zuschauer mit Hilfe außerordentlichen Beifalls Luft, während die Aussteller der Elitedarsteller sich tiefatmend dort hingriffen, wo Herz und Brieftasche in Tuchfühlung verbunden sind.

Mit Pferden zu leben, so zeigte es die wirtschaftliche Talsohle vor einigen Jahren, ist immer mehr Menschen ein echtes Bedürfnis. Ihnen brauchte man damals nicht zu sagen, erst mit Pferden sei das Leben lebenswert. Sie wußten es, und sie ließen sich durch nichts erschüttern. Ihre Zahl ist mittlerweile noch gewachsen.

Der riesige Komplex der Niedersachsenhalle, der sich im Laufe der Jahre noch erweiterte, faßt nahezu 200 Pferde in Boxen und 400 Rinder in Ständen. Die Auktionshalle (rechts) hat die Hufschlagmaße von 24:60 und nimmt 6000 Menschen auf. Weitere Gebäude, wie die 20 × 60 große Abreitehalle oder die Strohscheune, beherbergen Büro- und Aufenthaltsräume, Lagerräume für Hindernisse, Geräte und Maschinen sowie Werkstätten. Ein vornehmes und gepflegtes Restaurant auf dem Rinderstall eröffnet den Blick auf das Rennbahngelände, das dem Training der Pferde zur Verfügung steht. Eine weitläufige Körbahn dient der Bewertung der Hengste und der Durchführung züchterischer und merkantiler Schauen.

Die Tribünen wurden in den Erdboden hineingebaut, so daß zwischen dem Hufschlag und dem Bodenprofil draußen einige Meter Unterschied bestehen. Den Ausgleich bringt ein Zubringertunnel in schräger Lage.

Am Lönsweg die alte Niedersachsenhalle beherbergte von 1951 bis 1972 die Verdener Auktionen. Danach blieb die Verbands-Reit- und Fahrschule allein für sich in diesem Domizil.

Abschied vom alten Auktionshaus

Es ist sicher kein Zeichen von Sentimentalität, wenn man bei aller Freude und bescheidenem Stolz auf die Lebenserfüllung der großzügigen, lichten neuen Absatzzentrale, die im Interesse des Verbandes hannoverscher Warmblutzüchter mit dem 11. September 1972, dem Schlußtag der Olympischen Spiele von München, die 47. Kollektion der Verdener Auktionen aufgenommen hat, in Dankbarkeit der alten Niedersachsenhalle am Lönsweg gedenkt. Denn hier wurde in jährlicher Steigerung die Voraussetzung geschaffen, die dem Verband die Möglichkeit gab, aus sachlich fundierter Überzeugung ein notwendigerweise größeres Objekt zu planen, zu finanzieren und zu verwirklichen, wobei er der Zustimmung und finanziellen Mithilfe seiner Mitglieder sicher war.

In der alten Anlage, nach jeweils einjährigem Domizil in der Brunnenweg-Kaserne und der Holzmarkt-Kaserne mit zusammen vier Auktionen, sind hier 42 Eliteschauen hannoverscher Reitpferde, rund 20 Hengstkörungen und auch mehrere Stuten-

Als Star-Auktionator wirkte Alfred Brüns rund 25 Jahre. Er war in der Schauspielkunst unterrichtet worden und verstand es, die Auktionsgäste beschwörend zu animieren. Von Verden aus wurde er auch auf anderen Auktionen bekannt.

auktionen abgehalten worden, solange, bis räumlich alles aus den Nähten platzte.

Wenn man heute aus der neuen Anlage hinunter fährt in den alten Schauplatz internationalen Absatz-Geschehens, fragt man sich, wie es überhaupt möglich war, in diesem verhältnismäßig kleinen und gewisserweise auch primitiven Haus das repräsentative Schaufenster für die hannoversche Zucht zur Geltung zu bringen und 25 Millionen DM umzusetzen.

Aber: Verwöhnteste Menschen begehrten Jahr für Jahr »Orchestersessel« zu 25,– DM – in der teuersten Loge –, klemmten sich im letzten Modeschick in die engen, unansehnlich ausgedienten Kinostühle und genossen die Atmosphäre in der Art einer Uraufführung, wobei sie die Reitpräsentanten der hannoverschen Zucht in steigendem Maße auf dem Gebotsweg bewerteten.

Um diese vielgerühmte Atmosphäre geht es allen angesichts des neuen Hauses. Wenn der Schein nicht trügt, wird es hier keine Enttäuschung geben. Die neue Halle wirkt bei aller Größe warm und intim, feierlich. Der Hufschlag, auf dem sie sich bewegen, um die es geht, ist vielleicht noch mehr Bühne als bisher. Eine wirkungsvolle Heizungsanlage sorgt für Behaglichkeit, die Akustik ist von hoher Qualität, und die Lichtverhältnisse sind erstklassig. Alle Pferde sind in Boxen untergebracht. Und von außerordentlichem Wert erweisen sich die weitläufigen Außenanlagen auf dem Areal des Rennbahngeländes.

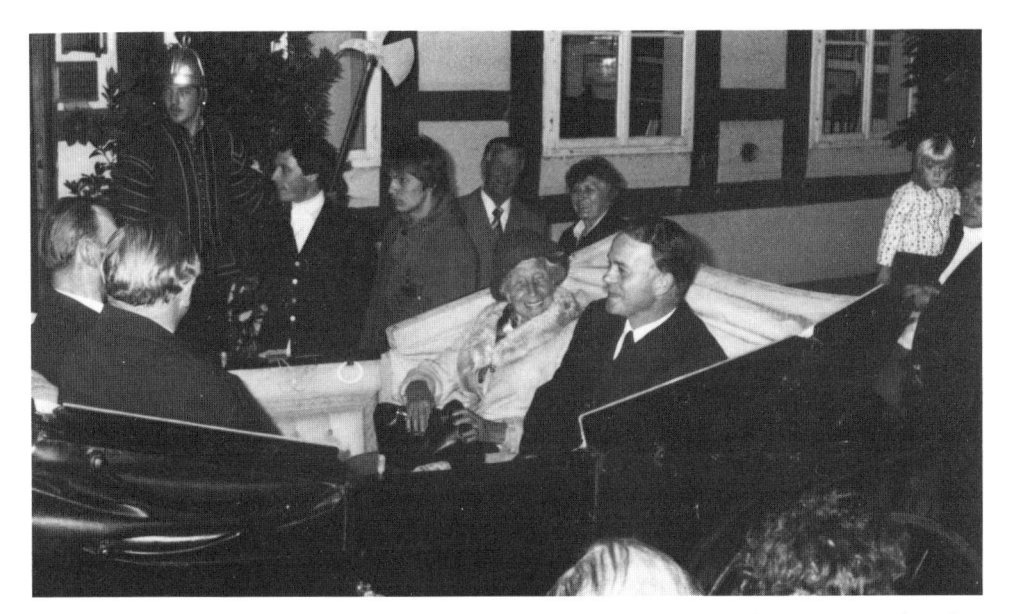

Anläßlich des 90jährigen hannoverschen Stutbuch-Jubiläums gab der Züchterverband einen Empfang im Deutschen Pferdemuseum (DPM). Von hieraus fuhren die Gäste in Kutschen durch von Zuschauern eingesäumte Straßen der Reiterstadt zum Galaabend in die Niedersachsenhalle. Das Protokoll vermerkte für Wagen Nr. 1 (Landgestüt Celle) Dr. Ernst Albrecht, Ministerpräsident von Niedersachsen, daneben I.K.H. Herzogin Victoria Luise von Braunschweig-Lüneburg, die Kaisertochter, Landwirtschaftsminister Glupp und Verbandsvorsitzenden Burchard Müller-Süderwarden (halbverdeckt). – Ankunft in der Niedersachsenhalle: Vor Dr. Ernst Albrecht die aus Warendorf entliehene Coppa d'Oro Mussolini, die vom berühmten hannoverschen Springpferden mitgewonnen wurde.

Im Kern des Rennbahngeländes, der in den Jahren davor noch als Zirkus- und Autoverschrottungsrennplatz genutzt wurde und in böser Verfassung war, entstand ein großer Parcours-Platz auf bestem Geläuf.

Die Einführung der Galaabende entwickelte sich schnell zu einer bombastischen Auktionsouvertüre vor stets ausverkauftem Haus. Schon wochenlang vorher ist keine Karte mehr zu haben. Das dreistündige non-stop-Programm mit etwa 25 Programmpunkten brachte, bei allem Eifer und Spaß – eine große zusätzliche Belastung des Auktionsteams. Alles mußte improvisiert werden, denn Training, Test und Ausprobieren ließen ein nennenswertes Üben nicht zu. Die auswärtigen Akteure kamen unmittelbar zu dem Abend angereist. Und dann mußte es klappen.
Echt schwierig wurde es eigentlich nur, wenn auswärtige Darsteller die knapp bemessenen Auftrittszeiten nicht einhielten, was leider oft der Fall zu sein pflegt. Wie bekommt man sie heraus, damit es nicht Mitternacht wird?
Einmal lief das Schaubild »Der Mai ist gekommen«. Planmäßig verließ zuerst eine Frühlingskavalkade von Reitern und Kindern hoch zu Roß die Bahn, Blumen- und Birkenfahrzeuge rollten hinterher. Nur ein Leiterwagen mit frischem Grün ließ sich nicht beirren. Maurer und Zimmerleute saßen drauf. In fröhlichem Umtrunk. Der Kutscher drehte eine Runde zu viel nach der anderen. Auf dem Turm setzte Nervosität ein. Isenbart: »So, und nun vielen Dank auch dem zünftigen Handwerker-Wagen, bitte auf die Mittellinie gehen und den anderen Fahrzeugen folgen.« Der Zeremonienmeister in Reitgala und einem weißen Stab hielt das bereitstehende nächste Schaubild in Schach und winkte gleichzeitig den Handwerkern ein »raus«. Aber der Wagen blieb auf der Mittellinienmitte halten und der Umtrunk nahm an Fröhlichkeit noch zu. Da schritt Hubert Kasselmann, der Zeremonienmeister, auf das Gespann zu und wollte die Stränge aushängen, machte aber gleich wieder kehrt ob der unheimlich drohenden Gebärden. Fünf Minuten dauerte diese Peinlichkeit schon, als der Einsatz der Feuerwehr erwogen wurde. Das Publikum verhielt sich rührend gutmütig, während wir da oben auf dem Turm in ohnmächtiger Wut beinah von oben heruntergesprungen wären. Endlich fuhren die Burschen los und tatsächlich auch raus.
Was war geschehen? Erstmal hatten sich die Akteure in der Kälte draußen fürchterlich einen hinter die Binde gegossen, bevor sie reinfuhren. Und ihr Chef hatte ihnen auferlegt, die Halle erst dann zu verlassen, wenn er sich – persönlich auf einem Mofa einfahrend – an ihre Spitze gesetzt hätte. Leider aber hatte der Chef nicht nur das Mofa erheblich aufgetankt, und so war er im Gelände herumgekurvt, hatte den Eingang nicht finden können und war schließlich mit einem dreifachen Salto irgendwo im Gebüsch gelandet.

Galaabend in Verden

Hierüber schrieb Hans-Joachim v. Killisch-Horn im November 1980 in der Zeitschrift ›Hannoversches Pferd‹.
Gaudemus equis oder die Verdener Hochzeitsreise!
Unter diesem Titel, entlehnt einer alten Steinmetzarbeit, die als Tafel zum Gedenken an den Posthalter Heinrich Oelfke, dem Retter wertvoller hannoverscher Pferde während der napoleonischen Besatzungszeit, an dessen Hause in Verden 1815 angebracht worden war, hatte Clemens Laar eine besinnliche Novelle verfaßt, die später als kleiner Sonderdruck einige Zeit lang jedem Hochzeitspaar auf dem Standesamt der Reiterstadt als Erinnerungsgabe überreicht wurde. Was Clemens Laar im Jahr 1952 während eines längeren Aufenthalts in Verden, beeindruckt von der Atmosphäre der alten niedersächsischen Stadtgemeinde, mit lebhafter Phantasie ersonnen hatte – zur gleichen Zeit übrigens, als sein Erfolgsroman »Meines Vaters Pferde« in Verden und Celle unter der fachlichen Beratung von H.J. Köhler verfilmt wurde – das wurde jetzt, fast drei Jahrzehnte später, während der Verdener Herbstauktion leibhaftige Wirklichkeit. Zwei junge Menschen aus Engen im Kreis Konstanz waren als engagierte Anhänger der Verdener Reitpferdeauktion eigens in die Reiterstadt gereist, um dort mit zwei Auktionsreitern als Trauzeugen den Bund fürs Leben zu schließen. Während der Galaveranstaltung am Vorabend der 63. Auktion fuhren sie in der weißen Hochzeitskutsche vom Schimmelhof Bremen unter herzlichem Beifall der Zuschauer in die Niedersachsenhalle ein. Etwas Ähnliches als Erfüllung eines Wunschtraums hat es sicherlich bisher nirgends gegeben. Die Braut zog anschließend bei der Verlosung des dunkelbraunen Stutfohlens Adria v. Abajo xx zugunsten der Aktion Sorgenkind als Glücksfee die Gewinn-Nummer für Manfred Schmidt aus Wittorf bei Lüneburg.
Mit dem zweieinhalbstündigen Programm des Gala-Abends bewies das Auktionsteam diesmal besonderen Einfallsreichtum. Die »Besten des Jahres« standen im Mittelpunkt, mit Ehrungen der Meister im Sattel und auf dem Kutschbock. Das ist in Verden im Herbst bereits Tradition. Das Rahmenprogramm jedoch, das diese Mittelpunkte umschloß, und dem ganzen Abend mit Pfeffer und Salz die Würze gab – von Hans-Heinrich Isenbart mit Sachverstand und Witz kommentiert – brachte Stimmung und das besondere Verdener Flair in die Halle. Schaueinlagen, züchterische Delikatessen, reitsportliche Darbietungen – unter diesen Grand Prix-Ausschnitte der Dressurmeisterin Gabriela

Grillo auf Galapagos – wechselten miteinander ab. Dazu Spaß – viel Spaß!

Man kann nicht umhin, sich zu fragen, wo eigentlich der Schlüssel zu dem Erfolgsgeheimnis dieser seit vielen Jahren stets bis auf den letzten Stehplatz ausverkauften Gala-Veranstaltung zu suchen ist, die man anderswo nachzuahmen versucht, ohne bisher das besondere Verdener Fluidum erreicht zu haben?

Die Antwort ist ebenso einfach wie kompliziert, so paradox das auch klingen mag. Es ist ein Teamwork, eine Gemeinschaftsleistung von etwa 25 Auktionsreiterinnen und -Reitern, von noch mehr Pferdepflegerinnen und -Pflegern, sowie des kleinen Stabes der Bürokräfte und des Hallen- und Stallpersonals, die ständig im Verdener Auktions- und Absatzzentrum tätig sind. Zwar sind im Programm unter der Zügelführung des Auktionsleiters die Namen Dr. Enno Hempel, Rainer Kiel, Jens Rommel, Alfred Rosebrock, Thomas Vogel und Julius Zimmermann von Siefart unter dem Stichwort »Regie« genannt, aber jeder einzelne des oben erwähnten Personenkreises ist mit vollem Einsatz, mit eigenen Anregungen dabei, es ist für jeden, der mitwirkt – unter Einschluß von Dienststellen des Landkreises und der Stadt, von zuliefernden Handwerkern – eine Art persönlicher Ehrensache, daß dieser Abend reibungslos zum Erfolg führt.

Wer hinter den Kulissen sich auskennt, wer miterlebt hat, wie viele unvorhergesehene Probleme sich während des Ablaufs der vielen einzelnen Programm-Nummern mit ihren teilweise von weither (ohne vorherige Proben) angereisten Akteuren ergeben, Probleme und auch Pannen, von denen das Publikum in der Arena nichts wahrnimmt, der weiß zu beurteilen, daß kein noch so gutes Regieprogramm eine Garantie bieten würde, wenn nicht ein so hervorragender Teamgeist mit jeweils eigener Initiative vorhanden wäre. Er ist das Ergebnis einer nunmehr 31jährigen Tradition der Verdener Auktionen unter unverändert gleichbleibender Leitung. Natürlich hat sich die Zusammensetzung der Auktionsmannschaft seit 1949 mehrmals verjüngt. Der Teamgeist jedoch – bei dem gute Laune, Freude am Pferd (Gaudemus equis, um an den Anfang dieser Betrachtung anzuknüpfen) stets eine große Rolle gespielt haben – ist mehr oder weniger unverändert geblieben, weil unter Federführung des Auktionsleiters langjährige Mitarbeiter des Teams ihre Maßstäbe stets an Jüngere weitergegeben haben. Hierin also ist das Geheimnis begründet!

Das Auktionsjahr 1981
wird mit der 65. Verdener Auktion – vom 16. bis 18. Oktober vom Stapel gelaufen – in die Pferdezuchtgeschichte eingehen: Auktionator Friedrich Wilhelm Isernhagen gab für 130 Elitepferde den Zuschlag mit dem bisherigen Durchschnitts-Rekordergebnis von 17 700,– DM. Im gleichen Jahr sind die Verdener Auktionspferde Madras (Dressur) und Deister (Springen) Europameister geworden.
5640 Reit- und Hochleistungs-Sportpferde gingen somit über 65 Verdener Auktionen für 63 760 490,– DM.

Dublin

Zweimal bisher haben wir die grüne Insel angeflogen und sind in Dublin gelandet. Wirklich: Blau und grün. Erst das Meer und dann das Land. Grüner geht's nicht. Daß der erste Irish Coffee so gut schmeckte, war ein Fehler. Denn nach dem vierten hatten Landstallmeister Konrad Bresges, Burchard Müller und Köhler ein Gefühl, als hätten sie jeder eine ganze Torte gegessen. Gut, wir haben dann Maß gehalten. Und mit Whisky ging es überhaupt besser. Dublin Horse Show – eine Offenbarung. 2000 Pferde in vielen, vielen Stallungen, doll herausgebracht in allen Typen und Sorten, in wohl bald 100 Prüfungen und Klassen. Da blieb einem schon die Spucke weg. Das braucht man gar nicht leugnen. (Donnerwetter! würde Dietrich von Lenski sagen.) Unvorstellbar dimensionierte Prüfungsringe, zwei, dann der große Turnierplatz und noch ein zweiter Turnierplatz, schließlich ein Verkaufsplatz erfassen gleichzeitig und von morgens bis abends die Kandidaten. Pausenlos werden überall Pferde trocken geritten oder bewegt oder als Tribüne fürs Zuschauen benutzt. Alle Offiziellen tragen den schwarzen steifen Hut, elegant geschnittene Reitjakken oder dunkelblaue Jackets.
Kurz wird in Dublin geatmet, alles geht präzis und schnell. Plötzlich ist da noch ein neuer Platz im Betrieb. Ein Auktionsring. Jede halbe Stunde rattert ein frischer Auktionator los. Musikkapellen spielen vielerorts, und Tausende schieben sich in zahlreiche Restaurationen. Die Rasenflächen und -kanten wirken perserteppichartig, üppig und farbenfroh breitet sich hochgezüchtete Flora aus.
Beim zweiten Besuch bestand die Reisegesellschaft nicht aus Zuchtexperten der FN, sondern aus Auktionsteamern. Denen gingen die Augen über, wenn die Hunter materialmäßig in starkem Galopp geprüft wurden. Das muß man gesehen haben. Vor allem, wenn die Champions auf dem großen Turnierplatz um die Krone kämpfen. Zweihundert Meter

Köhler hatte eine billige Kamera mit. Mit dieser schoß er von hoher Tribüne auf die Piste und erwischte dabei Hartwig Steenken mit Simona über einem Oxer, der sich erheblich zur Tiefe hin dehnte.

zählt eine lange Seite. Alle Richter kommen – objektiv – aus England. Einem älteren Oberst schrammte einer der Champions regelrecht ab. Aber leichten Sitzes und mit tiefer, passiver Hand ließ sich der Colonel nichts anmerken, obwohl der Fuchs gut und gerne seine 60 km/Std. draufhatte. Keine harte Parade, nur allmähliches Einwenden auf kleinere Bahnen dämpften die Pace. Und als er absaß, klopfte er den Hunter, als sei nichts gewesen, und nickte der besitzenden Lady liebenswürdig zu. Horsemanship in der Vollendung.
Ullrich Kasselmann, Reinhard Baumgart und Uwe Heckmann wurden bisweilen irgendwo von der Rückwand der großen Haupttribüne verschluckt. So mitten aus dem Besucherstrom heraus. Die dicke Tür war klein und fiel gar nicht auf. Wer sie fand und öffnete, fühlte sich geborgen und kellergekühlt. Man konnte sich auch gleichzeitig wieder erwärmen. Rauchzart war der Geschmack. Beim Preis der Nationen erschien die vollständige Regierung Irlands im Frack und Zylinder. In beachtlicher Haltung nahm sie den Vorbeimarsch der Nationen ab.
Bianca Kasselmann hatte einen 3jährigen Schimmelhunter ins Herz geschlossen, Helga und Jutti waren hinter einer Ponystute im Vollblut-Pferdetyp her, die Champion der Champions geworden war. Da gab es dann am letzten Tag noch einige Transportabwicklung. Anneli Baumgart wurde nicht von derartigem Fieber ergriffen.
Besonders interessant war es auch im Nationalgestüt, wo die Hauptbeschäler in von hohen Bretterzäunen abgeschirmten Paddoks, für Vollblüter mächtige Erscheinungen, sich lockernden Bewegungen hingaben. Der japanische Garten am Gestüt brachte ein seltenes Erlebnis eigenwilliger botanischer Architektur.
Auf dem Flugplatz trafen wir Gottfried Meuser wieder. Er hatte einen langen Karton in der Hand, in dem er traditionsgemäß einen immensen Lachs mit nach Hause fliegen wollte.

Abwechslungsreicher »Winter«-Sommer 1981

Die Feiertage des 1. Mai, des Himmelfahrtstages und des 17. Juni vermehrten die Wochenenden und komprimierten Turniere und Fohlenschauen auf engsten terminlichen Raum. Die Termine der Auswahlreisen zur Verdener Reitpferdeauktion und zur Verbands-Fohlen- und Stutenauktion komplettierten ein nahezu pausenloses Geschehen. Zunächst war es vorsommerlich warm, dann aber schlich sich eine zu dieser Jahreszeit sibirisch anmutende, windige Kälte ein, die schließlich am 21. Juni, dem kalendarischen Sommeranfang, zum Winterpelz greifen ließ, der dann wiederum mit Regengüssen eingedeckt wurde und gar nicht wußte, wie ihm geschah, bis er – zentnerschwer – irgendwo zu trocknen versuchte, wo eigentlich hätte geheizt werden müssen.

Am 1. Mai war schon seit dreißig Jahren Groß Eilstorf im Kreis Fallingbostel mit seinem Turnier an der Reihe. Hier, wo sonst um diese Zeit harte Winde wehen, hielten sich erträgliche Temperaturen, die dennoch Grog und Glühwein im Zelt zu ihrem Recht kommen ließen. Zahlreiche junge Pferde versuchten sich an Springparcours und wurden gegenseitig gebührend bewundert. Nicht alle machten wahr, was ihre Besitzer und Reiter sich und anderen von ihren wahren Wundertieren versprochen hatten. Da gingen so einige kleinere Oxer zu Bruch, die gemäß Vorankündigung getrost als kleine Wochenendhäuser hätten dastehen können. Aber so ist das ja nun mal: So mancher Stammhalter, der tadellos herausgebracht, als ganz famoser Engel erstmalig Freunden und Bekannten vorgeführt werden soll, wird just im entscheidenden Augenblick zum infamen Bengel, wenn er die linke Pfote zum shakehand entbietet und dann verlegen in der Nase bohrt.

Ein Fuchs vor allem galoppierte und sprang da in Gr. Eilstorf, der jedermann schon von weitem in die Augen stach. Nähere Ermittlungen ergaben jedoch, daß er in allerfestesten Händen und – erwartungsgemäß – hochgradig blauen Blutes war.

Der Sonnabend hätte eigentlich kein besseres Programm gehabt, wenn nicht noch gerade rechtzeitig durchgesickert wäre, daß in der Verdener Brunnenweg-Kaserne ein englisches Turnier stattfände, zu dem die Borsteler Ställe und jener der Niedersachsenhalle herzlich eingeladen seien. Die Versendung der Ausschreibung müsse mißglückt sein. So gab es dann um 10 Uhr etwa Alarm, und es machten sich einige Reiter mit ihren Pferden auf, die englisch genutzten Gefilde zu erreichen. Es wurde genannt und gestartet. Das war ein Vorgang weniger Minuten, der sonst mindestens vier Wochen braucht: »Machen wir mal eben einen netten Sport!«

Hildegard Schermer, die Dolmetscherin, ebnete alle Wege, und die unkomplizierte, liebenswürdige englische Art brachte Atmosphäre. Allerdings gab es Whisky vormittags noch nicht. Dafür aber herrliche Bilder. Einige englische Starter in Uniform gehörten offenbar zum Küchenpersonal. Ihnen waren die Erfolge anschlagender Kochkunst anzusehen. Auch hatte der Futtermeister den Pferden mehr gegönnt, als es die Sparmaßnahmen für den Einsatz von Kraftstoffen wohl für richtig gehalten hätten. Nicht alle eingesetzten Energien führten zum Erfolg. Auch blieb einigen das Ziel unerreichbar. Man hätte sie so gern noch länger in der Kampfbahn gesehen. Herzlicher Beifall aber belohnte jedesmal die Bemühungen. Guten Sport brachten englische Knaben und girls, nicht selten auch ihre Eltern. Ein Reiter, ganz offensichtlich britischer Offizier in Zivil, tip-top beschneidert auf eleganter Figur und auf vorzüglichen Blutpferden beritten, brachte so viel Stil und Erfolg, daß Köhler ihn begeistert ansprach: You have very nice horses! Oh, danke schön, sprach da der Sportsmann, Sie können aber ruhig deutsch mit mir sprechen. Ich bin Dr. Müller aus

Hannover. Meine Pferde sind vornehmlich aus Westfalen! – Gottseidank wurde gerade zu dieser Zeit der Ausschank von Whisky freigegeben.

Die eigenen Pferde und die der Niedersachsenhalle gingen famos. Aga Khan, der vierjährige Schimmelhengst placierte sich als Debütant, Wirbelwind, einst Beschäler in Celle, erwies sich als erfolgreiches Parcourspferd, beide mit Frau Helga. Jutti, die nachmittags noch wieder nach Gr. Eilstorf verlud, führte sich mit La Bandita gut ein, während Horst Rimkus mit Donna Marina einen versprechenden Einstand gab und Rainer Schmerglatt den Daktylius im Hauptspringen (L/M) zum Siege führte. Mit »many thanks« verabschiedeten wir uns, nicht ohne freundliche Einladung zum nächsten Jahr. Köhler hatte zuvor noch einmal in die Reithalle geguckt und in die Stallungen. Etwas nachdenklich und ein wenig wehmütig. Denn hier hatten 1949 im Herbst die Verdener Auktionen ihren Anfang genommen.

Verden veranstaltet je Jahr an verschiedenen Stellen und unter verschiedener Regie mehrere Turniere. Zahlreiche weitere Veranstaltungen werden im Kreisgebiet und in dessen Nachbarschaft durchgeführt. So war das Verdener Turnier am »Grüner Jäger« Zielpunkt für das folgende Wochenende. Hier führt Benno, Vater von Reinhard Baumgart, das Zepter. Hermann Plaß gehört das Gelände. Der betuchte Landwirt ist mürrisch von Natur. »Wie geht's, Onkel Hermann?« »Sch . . .!« Aber seine Birnbaumplantage am Abreiteplatz, etwas verknorrt und verwildert, blüht jedes Jahr wieder pünktlich zum Turnier. Ein großes Aufgebot an frisch geschlagenen Tannen belebt die Naturkulisse, und frische Saaten, in denen sich eine Krähe auf dem Rücken einer anderen verstecken kann, säumen nach Norden den Schauplatz, während stadtwärts Schrebergärten mit braunen, emsig Futter suchenden und ihre frischen Eier bekakelnden Legehennen der rebhuhnfarbenen Rasse einen sehr natürlichen Hintergrund geben. Nicht ganz ungefährlich ist jedesmal ein fahrbarer weißer Wagen, der schon morgens eine Klappe herunterläßt, die oft bis zum Einbruch der Dunkelheit von Durstigen belagert wird.

*

Auf dem Lohberg schien auch die Sonne. »Graf Schmettow« heißt der veranstaltende Reiterverein. Der Lohberg liegt 12 km ostwärts Verden. Und Schirmherr ist Bolko Graf v. Schmettow, der Industrieller war im Rheinland und als erster leibhaftiger Namensträger des Vereins – den man seinerzeit nur platonisch getauft hatte – zufällig aufgetan und an Land gezogen wurde. Der Graf nahm die Gelegenheit wahr und siedelte seinen Ruhesitz auf einem früheren Bauernhof in der Nähe an. Somit hat der Verein nun einen guten Förderer und noblen Repräsentanten, der Graf einen Verein und ein schönes jährliches Turnier honoris causa, was er sich früher vermutlich nicht hätte träumen lassen.

Der Turnierplatz liegt in einem Kiefernwald. Voller Charme und Schönheit. Umgeben von jungen Birken, alten Nadelholzrecken und einem gras- und moosbewachsenen Wall, auf dem sich auf Decken und Liegestühlen sonnenhungrige Zuschauer rekeln. Die Sonne ist Jahr für Jahr gebucht, und die ganze Anlage in dieser nervenberuhigenden Natur wäre geeignet, ein internationales Turnier über sich ergehen zu lassen.

Das Zelt an der langen Seite ist neuerdings auf eine kurze Seite verbannt. Es ist über die mittägliche Erbsensuppe hinaus allerdings nicht ungefährlicher geworden.

In diesem Jahr weilten die Borsteler Amazonen nahe Coventry near London zu einem Gastspiel »Hannoveraner«, das den Aufwand lohnte und neue Interessenten des Königlichen Inselreichs auf das hannoversche Zuchtgebiet mit Verden als Leuchtturm scharf

machte. Umso mehr gaben Andreas Mundt und die Reiter der Niedersachsenhalle ihr Bestes zu guter Schleifenernte. Andreas und Horst Rimkus debütierten mit La Bandita und Donna Marina in M-Springen und konnten stolz sein nach gelungenem Jungfernritt.
Als Graf Schmettow mit pferdebegeisterten Bauern der Umgebung am Sonntagabend an einer Theke unter Birkengrün handfest kurze Klare und schaumige Biere in preußischer Haltung vernaschte, wobei auch der Verdener Oberkreisdirektor Rainer Mawick, der schon mittags einen Ehrenpreis überreicht hatte, immer noch wohlgemut zur Stelle war, ergab sich bei sich nähernder Sommernacht ein fröhlicher Umtrunk. Als die Quelle im Grünen versiegt war, sprudelte eine andere noch im Zelt. Als auch hier nur noch glucksende Geräusche dem Bierhahn entwichen, waren glücklicherweise Lehrling Susanne und Freund Jan mit Andreas zur Stelle, so daß die Heimfahrt für Köhler gesichert war, weil beide ihren Führerschein nüchtern und ein zusätzliches Auto besaßen.
Unversehens landeten wir mit Fritz und wie sie alle hießen, diese lebenslustigen Gesellen in dieser Gegend, bei Hans Clasen in Neddenaverbergen. Fröhliche Frauensleute verschiedener Jahrgänge hantierten mit weißen Schürzen in der Küche, und die Begeisterung war so groß, daß mancher zehn Spiegeleier und mehr zu sich nahm, woraufhin roter Sekt die Stimmung noch höher brachte, so daß beim Abschied den lustigen Weibern von W..., nein, Neddenaverbergen, dankbare Küßchen zuteil wurden.
Ganz in der Nähe liegt die Deckstation Otersen. Hier hatte einmal vor langer Zeit ein Auktions-Auswahltermin stattgefunden. Der kürzlich verstorbene Hermann Clasen aus Neddenaverbergen sagte, als die Musterung vorbei war: »So, nun habt Ihr keinen Termin mehr, und nu ward endlich mal snackt, rin in de Wirtschaft!« Dazu kam auch Adolf Feldmann, der eine Julius Caesar xx-Tochter zugelassen bekommen hatte, die noch etwas besser aussehen müßte zur Auktion. Die Runde saß bei Eierkognac, niemand wußte eigentlich, wieso. Und hatte den Ehrgeiz, vermittels klaren Korns den Gelbfilter aus den Gläsern allmählich herauszubekommen. Eine Wahnsinnsidee. »Du, Feldmann, dat will ick Di seggen«, tönte Fritz Meyer-Stocksdorf, »Dine Stute wör aberst tämlich (ziemlich) mäßig in Kondition!« »Ja, hür doch up, dat is mi ja klor, dat ward ok anners!« Fritz in fortschreitender Stunde konnte es nicht lassen: »Du Feldmann, Dine Stute wör aberst verdammt mager!« »Ja, de is noch 'n beten arm, aber nu langt mit dat bald!«
Eine halbe Stunde später Fritz: »Du Feldmann, dat wör direkt ne Beleidigung, uns so een Gerippe von Peerd vörtostellen!« Da platzte Feldmann der Kragen – sein Glas war auch immer noch etwas gelb –, und er sprang auf und tobte und kannte sich selbst nicht mehr, als er den ersten Stuhl auf dem Tisch zerschlug und sich anschickte, die ganze Gastwirtschaft auseinanderzunehmen. Da flüchteten wir mit Hermann Clasen nach Neddenaverbergen, wo es damals auch Spiegeleier gab, mit dem Unterschied, daß wir nach alledem noch selbst chauffierten, was allgemein üblich war, weil man damals noch keine Kontrollen kannte.

*

Über Bassum nach Rüssen: Schon am Freitag begann's. Am 24. Juli. Auf einem Hochplateau in weiter, lieblicher Landschaft, die in schöner Fernsicht nach Süden hin einzusehen war. Da unten und da hinten floß die Hunte. Der Kirchturm von Goldenstedt ragte aus mächtigen Baumkronen über die Waldungen am Horizont heraus. »Die Hunte«, zeigte der hannoversche Züchter Knief nach Süden, »das ist die Grenze. Dahinter fängt Oldenburg an, verdammt!«

Auf einem riesigen Stoppelfeld mit unbegrenzten Parkmöglichkeiten war ein Parcoursplatz abgesteckt, auf dem man sich verirren konnte. Auch der Abreiteplatz war nicht viel kleiner. Das Nennungsergebnis sprengte alle Vorstellungen, und so kam die Leitung bisweilen ins Flattern, ähnlich wie die hochgezogenen Fahnen auf dem weiten Acker, dem gerade noch im letzten Augenblick die Wintergerste trocken genug hatte abgerungen werden können.

Die Wohnwagenkolonie am Erlenrand barg auch unser rollendes Haus aus Borstel. In dieser Ecke wohnten vergnüglich so manche reitenden »Zigeuner«, die in großer Runde vor ihren Behausungen saßen, um den Aufbau des nächsten Springens abzuwarten, das dann schließlich mit dreistündiger Verspätung begann. Bei an sich guter Atmosphäre, die dadurch entstand, daß Gerolf Cordes, der dies hauptsächlich alles auf die Beine gestellt hatte auf seinem Grund und Boden, sich allergrößte Mühe gab, vermaddelte andererseits der Ansager und Hauptspringrichter vieles durch endloses Gerede und nahezu vollkommenen Wirrwarr in der Verwechslung der Starter und deren Ergebnisse für die Placierung. Pausenlos stand das Mikrophon offen, und so ging auch alles über den Platz, was er auf dem langen Lkw-Wagen zum Besten gab: »Der sollte dann Adjutant werden, aber war natürlich viel zu dusselig dazu, ha, ha, ha!« Man hätte diesem Schnacker an die Gurgel gehen können.

Fünf Reiter aus Schweden starteten in den Springprüfungen. Das Mädchen Hanson siegte mehrere Male. Auf einer sehr »blutigen« Fuchsstute, die allgemeine Begehrlichkeit auslöste. Somit war das Turnier international. Jedenfalls war dies so vermerkt auf den Plakaten, die einem auf der Anfahrt begegneten. Den großen Wassergraben hatte Gerolf Cordes (»Frau Köhler, sie brauchen nicht im Gebüsch herumzuirren, Sie können gerne die Toilette in meinem neuen Haus hier am Parcours jederzeit benutzen.«) eigenhändig auf dem Stoppelfeld ausgehoben. Vier Meter breit. Die wasserhaltende Plane war allerdings so dünn, wie jene zarte Hülle, mit der man Marmeladen-Eingemachtes abbindet, und die Landstelle war so vollgesogen, daß da nichts mehr hielt. So erreichten die etwa hundert

Springreiter, die vor einem M-Springen das Monstrum gestikulierend umstanden, daß in letzter Minute eine Oxeralternative daneben die Linienführung bestückte.
Am Sonnabend müssen Petrus sämtliche Dichtungen aus der Hand geraten sein. Denn der Regen fiel derartig immer nur so runter, daß das Stoppelfeld in einem See unterging. Da rollten Traktoren herbei, um unzählige Pkw mit Pferdeanhängern auf die Straße zu ziehen. Das noch laufende Springen mußte auf Sonntagmorgen 6.30 Uhr vertagt werden. Bei den Reitern der Niedersachsenhalle lief nicht alles so gut wie sonst. Immerhin holte jeder eine Schleife. Frau Helga hatte die richtigen Hosen an. Sie gewann drei Springen und war einmal Zweite. (»Junge, düsse Fru, wie de dat noch ümmer kann, dor kannst 'bi afschnallen!« sagte der Züchter von Abadan im Zelt, »dor möt ick eenen up utgäben.«)
Auf der Heimfahrt standen gleich hinter Rüssen fünf große Erntewagen rechts auf dem Felde, hochgeladen mit Preßstrohballen und frischem Wintergerste-Drusch. Und es goß in Strömen.
– Verrückter Sommer 1981. –

275

Ein Gebet

Es ist von jeher ein besonderes Anliegen der dänischen Illustrierten »Stor Hjemmets«, Leserwünsche zu erfüllen. Alice Texels Wunsch war es, nach Verden zu fahren, das Deutsche Pferdemuseum zu besuchen und das Denkmal des Tempelhüters zu sehen. Sie wollte ihm Blumen zu Füßen legen, ihm als Symbol des Trakehners, der in ihrem Leben, besonders auch auf der Flucht aus Ostpreußen, in die sie verwickelt gewesen war, eine so eindrucksvolle Rolle gespielt hatte und ihr auch heute noch so viel bedeutet.

Frau Merete Høft rief besuchvermittelnd in Verden an und brachte sich in Erinnerung als jene Balldame, die in früheren Jahren ihren Vater zu den Verdener Hengstkörungen begleitet und auf dem Parkett ganze Heerscharen würdiger Pferdeexzellenzen zu feuerspeiendem Engagement in hochtourigen Rhythmen entzündet hatte. Es war damals ein Wunder, daß die Körkommission am anderen Morgen die Hengste nicht in wilder Bossanova-Pose vor ihrem geistigen, wenngleich nicht unbedingt vergeistigten Auge sah.

Diese nach wie vor entzückende junge Dame erhielt augenblicklich eine Zusage für Sonnabend, 25. Juli 1981. Die Sonne hatte die Güte, ihr seltenes Licht durch die voll belaubten Zweige der alten Blutbuche vor dem Museum zu lenken und der Patina der lebensgroßen Bronze des legendären Tempelhüter einen besonders lebensvollen Ausdruck zu verleihen. Und so blickte der Hengst ihr mit charmanter Blickwendung aus feinem Genick heraus entgegen: Frau Alice Texel schritt zielbewußt über den Rasen auf ihn und Auge in Auge mit ihm zu, ein Blumengebinde in den Händen und so sicher den Erdboden meisternd, als könne sie über Wasser gehen. Dies schon wirkte faszinierend in dieser gesammelten Andacht einer glückstrahlenden, demütigen Begegnung. Vor seiner Breitseite verhielt sie, neigte ihr Haupt und sammelte sich. Dann lenkte sie ihre Schritte vor ihn, kniete nieder wie zum Gebet und legte nach einer Weile das Gebinde aus Eichenlaub, Heide und Haferrispen zu seinen Füßen. Wie befreit erhob sie sich und ging dann um ihn herum, selig verklärt und feierlich von ihm Besitz ergreifend. Niemand störte diese Andacht. Die beiden Journalistinnen und der Bildreporter aus Dänemark waren draußen vor der Einfahrt taktvoll zurückgeblieben, der Museumsleiter und die Hausmeisterin, Frau Peikert, verhofften hinter geschlossenem Portal und blickten aus dem Hintergrund durch die Fenster. Alle gestanden sich nachher, daß ihnen die Augen feucht geworden waren angesichts einer so echten menschlichen Sammlung und Hingabe an einen seit Jahren ersehnten Augenblick. Wohl selten erlebt man einen so zu Herzen gehenden Gottes-Dienst in so graziler, ungekünstelter Würde und so strahlendem Glücksgefühl.

Wie kompliziert und in gewisser Weise auch eigenartig hatten wir uns diese Zeremonie vorgestellt, hatten darüber nachgedacht, wie wir uns dabei verhalten sollten. Und nun dieses schlichte, so selbstverständlich wirkende Ritual, das uns alle beschämte und uns so unabweisbar zu Herzen ging.

In herzlichem Willkommen dann die Begegnung von allen Seiten, ein Funke gelöster Fröhlichkeit machte sich breit, und der Bildreporter arrangierte Erinnerungsfotos ohn' Unterlaß, so daß ihm der Schweiß herunterrann, während ihm begeistert und unternehmungslustig die Augen blitzten.

Nach lebhafter Besichtigung der Räume Landespferdezucht in Ostpreußen und Hauptgestüt Trakehnen, wie auch des Bibliothekgebäudes übernahm Hartmut Kettelhodt die kleine, voll wunscherfüllte und allgemein angeregte Reisegesellschaft für eine Besichtigung der Niedersachsenhalle und zum Lunch, während Köhler enteilte, um in Rüssen zwischen Twistringen und Goldenstedt die Seinen in einem M-Springen zu bewundern.

Das Dorf Eitze, unmittelbar an der Aller gelegen, vom Gohbach durchflossen und nur zwei Kilometer von Borstel entfernt, beherbergt gleich zwei Reitclubs mit eigenen Reit- und Stallanlagen. Der eine machte ein Turnier auf gemütlich eingebettetem Platz. Zwei Tage vor Beginn hatte sich das Hochwasser verständnisvoll zurückgezogen. Die untere Platzhälfte und der Arbeitsplatz trockneten gerade so viel ab, daß sie genutzt werden konnten. Organisatorisch trug alles zum Wohlbefinden bei, einschließlich des Bewirtungszeltes, das ja nun einmal dazu gehört. Hier war es dem Veranstalter gelungen, selbst Regie zu führen. Und – siehe da, die Preise blieben zivil wie selten sonst noch. Der Umsatz war sicher dadurch besonders groß, vor allem am Sonnabend- und Sonntagmittag, als aus Hohenaverbergen eine Erbsensuppe mit geräuchertem Speck anrauschte, die Spitze war und geradezu verschlungen wurde.

Nur fünfzig Meter von dieser Stätte entfernt liegt unser Boot, das wir gelegentlich auf Aller und Weser motorisiert bewegen. Der Motor, den wir schon in Ostpreußen mit hatten, war wieder fit, und es konnte bald wieder losgehen, wenn der Sommer mal richtig ernst machen würde. Letzten Herbst hatte es eine Havarie gegeben. Auf der ersten Strecke alleraufwärts waren da Störche und schwarze Schwäne an den Ufern gewesen und Fohlen auf der Weide. Schön zu sehen, so vom Wasser aus. Kanus begegneten uns, manchmal überholte uns auch ein zünftiges Motorboot mit großer Bugwelle, die das Boot tanzen ließ. Beschaulich in der Abendsonne tuckerten wir gemütlich vor uns hin, Long Tom hatte drei Flaschen Bocksbeutel mit an Bord genommen. Außer seinem Hund Shorty (Stragrami Rasse, eine englische Züchtung, wie er behauptet) waren noch Hartmut Kettelhodt, Horst Rimkus und Köhler mit unterwegs. In Barnstedt schließlich, so nach 10 Kilometern,

tauchte ein Gasthof auf, und an seinem Landesteg machten wir fest. Es war Zeit zu einem Dämmerschoppen. Immer näher rückten zwei Seefahrer an unsere Runde heran. Wir kamen also mit Fachleuten ins Gespräch, deren Motorboot unsere Aufmerksamkeit schon beim Anlanden erregt hatte. Die beiden wußten unerhört Bescheid. Unser grasgrüner Amateurstatus wurde jedenfalls erheblich aufgebessert. Nach zwei Stunden fühlten wir uns schon wie alte Hasen, wobei es sich ergeben hatte, daß steuerbords einige Biere und backbords einige Körner ein behagliches Gleichgewicht hergestellt hatten. Fachkundiger denn je gingen wir an Bord. Es war ein schönes Gefühl, mit der Strömung gute Knoten zu machen, und unser Selbstbewußtsein stieg trotz sich herabsenkender Dunkelheit. Die fehlenden Lichtaugen – oder wie solche Laternen an Booten genannt werden – ersetzten wir mit einigen Schlucks aus dem noch verbliebenen Bocksbeutel und genossen es, daß Steuermann Horst in zunächst weicheren Schlangenlinien die Fahrtrichtung bestimmte, dann aber dazu überging, das Boot in Kurzkehrtwendungen und knappen Volten zu manövrieren. Wenn uns schließlich Kundige der Marine gesehen hätten, wären sie vor Neid erblaßt, in welcher Wendigkeit das Boot, mal steuerbords, mal backbords schlagseitig in angeschnittenen Kurven die Fluten durchfurchte. Und sie hätten gestaunt, daß es gelang, Long Tom, der seitlich auf der Bootskante saß und mit dem Oberkörper schon lang im Wasser lag, so rechtzeitig zurückzuhieven, daß weder er, noch der Hund auf seinem Schoß über Bord ging, geschweige das Boot bei diesem vorübergehenden, in Rasanz geschleudertem Übergewicht, kenternd ein oben und unten durcheinanderbrachte.
In ausgelassener Stimmung landete die Crew in ziemlicher Dunkelheit. Einer nach dem anderen verließ beschwingt das Boot, als der Steuermann den Motor mit ausgestreckten Armen hoch emporhob und sich anschickte, das Boot als letzter mit diesem Betriebskapital zu verlassen. Der Ballanceakt geriet zu einem turbulenten Kräftetanz, der schließlich der Schwerkraft zum Opfer fiel. Schemenhaft riß der Motor jenen kopfüber in die Fluten, der vergeblich versuchte, die metallenen Pferdekräfte unter Kontrolle zu halten. In dieser Stimmung wirkte das äußerst komisch, es war sozusagen der Clou des ganzen Unternehmens. Eifrigstes Tauchen allerdings brachte den Motor nicht wieder zum Vorschein. Und so wurden die Bergungsversuche eingestellt und verschoben. Ein Berufstaucher von der Polizei-Hundestaffel später wurde bei Tageslicht innerhalb von fünf Minuten fündig. Wir hatten ihn wieder!
Inzwischen gibt es eine Warteliste von Abenteurern verschiedener Jahrgänge, die eine Gewässerromantik miterleben möchten.
Aber zurück zum Turnier nach Eitze. Hier startete nur ein Teil der teils in Borstel, teils in der Verdener Niedersachsenhalle stationierten Turniertruppe. So enteilte Köhler zwischendurch nach Isernhagen, wo die Borsteler mit guten Erfolgen aufwarten konnten. Im S-Springen allerdings eilte Amazone Helga einem Oxer derart rasant und großpupillig entgegen, daß Wingolf überrascht eine ganze Länge zu früh abhob und dann leicht kollidierte, was bei der Reiterin eine Art doppelten Rittberger zur Folge hatte, der ihr später, besonders bei der Tournee in Den Haag, im Rippenbereich Ungemach verursachte. Auf den Schreck hin hielt der zwischen zwei Turnieren pendelnde Beobachter auf der Rückfahrt bei einer Erdbeerplantage an, wo man sich gegen geringes Entgelt eigenhändig bedienen konnte.

*

Nach Jahren ein Wiedersehen mit dem Turnier in Elmlohe: Alles war wie einst an diesem 1. August. Dr. Gilde, seit 30 Jahren der Mann, der dieses Turnier erfand und mit Leben erfüllt, kam wieder strahlend heran und freute sich über den persönlichen Besuch. Der Besuch ganz allgemein hatte die gewohnten Dimensionen. Schon um 19 Uhr säumten wohl 3000 der schnell auf 5000 Menschen anwachsenden Schaulustigen den Platz in der Kulisse uriger Buschkiefern und bodenfedernden Heidegestrüpps. Halb Bremerhaven und ganze Scharen der Landbevölkerung kamen wieder zum Fest des Jahres. Schon am Freitagabend war das ähnlich gewesen. Da könnte so mancher Turnierveranstalter vor Neid erblassen.

In jeder Kusselecke stieg Rauch in den Abendhimmel, unendlich viele Bewirtungsstände mit Tischen und Bänken davor dienten einem Picknick im Freien, an die vielen Theken war kaum heranzukommen. Auch der große Stand mit Zuckerwerk hatte seine alte Anziehungskraft. Drei junge Leute hatten sich einen großen Holzverschlag im Kieferndickicht gebaut und betrieben hier eine Bewirtung in verschiedenen Angebot-Stationen. Die ausgehängten Preise ließen stutzen ob ihrer Niedrigkeit. Diese Preisbrecher hatten einen gewaltigen Umsatz, und die Kollegen ringsum, die sonst – wie fast überall – tüchtig hingelangt hatten, waren notgedrungen auf die Billigpreise eingeschwenkt. So kamen alle vorzüglich auf ihre Kosten.

Um halb neun wurde das Amazonenspringen eröffnet. Die dem Heidebogen auferlegte Grasnarbe war noch gut in Schuß, die inzwischen wohl zwanzig Jahre alten Hindernisse grüßten wie alte Bekannte, frisch aufpoliert und bunter bemalt als sonst. Fuchsien, Geranien und Dahlien, die der Gilde-Doktor traditionsgemäß liebevoll herangezogen hatte, belebten farbtupfend Ecken und Winkel, kaninchenfraßgeschützt in einer Drahtmanschette.

Gerd Wiltfangs neuer Schwarm umrundete auf einem statiösen Rappen kandarengezäumt den Abreiteplatz. »Aha, bereitet sich wohl auf die Plazierung der M-Dressur vor«, dachte man. Aber nein, das war Schwerin, und der hob plötzlich an, bemerkenswerte Probesprünge zu überfluppen, wozu Gerd sein Kommentar gab. Nachher im Parcours gelang nicht alles weiter so gut. Es wurde geritten, was die Riemen hielten. Frau Helga mischte wieder atemberaubend mit, hatte zuvor auch schon wieder einen Sieg in der Tasche. Tochter Jutta war immer noch zum Zuschaun' verdammt. Ein Gips umfing den Bänderriß der rechten Hand. Sieger blieb schließlich ein unfrisierter, unscheinbarer Schimmel, den man Luckner nannte und der eine kleine atemlose Jungamazone an Bord hatte.

An der Startertafel beleuchtete die uraltbekannte Bürolampe an ihrem Scherenarm die Startfolge. Das sich über den Platz ergießende Flutlicht besaß allerdings nicht mehr die Patina der alten Drähte und windbewegten Funzeln von einst, sondern wurde von vier riesigen Masten gleißend heruntergeworfen. So hatte sich denn doch etwas verändert in dieser verwunschenen Dorf-Welt Elmlohe, wo immer noch die Familie Marschalk an die 50 Richter, Turnierasse und Pferdepfleger zu Mittag und Abendbrot bittet, wo ein Stallgeld nach wie vor nicht erhoben wird, wo mit wenigen Ausnahmen regelmäßig die namhaftesten Springreiter ihre Klingen zu kreuzen pflegen, wo die nackt dastehen sollende Sb-Mauer grundsätzlich nicht ohne eine Absprungserleichterungs-Stufe von weißen Kästen in den Himmel ragt.

Morgens in aller Früh krabbeln sie aus ihren Wohnwagen herfür, wenn Herr von Hänisch ein Musikkorps auf Band vom Richterturm aus den Platz mit Armee-Märschen bespielen läßt und wohlgelaunt ein »Guten Morgen« entbietet. Dann wird Wasser geschleppt und ausgegossen, dann hechten berühmte Reiter auf Fahrrädern durch die Gegend und kehren mit frischen Brötchen zurück, dann werden die ersten Pferde herangebracht, auf daß der Wettkampf beginne.

Das Turnier in Elmlohe und Dr. vet. med. Gilde sind ein und derselbe Begriff. Der frühere Rennreiter in Ostpreußen bewältigt hier neben seiner Praxis eine segensreiche Lebensaufgabe.

Nach dem Mächtigkeitsspringen, das Julius Schulze-Hesselbach fehlerpunktlos im 4. Stechen eine viertel Stunde nach Mitternacht gewann, wurde Hunderten am Eingang des Doppel-Festzelts ein gnitterschwarzer Stempel auf den Handrücken gedrückt. Für 5,– DM, dann durften sie tanzen, trinken, turteln. Bis zum Morgen. Ein hartes, nimmermüdes Volk. Die Band hatte Schmiß, und freier Raum war wegen starker Fülle knapp bemessen. Die Kühle der Nacht wurde zeltplangemildert. In der an sich sehr geräumigen Sektbar hatte Frischluft Mühe, die im Raum hängende Atmosphäre umzuschichten.

XV. Originelles und Individuelles

Es ist für jeden Autor ein Jammer, daß so ein Buch immer nur eine bestimmte Zahl von Seiten hat. So kann er manches in den Kapiteln nicht unterbringen, was unbedingt beschrieben werden sollte. Andererseits will jeder Leser ja auch mal zum Ende kommen. Das Ende fängt hier an, um einiges noch etwas nachzunähen und um vor allem noch einige Lücken zu schließen.

Hier noch einmal besonders herausgestellt zu werden, verdient Oberlandstallmeister z. V. Dr. h. c. Gustav Rau.

Nach der Amerikareise 1954, die eine seiner größten Triumphe war, ist er vierundsiebzigjährig gestorben. Sein ganzes Leben war bahnbrechende Arbeit gewesen für das deutsche Pferd und die deutsche Reiterei. Mit unerhörtem Elan, viel Humor, entwaffnender List und 1000 Ideen. Er war einer der ganz großen Pferdeleute dieser Welt. Und konnte mit Menschen umgehen. Dies beleuchtet hier eine Karte, die er dem Pressechef Mirko Altgayer schrieb:

Warendorf, 16. 12. 1952

Lieber, guter, braver, fleißiger Mirko Altgayer,
Sie sind mir böse, weil ich höflichst sagte, Sie möchten keinen solchen Krach machen. – Sie wollen eine Entschuldigung. Ich gehe weit darüber hinaus und spende Ihnen meinen Segen für alles, was Sie 1952 so unermüdlich geleistet haben. Vor allem für 1953, wo der Kampf sehr hart werden wird und wo wir viel erfinden müssen, um nicht noch mehr abzurutschen.
Für Weihnachten und Neujahr alles Gute Ihnen und Ihrer Gattin
 Ihr ergebener G. Rau

Franz Scharffetter

Gustav Rau baute während des Krieges die Zuchten in Polen und im vorderen Rußland wieder auf. Er war auch ein Ostpreußen-Fan. – Franz Scharffetter hatte 1945 als letzter seinen Hof in Hengstenberg (Kallwischken) im Kreis Insterburg verlassen. Im Schlitten mit zwei Stuten davor. Er kam heil über das Haff in die Verdener Gegend. Seine Familie war schon vorher mit dem wertvollsten Zuchtmaterial evakuiert worden. Er ließ 800 Morgen in Ostpreußen zurück und baute sich im Westen eine neue bäuerliche Existenz auf. Als Beschäler hielt er Humboldt, der Siegerhengst in Königsberg gewesen war und mit dem er reitend in Festzelten erschien, um die Menge zu animieren. Zwei Töchter von Franz sollen angeblich den ostpreußischen Stutbuchbrand auf der linken Hinterbakke tragen.

Schon sein Vater Johann, der gut und gerne drei Zentner wog und sich in späteren Jahren in einem ganz kleinen tiefen Einspännerwagen durch die Stallungen und über Felder bewegte, war kein Kind von Traurigkeit, wenn er seine Gäste nach Besichtigung der Pferde ins Haus bat mit den Worten »Komm'n Se rein, lassen Se uns ein wenig die Lippen befeuchten.«

Wenn wir bei Franz in Große Dunge bei Bremen, wo er zuletzt wohnte, zu Besuch waren, fing er an zu erzählen. Einmal da zog er in Kallwischken wieder los, zu Pferd, und die Bauern auf dem Acker, wo er vorbeikam, ließen alles stehen, spannten aus und folgten ihm beritten. Das kannten sie so, und das dauerte auch etwas länger als zwischen Hellwerden und Dunkelheit.

Bei der Gelegenheit sah sich »Johann sein Sohn« Hengstfohlen an. Hier welche und dort: »Zuletzt komm' ich in einen Stall, ich stolper einmal, ich stolpere zweimal, Hühner fliegen mir vor den Kopp, in der Eck ein Fohlchen, na, ich hab' ihn jenommen.«

Zu Hause ließ er den Gestütswärter kommen: »Karl, sag ich, »fahr« doch mal los. Ich habe Hengstfohlen jekauft, guck sie Dir an und bericht' mir dann, was für Kreten das sind.« Und dann wartete Franz in der Stub. Ungeduldig bei Grog, daß Karl noch nicht zurück war. Endlich tat sich die Tür auf. »Herr Scharffetter! Ich beglikwinsche Sie. Sie haben sächs Hangstfohlen jekauft, ainer bässer als der andre!«

Da Franz erleichtert:

»Mein Gott, hab' ich ein Jlick gehabt!«

Eines Tages stellte er einen Hannoveraner für die Verdener Auktion vor.

Rotwein gab's und Brüderschaft zwischen dem Hausherrn und Dr. Hermann Meyer, dem vielbekannten Tierarzt aus Verden.

»Prost Härrmann«, sprang Franz am Tisch auf und hielt das Glas am dritten Knopf. Der kleine Veterinärmedizinmann etwa gleichen Jahrgangs schnellte wie angestochen in die Höh', verlor mit dem unter ihm wegrutschenden Teppich die Beine und ward nicht mehr gesehen.

Franz, unbeweglich, das Glas am dritten Knopf und in gerader, preußischer Haltung: »Härrmann, laß nur, ruh' Dich erst richtig aus, ich prost' Dir später wieder zu.«

Man sollte nie »nie« sagen:

In dem Dorf Großenwörden inmitten unübersehbarer und gräbendurchzogener Wiesen- und Weidenflächen westlich Stade hatte 1951 der Röttgener Vollbluthengst Der Löwe xx zusammen mit anderen Beschälern des Landgestüts Celle die dort seit vielen Jahrzehnten untergebrachte, von früher als Spitzenlieferant von Heeresremonten bekannte Deckstation bezogen. Hierhin brachten die bäuerlichen Züchter – wie auch sonst überall im Lande – ihre Mutterstuten in der Zeit von März bis Juni zur Paarung.

Der Löwe xx, nur 159 cm groß, aber sehr vital und mit großer Schulterpartie ausgestattet, konnte nach geraumer Zeit seine ersten Jahrgänge unter dem Sattel präsentieren, vielfach große und bedeutende Pferde mit viel Ausdruck. Doch war ihr Ruf bald dahin. Der vom Vater ererbten Vitalität stellten sie meist eine unverschämte Frechheit an die Seite, die ihren Reitern einiges zu schaffen machte. Klaus Wagner meinte, mein Löwe ist ein eisen-

29 Jahre alt, stand Der Löwe xx zuletzt auf der Deckstelle Bargstedt im Kreis Bremervörde. 1973. Es sollte seine letzte Station sein. Unvergeßlich seine großen, charaktervollen Augen, in die sich zum Abschied noch einmal der Blick desjenigen versenkte, der einst an diesem bedeutsamen »Heroen« gezweifelt und von ihm eine Lehre erteilt bekommen hatte.

hartes Militarypferd, aber nur solange er mich im Sattel läßt. Köhler kaufte einen großen schwarzen Löwen, der in Materialprüfungen alles hätte gewinnen können, wenn er die Amazone Helga nicht häufig angesichts der Jury knallhart in den Dreck gesetzt hätte. Und so hörte man hier, und hörte man da, daß man mit Löwen nichts mehr zu tun haben wollte. Auch bei den Verdener Auktionen spielte sich ähnliches ab, sodaß deren Leiter schließlich das Machtwort sprach: »Keinen Löwen mehr seh'n!«
Eines Tages, bei der Auswahl zu einer Verdener Auktion, wurde in Selsingen unter anderen doch mal wieder ein Löwe vorgestellt. Der wirkte so bedeutend und so faszinierend, daß Köhler ausgesprochen »heiß« wurde. Und obwohl sich der noch Ungerittene beim Vormustern losriß und wild in der Gegend herumbockte, fragte er den Aufzüchter, ob er ihm diesen Dunkelbraunen nicht auf der Stelle verkaufen wolle, denn auf der Auktion in Verden hätte ein Löwe erfahrungsgemäß keine Chance. Der Kauf wurde perfekt, ein Telefongespräch nach Borstel meldete das unerwartete Ereignis mit der bei Käufen üblichen Redewendung »ich bin ganz krank«. »Was ist es für einer?« fragte Frau Helga erwartungsvoll. »Ein doller Löwe!« – »Bist Du total verrückt geworden?« Die Frau hatte ja an sich recht. Aber konnte man nicht oftmals schon Klassepferde dadurch zu eigen bekommen, weil eine innere Stimme kategorisch gemahnt hatte »den oder keinen?«
Leporello ward der Dunkelbraune getauft. Er wurde ein Spitzenpferd. Seine Trabbewegungen, zunächst etwas eilig, fanden sich bald in überragenden Schwingungen, sodaß sich Material- und Eignungssiege häuften, schließlich auch Goldschleifen in L- und M-Dressur dazu kamen. Im Springen gleich genial und qualitätsvoll, brachte er auch hier beachtliche Erfolge. Jutta gewann mit ihm eine Niedersachsen-Juniorenmeisterschaft in der Dressur. Es lief also alles nach Wunsch, wenn er auch durchaus kein Lamm war.
Bei Leporello kamen wir darauf, daß wohl alle Löwen sehr geräuschempfindlich waren. Wir merkten das beim Longieren, wie auch beim Reiten. Eine laute, harte Stimme machte ihn nervös. Dann drehte er die Ohren nach innen wie zwei Bonschentüten und lud sich bis

Zwei »Löwen«: Links der unverschämt freche Lodi (in Nörten-Hardenberg unter Helga Köhler), der seine an sich fest sitzende Reiterin oft genug ganz einfach man so in den Dreck setzte und mit dazu beitrug, daß die Löwensippe in Verruf kam. Rechts der Versöhner, der Löwe-Nachkommen wieder hoffähig machte, Leporello mit Jutta Köhler, der seiner Reiterin eine Niedersachsen-Junioren-Meisterschaft in der Dressur einbrachte.

zur Explosion auf. Wenn man ihm dann vom Sattel aus mit der Gerte eins überzog, um ihn zur Ordnung zu bringen, hatte man Mühe, seine nicht endenwollenden Kapriolen auszusitzen. Bei Ehrenrunden war er regelmäßig außer Rand und Band, buckelte und schlug hintenaus, ständig umspringend, besonders dann, wenn Musik die Geehrten begleitete. Ähnlich ging es Carola Lampe mit ihrem erfolgreichen S-Dressurpferd Lanthan, mit dem sie in Ehrenrunden ständig unfreiwillig eine Art Rennen ritt und alle anderen durcheinander brachte.

Leporello brauchte wie alle Löwen regelmäßige, konsequente und gründliche Arbeit. Bei einem Turnier in Schwanewede meinte Köhler zu Jutta,»wir wollen mal ein Experiment machen. Du reitest ihn jetzt für die M-Dressur ab. Dann stellten wir ihn eine Stunde weg. Und dann reitest Du Deine Aufgabe.« Gesagt, getan. ›Lepo‹ wurde nach der Arbeit geführt und dann so aufgestellt, daß er von einem Hang aus das Geschehen überblicken konnte, was ihn sehr interessierte. Bis er dran war. Gesattelt, und auf zum Viereck. Einreiten auf der Mittellinie. Gut, schön ruhig. »Aha, so also wird's gemacht.« Aber nanu, was war das? Der Kandidat wurde vergnügt und immer vergnügter. Im Mittelgalopp machte er speed auf wie ein Derbysieger, zeigte danach vehemente Kapriolen. Jutta saß erstaunt, aber lachend im Sattel und tat, was sie konnte. Eine Dressurprüfung war dies schon nicht mehr. Den Zuschauern am Viereck dagegen wurde Seltenes geboten. Sie gingen voller Begeisterung mit, besonders, als die Jury ihren Tisch fluchtartig räumte. Leporello hatte sich diesen in feuerwerkender Lebenslust attackenartig zum Ziel genommen. Schnaubend und stolz verließ der außer Rand und Band Geratene die Piste, während Jutta und ihr Köhler aus den Augenwinkeln vorsichtig die Kulissen nach ihrer Meisteramazone abtasteten, die über dieses fröhliche Treiben mit Sicherheit nicht so viele Tränen gelacht hatte, wie die beiden Experimentierer und manche Beobachter am Rande.

Leporello eilt heute noch, 20jährig in Süddeutschland von Erfolg zu Erfolg unter Meisterjunioren. In Dressurprüfungen M und S.

Er wurde nämlich an die Familie Roth nach Reutlingen verkauft, die ihn genauso liebt, wie wir ihm in Borstel zugeneigt gewesen waren. Viele weitere Löwen kamen noch in den Borsteler Stall, zahlreiche Nachkommen des schon abgeschrieben gewesenen Vollbüters gingen zu stolzen Preisen über die Auktionen. Im großen Sport ragten manche selbst in

Man erwähnt die inneren Eigenschaften eines Pferdes gern als »last not least«, aber nennt sie eben fast immer zum Schluß. Das ist keine gute Tradition, wenn man bedenkt, wie ausschlaggebend diese inneren Werte letztlich sind. – Armalva, oben über dem Derbyoxer in Hamburg, ist eines der besten Beispiele dafür.

den drei olympischen Disziplinen weit heraus – Liostro, Lepanto, Leporello, Loriot [17], Löwenherz[7], Lady Lou[2], Lucky Boy[4], Logarithmus[2], Li Wing, Lorlot, Leopardi, Lanthan, Der Lord, Lapis Lazuli sind nur einige der berühmten Namen.

Leporello hatte den Damm gebrochen. Ihm vor allem danken wir unsere Erkenntnis, daß man auch bei Pferden nie »nie« sagen soll.

Armalva

Diese Stute war eins der legendärsten Pferde des internationalen Turniersports und das beste Stück in der Reiterlaufbahn Helga Köhlers. Nach einer Abfohlung hatte sie fünfjährig mit dem Springsport begonnen. Vorn beiderseits nach außen verstellt und hinten ein wenig faßbeinig und drehend, sehr lose auch im Stand beider Vorderbeine, ging sie 19jährig noch voll erfolgreich im Großen Sport, diente Renate Freitag als Lehrpferd und erleichterte auch Tochter Jutta die ersten Starts auf Turnieren. Als »alte Dame« in Borstel ging sie noch täglich allein spazieren und wurde so 27 Jahre alt. Ihr erstes S-Springen war das Springderby in Hamburg, in dem sie 5. wurde. Annähernd 100 Springkonkurrenzen bestritt sie als Siegerin, darunter auch viele schwere Springen im Ausland und offizielle Nationenpreise. Eine Nichtplazierung gehörte zu den Seltenheiten. Ihr Springvermögen war nicht unbegrenzt, aber ihre Treue und Cleverneß machten oft genug Unmögliches möglich. So auch im »Süddeutschen Springderby«, das sie über 1,90 m im Stechen bis zur Entscheidung in Nörtlingen gegen Meteor unter Fritz Thiedemann gewann. Die Stute zog dann vor den Riesenobstakels erst ein wenig nach links und kantete im letzten Augenblick frontal. So schaffte sie mit diesem Trick aus eigener Eingebung Erstaunliches. Ihre Pace und Wendigkeit waren kaum zu übertreffen, ebensowenig ihre unermüdliche Passion. Dabei mußte sie in ihrer Bleidecke bis zu 15 kg totes Gewicht tragen, das ihr beim Landen ins Kreuz schoß. Am Sattelplatz nahm sie verschiedentlich frühstückenden Pferdefreunden ein Wurst- oder Käsebrot aus der Hand, um dieses genußvoll zu verzehren. Armalva, – sie muß früher vielleicht mal ein Mensch gewesen sein. Ein ganz selten guter, versteht sich.

Im sogenannten Hamburger Schlammderby: Armalva saß bis über die Sprunggelenke in den Hamburger Wällen, aber voller Begeisterung kämpfte sie und wurde 4. in diesem mörderischen Beginnen vor drei Ausländern. Über 80 000,– DM hat sie zusammengaloppiert, eine riesige Summe für die damalige Zeit (1949–1962) unter einer zarten Reiterin. –

Die alte treue Stute brachte Jutti noch das erste turniermäßige Springen bei. Hier sind die beiden bei einem Turnier in Vechta unterwegs.

Meistens fliegt er, um seine Termine erfüllen zu können. Dann allerdings ist er seßhaft, wie hier in der Verdener Niedersachsenhalle, wo er 6000 Besucher durch einen Auktions-Galaabend führt: Hans-Heinrich Isenbart.

Volles Vertrauen zu H.-H. Isenbart (Isi) hatte sogleich Jutta Köhler, als sie ihm ihr »erstes Pferd« Printe (»v. Persaldo«) vor der Fernsehkamera zeigen und ihm die Abstammung erklären durfte. Auch bei Klaus Wagner, damals noch in Rimmerode, machte Isenbart eine Lifesendung: Hieran beteiligt waren auch (v. l. hinten nach vorne) Kurt Jarasinski, Lutz Gössing, Peter Wandschneider, Horst Karsten, Fritz Ligges, Helga Köhler, August Lütke-Westhues, Rudi Kreuzer, H. J. Köhler, Isenbart, Otto Ammermann, Klaus Wagner und Hartwig Steenken.

Isi

Unverwechselbar und unentbehrlich: Hans-Heinrich Isenbart. Pferdenarrisch auch er, höchsten Grades. Er macht überdies noch Millionen Fernsehzuschauer verrückt. Daß er immer noch fit ist, scheint ein Wunder, denn er leistet Übermenschliches in seinem Beruf und in seinem hippologischen Hobby. Darum wird es Zeit, daß er nur noch Hobby macht, in Verden, wohin es ihn zieht. – Unter seinen vielen Sendungen produzierte er life in Borstel »Bekannter Sportler in unbekanntem Dorf«. Da fielen etwa 80 Fernsehleute bei uns ein. Ein himmelhoher Postmast wurde errichtet und ein Zelt gebaut. Kabelleitungen liefen durch alle Räume und Anlagen, und von der Familie konnte kaum noch einer aufs Klo kommen. Im Schlußbild wurden Helgas Turnierpferde aufgereiht. Dabei durfte Pony Susi nicht fehlen. Köhler wurde – zwanglos – in die Mitte gestellt. Da kam Page der Susi zu nah, wodurch ein Trommelfeuer von Susi's Extremitäten in die Gegend gefeuert wurde, deren Einschläge der Hausherr röchelnd vorübergehend erlag, da sie ihn auch in die Magengegend getroffen hatten. Ein spektakulärer Abschluß. Fortissimo!

In Vornholz entwickelte Clemens Freiherr von Nagel-Doornick die ersten internationalen Turnier-Begegnungen nach dem Kriege. Beim abendlichen Festmahl trafen viele Gäste zusammen, darunter auch H.-J. von Killisch-Horn (Brille), H. J. Köhler (daneben), Landwirtschaftsdirektor Böllhof-Münster (am Kopfende der Tafel) und Horst Pretzell (früherer Militaryreiter beim Kav.-Rgt. 5, Stolp, – »Lindenwirtin«), der mit dem Rücken zum Fotografen sitzt.

Killisch

Weitbekannt wurde Hans-Joachim von Killisch-Horn, der in der Lausitz begütert war, sich bei seinem Onkel v. Stülpnagel an der Berliner Börsenzeitung die Journalistensporen verdiente, nach dem Kriege die »Deutsche Bauernzeitung« in Köln machte und dann nach

Verden zog, um den Kornett Verlag (Kavalkade, Reiter und Fahrer Magazin) als Niveaugipfel in den bestehenden Blätterwald hineinzuplacieren. Köhler erinnert sich dankbar an diese gemeinsame Zeit, in der ihm »Killisch« ein guter Freund und fruchtbarer Lehrmeister war auf journalistischem und verlegerischem Gebiet. Es fing damit an, daß Killisch auf der 3. Verdener Auktion ein Pferd kaufte und an diesem Abend den Köhler, der sehr stolz war auf seinen Auktionskatalog, mit gequälter Miene in die Schranken verwies: »Is doch der größte Mist. Gucken Sie mal hier, gucken Sie mal da! – Is doch alles kalter Kaffee!« Das war hart, aber heilsam gewesen. Nachher kam Format in die Sache, und Streit gab es später nur noch, wenn beide in Borstel auf den Knien rutschten, und hunderte Fotos, die auf dem Teppich lagen zur Auswahl für diverse Werke des Verlags, eine Entscheidung schwierig machten, auch dann, wenn Killisch meinte: »Sie können ja formulieren, aber diesen Satz verstehe ich nun beim besten Willen nicht.« Die Auseinandersetzung endete immer gütlich, auch wenn Köhler aufbegehrte: »Dann sind Sie eben zu begriffsstutzig, um das zu kapieren!«, nahm das Gespräch eine gute Wende, denn Killisch entgegnete nur: »Na, viel schlauer als ich ist die Masse Mensch aber auch nicht, die das lesen soll«, woraufhin das Pamphlet geändert und gekürzt wurde und sich Zufriedenheit einstellte. Nach längerer wirtschaftsproduktiver Tätigkeit in Aachen, hat H.-J. v. Killisch-Horn in Otersen bei Verden sein Domizil bezogen, reitet im Reitclub Verden in Eitze seinen Lugano II-Wallach und ist weiterhin aktiv für den Verband, den Limpert Verlag und manches Hippologische, das sich in Verden anbietet.

Wingolf

Das Fernsehen war des öfteren in der Niedersachsenhalle, auch hatten wir im Rahmen lebhafter Publicity-Bemühungen gerade einen neuen Film gemacht. ›Hannoveraner‹. Aber noch nie war einer von uns ins Studio gebeten worden. Da sollte Köhler also nun in der Sendung »Schaubude« auftreten und von Alida Fischer, der pikanten Moderatorin über die Auktion interviewt werden. Warum nicht? Aber die Sendezeit lag so früh, daß bei der Abfahrt nach Hamburg die Versteigerung noch nicht beendet war. Eine ungewohnte Situation. Der Beorderte riß sich also los vom Podium, auf dem Friedrich Wilhelm Isernhagen rotierte, und ging Schritt für Schritt aus der Halle. Im Tunnel blieb er stehen und blickte zurück. Da kreiste Inge Schmezer mit dem Wiesenbaumsohn Wingolf herum, als die Gebote bei 11 stockten. Kann ja nicht sein! Ein Wink des widerstrebend Enteilenden zu Enno Hempel am Pult, Enno bot. Bei 13 500 DM hatte er ihn. Köhler, strahlend, raste zum Auto, angetrieben von Ralf Clasen, der chauffieren sollte. Selbstgespräch unterwegs: Ja, nun hast Du den Wingolf gekauft. Mochtest den ja immer besonders gern. Aber, hatten wir nicht familiär fest vereinbart, dieses Mal kein Pferd zu ersteigern, weil das Geld so rar war? Ja, natürlich, aber dies war doch wohl höhere Gewalt. Madame Helga, das weißt Du doch, anerkennt da nichts, was auch immer Grund war, die Vereinbarung zu brechen. So gegen 23 Uhr kam Köhler aus Hamburg zurück. Die ganze Wohnstube saß voll, als er den Kopf hereinsteckte, und eisiges Schweigen ließ gleichsam Eiszapfen an den Wänden herunter. »War ich etwa nicht gut?« tastete sich der Ankömmling vor. »Doch.« Dann wieder Schweigen. »Die Auktioner haben behauptet, Du habest ein Pferd ersteigert. Da hab' ich gewettet: Wenn ich mit meinem Köhler abmache, nichts kaufen, dann kauft er nicht«, kam's dann aus der Ecke von »Madame«. Oha, welch' dicke Luft! Aber sie wußte schon alles. Joachim Kemmer, Züchter und Verkäufer des Wingolf, saß im Sofa. Seine Nase schien weiß. In seinem Beisein hatte Helga geschimpft »und überhaupt, springen soll er auch nicht können. Ich weiß ja nicht mal, wer den überhaupt gezogen und zur Auktion gestellt hat?« Die Antwort »ich« hatte Joachim Kemmer wohl gerade hinter sich. – Der Abend endete höflich genug, aber kühl. Wingolf aber machte bald alles wieder gut. Heute ist er der Springstar der Borsteler Amazone. Unverkäuflich und vielgeliebt. Gott sei Dank.

Die Regierung

Das züchterische Leben, das die Erlebnisse und Aufzeichnungen dieses Buches durchwirkte, ist sicher zu wenig zur Sprache gekommen. Letztlich stand es aber doch immer im Mittelpunkt des Geschehens. In der langen Zeit, die die vielen Seiten dieses Buches umfaßt, hat es über dreißig Jahre nur zwei Vorsitzende in Hannover gegeben, zwei Geschäftsführer und zwei Landstallmeister. Erst kürzlich haben – vielversprechend – Herwart v. d. Decken den bewährten Vorsitzenden Burchard Müller, Dr. Burkhard Bade den Landstallmeister Dr. Frhr. Christian v. Stenglin abgelöst. Landschaftsrat Fritz v. d. Decken – vor Burchard Müller – war unantastbar, in gewisser Weise auch unnahbar, ein Herr, der äußerst nüchtern dachte, nach Ansicht seiner Frau zuviel Zigaretten rauchte und bei bestimmten Anlässen zu spät ins Bett ging. Dr. Georg Steinkopff als erster Landstallmeister nach dem Kriege in Celle schien souverän, hatte aber stets »einen im Sinn«, was soviel bedeutet, daß man vor seinem Witz nie sicher war. Wenn eine der Persönlichkeiten verspätet erschien, tönte er mit seiner tiefen, rollenden Stimme: »Frühes Aufstehen schont die Betten und verhütet überreichen Kindersegen!« Dr. Schlie, erster Geschäftsführer nach 1945 und auch schon zuvor im Amt, arbeitete »preußisch« und war somit von liberaler Lebensauffassung.
Burchard Müller, Verbandsvorsitzender und auch Vorsitzender FN/Zucht, gab ein Musterbeispiel dafür, wie Menschen mit ihrer Aufgabe wachsen können. Er genoß große Volkstümlichkeit, zog – wie in Hannover üblich – eine schnurgerade Furche, und war auch im Umgang mit Fürsten und Grafen von großer Sicherheit in einem gesunden Selbstbewußtsein, das es ihm oftmals ermöglichte, sich selbst durch den Kakao zu ziehen. Dr.

von Stenglin leitete Celle in Umsicht und Ruhe. Er war schon in dritter Generation Landstallmeister. Daran muß er etwas ballastig getragen haben, denn er kommt seit seiner Pensionierung viel mehr aus sich heraus. Sein Nachfolger, Dr. Burkhard Bade, läßt sich gut an. Dr. Walter Hartwig, gebürtiger Pommer, und nun auch schon fast 20 Jahre im Dienst des Züchterverbandes, ist gleichzeitig Leiter der Tierzuchtabteilung der Landwirtschaftskammer und ein starker, sehr präziser Mann. Er suchte lange nach einer entlastenden Persönlichkeit, was Reinhard Baumgart einmal zu der Bemerkung veranlaßte: »12 haben sich vorgestellt, 13 wurden abgelehnt.« Sei es, wie es sei: Die hannoversche Zuchtentwicklung war von jeher in sicheren Händen. Es gab keine Experimente. Und es sieht so aus, daß der Begriff der Solidität auch zukünftig Leitmotiv sein wird.

Von der hannoverschen Zuchtleitung der fünfziger und halbsechziger Jahre sind hier zu wertender Beobachtung versammelt: Dr. Arnold Schlie (Brille) als Geschäftsführer, Louis Wiegels (links daneben) als 1. stellv. Vorsitzender und Dr. Georg Steinkopff (rechts neben Schlie) als Landstallmeister von Celle. Rechts außen Gestüttierarzt Dr. Ulrich Fritze (Celle), in Uniform Obersattelmeister Richard Paare (Celle), langjähriger Deckstellenleiter in Brietlingen und Hohnstorf/Elbe. – Die Herren der späteren Zuchtleitung sind schon auf Seite 3 dieses Buches in Erscheinung getreten.

Hengstparade im Landgestüt Celle, mittlerweile viermal im September/Oktober, jedesmal Monate vorher ausverkauft.

Zu den Namen, die in bestimmten Bereichen zur Zeit niemand nennt, gehört der des Trakehner Schimmelhengstes Patras, hier unter Hartmut Kettelhodt seine idealen Reitqualitäten und seine faszinierende Eleganz demonstrierend (Patras – Fohlenschau 1980).

Patras

Mit etwas mehr Diplomatie von beiden Seiten wäre es vermutlich anders gelaufen. So nun dauert seit dem Januar 1978 ein Zustand an, der im ersten Stadium die Gemüter erhitzte, ja, teils fast entzweite und heute trotz äußerlicher Wellenlosigkeit auf den Wassern rein sachlich noch nicht behoben ist. Anlaß war und ist der Trakehner Schimmelhengst Patras, gekört und leistungsgeprüft, aber vom hannoverschen Züchterverband nicht anerkannt. Das inspirierte »nein« wurde zu einer Mauer trotz zäher Versuche, deren Aufrichtung zu verhindern. Wie so oft ähnlich im Leben, blieben in Züchterkreisen von den anfänglichen Befürwortern des Hengstes nur wenige Verfechter übrig, denen es richtig erschien, für ihre Überzeugung zu stehen, auch auf die Gefahr hin, unangenehm aufzufallen. Es waren unerfreuliche Monate und Jahre, von denen neutrale Pferdeleute sagen, der Züchterverband hätte sie sich und seinem jahrzehntelangen Top-Mitarbeiter ersparen sollen. Um eines einzigen Hengstes willen unter Hunderten sei ein solcher Konflikt nicht angemessen gewesen. Es wäre müßig, eines Tages feststellen zu wollen, wer denn nun Recht und wer Unrecht hatte. Diese Frage darf sich nicht mehr stellen. Es ist Gras gewachsen. Nicht über ein Grab, sondern auf ertragfähigem Boden. Wie der Ertrag aussieht, der privatinitiativ und auf eigenes Risiko erzeugt wurde in Form von inzwischen rund vierzig Patrasnachkommen aus hannoverschen Stuten, von denen die ältesten 1982 dreijährig sein und unter dem Reiter gehen werden, bleibt abzuwarten. Sollte sich dabei herausstellen, daß nur Durchschnittliches vorliegt, wird Patras eine Episode sein, andernfalls wäre Gelegenheit gegeben, die Nutzungsmöglichkeit des Schimmels über seine Trakehner Verwendung hinaus zu überdenken.

Der Landrat

In mehr als 25 Ehrenamtsjahren als Landrat des Kreises Verden wuchs Ratje Niebuhr, Neddernhude, zu einer Art starken Eiche. Da, wo er stand, da stand er, und was er versprach, das hielt er. Nicht immer einfach in seiner Unbeirrbarkeit und seiner geringen Bereitschaft, Kompromisse zu schließen. Im Verband hannoverscher Warmblutzüchter spielte er längere Zeit als erster stellvertretender Vorsitzender eine Rolle. Auch wahrte er als Vorsitzender des Verdener Rennvereins die Interessen des Halbblutrennsports und seiner Mitglieder. Das Rennbahngelände wäre ohne ihn wahrscheinlich heute schon mit sozialem Wohnungsbau bepflastert. Dafür hat er 1972 dem Bau der großen Niedersachsenhallen-Anlage entscheidend die Wege geebnet.

Wenn man ihn kannte und ihm genauso ehrlich und offen gegenübertrat, wie er einem robust gradwegs von vorn entgegenkam, war die Verständigung mühelos, ja sogar herzlich. Man konnte dann eine breite Furche pflügen. Schön- und Wichtigtuerei haßte er wie die Pest, genauso ein Übermaß an Demokratie. Er wollte säen und ernten, kein leeres Stroh dreschen. Und so hat er viel Segen gestiftet, vielen Menschen geholfen, viel Wertbeständiges geschaffen.

Es gibt Pferde, auch Hengste natürlich, an die man ganz fest glaubt, die einen nicht loslassen und für die man zu kämpfen bereit ist. Meist, wenn nicht Gefühlsduselei im Spiel ist, gibt es da keine Enttäuschung. So auch nicht bei Shogun xx, dem großartigen Schlenderhaner aus dem Stamm der ungeschlagenen Schwarzgold, der seine Reit- und Leistungsqualitäten schon an zahlreiche Nachkommen weitergegeben hat und der meistbenutzte Vollblüter im Landgestüt Celle ist. Werner Blohme, Vorsitzender des Rennvereins Verden nach Ratje Niebuhr, besorgte diesen wertvollen Blaublüter.

Vier Celler Rapphengste brachten den Sarg mit Ratje Niebuhr zur letzten Ruhe vom Hof Neddernhude aus über die Weserbrücken auf den Friedhof des Dorfes Oiste. Der Zug der im Auto folgenden Trauergäste hatte eine Länge von mehreren Kilometern.

Als er starb, ist für viele ein Idol erloschen. Alle, die seinem Sarg folgten, hatten den Eindruck, ein König fahre zur letzten Ruhe über sein Land, über beide Weserbrücken, hinein nach Oiste, wo 150 Jahre die Hengste der Landgestüte Osnabrück und Celle in der Gastwirtschaft Zum »Holderneß« standen, in deren Nähe er auf dem Friedhof dieses alten Bauerndorfes beerdigt wurde.

Fruchtbarer hippologischer Boden

Gustav Rau hat einmal von Verden und seiner Landschaft gesagt, dies hier sei ein deutsches Irland. Da ist Wahres dran, zumindest Vergleichbares. So hatte Rau zu seiner Zeit als Preußischer Oberlandstallmeister erwogen, in der Weserniederung nahe Inschede ein Hauptgestüt für Hannoveraner einzurichten. Die Vorbedingungen für die Pferdezucht sind erstklassig im Verdener Raum, der ja das eigentliche Quellgebiet ist für die hannoversche Warmblutzucht. Den Begriff Reiterstadt hat das Artillerie-Regiment 22 begründet. Sein Kommandeur, Oberst von Seydlitz, schuf zusammen mit der Stadt und dem Landkreis das Rennbahngelände und das Reiterstadion aus einer Müllhalde oder aus fliegendem Sand zu Anfang der dreißiger Jahre. Seine Offiziere huldigten dem Reit- und Rennsport. Und unter ihnen fand sich Hauptmann Hamann als bedeutender Organisator, der praktisch die damaligen 10-Tage-Turniere aufbaute und entwickelte.
Die heutige Vielfalt an züchterischem und reiterlichem Leben in und um Verden zeigt, daß der hippologische Boden fruchtbar geblieben ist.

XVI. Zu guter letzt

Borstel ist ein Pferdedorf geblieben, obwohl es seit kurzem in Verden eingemeindet ist. Unter den Züchterhöfen haben sich zwei als Kristallisationspunkte entwickelt. Bei Friedrich Lührs-Behnke und Frau Jeanette, geb. Duprée, die die meisten Zuchtstuten zum Hengst bringen, ist nach speziellem Stall- und Reithallenbau das Ehepaar Holger und Inge Schmezer eingezogen, und somit hat sich hier ein Hort anspruchsvoller Dressur etabliert, der gerade auch von Junioren der Auswahlmannschaften stark frequentiert wird. Auf dem Köhlerhof, wo seit Jahrzehnten neben kleiner Zucht und größerer Aufzucht der Springsport kultiviert ist, hat sich eine größere Zahl von Pferdeleuten und Pferdefreunden niedergelassen, nachdem in zwei Gebäuden Wohnungen ausgebaut werden konnten. Hier domiziliert die Familie Schröder, dessen Kinder Anja und Frank sich schon als ganz kleine Pökse täglich von den Pferden angezogen gefühlt und allmählich auch die Eltern pferdenarrisch infiziert hatten, so daß der ganze Klub bei erstbester Gelegenheit der Stadt den Rücken kehrte und in Borstel einzog, mit Eigenhilfe die jetzige Wohnung erweiternd und vervollständigend. Jürgen Schröder, angestellt in einem Bremer Betrieb der Bundesbahn, fungiert gleichsam als Hausmeister und hält auf dem Köhlerhof alles in Schuß. Die Familie fährt auch zu vielen Turnieren und erlebt manches mit.

Von der Niedersachsenhalle haben Hans-Heinrich Meyer zu Strohen und Thomas Vogel je eine Wohnung bezogen. Kicki (Niedersachsenhalle) und Manuela (bei Köhlers) führen den Junggesellen den Haushalt. An manchem Sommerabend sitzt die 12köpfige Wohngemeinschaft draußen unter den Nußbäumen, grilling, smoking and drinking, talking about, vervollständigt durch Freunde und Bekannte, die gerade vorbeikommen.

Eine wirkliche Heimat, eine urgemütliche Stadt: Verden/Aller mit Dom und Andreaskirche (Turmspitze rechts).

Beim Köhlerhof in Borstel hat sich im Lauf der letzten zwanzig Jahre ein allmählicher Zuwachs an Land und Gebäuden eingestellt. So kam der Nachbarhof (oben) dazu, weil sich dort sonst eine Auto-Reparaturwerkstatt eingenistet hätte. Ihren ersten Auslauf haben hier die Absetzer, bevor sie aufgestallt werden.

Von den Lehrlingen in Borstel war »Pitzek« der Erste. Richtig heißt er Friedrich Wilhelm Rabe, arbeitet heute in einer Glasfirma in Hannover und reitet, ohne auf bestimmten Turnieren zu fehlen. Wenn wir dem damaligen Jüngling etwas Besonderes zeigen wollten, dann war er da schon überall gewesen. Wenn er nachts erst nach Haus kam, zwängte er sich durch das kleine schräge Klo-Dachfenster. Als er einmal mit dem Waggon in Wiesbaden zum Turnier ankam, charterte er einen Gepäckwagen und ritt die sieben Kilometer zum Turnierplatz mit 6 Pferden (eins zu Sattel, drei rechts an der Hand, zwei links). Man konnte »Pferde stehlen« mit ihm, und auch heute noch ist Freude, wenn man sich sieht. Mit 14 kam er, heut' ist er wohl bald 40. Jürgen Ernst war der Nächste. Halb so viel wie heut. Er sollte schon bald einen jungen Braunen v. Julius Caesar xx reiten. Aber der ließ sich beim besten Willen nicht verladen zum Turnier. Da bekam er den größeren vom gleichen Vater und hatte Materialerfolge. Ärgerlich war nur, daß sich der Edle beim Tränken immer den Eimer über den Kopf stülpte und dann allein nicht wieder herauskam. Als fertiger Bereiter blieb Jürgen noch längere Zeit. Es dauerte allerdings eine Weile, bis sich sein Springauge formte, aber er saß den Jumpern im Nacken. Jörg Kaltenböck kam von der Spanischen Reitschule aus Wien, wo er sich nach kurzer Frist mit dem Oberbereiter angelegt hatte. Als Österreicher fühlte er sich dennoch wohl hier im Norden, schleuderte mit Vehemenz und Passion eine springbegrenzte Hellfuchsstute über Oxer, die ihr meist zu breit waren, entwickelte aber um so besser sein ausgeprägtes und später bewährtes Dressurtalent.
Friedel Gohde und Reinhold Schlüsselburg bildeten ein sich gut ergänzendes, wertvolles Lehrlingspaar. Der eine hatte etwas mehr unterm »Skalp«, der andere mehr im »Hintern«. Reinhold ritt Porta Westfalica schon in Sa-Springen, bis Hartwig Steenken sie erwarb. Rainer Uecker, blieb, wie fast alle Jungs, ebenfalls noch längere Zeit, als er schon die Bereiterprüfung bestanden hatte; auch ein famoser Kerl. Tochter Jutti und Bianca Buthmann, jetzt Kasselmann, bestritten eine weitere Periode. Dazu Ulrich Henschke, der

sich mit Percy schnell profilierte. Dann sollte eigentlich Schluß sein, aber nun bekamen wir Andreas Mundt, der jetzt schon fast acht Jahre hier wie zu Hause ist. Dazu gehören noch Manuela Kohrs und Susanne Marschalk seit einiger Zeit. Und in der Niedersachsenhalle waren es Burkhard Lossie, Georg Fischer, Michael Rennekamp und Hans-Heinrich Meyer zu Strohen, zur Zeit ist Thomas Vogel »in Arbeit«.
Irgendwie ging es ja zwangsläufig immer mal wieder von vorn los. Das Glück aber wollte es, daß eigentlich alle, die so jung nach Borstel oder in die Niedersachsenhalle kamen,

Die Stutenschauen in Verden sind – wie überall, teils Anlaß zu Freude, teils zu Enttäuschung. Es kommt eben manchmal anders, als man denkt. 1974 war die Köhler'sche Albalonga (v. Absatz) hoch im Kurs, und Procura (v. Pik As xx) konnte in der Familienbewertung mit ihren Töchtern Fleurop (Mitte) und Fleurance (31), beide v. Furioso II, den Ib-Preis erreichen. – Uwe Heckmann (r.), Andreas Mundt (m.) und Ulrich Henschke stellten sich anschließend mit dieser Familie dem Fotografen.

298

Aufräumungsarbeiten in Borstel: Lehrlinge Friedel Gohde, heute Reitlehrer in Ludwigsburg, und Reinhold Schlüsselburg, der sich nach erfolgreicher Turnierlaufbahn in den Hafen der Ehe zurückzog.

wertvolle Menschen waren und sind, gut bis vorzüglich veranlagt und später gut situiert und erfolgreich. Alle Borsteler Lehrlinge wohnen stets im Haus und gehören zur Familie. Sie haben dadurch gesellschaftliche und bildende Möglichkeiten, größere Rechte als üblich, aber auch größere Pflichten, als wenn sie gemäß »Dienst nach Vorschrift« und allein für sich auf einem gemieteten Zimmer lebten. Ihnen und uns ist dies gut bekommen. Es ist immer viel Leben im Haus.

Die »Verdener Familie« besteht aus Ureinwohnern aus der Stadt und vom Lande, aus vielen auswärtigen Auktionern und auch aus Züchtern, die ständig oder häufig durch ihre Pferde mit Verden verbunden sind. Dazu kamen mehr und mehr auch Turnierreiter und Stallbesitzer, die sich vom Verdener Kreis angezogen fühlen. So ist dies schon eine große Gemeinschaft, die sich versteht und zwanglos zusammenhält. Inzwischen sind 17 Ehepaare – allein im Auktionsteam – aus einem Sichkennenlernen in Verden entstanden und haben vielfach für eine gesinnungstreue und passionierte Nachzucht gesorgt. Zahlreiche Feste, nicht zuletzt während der mehrwöchigen Auktionszeiten, ergeben starke Vergnügungsfelder. Vorherrschende Toleranz in allen Lebens- und Pferdefragen bestimmt eine Atmosphäre, die offenbar anziehend wirkt, und so fällt es niemandem schwer, dazu zu gehören. Wer allerdings so gar nicht hereinpaßt, ist hoffnungslos verloren. Früher war es Sitte, daß anfangs noch etwas großspurige oder in ihrem Einsatz laurige Novizen aus heiterem Himmel von starken Gestalten erfaßt und in einem Wasserbottich versenkt wurden. Wo dies positive Wirkung zeigte, war dann alles in Ordnung.

Einfach großartig mutet es an, daß auf den Höfen, die in den Auktionszeiten von den Söhnen der Bauern entblößt werden, die alten Herren in dieser Zeit die ganze Arbeit auf ihre Schultern nehmen, obwohl sie dies schon eigentlich gar nicht mehr gewohnt sind und nötig haben. Leuchtende Beispiele hierfür sind Vater Benno (Baumgart), Vater Wilhelm (Berkenbusch) und Vater August (Rehkamp).

Aber auch in den anderen Betrieben, die ja weiter laufen müssen, wenn ihre Akteure in Verden wochenlang weilen, gehört schon viel Passion dazu, ein Engagement für die Auktionszeiten durchzustehen. Dies ist extrem so bei Reinhard Baumgart, Jürgen Kapp, Ullrich Kasselmann und Helga Köhler. Diese Amazone – hier einmal nur als Beispiel –

kommt dann gut und gerne auf 12 Pferde am Tag, abgesehen von ihrem Haushalt, der besonders in den Auktionszeiten weit offene Türen hat. Aber sie ist unverwüstlich. Wenn sie wirklich gar nicht mehr kann und man auf Abhilfe und Schonung sinnt, dann ist sie wenig später schon voll wieder da. Vorbeugende Schonung, auch Ruhestellung ist kaum möglich. Drei Tage hindurch ist es uns einmal gelungen, sie ausschlafen zu lassen und ihr den Kaffee ans Bett zu bringen, sie auch davon abzuhalten, in den Sattel zu steigen. Dann wurde sie ungenießbar und sprengte diese Fesseln. Tochter Jutta ist mit ihren Pferden verheiratet. Unser Hof also kann bleiben, wie er ist. Von der Masche riesiger Pferde ist sie herunter. Der traditionelle Typ ist wieder reinrassig vertreten. Hoffentlich macht das auch weiterhin Schule.

Die Enten und Gänse, die Andreas aufzieht, machen zwar etwas Spektakel, aber sie gehören dazu. Köhler hielte am liebsten auch noch Hühner. Aber »Madame« ist strikte dagegen, weil sie mit großer Sorgfalt ihre Blumenrabatten pflegt und darum besorgt ist. Eine Legebatterie kommt natürlich nicht in Frage.

Häufig geht es eh zu, wie in einem Taubenschlag. Besonders abends, nicht selten nachts, wenn die Praxis des Tages vorüber ist. Dann sitzt oben bei Köhler die ganze Bude voll. Fotos werden sortiert und herausgesucht, Pferde beurteilt, layouts entworfen für Prospekte und Kataloge. Werbemaßnahmen stehen zur Diskussion, Drucksachen werden verschickt, und das Telefon schafft Kontakte mit Gott und der Welt.

Enno Hempel, früher auch Uwe Heckmann, können ein Lied davon singen, mit welcher Passion dann gewerkelt wird. Irgendwann ist dann immer mal der Punkt erreicht, wo Müdigkeit und Erschöpfung in Blödelei ausarten. Bei einer solchen Gelegenheit und nach nervtötenden Erfahrungen tagsüber mit Kaufinteressenten in der Niedersachsenhalle entstanden einmal diese Verse, deren ersten Teil Köhler verfaßte und deren zweiten Teil Enno hinzufügte. Sie beleuchten Gemüt und Szene:

Bei einer Dreierklasse in Wiesbaden auf Springpferdeart brillierte die Amazone Helga auf Pesgö (v. Pik As xx) mit den beiden Borstelern Rainer Uecker (vorn) auf Leporello (v. Der Löwe xx) und dem zum Bereiter avancierten Reinhold Schlüsselburg auf Waldspecht (v. Worms).

»Alten Hasen« kann man nichts vormachen: Reinhard Baumgart (links), lange Zeit Stallmeister der Verdener Auktionszeit, dann Oberbereiter, im Hauptberuf Landwirt und Pferdezüchter, ist ein Fels im Auktionsteam und ein Pferdemann vom Scheitel bis zur Sohle. In seine Kategorie (»Kat. A«) gehören neben Ulrich Kasselmann, Rudolf Rehkamp und Jürgen Kapp der »Birkenstrauch« aus Deitersen, Martin Berkenbusch (rechts), der – ein Knabe noch – vor langen Jahren im Verdener Auktionsteam »zugelassen« wurde.

Der Fehlergucker, ernst von Miene,
geschwind wie eine Arbeitsbiene,
eilt, so schnell er irgend kann,
als Heilsarmist von Mann zu Mann
auf daß ein jeder sehend werde:
Krüppel sind's – und keine Pferde!

Von Trotha spricht von »Offenbarung«. –
Am Freitag zeigen wir die Paarung
von Krüppeln und von Spitzenpferden,
o lieber Gott, laß Abend werden!

Wenn eines Tages Köhler geht, muß alles gut weiterlaufen oder besser. An dieser Perspektive wird schon auf lange Sicht gearbeitet. Ganz sicher ist, daß die Vielfalt der Aufgaben, die in über dreißigjährigen Erfahrungen nach eigenen Ideen auf- und ausgebaut wurden von Grund auf und schwerpunktartig auf zwei Schultern ruhen und in einem Kopf, etwas mehr verteilt werden muß. Es ist ja auch alles intensiver, in sich spezialistischer geworden. Uwe Heckmann war seit längerem ausersehen, später einmal primus inter pares zu werden. Wahrscheinlich hatte er zu lange (15 Jahre) zu viel Rückendeckung gehabt, um seinen reichlichen geistigen Gaben wachsende Pferdestärken harter Energie und gesunden Ehrgeizes, nicht zuletzt erbarmungsloser Präzision rechtzeitig voranzuspannen. Und so ergab es sich, daß ein Sprung ins große fremde Wasser nötig erschien, um auch mal Unwetter und Sturm zu kompensieren, was – heute gesehen – sicherlich eine richtige Entscheidung war. Dr. Enno Hempel, Mediziner und Hippologe, möchte erst seine ärztliche Fachausbildung abschließen, am liebsten dann beruflich ein Pferde-Mensch in und für Verden sein. Auch er ist schon 15 Jahre im Team und hat sich vor allem im Kundendienst schon einen Namen gemacht. Rainer Kiel, Sohn des Landstallmeisters Dr. Julius in Osnabrück, hat seinen Beruf als hochdotierter Industriekaufmann aufgegeben, um im Verband hannoverscher Warmblutzüchter seiner eigentlichen beruflichen Neigung nachgehen zu können. Ihm ist innerhalb der Geschäftsführung in erster Linie das Wirtschaftsressort in die Hand gegeben. Es herrscht Harmonie und fruchtbringende Zusammenarbeit, jeglicher individueller Profilierung sind keine Grenzen gesetzt, wobei auch junge qualifizierte Kräfte, die in erster Linie reiterlich tätig sind, zu Assistenteneinsätzen herangezogen werden und in der personellen Aufforstung Möglichkeiten haben, zu wachsen.

Unter diesen Aspekten kann man wohl ganz beruhigt sein, daß Kontinuität gewahrt bleibt, wenn nicht einem noch notwendigen Reifeprozeß die Bodengare genommen wird, bevor sie sich ausreichend gebildet und gefestigt hat.

Auf der Weserwiese haben die ersten Augusttage endlich den ersten Schnitt möglich gemacht. Wind und Sonne ließen in vier Tagen das Gras zu vorzüglichem Heu werden. Acht Fuder rumpelten vorsichtig zur Straße. Die Ernte für ein ganzes Jahr kann in Borstel geborgen werden. Das ist ein herrliches Gefühl, wie man das so bedenkt, bloßen Oberkörpers im Sommerwind an der Weser, wo Angler sporadisch ihre Ruten anreißen, Kiebitze mit weißer Chemisette zwischen den Jährlingen und Rindern landen und wieder auffliegen in Schwärmen, wo ein Storchenpaar die Weide überkreist und vier Fischreiher aus dem Schilf aufschrecken, während lange Lastzüge auf dem Weser Fluß vorbeiziehen und ihren Fahnenmast einkippen vor der großen Brücke. Auf der Nachbarweide hat Reinhard Baumgart letztmalig gerade das Heu gewendet, als Vater Benno auch schon eine ganze Karawane mit Heupresse und Erntewagen heranführt. »Einen Tag zu früh«, schaut Fried-

In der Niedersachsenhalle wird erst seit wenigen Jahren Stammpersonal gehalten. Hartmut Kettelhodt ist als Stallmeister universell, selbst beim Fotografieren für den Auktionskatalog ist er zuständig für ausdrucksvolle Porträts, und so kennt seine Fantasie keine Grenzen, Optimales zu bewirken (unten), wobei sich in Wartestellung (oben) die inzwischen zu Bereitern avancierten Lehrlinge Georg Fischer (r.) und Michael Rennekamp köstlich amüsieren.

302

Auf einer Verdener Auktion ersteigerte Tochter Jutta ihr bislang erfolgreichstes Pferd, den von Reinhard Baumgart ausgestellten Weneralvo (v. Waidmannsdank xx), der als Amazonenpferd schon 22 000 DM zusammengaloppierte. Er war in letzter Zeit sehr krank, scheint aber wieder zurecht zu kommen. Auch Jutti wird nach einer Bänderzerreißung der rechten Hand in Kürze wieder im Sattel sein.

helm Meincke hinüber, und auch Andreas zeigt Bedenken: »Wenn's aber regnet morgen, hat Benno jetzt wenigstens was.«

*

Heute am Sonnabend, dem 8. August hält der Schreibtisch unerbittlich einen Autor fest, der nun am Mittwoch seinem Verlag alle Unterlagen für dieses Buch übergeben soll. Da ist noch einiges auszufeilen. Zwischendurch lüftet er sich aus beim Heckenschneiden, denn im »Park« hat sich viel wilder Wuchs breitgemacht. Seine Gedanken gehen zum Dobrockturnier. Helgas Pferde waren Donnerstag und Freitag gut, auch Rainer Schmerglatt kam anständig über die Runden. Zu etwas Besserem hat's diesmal noch nicht gereicht, aber das kann noch werden. Sie haben ja in letzter Zeit so einiges gewonnen. Glücklich kam Horst Rimkus zurück. Er meldete seinen ersten Spring-Sieg auf der 5jährigen Donna Marina (v. Don Carlos) im L, lud inzwischen 30 Fuder Stroh und Heu in der Niedersachsenhalle mit ab und ist nun wieder los, um weitere Starts auf dem Dobrock zu erfüllen. Morgen entweicht auch der Autor dorthin, um mit Heinrich Sperling und Rainer Kiel das Championat der Materialpferde zu verfolgen. Einige gerade erschienene Kataloge der Fohlenauktion (28./29. 8.) liegen schon zur Mitnahme bereit.
Am Montag nehmen die drei Herren die Auswahl für das Bundeschampionat München in Verden vor. 90 Pferde haben sich qualifiziert, 20 dürfen das Zuchtgebiet vertreten.
Vier Wochen sind es nur noch bis zur Anlieferung der 156 Reitpferde zum Training für

die Herbstauktion. Auch hierfür muß jetzt der Katalog gemacht werden. Die Bezirkstierschau in Uelzen will Mitte September 24 Pferde der Herbstkollektion zu einem Schaubild haben. Wird gemacht. Beim Hallenturnier in Hannover (Pferd '81) sollen wir im November wieder eine Show reiten. Selbstverständlich. Für den Dezember, kurz vor Weihnachten, liegt eine Show-Einladung aus London vor. Prinz Philip wird die »größte und modernste Halle« einweihen. Klar, auch da geht es hin. Auf dem Galaabend jetzt im Oktober, was machen wir da? Nach den Ungarn im Frühjahr, müßten jetzt eigentlich die Polen kommen. Unter anderen. Mal seh'n, was Oberlandstallmeister Adam Sosnowski in Warschau meint. Im November sollen wir noch mit 12 Pferden nach Boekelo/Holland.

*

»Was ist, die Rinder sind ausgebrochen?« Das hat gerade noch gefehlt. Aber nicht ganz allein sitzt der »Schreibtischtäter« zu Hause. Die Auszubildende Susanne Marschalk und Jan, ihr Verlobter, sind da. Auf geht's. Zur Weser. In den »Cow-Westen« der sich auf ihr Stadionturnier am nächsten Wochenende vorbereitenden Reiterstadt. Sehr erfrischend diese Unterbrechung, denn Helgas Staubsauger-Verlängerungsschnur war eh der Heckenschere zum Opfer gefallen. Nur nicht vergessen nachher, die Hauptsicherung wieder ins Gleichgewicht zu bringen. Und Montag früh sogleich die Schnur!

Der neue Hof von der Straßenseite. Er umfaßt die Hausnummern 66, 68, 70 und den Stall für die Pferde der Amazone Helga. Der alte Hof mit dem Wohnhaus (Nr. 72) und den Hauptstallungen, wie auch der Reithalle, zieht sich weiter nach links.

Ihre erste goldene Schleife gewann Helga Gohde vierjährig in Berlin mit dieser Scheckstute, die klein war, aber überragende Reitpoints besaß und ein liebenswertes Gemüt.

1000 Siege

So manches Mal hat man überlegt, ob das turnierbedingte »Zigeunerleben« nicht doch ein wenig eingeschränkt werden könnte. Vielleicht wäre ja auch eine rein dressurmäßige Betätigung nicht so aufregend. Doch eine solche Rechnung hat der Ehemann stets ohne seine Amazone gemacht. Ihr macht es nach wie vor einen Riesenspaß, Springpferde auszubilden und in L-, M- und S-Prüfungen zu reiten. So hat sie vor vierzehn Tagen noch wieder gleich drei Springen auf einem Turnier gewonnen. Und Tochter Jutta hat die gleiche Passion. Was soll also der Familienvater machen?
Nun sind es schon über 1000 Siege, die die frühere »Amazone Nr. 1« in fast allen möglichen Disziplinen zusammengaloppiert hat. Immer auf hannoverschen Pferden, 19 Nationenpreise darunter.
Prinz von Sickingen (v. Sickingen xx), Sigola (v. Sickingen xx), Lux (v. Lupus xx), Armalva (v. Amring I-Monsalvat xx), Feuerland (v. Finnland I), Page (v. Persaldo, Trak.), Latos (v. Lateran, Trak.), Cremona (v. Cormoran xx), Piroschka (v. Frustra II-Monsalvat xx), Waldspecht (v. Worms), Lepanto (v. Der Löwe xx), Leporello (v. Der Löwe xx), Leander (v. Lateran, Trak.), Liebelei (v. Lateran), Pesgö (v. Pik As xx), Domfee (v. Dominus), Saloniki (v. Saloniki), Boy (v. Ballyboy xx), Wingolf (v. Wiesenbaum xx), Abadan (v. Absatz) und Skorpion (v. Saluto) waren wohl ihre besten Cracks bisher. Versprechende Nachwuchspferde sind in Arbeit, teils selbst gezogen oder als Saugfohlen gekauft. Daß ihr immer noch ihr viel bewunderter Stil eigen ist, zeigt ja eigentlich, daß guter Stil nicht nur etwas Schönes und Elegantes ist, sondern vor allem etwas Zweckmäßiges, das Erfolge bringt in langer Formbeständigkeit und Haltbarkeit.

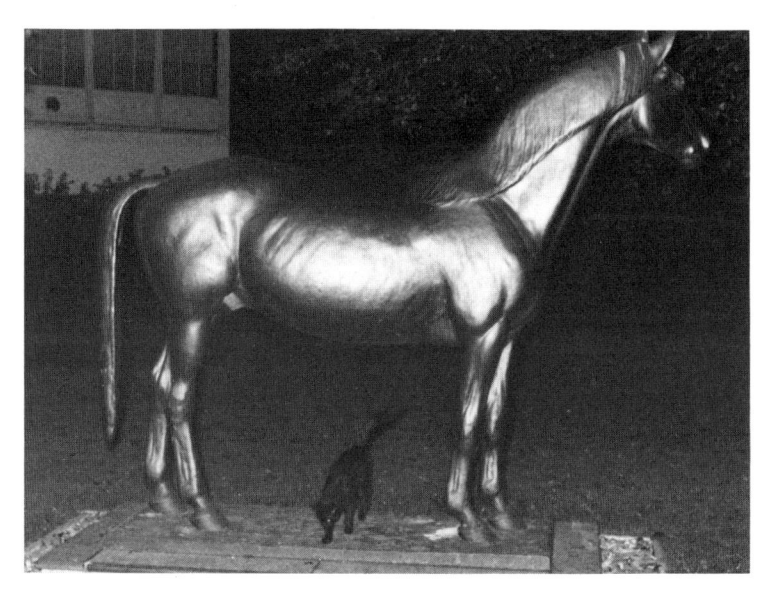

Das Deutsche Pferdemuseum steht vor seiner dritten Ausbaustufe. Der schwarze Kater unter Tempelhüter scheint anzudeuten, daß dies noch nicht die letzte ist. – Das Anwesen in Borstel (unten eine Teil-Rückansicht) steht im Zeichen der offenen Tür und beabsichtigt dies auch künftig so zu halten.

Deutliche Ansätze zu beispielgebendem menschlichen und reiterlichen Niveau sagt man dem Korps der Niedersachsenhalle in Verden nach. Hier läßt sich noch manches kristallisieren. – Schaubild bei der DLG in Hannover 1980: V. r. Reinhard Baumgart, Rudolf Rehkamp, Hans Jürgen Armbrust, Hella Püschel, Stefan Krawczyk, Hans-Heinrich Meyer zu Strohen, Horst Rimkus.

»Es geht rund '81« hieß das erste Kapitel dieses Buches, das hier nun sein Ende findet, während alles auf vollen Touren weiterläuft. – Hans Joachim Köhler auf dem Sprung, den Gästen aus aller Welt die Herbstkollektion hannoverscher Pferde in der Niedersachsenhalle zu präsentieren, hinterher einem Empfang im Deutschen Pferdemuseum vorzustehen und abends seiner Frau in Borstel gute Bekannte als Gäste zuzuführen.

Als wir den Kern »unseres« Borstel kauften und ausbauten, als wir Bäume pflanzten, Büsche und Blumen, dachten wir, in ein paar Jahren sei alles geschafft. Aus ein paar Jahren sind jetzt 25 Jahre geworden. Noch immer muß dies und das gemacht und finanziert werden, ein Erweiterungsbau, ein neues Dach, eine Wohnung, ein Weideankauf, Raparaturen. Immer, wenn man denkt, alle Löcher seien gestopft, kommt Unvorhergesehenes und bringt erneut Sorgen, mit denen man nun einmal leben muß. Denn endgültig fertig wird nichts, und das ist ja der Reiz des Lebens, seine unablässige Forderung, nachdenken zu müssen und Besseres zu versuchen.

Inhalt

	Life, etwas, was der Autor zuvor gern sagen wollte	2
I.	*Es geht rund in '81* Gedämpfter Optimismus · Gastspiel in Holland · Wer die Wahl hat . . . · Sehnsucht nach Ostpreußen · Am Telefon war Isenbart	3
II.	*Der Pferdeleidenschaft auf der Spur* Früh schon ein Kavalier · Mit Weidenstockpferden zum Schmied · Verbannt in eine große Stadt · Der Vater wird wieder Pferdemensch · Unerlaubte Fantasie · Abwarten in Plau am See · Fahrräder auf Kandare gezäumt · Im Tattersall · Erntehilfe auf dem Lande · Der erste Reitrock · Künstlerische Neigungen	27
III.	*Paradies Redefin* Ankunft im Paradiese · Kurzfristige Verbannung · Highlife mit Hengsten · Das erste eigene Pferd · Viel Abwechslung im Landgestüt · Ernste Lehre aus erster Turnieraktivität · Dokting · Consilium abeundi	40
IV.	*In der Fremde weiterseh'n* Olympia-Ausscheidungen · Wie das Gesetz es befahl · Kurze Zwischenstation	56
V.	*Soldat mit Sporen* Kurzurlaub nach Berlin · Köhler bleibt ein enfant terrible · Die »Kleine« reiten · Prüfung in Hannover · Kriegsschule Dresden · Mobilmachung · Für kurze Zeit nach Frankreich · Unverhofft nach Dresden · Leuchtkugeln: Großangriff · Kavallerieschule · Vorführungen im Schulstall	61
VI.	*Moderne Kavallerie* Verwundet nach Haus · Wieder beim alten »Haufen« · Boeselager gefallen Feldmarschmäßig von Ungarn über Österreich nach Württemberg · Ungefangen entlassen	81
VII.	*Zu Hause sind die Russen* Erkundungsfahrt durch Mecklenburg · Zum Rapport beim Sowjetgeneral · Registrierung der züchterischen Restbestände · Gestütaufbau in Ferdinandshof · Hengsankauf in Westen · Verhör durch die rote Landrätin	92
VIII.	*Zuflucht im Westen* Reiten für Milch und Brot · Debüt in Verden an der Aller · Ruf nach Hannover · Ein Pferdesalon aus der Taufe gehoben	105

IX.	*Bau'n wir uns ein Nest*	111
	Reiterhochzeit · Steckbrief Helga Gohde · Auktionen in der Holzmarkt Kaserne · Das erste gemeinsame Pferd · Mit Kind und Kegel in der Europahalle · Das neue Auktionshaus · Grüne Woche Berlin · Volks- und Versuchsturnier in Warendorf · Trip nach Bilbao · Unter Pinien in Rom · Über den großen Teich	
X.	*In Borstel zu Haus*	152
	Präsident · Reitakademie München-Riem · In der Dortmunder Westfalenhalle · Reitertod · Sieglinde	
XI.	*Vorwiegend Auslandsreisen*	168
	Madrid · Olympia Stockholm · Palermo · Brüssel · Deutsche Meisterschaften · Nörten-Hardenberg · Olympia Rom · Kopenhagen · CHIO Aachen · Deauville und Le Pin	
XII.	*Aufwind in Verden*	199
	Von der 10. bis zur 25. Auktion	
XIII.	*Immer weiter »Zigeunerleben«*	208
	Harzreise im Mai · Huntertrials · Parcours in der Eierstadt · Heide in Holstein · Drei Wochen in England · 50. Geburtstag · Pudeljagd am Hodenberg · Der Wolfsburger Stier · Residenz Rastede · Polonaise Chevalresque · Pfingsten in Fischerhude · Derbyreportage · 30° in Hüttenbusch	
XIV.	*Reiterstadt – Pferdestadt*	254
	Köhler museumsreif? · Verdener Großturniere · Die neue Anlage auf dem Rennbahngelände · Ausflug nach Dublin · Der letzte Sommer war kalt und naß	
XV.	*Originelles und Personelles*	281
	Menschen, Pferde und Begebenheiten	
XVI.	*Zu guter letzt*	246
	Wie's wohl so weiter geht?	

Bildnachweis:
Werner Ernst, Kornett-Verlag, Werner Menzendorf, Peyer,
Ruth Hallensleben, Vedels Reklame-Foto, Niedersächsisches
Landesverwaltungsamt, Conrad Horsten, Agenzia Foto Stampa,
Privat 191

1. Auflage 1981
© Copyright Limpert Verlag GmbH, Bad Homburg
Alle Rechte vorbehalten
Gesamtherstellung Franz Spiegel Buch GmbH, Ulm
ISBN 3 7853 1338 1
Printed in Germany